디지털 사회보장론

이용교 저

Social Security

학지사

이 연구는 2020년도 광주대학교 대학 연구비의 지원을 받아 수행되었음.

❑ 머리말

사회보장론은 사회복지학에서 중요성이 커지고 있는 과목이다. 「사회보장기본법」에 따르면 사회보장은 사회보험, 공공부조, 사회서비스로 구성된다. 한국사회복지교육협의회가 만든 사회복지학 교과목지침서에 따르면 사회보장론은 사회보험, 공공부조를 중심으로 구성되어 있다. 사회서비스는 아동복지, 노인복지, 장애인복지 등 개별 과목에서 다루기에 사회보장론은 주로 사회보험과 공공부조를 다룬다.

사회보장론의 교과목 개요는 다음과 같다. "사회보장의 개념과 유형, 변화과정, 복지국가에서의 사회보장의 위치 등에 대해 알아본다. 그리고 선진국과 한국의 다양한 사회보장제도의 내용들을 파악하고, 사회보장제도가 국가경제, 고용구조 및 가족구조에 미치는 영향에 대해 알아본다. 나아가 한국의 경제·사회 구조의 변화에 따른 사회보장의 전망에 대해서 알아본다." 요컨대, 사회보장론은 사회보장에 대한 이론, 사회보험과 공공부조의 소개 및 그 전망과 과제를 다룬다.

필자는 35년간 사회복지학을 가르치면서 사회보장론 강의에서 변화를 시도했다. 많은 책이 사회보장의 역사와 이론, 외국 사회보장제도를 다룬 후에 한국 사회보험과 공공부조를 간략히 기술하였다. 사회복지사가 사회보장론을 학습하는 이유는 시민이 사회보험과 공공부조를 잘 활용하도록 알려 주고, 사각지대에 빠지기 쉬운 사람을 상담하고 보호하기 위해서이다.

그런데 기존 책은 사회보장제도의 역사, 외국과 한국 제도의 공통점과 차이점 등을 상세히 비교하고, 한국 사회보장을 간략히 소개할 뿐, 막상 시민이 사회보장을 활용하는 방법을 알려 주지 않는다. 이는 사회보장론을 집필한 초기 학자들이 법학, 경제학, 사회학 등의 배경을 가진 것과 무관하지 않다. 이러한 학자들은 사회보장제도에 대해 관심을 갖고, 시민이 일상생활에서 사회보장을 어떻게 활용할 것인지를 다소 소홀히 취급하였다.

필자는 사회복지사가 사회보장론을 공부하는 이유는 모든 시민이 「헌법」에 규정된 '인간다운 생활을 할 권리'를 누릴 수 있도록 돕기 위해서라고 본다. 한국의 사회보장제도가 외국과 어떻게 다른지를 알기보다는 한국의 주요 사회보장제도의 적용대상, 급여, 재원조달, 전달체계를 알고, 사회보장을 활용하는 것이 더 중요하다. 특히 복지급여에는 어떤 것이 있고, 시민이 어떻게 신청하여 받을 수 있는지를 아는 것이 핵심이다.

필자는 사회보장론을 집필할 때 사회복지학 교과목지침서를 따르면서 사회보장제도를 자세히 소개하는 데 강조점을 두었다. 대학교 교육과정이 15주로 이루어져 있기에 이에 맞추어 사회보장의 정의와 원칙, 사회보장의 구조와 역사, 국민연금 등 5대 사회보험과 공무원연금, 국민기초생활보장, 긴급복지지원, 사회수당 등을 다룬다. 기존 책은 공무원연금 등을 제외시킨 경우도 있지만, 이 책은 이를 포함하면서 사회수당까지 다루었다. 덧붙여 사회보장과 사회복지사의 역할, 사회보장의 전망과 과제를 제시했다. '사회보장과 사회복지사의 역할'을 다룬 최초의 교재이다.

이 책은 시민이 사회보장을 어떻게 활용할지를 다루면서 사회복지사가 시민이 사회보장제도를 잘 활용할 수 있도록 지원하는 데 역점을 두었다. 시민의 눈높이에서 한국 사회보장제도를 보고 이를 잘 활용하여 일생 동안 안정된 삶을 유지하도록 돕는 것이 사회보장론의 존재 이유이기 때문이다. 독자를 위해 각 장의 말미에 단원 정리와 용어 정리를 제시하였고, 책 말미에 참고할 문헌과 영화, 웹 사이트를 정리했다.

이 책이 나오기까지 여러 사람이 땀을 흘렸다. 원고를 쓰는 동안에 아내 안경순은 사회복지학을 가르치는 입장에서 쉽게 쓰도록 조언하였다. 서울연구원의 이승재 연구원은 초안을 꼼꼼히 다듬었고, 이다울은 커피를 특송하여 코로나19로 어려운 시기를 버티도록 만들었다. 따라서 이 책은 온 가족이 함께 만든 작품이다.

이 책을 읽은 독자들이 자신과 가족의 소득과 건강을 보장받을 뿐만 아니라 배워서 남 주는 사람, 행복한 세상을 열어 가는 사람이 되기를 기원한다.

2020년 9월

이용교

❑ 차례

제1장 사회보장의 정의와 원칙

1. 사회보장의 정의

사회보장(社會保障)이란 낱말은 독일어의 Soziale Sicherheit와 영어의 Social Security를 한글로 표기한 것이다. 오늘날 사회보장은 널리 쓰이는 낱말이지만, 사용되기 시작된 것은 1920년대 이후 유럽이었고, 1935년 미국의 「사회보장법(the Federal Act of Social Security)」에 의해서 보편화되었다.

사회보장의 어원을 보면 Social과 Security의 합성어이다. Social은 '사회적, 사교적인'이란 뜻이 있고, Security의 어원은 라틴어의 se(=without, 해방)+cure(=care, 근심 또는 괴로워하는 것)에서 비롯된 것으로 '불안을 없게 한다'라는 뜻이며, 사회보장은 '사회적 불안을 없게 한다'라는 의미를 갖는다.

사회보장이 사회적 불안을 없게 한다는 것은 소극적인 관점이고, 사회적 불안을 예방하고 사회문제를 적극적으로 해결하여 삶의 질을 높이는 사회정책이라는 적극적 관점이 있다. 흔히 사회보장은 질병이나 분만, 실업, 폐질, 직업상의 상해, 노령과 사망에 의한 소득의 상실이나 감소 등으로 인해 경제적 궁핍에서 유래하는 근심이나 불안을 제거함으로써 사회 평화를 도모한다.

사회보장은 전 세계적으로 널리 사용되고 있지만, 그 정의는 통일되어 있지 않다. 사회적 위험에 대한 사회적 대책이라는 점에서는 같지만, 어떤 점을 강조하느냐는 나라와 학자마다 조금씩 다르다.

사회보장이란 낱말을 가장 먼저 공식적으로 사용한 사람은 미국의 Roosevelt 대통령이다. 그는 1934년 6월 8일에 의회에서 자신이 제안한 뉴딜정책을 설명하면서 이 낱말을 사용하였다. 사회보장이라는 낱말은 처음에는 하나의 정치적 목표로 쓰는 표어였고, 독자적인 사회정책의 성격을 가지지 못한 '경제보장의 일부'로서 파악되었다. 1929년 미국에서 발생된 대공항으로 인한 가난과 공포에 대한 집단적 책임을 강조한 것이다.

유럽에서는 사회보장이라는 용어가 제2차 세계대전을 전후하여 사용되기 시작했다. 그 이전에는 사회보험(sozialversicherung)이나 국민보험(national insurance)이 일반적이었다. 사회보장이란 낱말은 제2차 세계대전을 거치면서 파시즘 정권과 전쟁을 치르는 연합국의 정치적 프로그램으로 '공포와 궁핍으로부터 자유(freedom from fear and wants)'로 정형화되었다. 사회보장이란 용어는 1941년 대서양헌장에서 사용되었고, 1945년 유엔헌장(UN Charter), 1948년의 세계인권선언(The Declaration of Human Rights), 1950년의 인권과 기본적 자유의 보호를 위한 유럽헌장에서 보다 명확하게 정의되었다.

사회보장이라는 다소 정치적인 용어가 구체적인 사회복지제도로 정착될 수 있었던 것은 Beveridge와 국제노동기구(International Labor Organization: ILO)의 덕택이다. 영국의 Beveridge는 1942년 베버리지 보고서(Beveridge Report)라고 불리는 '사회보험과 관련 서비스에 관한 각부 위원회 보고서'인 '사회보험과 관련 서비스(Social Insurance and Allied Services)'에서 사회보장을 "실업 · 질병 혹은 재해에 의해서 수입이 중단된 경우의 대처, 노령에 의한 퇴직이나 본인 이외의 사망에 의한 부양 상실의 대비, 그리고 출생 · 사망 · 결혼 등과 관련된 특별한 지출을 감당하기 위한 소득보장"이라고 정의했다. Beveridge는 빈곤과 결부시켜 사회보장은 5대 악의 하나인 '궁핍의 퇴치'라고 말하며, 이는 국민소득의 재분배로 실현할 수 있고, 이를 통한 일정 소득의 보장은 결국 국민생활의 최저보장을 의미한다고 보았다. 또한 Beveridge는 사회보장은 다음 세 가지 전제를 충족시켜야 한다고 강조했다. 첫째가 아동수당의 지급이다. 아동수당은 15세까지 지급하고, 아동이 학생일 때는 16세까지 지급한다. 둘째가 포괄적 의료 · 재활서비스이다. 셋째가 고용의 유지이다.

오늘날 사회보장은 소득보장과 의료보장이 양 축이라고 인식되고 있는데, Beveridge는 주로 최저수준의 소득보장을 강조했다. 그도 소득보장만으로는 부족하고, 아동수당, 포괄적 의료 · 재활서비스, 고용의 유지(완전고용)가 뒷받침될 때 사회보장이 된다고 보았다는 점에서 오늘날 사회보장의 정의와 맥락을 같이한다.

사회보장을 이론적으로 정립한 학자가 Beveridge라면, 사회보장이 구체적인 프로그램 혹은 제도로서 발전되는 데는 국제노동기구의 역할이 매우 컸다. 국제노동기구는 대서양헌장의 정신과 베버리지 계획을 사회보험과 공공부조라는 틀 속에 일관성과 조화를 유지하면서 구체화하였다. 특히 1952년 제35회 국제노동기구 총회에서 채택된 제

102호 조약인 '사회보장의 최저기준에 관한 조약(Minimum Standards of Social Security)'을 통해 세계 여러 나라의 사회보장제도를 표준화시켰다.

국제노동기구가 1942년에 발표한 '사회보장에의 접근(Approaches to Social Security)'이라는 보고서에 의하면, "사회보장은 사회구성원이 부딪히는 일정한 위험에 대해서 사회가 적절한 조직을 통해 부여하는 보장"이라고 정의하였다. 사회보장은 전체 국민을 대상으로 하고, 최저생활이 보장되어야 하며, 모든 위험과 사고에 대하여 보호받고, 공공 기관을 통하여 보호나 보장이 이루어져야 함을 그 구성요소로 하였다.

한편, 국제노동기구가 1984년에 발간한 『사회보장입문(Introduction to Social Security)』이란 책에 따르면, "사회보장이란 질병, 분만, 산업재해, 실업, 고령, 폐질(장애), 사망 등에 의한 소득의 중단 또는 감소가 미치는 경제적 · 사회적 불안을 공적 대책을 통해 대처하기 위해서 사회가 그 구성원에게 제공하는 보호(protection)"를 뜻한다.

한국의 「사회보장기본법」은 제3조 제1호에서 "'사회보장'이란 출산, 양육, 실업, 노령, 장애, 질병, 빈곤 및 사망 등의 사회적 위험으로부터 모든 국민을 보호하고 국민 삶의 질을 향상시키는 데 필요한 소득 · 서비스를 보장하는 사회보험, 공공부조, 사회서비스를 말한다."라고 규정한다.

사회보장의 정의는 나라와 학자마다 조금씩 다르지만, 출산, 양육, 실업, 노령, 장애, 질병, 빈곤과 사망 등으로 인한 궁핍의 퇴치나 전 국민의 최저생활의 보장과 같은 소극적 관점에서 점차 모든 국민을 사회적 위험으로부터 보호하고 빈곤을 해소할 뿐만 아니라 국민생활의 질을 향상시키기 위한 사회보험, 공공부조, 사회서비스를 포괄하는 것으로 확장되었다.

* 법제처 http://www.moleg.go.kr

2. 사회보장의 구성요소

사회보장 정의의 차이는 사회보장의 구성요소에서도 드러난다. 사회보장은 제도로 표현되기에 무엇을 사회보장으로 보는가는 그 구체적인 제도의 범주로 보다 확실해진다.

국제노동기구는 사회보장을 각종 급여부문을 중심으로 사회보험(social insurance), 사회(공공)부조(social assistance), 일반조세로 재원조달이 되는 급여(benefits financed by general revenue), 가족급여(family benefits), 적립기금(provident funds), 사용자 제공급여제도, 그리고 사회보장 전반에 대한 보조와 보완제도 등으로 대별한다.

미국 보건인력부(Bureau of Health Workforce)의 사회보장청(Social Security Administration)이 발간한 '세계의 사회보장(Social Security Programs throughout the World)'에서는 사회보장제도를 다섯 가지 유형의 제도로 구분한다. 즉, 연금보험(old age, disability, and survivors), 건강보험(sickness and maternity), 산업재해보상보험(work injury), 실업(고용)보험(unemployment), 가족수당(family allowances) 등이다.

* USA(미국 사회보장청) https://www.usa.gov

국제노동기구와 미국 사회보장청의 기준에 비춰 볼 때 한국의 사회보장은 노령, 질병, 산업재해, 실업, 일상생활을 혼자서 수행하기 어려운 노인의 요양 등 사회적 위험에 대처하기 위하여 5대 사회보험을 제도화시켰고, 국민기초생활보장과 긴급복지지원 등을 통하여 공공부조를 확충하였기에 세계적인 사회보장에 부응하고 있다. 다만, 국제노동기구에서 사회보장의 중요한 제도로 인식하는 가족급여를 아직 충분히 제도화시키지 못하였다. 한편, 미국 사회보장청은 한국의 건강보험은 질병이 발생할 경우 소득상실을 현금으로 보전하는 상병급여(sickness benefits)를 갖추지 않았다고 하여 '건강보험'으로 인정하지 않고 있다. 한국의 사회보장제도가 국제적인 기준에 부응하기 위해서는 가족수당을 보다 체계적으로 제도화시키고 건강보험에 상병급여를 도입해야 할 것이다.

국제노동기구와 미국 사회보장청의 기준 등에서 사회보장의 핵심적인 제도는 사회보험과 공공부조이다. 양자는 어떤 점에서 같고 어떤 점에서 다른지, 그리고 사회보험과 사보험의 공통점과 차이점은 무엇인지 살펴보면 다음과 같다.

1) 사회보험과 공공부조

사회보험과 공공부조는 국민을 위한 사회복지제도라는 점에서는 같다. 사회보험은 주로 노동자, 자영인과 같이 노동능력이 있고 일하는 사람이 장차 사회적 위험에 대비하여 빈곤을 예방하려는 방빈정책이라면, 공공부조는 노인, 중증장애인 등과 같이 노동능력이 없거나 있더라고 노동능력이 약해서 가난한 사람을 위한 구빈정책이라는 점에서 차이가 있다.

「사회보장기본법」 제3조 제2호에서는 "'사회보험'이란 국민에게 발생하는 사회적 위험을 보험의 방식으로 대처함으로써 국민의 건강과 소득을 보장하는 제도를 말한다."라고 규정되어 있다. 세계적으로 가장 보편적인 사회보험은 연금보험, 건강보험, 산업재해보상보험, 고용

(실업)보험 등 4대 보험이며, 1995년에 독일과 2000년에 일본에서 장기요양보험(일본은 개호보험)이라는 제5의 보험이 도입되었다.

사회보험은 보험의 원리를 이용하여 국민이 특정한 사회적 사고로 말미암아 빈곤에 빠지는 것을 예방하려는 제도이기에 다음과 같은 특징이 있다. Rejda(1999: 원석조, 2002에서 재인용)는 사회보험의 특징을 다음과 같이 지적했다.

① 사회적 위험(사망, 노령, 장애, 질병 등)으로부터 사람들을 보호하기 위해 강제적 가입방식에 의해 운용되는 프로그램이다.
② 모든 가입자에게 최저한의 기초생계를 유지할 수 있을 정도의 소득을 보장해 주는 제도이다.
③ 개인적 형평성보다는 저소득층, 대가족, 노령층이 더 유리하도록 배려한다.
④ 일반적으로 급여수준의 결정은 개인적인 생활수준이나 기여 정도보다는 현재의 욕구에 따라 결정된다.
⑤ 사회보험 수급권은 수급자와 보험자 간의 계약에 의해 규정된 권리이므로, 자산조사(means test)를 수반하지 않고 권리로서 수급권을 보장받는다.
⑥ 사전에 규정된 욕구에 따라 급여가 제공된다. 예를 들어, 연금은 모든 노인에게 자동적으로 지급되는 게 아니라 관련 규정에 의거 65세 정년퇴직자에게만 지급한다.
⑦ 사회보험 재정은 피용자와 자영업자, 그리고 피용자를 고용하는 고용주가 책임진다.
⑧ 급여는 법으로 규정된다.
⑨ 사회보험은 국가 또는 공공단체가 보험자이지만, 그 대상은 피용

자인 공무원만이 아닌 정부개입이 필요한 사회문제의 해결을 위해 운용된다.

⑩ 민간보험은 재정의 완전적립을 요구하지만, 사회보험은 경우에 따라서 수지 불균형이 일어날 수도 있다.

한편, 사회보험이 대상으로 하는 사회적 사고는 크게 빈곤, 노령·장애·사망, 질병·사고, 실업, 저임금 등이 있는데, 그 사고가 단기적인 위험인지 혹은 장기적인 위험인지에 따라서 나누어 볼 수 있다. 단기적인 사고는 질병, 분만, 실업 등이다. 비록 실업이 장기간 이어지더라도 사회보험이 적용되는 실업은 단기간만 해당된다. 장기적인 사고는 장애, 노령, 사망 등이다. 비록 사망은 순간적인 일이지만 주된 소득자의 사망으로 인하여 소득을 상실한 유족이 오랫동안 유족급여를 받기에 장기적 사고로 간주된다. 이 점에서 산업재해보상보험이 다루는 산업재해는 단기간에 치료될 수 있는 사고도 있지만, 그 사고로 인하여 장애가 지속되거나 사망하여 유족이 있는 경우에는 장기간 사고로 이어질 수 있다는 양면성이 있다.

한국 사회보험의 보험료는 대부분 노동자와 자영업자가 일부를 부담하고, 나머지 일부는 고용주와 국가가 부담하는데, 산업재해보상보험만은 고용주가 전액 부담한다.

「사회보장기본법」 제3조 제3호에서는 "'공공부조(公共扶助)'란 국가와 지방자치단체의 책임하에 생활 유지 능력이 없거나 생활이 어려운 국민의 최저생활을 보장하고 자립을 지원하는 제도를 말한다."라고 규정되어 있다. 공공부조는 국가부조라고도 하며, 공적인 책임 아래 빈민에 대한 최저생활을 보장하는 제도이다. 공공부조의 특징은 다음과 같다(조원탁 외, 2012: 36-37).

① 사회보험과 달리 본인의 갹출이나 자기부담을 필요로 하지 않는다.
② 개인이나 가족이 현재의 자산이나 소득으로 최저한의 생활을 유지할 수 없다는 것이 자산조사 등의 객관적 방법을 통해 증명된 경우에 한하여 급여가 주어진다.
③ 적용조건은 사회보험이 강제가입임에 비해 공공부조는 본인의 신청이나 사회복지전담 공무원의 대리 신청에 의해 이루어진다.
④ 급여수준은 사회보험이 임금에 비례하거나 균일액임에 비해서 공공부조는 최저생활비가 지급된다.
⑤ 급여기간은 사회보험이 대체적으로 한정되어 있으나 공공부조는 빈곤한 생활을 하고 있는 이상 무제한적으로 이루어진다.
⑥ 사회보험의 중요한 기능이 빈곤의 원인이나 사회적 사고에 대한 예방적 대처라면, 공공부조는 빈곤한 생활이 현실적으로 나타났을 때에만 그 기능을 발휘하게 되므로 구빈적 · 사후 치료적인 기능을 한다.
⑦ 공공부조 대상자는 수급권을 인정받기 위해서 자산조사와 같은 방법을 통해 빈민임을 입증해야 하기에 사회적인 낙인이나 수치심, 혐오감 등을 갖게 될 우려가 있다.

한국의 공공부조는 「국민기초생활 보장법」에 의한 기초생활보장제도와 「의료급여법」에 의한 의료급여가 있고, 「긴급복지지원법」에 의한 긴급복지지원, 「재해구호법」에 의한 재해구호도 공공부조의 연장선에 있다.

사회보험은 국가와 사회가 책임을 지고 국민생활을 위협하는 여러 가지 생활의 위험이나 경제적 불안정으로부터 국민 개개인을 제도적으로 보호하려는 제도이다. 전통사회에서 대표적인 사회복지가 빈민을 구제하는 구빈사업이었다면, 산업화 이후 현대 사회에서 핵심적인 사회복지는 사회적 위험으로부터 시민을 구하려는 사회보험이다. 19세기 말 독일에서 시작되어 이후 전 세계에 광범위하게 확산된 사회보험은 공공부조(구빈사업)와 여러 가지 점에서 비교가 된다.

첫째, 공공부조가 65세 이상 노쇠자나 18세 미만의 요보호 아동을 비롯하여 가난한 사람의 생계를 보호하는 구빈제도라면, 사회보험은 18세 이상 65세 미만의 노동능력이 있는 사람의 사회적 위험을 보험방식으로 극복할 수 있게 하는 방빈제도이다.

둘째, 공공부조가 단지 가난하기에 급여를 받는다면, 사회보험은 철저히 보험료를 낸 것을 조건으로 하여 받는다. 공공부조는 소득과 재산 혹은 부양의무자의 유무 등을 확인하여 생계급여 등을 제공하고, 사회보험은 피보험자나 그 가족에게 사전에 정해진 급여조건을 충족시킬 때만 보험급여를 제공한다. 공공부조는 살아가는 데 필요한 최소한의 급여를 제공하고, 사회보험은 최적의 수준을 지향한다는 점에서도 차이가 난다.

셋째, 공공부조는 자산조사에 근거해서 국가와 지방자치단체가 세금으로 제공하기에 정부의 예산형편에 따라서 급여수준이 달라지기도 하고, 생존권 보호차원에서 선별적으로 지급된다. 사회보험은 보험료를 납부한 것을 조건으로 제공되어 법적인 권리가 형성된다. 일부 가난한 시민을 대상으로 하는 공공부조와 달리 사회보험은 사업장 노동자뿐만 아니라 농어민과 도시자영자를 포함한 전체 국민을 적용대상으로 본다.

2) 사회보험과 사보험

사회보험과 사보험은 보험의 원리를 활용하여 사회적 사고에 대응한다는 점에서 같다. 보험이 성립되기 위해서는 다음과 같은 조건에 맞아야 한다(조원탁 외, 2012: 32).

① 위험(사고) 발생이 규칙적이어야 한다. 사고가 어떤 일정 비율로 누군가에게 발생한다는 것을 통계의 축적으로부터 경험적으로 인지되어야 한다.
② 위험에 대비하여 공동의 기금을 조성하여야 한다. 보험자는 위험이 발생한 경우 이 공동의 기금으로 급여를 해야 하며, 공동의 급여를 만들기 위해서는 보험집단의 각 구성원이 일정액을 갹출해야 한다.
③ 보험기금으로부터 수지가 균등해야 한다. 위험률의 측정이 정확하게 이루어지면 보험료의 갹출과 보험기금으로부터의 급여가 균형을 이루게 된다.

이 세 가지 조건은 잘 지켜지기 어렵고, 특히 사회보험에서는 잘 지켜지지 않는다. 위험 발생의 규칙성은 천재지변에 의한 사고에서는 지켜지기 어렵다. 예컨대, 한국 사회에서 1년에 교통사고로 인한 사망자가 5천 명가량이라면 이는 위험(사고) 발생이 규칙적인 것이다. 하지만 연간 25만 명이 사망하는 것을 전제로 하여 생명보험을 설계한 상황에서 전쟁으로 1년에 250만 명이 사망한다면 위험 발생이 규칙적이라고 보기 어려운 일이다. 전쟁이 발생한 경우에는 위험 발생이 높아질 뿐만 아니라 화폐가치의 하락으로 위험에 대비한 공동의 기금도 운용하기 어렵다. 따라서 사회보험은 예측 가능한 사회에서 유용한 제도이고, 화폐가치가 지속적으로 크게 하락하는 사회에서는 유용한 제도가 아니다.

보험기금의 수지균등 기준은 사보험에서 강조되는데, 기금의 수입과 지출이 균등하거나 수입이 지출보다 약간 많을 때 지속 가능한 보험이다. 하지만 많은 나라에서 사회보험은 수지가 균등하지 못하고, 선대가 좀 더 많은 혜택을 받고 후대에게 더 큰 짐을 지우는 경향이 있다.

사회보험과 사보험은 보험이라는 점에서는 같지만 사보험은 영리를 목적으로 운영하는 보험이고, 사회보험은 공익을 목적으로 한다는 점에서 차이가 있다. Rejda가 말한 사회보험에 비교하여 사보험이 가진 특징은 다음과 같다(원석조, 2002에서 재인용).

① 사회보험은 강제가입을 원칙으로 하고 있지만, 사보험은 자발적인 가입을 통해 특정 개인의 욕구를 충족시킨다.
② 급여수준은 개인의사와 지불능력에 따라, 즉 기여 정도에 비례하여 정해진다.
③ 사회보험은 사회적 적절성을 강조하여 결국 복지요소(welfare element)에 초점을 두나, 사보험은 개인적 적절성을 강조하여 결국 보험요소(insurance element)에 초점을 둔다.
④ 사회보험 급여를 제공하는 근거는 법에 명시되어 있으나, 사보험의 급여 제공 근거는 계약에 있다.
⑤ 사회보험은 정부가 독점하고 있으나, 사보험은 시장경쟁에 맡겨져 있다.
⑥ 사보험은 사회보험에 비해 비용을 예측하기가 쉽다(예: 실업보험

에서 대량실업 등을 예측하기란 쉽지 않다).

⑦ 사회보험은 비용을 완전하게 준비할 필요가 없으나, 사보험은 비용을 완전하게 준비해야 한다. 사회보험은 강제성과 영속성을 전제로 하기에 비용을 완전하게 준비하지 않아도 된다.

⑧ 사회보험방식은 목적과 결과를 둘러싸고 여러 가지 이견이 있을 수 있으나, 사보험은 목적과 결과가 비교적 단순하다.

⑨ 사회보험은 중앙정부의 통제하에 투자되지만, 사보험은 사적 경로를 통한 투자가 이루어진다.

⑩ 사회보험은 조세제도를 통해 인플레이션에 대응할 수 있으나, 사보험은 인플레이션에 약하다.

3. 사회보장의 원칙

1) Beveridge의 사회보험 6대 원칙

사회보장을 이론적으로 뒷받침해 준 영국의 Beveridge는 1942년 '사회보험과 관련 서비스'에서 사회보험 6대 기본원칙을 제시했다. 그는 사회적 사고를 당한 모든 국민은 균일한 생계급여를 받고, 이에 필요한 비용에 똑같이 기여하는 원칙을 강조했다. 똑같이 내고 똑같이 받는 구조가 아닌, 똑같은 생계급여를 받기 위해서 필요한 만큼을 똑같이 내자는 안을 제안했다. 그는 사회보험을 통일시켜 관리하고, 급여수준은 생활수준을 반영한 적정한 수준이어야 하며, 피보험자의 범위와 욕구는 포괄적이고, 적용대상의 속성의 차이에 맞게 계층화해야 한다는 점을 강조했다. 기존 사회보험의 문제점을 극복하면서 보다 이상적인 사회보험을 구상한 것이다. 그가 제안한 사회보험의 기본원칙은 다음과 같다(조원탁 외, 2012: 43-44에서 재인용).

① 균일한 생계급여(flat-rate of subsistence benefit)의 원칙: 종전의 소득이 많고 적음에 관계없이 모든 국민에 대해서 필요한 소득을 국민적 최저수준으로 동일하게 지급하여야 한다는 것이다. 이 원칙은 소득상실 이전의 생활수준을 유지시켜 주기 위한 것이 아니라 최저한의 생활을 유지시키는 것에 목표를 두고 있다.

② 균일한 기여(flat-rate of contribution)의 원칙: 균일한 생계급여의 원칙과 동일한 원리로서, 동일한 생계급여를 받기 위해서는 동일한 기여를 해야 한다는 것이다. 즉, 소득의 많고 적음을 막론하고 동일한 기여를 하고 동일한 급여를 받는다는 것이다.

③ 행정책임의 통일화(unification of administration responsibility) 원칙: 당시 영국에서는 소득보장과 관련된 정부부처가 7개나 있어 이들이 각각 독립적인 소득보장을 실시하고 있었을 뿐 아니라 재원조달 방식도 통일되어 있지 않았다. 그 결과, 서비스의 중복 및 혼란현상이 야기되었으며, 일부 대상자는 서비스 대상에서 제외되는 현상을 빚기도 했다. 따라서 경비절감과 부처 및 제도 간의 상호 모순을 없애기 위해 운영기관을 통일해야 한다는 것이다.

④ 급여수준의 적정화(adequacy of benefits) 원칙: 급여수준은 국민들이 최저한의 생활을 하는 데 충분한 금액과 기간이 보장되어야 한다는 것이다.

⑤ 적용범위의 포괄성(comprehensiveness) 원칙: 사회보험의 대상으로서 타당하다고 인정되는 일반적이고 규칙적인 위험에 관해서

는 피보험자의 범위와 욕구의 범위가 모두 포함되어야 한다는 것이다.

⑥ 적용대상의 계층화(classification) 원칙: 사회보험의 대상자는 모든 국민을 대상으로 하지만, 피고용인, 고용주나 상인, 가정주부, 비취업자, 아동, 고령자 등 6개 계층으로 분류하여 보험을 조정해야 한다는 것이다.

* 베버리지 보고서 http://www.fordham.edu/halsall/mod/1942beveridge.html

Beveridge가 사회보험 6대 원칙을 정한 것은 영국의 사회보장 발달과 밀접히 관련이 있다. Beveridge는 균일한 생계급여와 균일한 기여를 강조했는데, 이는 국민의 부담능력에 따른 기여와 기존 생활수준에 상응하는 급여의 원칙과 크게 대조된다. 대부분의 사보험은 부담능력에 맞추어서 기여하고 생활수준에 상응하는 급여를 원칙으로 한다. 예컨대, 작은 차를 타는 사람은 자동차보험에서 보험료를 적게 내고 보험사고를 당할 때 급여도 적게 받지만, 고급차를 타는 사람은 보험료를 많이 내고 급여도 많이 받는다.

하지만 Beveridge는 사회보험은 모든 국민이 최저생활을 할 수 있는 수준만큼의 최저급여를 정하고, 그 급여를 줄 수 있을 만큼만 기여할 것을 강조하였다. 이처럼 균일한 급여와 균일한 기여를 강조한 것은 영국이 1601년 「구빈법」 이래로 가난한 사람들에게 자산조사를 통해서 공공부조를 하는 과정에서 낙인감을 주기에 사회보험은 낙인감이 없이 누구나 누릴 수 있는 복지제도가 되어야 한다는 점을 강조하려는 것이었다.

아울러 급여수준의 적정화 원칙과 적용범위의 포괄성 원칙은 균일한 생계급여의 원칙을 보완하는 원칙이고, 행정책임의 통일화 원칙은 영국의 기존 사회보험이 여러 개의 제도로 분산된 것을 통일시키기 위해서 제안되었다. 적용대상의 계층화 원칙은 현실적으로 모든 국민은 하나의 집단이 아니라 피고용인, 고용주나 상인, 가정주부, 비취업자, 아동, 고령자 등으로 나뉘고, 이들은 욕구와 자원이 다르기에 범주화해서 처우하려는 것이었다.

그런데 Beveridge의 사회보험 6대 원칙은 시간이 지남에 따라서 지켜지기 어려웠다. 가장 큰 문제는 균일한 생계급여와 급여수준의 적정화를 조화시키기 어려웠다. 국민의 생활수준이 높아지면서 생활수준에 맞는 생계급여를 주기 위해서는 생계급여의 수준을 높일 수밖에 없는데, 이렇게 되면 소득이 낮은 국민은 균일한 기여의 원칙에 맞는 부담을 하기 어렵다. 따라서 급여수준의 적정화를 위해서는 균일한 생계급여와 균일한 기여의 원칙을 보완해야 했다. 영국에서는 모든 국민이 똑같이 받고 똑같이 내는 기초연금에 부담능력에 따라서 기여하고 그에 비례하여 급여를 받는 '소득비례연금'을 추가하였다. Beveridge의 원칙을 존중하면서도 사회변화에 맞게 수정한 것이다.

이러한 변화에도 불구하고 Beveridge가 주창한 사회보험 6대 원칙은 제2차 세계대전 후 세계 여러 나라가 사회보험을 설계할 때 중요한 기준으로 채택되었다. 최저생활을 할 수 있도록 똑같이 받고 똑같이 내며 행정을 통일하고 급여수준을 적정하게 하며 적용범위를 포괄하면서도 적용대상을 범주화하여 관리운영하자는 제안은 사회보험의 이상적 기준이었다.

2) 국제노동기구의 사회보장 원칙

사회보장의 확장과 보급을 위한 국제노동기구의 노력은 제2차 세계대전을 전후하여 활발하게 전개되었다. 그 대표적인 것은 1952년 제35회 총회에서 채택된 제102호 조약으로서 사회보장의 최저기준에 관한 조약이다. 이 조약은 사회보장에 있어서 중요한 세 가지 원칙을 결의했다. 그것은 사회보장에 있어서 대상의 보편성, 비용부담의 공평성, 급여수준의 적절성이다(조원탁 외, 2012: 45-46).

＊ ILO(국제노동기구) http://www.ilo.org

(1) 대상의 보편성 원칙

사회보장이 사회보험을 중심으로 각국에서 처음 창설되었을 때는 노동자 계층을 그 대상으로 하였으나, 제2차 세계대전을 계기로 하여 전 국민을 대상으로 하는 제도로 변화되었다. 대상의 보편성 원칙이란 각계각층을 망라하여 포괄적으로 모든 국민을 대상으로 한다는 원칙을 말한다. 이러한 대상의 보편성 원칙은 개발도상국의 경우, 제도 도입부터 모든 국민을 대상으로 하는 것은 어렵지만 장기적인 기본목표 아래 점진적으로 확대되어야 함을 지적하고 있다.

(2) 비용 부담의 공평성 원칙

사회보장의 재정에 관한 기본원칙은 3개 항으로 규정되어 있다.

① 사회보장비용은 공동부담을 원칙으로 하되, 그 재원은 보험료 또는 세금으로 충당하며, 자산이 적은 자에게 과중한 부담이 되지 않도록 하고, 피보험자의 경제적 상태를 고려하여 결정해야

한다.

② 보험료에 대한 피고용자의 부담한계는 피보험자 계층의 직접 보호를 위해서 지급되는 전체 재원의 50%를 초과해서는 안 된다. 그 나머지는 사용자 부담, 특별세 수입, 일반재정으로부터의 보조금, 자본수입 등으로 충당되어야 한다.

③ 국가는 보험급여의 정당한 지급에 대한 일반적 책임을 가져야 하며, 이를 위하여 재정의 수지균등 원칙이 지켜져야 한다. 그리고 재정적 균형에 관하여 필요한 보험수리적 연구 및 계산을 정기적으로 강구하여야 한다.

(3) 급여수준의 적절성 원칙

급여수준의 적절성 원칙은 보험의 급여수준과 급여방법에 관한 원칙을 말한다.

① 가족의 부양수준 원칙: 보험급여의 총액과 수익자의 자력을 합한 것이 최저생활이 되도록 하려는 원칙이다.

② 균일급여의 원칙: 보험급여는 어떤 수급자에게나 동액의 급여를 지급한다는 원칙이다. 이것은 최저기준선까지는 누구에게나 동일하게 확보시켜 주어야 하며, 대상자의 직종이나 숙련, 미숙련 등을 구분하지 않는다.

③ 비례급여의 원칙: 급여수준은 각 개인이 사회적으로 영위하는 생활의 정도가 모두 다르기에 그것에 상응하는 정도의 급여수준이 되어야 한다.

국제노동기구가 정한 '사회보장의 최저기준에 관한 조약'은 세계 각국의 사회보장제도에 강력한 영향력을 미쳤다. 이는 조약이기에 회원국은 대상의 보편성, 비용부담의 공평성, 급여수준의 적절성을 법적으로 이행해야 하기 때문이다.

국제노동기구의 사회보장기준은 보편성, 공평성, 적절성 등 평범한 낱말이지만 그 내용을 살펴보면 대단히 정치적인 용어이다. 대상의 보편성은 사회보장의 대상을 일부 노동자에게 한정시키지 말고 전체 노동자와 자영인 그리고 그 가족을 포함한 전체 국민으로 확대해야 한다는 뜻이다. 전체 국민은 노동자와 그 가족이 대부분이기에 대상의 보편성은 노동자와 그 가족을 위한 사회보장을 주장한 것이다. 부담의 공평성은 보험료의 부담을 노동자만 해서는 안 되고 고용주와 국가 등이 공평하게 분담하는 것인데, “노동자가 재원의 50%를 초과해서는 안 된다.”라는 구절로 노동자의 이익을 반영하였다. 급여수준의 적절성은 최저생활을 할 수 있는 수준까지 적절하게 지급해야 한다는 점을 강조한 것이다. 이처럼 국제노동기구는 사회보장의 최저기준에 관한 조약을 통해서 세계 여러 나라가 반드시 최저기준을 지키도록 하고, 그 이상의 수준을 보장하는 것은 각국의 상황에 맡겼다. 복지 선진국들은 대체로 국제노동기구의 최저기준에 관한 조약 이상의 수준으로 보험급여를 주고 있다.

단원 정리

사회보장이란 낱말은 독일어의 Soziale Sicherheit와 영어의 Social Security를 한글로 표기한 것이다. 오늘날 사회보장은 널리 쓰이는 낱말이지만, 사용되기 시작된 것은 1920년대 이후 유럽이었고, 1935년 미국의 「사회보장법」에 의해서 보편화되었다.

사회보장이 구체적인 사회복지제도로 정착될 수 있었던 것은 Beveridge와 국제노동기구의 덕택이다. Beveridge는 1942년 베버리지 보고서라고 불리는 '사회보험과 관련 서비스'에서 사회보장을 "실업 · 질병 혹은 재해에 의해서 수입이 중단된 경우의 대처, 노령에 의한 퇴직이나 본인 이외의 사망에 의한 부양 상실의 대비, 그리고 출생 · 사망 · 결혼 등과 관련된 특별한 지출을 감당하기 위한 소득보장"이라고 정의하고 있다.

사회보장이 구체적인 프로그램 혹은 제도로서 발전되는 데는 국제노동기구의 역할이 매우 컸다. 국제노동기구는 1952년 제35회 총회에서 채택된 제102호 조약인 '사회보장의 최저기준에 관한 조약'을 통해서 세계 여러 나라의 사회보장제도를 표준화시켰다.

한국의 「사회보장기본법」은 제3조 제1호에서 "'사회보장'이란 출산, 양육, 실업, 노령, 장애, 질병, 빈곤 및 사망 등의 사회적 위험으로부터 모든 국민을 보호하고 국민 삶의 질을 향상시키는 데 필요한 소득 · 서비스를 보장하는 사회보험, 공공부조, 사회서비스를 말한다."라고 규정되어 있다.

사회보장은 제도로 표현되기에 무엇을 사회보장으로 보는가는 그 구체적인 제도의 범주로 보다 확실해진다. 국제노동기구는 사회보장을 각종 급여부문을 중심으로 사회보험, 사회(공공)부조, 일반조세로 재원조달이 되는 급여, 가족급여, 적립기금, 사용자 제공급여제도, 그리고 사회보장 전반에 대한 보조와 보완제도 등으로 대별하고 있다. 미국 사회보장청이 발간하는 「세계의 사회보장」에서는 사회보장제도를 연금보험, 건강보험, 산업재해보상보험, 실업(고용)보험, 가족수당 등 다섯 가지 유형의 제도로 구분하고 있다.

한국의 「사회보장기본법」은 사회보장에 사회보험, 공공부조, 사회서비스를 포함시키고 있다. 사회보장은 노령, 질병, 산업재해, 실업, 일상생활을 혼자서 수행하기 어려운 노인 등 사회적 위험에 대처하기 위하여 5대 사회보험을 제도화시켰고, 국민기초생활보장제도와 의료급여, 긴급복지지원 등을 통하여 공공부조를 확충하고 있기에 세계적인 사회보장에 부응하고 있다. 다만, 가족급여를 아직 체계적으로 제도화시키지 못하였고, 건강보험에 상병급여를 포괄하지 못하였다.

사회보험과 공공부조는 국민을 위한 사회복지제도이다. 사회보험은 주로 노동자, 자영인과 같이 노동능력이 있고 일하는 사람이 장차 사회적 위험에 대비하여 빈곤을 예방하려는 방빈정책이라면, 공공부조는 노인, 중증장애인 등과 같이 노동능력이 없거나 있더라고 노동능력이 약해서 가난한 사람을 위한 구빈정책이라는 점에서 차이가 있다. 또한 사회보험과 사보험은 보험의 원리를 활용하여 사회적 사고에 대응한다는 점에서는 같지만, 사회보험은 공익을 추구하는 강제보험이고, 사보험은 영리를 추구하는 임의보험이라는 점에서 차이가 있다.

사회보장을 이론적으로 뒷받침해 준 Beveridge는 1942년 '사회보험과 관련 서비스'에서 사회보험 6대 기본원칙을 제시했다. 그는 사회적 사고를 당한 모든 국민은 균일한 생계급여를 받고, 이에 필요한 비용에 똑같이 기여하는 원칙을 강조했다. 사회보험을 통일시켜 관리하고, 급여수준은 생활수준을 반영한 적정한 수준이어야 하며, 피보험자의 범위와 욕구는 포괄적이고, 적용대상의 속성의 차이에 맞게 계층화해야 한다는 점을 강조했다. 그는 기존 사회보험의 문제점을 극복하면서 보다 이상적인 사회보험을 구상한 것이다.

사회보장의 확장과 보급을 위한 국제노동기구의 노력은 제2차 세계대전을 전후하여 활발하게 전개되었다. 1952년에 국제노동기구 총회에서 채택된 '사회보장의 최저기준에 관한 조약'은 사회보장에 있어서 중요한 세 가지 원칙을 대상의 보편성, 비용부담의 공평성, 급여수준의 적절성이라고 밝혔다.

✱ 용어 정리

- **사회보장**: 「사회보장기본법」상 '사회보장'이란 출산, 양육, 실업, 노령, 장애, 질병, 빈곤 및 사망 등의 사회적 위험으로부터 모든 국민을 보호하고 국민 삶의 질을 향상시키는 데 필요한 소득 · 서비스를 보장하는 사회보험, 공공부조, 사회서비스를 말한다.

- **사회보험**: 「사회보장기본법」상 '사회보험'이란 국민에게 발생하는 사회적 위험을 보험의 방식으로 대처함으로써 국민의 건강과 소득을 보장하는 제도를 말한다. 일반적으로 사회보험은 국가와 사회가 책임을 지고 국민생활을 위협하는 노령, 질병, 산재보험, 실업, 일상생활을 혼자서 수행하기 어려운 노인의 요양 등 사회적 사고를 보험적 방식으로 해결하려는 복지제도이다.

- **공공부조**: 「사회보장기본법」상 '공공부조'란 국가와 지방자치단체의 책임하에 생활 유지 능력이 없거나 생활이 어려운 국민의 최저생활을 보장하고 자립을 지원하는 제도를 말한다.

- **Beveridge의 사회보험 6대 원칙**: 영국의 Beveridge는 1942년 '사회보험과 관련 서비스'라는 베버리지 보고서에서 사회보험 6대 기본원칙을 제시했다. 즉, 균일한 생계급여의 원칙, 균일한 기여의 원칙, 행정책임의 통일화 원칙, 급여수준의 적정화 원칙, 적용범위의 포괄성 원칙, 적용대상의 계층화 원칙이다.

- **국제노동기구의 사회보장 원칙**: 국제노동기구는 1952년 제35회 총회에서 제102호 조약으로서 '사회보장의 최저기준에 관한 조약'을 채택했다. 이 조약은 사회보장에 있어서 중요한 세 가지 원칙을 대상의 보편성, 비용부담의 공평성, 급여수준의 적절성이라고 밝혔다.

제2장

사회보장의 구조와 역사

1. 사회보장의 법적 정의

사회보장의 법적 정의는 나라와 시기마다 다를 수 있다. 한국에서 법적 정의는 1963년 11월 5일에 제정된 「사회보장에 관한 법률」에서 처음으로 찾아볼 수 있었다. 이 법의 제2조에서는 "'사회보장'이라 함은 사회보험에 의한 제급여와 무상으로 행하는 공적부조를 말한다." 라고 규정했다.

1995년 12월 30일에 제정되고 6개월 후에 시행된 「사회보장기본법」은 이전 법을 폐지하고 만들어졌다. 이 법은 제3조 제1호에서 "'사회보장'이라 함은 질병 · 장애 · 노령 · 실업 · 사망 등의 사회적 위험으로부터 모든 국민을 보호하고 빈곤을 해소하며 국민생활의 질을 향상시키기 위하여 제공되는 사회보험 · 공공부조 · 사회복지서비스 및 관련복지제도를 말한다."라고 규정했다. 이 법은 기존 법의 공적부조를 공공부조로 바꾸고, 사회복지서비스 및 관련 복지제도를 추가시켰다.

「사회보장기본법」은 2012년 1월 26일에 전부 개정되고 1년 후 시행되었다. 개정 법 제3조 제1호는 "'사회보장'이란 출산, 양육, 실업, 노령, 장애, 질병, 빈곤 및 사망 등의 사회적 위험으로부터 모든 국민을 보호하고 국민 삶의 질을 향상시키는 데 필요한 소득 · 서비스를 보장하는 사회보험, 공공부조, 사회서비스를 말한다."라고 규정한다. 새 법은 사회적 위험의 요인에 출산, 양육을 포함시켰고, 기존 사회복지서비스와 관련 복지제도를 통합시켜 사회서비스로 정의하였다(법 제3조 제2~5호).

2. '사회보험'이란 국민에게 발생하는 사회적 위험을 보험의 방식으로 대처함으로써 국민의 건강과 소득을 보장하는 제도를 말한다.
3. '공공부조'란 국가와 지방자치단체의 책임하에 생활 유지 능력이 없거나 생활이 어려운 국민의 최저생활을 보장하고 자립을 지원하는 제도를 말한다.
4. '사회서비스'란 국가 · 지방자치단체 및 민간부문의 도움이 필요한 모든 국민에게 복지, 보건의료, 교육, 고용, 주거, 문화, 환경 등의 분야에서 인간다운 생활을 보장하고 상담, 재활, 돌봄, 정보의 제공, 관련 시설의 이용, 역량 개발, 사회참여 지원 등을 통하여 국민의 삶의 질이 향상되도록 지원하는 제도를 말한다.
5. '평생사회안전망'이란 생애주기에 걸쳐 보편적으로 충족되어야 하는 기본욕구와 특정한 사회위험에 의하여 발생하는 특수욕구를 동시에 고려하여 소득 · 서비스를 보장하는 맞춤형 사회보장제도를 말한다.

따라서 이 책에서 사회보장의 정의는 「사회보장기본법」에 따라 사회보험, 공공부조, 사회서비스를 중심으로 기술한다. 또한 아동수당,

기초연금, 장애인연금 등 사회수당의 비중이 커지고 있기에 이를 포함하여 다룬다.

2. 사회보장제도의 구조

사회보장제도는 사회보험, 공공부조, 사회서비스이고, 여기에 사회수당을 포함시킬 수 있다. 사회보장제도가 기능하기 위해서는 누군가에게 복지급여를 제공하고 필요한 재원을 조달하는 등 관리운영이 필요하다. 여기에서는 사회보장의 적용대상, 재원, 급여, 관리운영의 원리에 대해 간략히 기술한다.

1) 적용대상

사회보장의 적용대상은 원칙적으로 모든 국민이지만 실제로는 제도에 따라 달라진다. 「헌법」 제34조 제1항은 "모든 국민은 인간다운 생활을 할 권리를 가진다.", 제2항은 "국가는 사회보장 · 사회복지의 증진에 노력할 의무를 진다."라고 규정되어 있다. 따라서 모든 국민은 국가가 실시하는 사회보장으로 '인간다운 생활을 할 권리'를 누릴 수 있어야 한다. 특히 국가는 여자의 복지와 권익의 향상을 위하여 노력하여야 하고(제3항), 노인과 청소년의 복지향상을 위한 정책을 실시할 의무를 진다(제4항). 또한 신체장애자 및 질병 · 노령 기타의 사유로 생활능력이 없는 국민은 법률이 정하는 바에 의하여 국가의 보호를 받고(제5항), 재해를 예방하고 그 위험으로부터 국민을 보호하기 위하여 노력하여야 한다(제6항). 「헌법」상 국가는 복지욕구가 크거나 부담능력이 약한 국민에 대해 적극적인 지원을 해야 한다.

사회보장은 모든 국민에게 보편적으로 적용되지만 현실적인 요인에 의해 선별적인 경우가 많다. 모든 국민에게 혹은 해당 인구에게 사회복지가 보편적으로 적용되는 것을 보편주의, 빈민이나 저소득층 등 특정 인구집단에게 선별적으로 적용되는 경우를 선별주의라 한다. 흔히 사회보험과 사회수당은 보편주의를, 공공부조와 사회서비스는 선별주의를 따르는 경우가 많다. 개별 사회보장제도는 보편주의와 선별주의가 혼합되어 있는 경우가 많다.

사회보장의 적용대상을 선정할 때 보편주의와 선별주의의 장점과 단점을 논쟁하는 경우가 있다. 「헌법」은 "모든 국민은 인간다운 생활을 할 권리를 가진다."라고 보편주의를 지향하지만, 국가는 여자, 노인과 청소년, 신체장애자, 질병 · 노령 기타의 사유로 생활능력이 없는 사람 등을 우선 보호해야 한다. 흔히 공공부조는 모든 국민에게 똑같이 주는 것이 아니라 가구 소득과 재산이 적은 빈곤층과 같이 사회적 욕구가 강하고 시장에서 구매력이 떨어진 사람에게 주어진다. 사회보험의 급여는 보험료를 낸 사람이 받을 수 있다. 보편주의와 선별주의의 장단점을 논쟁하기보다 특정 복지제도의 적용대상을 선정할 때 「헌법」에 부합되도록 운용해야 한다.

사회보험 중 적용대상이 가장 많은 건강보험은 의료급여 수급자를 제외한 모든 국민이 적용을 받기에 보편주의를 지향한다. 그런데 건강보험은 초기에 일정 규모 이상 사업장에서 일하는 노동자와 그 가족에게 적용되었고 점차 1인 이상 사업장까지 확대되었으며, 농어민, 도시자영자에게 확대 적용되었다.

사회보험의 적용대상은 보험료의 부담능력이 있고 보험료를 계산하기 쉬운 인구집단부터 시작되어 점차 전 국민으로 확대되었다. 국민연금도 노동자가 먼저 적용받고 그다음은 농어민, 도시자영자로 확대되었지만 학생, 취업준비자, 주부 등은 아직 당연 적용대상이 아니다. 고용보험, 산업재해보상보험은 1인 이상 고용사업장에서 일하는 노동자가 당연 적용대상이고, 자영업자는 임의 적용대상이며, 농어민, 도시자영자는 아직 적용대상이 아니다.

사회보험은 보험료 부담능력이 있는 사람에게 우선 적용하지만, 공공부조는 스스로 살아가기 어려운 사람에게 우선 적용한다. 국가와 지방자치단체는 '가구 소득인정액이 기준 중위소득의 50% 이하'일 때 수급자 선정기준으로 보는데, 소득인정액은 소득평가액에 재산의 소득환산액을 더한 금액이다. 기초생활보장 수급자는 가구 소득인정액에 부양의무자의 부양비를 합친 금액이 기준 중위소득의 30% 이하일 때 생계급여 수급자, 30%를 넘고 40% 이하일 때 의료급여 수급자로 선정될 수 있다. 생계급여와 의료급여 수급자는 해당 가구의 소득과 재산뿐만 아니라 부양의무자의 부양능력까지 고려하여 선정된다.

사회서비스의 수급자는 아동복지는 18세 미만, 노인복지는 65세 이상, 장애인복지는 등록장애인이다. 특정 인구집단을 위한 복지서비스는 종류가 다양한데, 권익 보호서비스는 다수에게 적용되지만 금품 제공은 일부에게만 적용된다. 즉, 학대 피해아동이 아동보호전문기관의 보호를 받을 때에는 자산조사를 받지 않지만, 고등학생이 교육비 지원을 받으려면 가구 소득인정액이 일정 수준 이하일 때만 가능하다.

사회수당 중 아동수당은 7세 미만인 자, 기초연금은 65세 이상 중 소득 하위 70%인 자, 장애인연금은 등록된 중증장애인이고 소득 하위 70%인 경우만 받을 수 있다. 아동수당은 가구의 소득인정액 기준이 없지만, 기초연금, 장애인연금은 소득 하위 70%인 사람만 받을 수 있다.

사회보장의 적용대상은 변화한다. 사회보험은 제도가 성숙되면서 적용대상이 확장된다. 예컨대, 건강보험의 적용대상은 노동자에서 농어민, 도시자영자로 확대되었다. 또한 아동수당은 도입과정에서 소득과 재산에 상관없이 모두 지급, 하위 80%에게 지급, 하위 50%에게 지급하는 방안이 논의되었다. 모든 아동에게 지급하자고 공약한 대통령 후보가 당선되고, 하위 80%에게 주자는 정당과 협의하여 하위 90%에게 주었다. 제도 시행 후 상위 10%를 골라내는 비용이 많이 들어 해당 연령층의 모든 아동에게 지급하는 것으로 바뀌었다. 이처럼 사회보장의 적용대상의 선정은 보편주의와 선별주의가 혼합되어 있는 경우가 많다.

2) 재원

사회보장의 재원을 마련할 때 중요한 원칙은 지속 가능성과 수지균형이다. 사회보장제도가 지속 가능하도록 수입과 지출의 균형을 유지해야 한다. 사회보장의 재원은 크게 세금, 사회보험료, 본인부담금이다. 공공부조는 세금으로 조달되고, 5대 사회보험은 사회보험료를 근간으로 하여 조세로 보완되며, 사회서비스는 세금으로 조달되고 일부는 본인부담금으로 충당되며, 사회수당은 세금으로 조달된다. 세금과 사회보험료 중 무엇으로 충당할지, 사회보험료와 조세를 함께 사용할지, 본인부담금의 비중을 어느 정도 할지에 대한 정해진 기준은 없다. 많은 나라가 공공부조와 사회수당은 세금으로 조달하고, 사회보험은 사회보험료가 근간이면서 조세로 보충하는 방식을 선택한다.

사회보장의 재원이 세금, 사회보험료 중 어느 것을 근간으로 할지는 나라마다 다르다. 예컨대, 영국, 뉴질랜드, 호주 등은 국민건강서비스(National Health Service)를 주로 세금으로 운영하는데, 한국은 건강보험으로 운영한다. 영국인은 병원을 이용할 때 개인 부담이 거의 없지만, 한국인은 건강보험의 보장율(2017년에 62.7%)이 경제협력개발기구(Organization for Economic Cooperation and Development: OECD)의 평균(2014년에 78.0%)보다 낮아 진료비의 상당한 비율을 본인이 부담해야 한다.

제도를 설계할 때 재원을 세금 혹은 사회보험료로 하는 방안은 논쟁거리이지만, 한번 결정된 재원은 바뀌기 어렵다. 우리나라 사회보장제도는 세금 혹은 사회보험료를 근간으로 하고, 부족한 것을 세금이나 본인부담금으로 보충하는 경우가 많다. 세금은 재분배를 통해 불평등을 줄일 수 있다는 주장도 있지만 근거가 미약하다. 세금 중에는 부자가 많이 내는 것도 있지만 가난한 사람이 상대적으로 많이 내는 것도 있기 때문이다.

세금은 크게 직접세와 간접세, 국세와 지방세, 일반세와 목적세 등으로 구분된다. 세금을 부담하는 사람과 내는 사람이 같으면 직접세이고, 물건이나 서비스 가격에 포함되어 소비자가 부담한 세금을 모아서 판매자가 내는 것은 간접세이다. 우리나라의 경우 근로소득세, 재산세 등은 직접세이고, 부가가치세, 담뱃세 등은 간접세이다. 국가가 세금을 징수하면 국세이고, 지방자치단체가 세금을 징수하면 지방세이다. 한국은 국세의 비중이 크고 지방세의 비중이 작아 국가는 지방자치단체의 재정자립도 등을 감안하여 국세의 일부를 지방양여금 등으로 제공한다.

사회보장 재정의 재원이 세금인 경우에 국세의 비중이 크고 지방자치단체가 일부를 분담한다. 국세와 지방세의 분담을 어떻게 할 것인지는 제도마다 다르다. 기초생활보장제도는 국세와 지방세의 비율이 8:2(시 · 도 1, 시 · 군 · 구 1)이지만, 재정자립도가 낮고 수급자의 비율이 높은 지역은 9:1(시 · 도 0.7, 시 · 군 · 구 0.3)이다. 사회서비스 예산은 주로 지방양여금으로 충당되고, 일부 사업은 국비로 충당된다. 어떤 것을 국가가 부담하고 어떤 것을 지방자치단체가 부담하는지에 대한 원칙은 없다. 일부 학자들은 기초생활보장제도와 같이 전 국민에게 적용되는 것은 국가 예산으로 충당하고, 경로당 운영과 같이 해당 주민의 욕구를 반영한 사업은 지방비로 충당하자고 하지만, 제도 도입 시 결정된 경우가 많다. 지방정부의 자율성을 높이기 위해 국세의 일부를 지방세로 바꾸자는 주장도 있지만, 어떤 세금이든지 사람과 기업이 많은 수도권과 대도시에서 많이 걷히기에 지방세의 비중이 커지면 지역 간 격차도 커질 수 있다.

어떤 세금을 국세로 할지 혹은 지방세로 할지는 법령으로 결정된다. 실례로 담뱃세는 담배를 소비할 때 과세하는 세금으로 일종의 소비세이다. 본디 국세였으나 1989년 지방재정을 확충한다는 취지에 따라 지방세로 이양되었다. 담뱃세는 담뱃값에 일정한 세율을 곱하는 종가세가 아니라 물량에 비례해 과세하는 종량세(당초 담뱃값은 2,500원인데 세금을 2,000원 붙여서 4,500원에 판매)이다.

사회보장에 필요한 예산을 일반세나 목적세, 직접세나 간접세로 조성하는 것 중 어느 것이 더 좋은지에 대한 논쟁도 있다. 한국은 공공부조, 사회수당 등에 필요한 예산은 일반세로 조성하고, 일부 나라에서 시행하는 '사회보장세'와 같은 목적세는 없다.

대표적인 간접세는 부가가치세인데, 1977년 7월부터 종래의 간접적인 영업세 · 물품세 · 직물류세 · 유흥음식세 등 복잡한 세목을 통합하여 일반소비세인 부가가치세 체제로 통합하였다. 부가가치세는 제조업 · 도매업 · 소매업자 등 각 거래단계마다 과세하는 다단계 거래세이며, 특별소비세와는 달리 모든 재화나 용역에 대하여 모든 거래

단계에서 과세하므로 일반소비세이고, 조세의 부담은 최종소비자에게 전가되므로 간접세이다. 부가가치세 세율은 현재 단일 비례세율로서 세율이 10%이다. 부가가치세는 국세로 출발했지만 현재 세금의 일부를 지방자치단체의 자주재원 확보를 위해 부가가치세액의 21%를 지방소비세로 전환하였다. 지방소비세는 2010년 5%로 신설된 후 2014년 11%, 2019년 15%, 2020년 21%이고, 지방정부는 25%까지 요구하고 있다. 부가가치세는 국세이지만, 그 세금의 21%는 지방정부의 재원으로 사용되기에 지방세가 혼용되어 있다.

일부 학자들은 사회보장의 재원을 직접세로 조성하는 것이 간접세보다 더 공정하다고 주장하지만, 증명된 것은 아니다. 대표적인 직접세 중 갑종 근로소득세는 소득은 있지만 세금을 내지 않는 면세자가 적지 않고, 법인세는 법인의 투자를 활성화시키기 위해 면제해 주는 비율이 높기에 소득에 비례해서 세금이 부과되지는 않는다. 간접세 중 부가가치세는 소비에 세금이 붙기에 가난한 사람도 소비할 때마다 세금을 내지만 일반적으로 부자가 더 많이 소비하므로 공평하다는 주장도 있다.

결국 사회보장의 재원으로 직접세와 간접세, 국세와 지방세, 일반세와 목적세 등에 대한 논쟁은 요란하지만, 한국은 '사회보장세'가 없고 다양한 세금을 모아서 사회보장에 쓰기에 논쟁의 실익이 별로 없다. 국민이 낸 세금의 일부는 사회복지예산, 교육예산, 국방예산 등으로 쓰이기에 어떤 방식으로 사회보장 예산을 조달하는 것이 더 좋다고 말하기 어렵다. 2020년 국가 예산의 약 35%를 복지(보건복지고용)예산으로 쓰고, 복지예산이 국방예산의 3배가 넘는 상황에서 제대로 조달할 수 있길 기대할 뿐이다. 코로나19 사태로 추경을 편성하여 전 국민에게 재난지원금을 지급하는 등 많은 예산을 집행하였기에 세금만으로 부족하여 국채를 발행했다. 국채는 현재 필요한 예산을 미래 세대의 짐으로 넘기는 것이다.

사회보험은 사회보험료로 조달하는 것을 원칙으로 하고 급여를 이용할 때 본인이 일부 부담하며 부족한 것을 세금으로 보충한다. 사회보험료를 누가 얼마만큼 부담할 것인가는 제도마다 다르다. 산업재해보상보험은 사용자가 전액을 부담한다. 산재보험료율은 해당 업종에서 최근 3년간 보험급여로 받은 것을 계산하여 정하기에 받은 만큼 낸다고 볼 수 있다. 건강보험의 경우 1인 이상 고용사업장은 노동자와 사용자가 반씩 부담한다. 농어민은 전체의 60% 내외를 내고 나머지는 국가가 세금으로 지원하며, 도시자영자는 소득과 재산에 근거하여 보험료를 낸다. 건강보험료는 요율이 균일하여 소득이 높으면 비례해서 많은 액수를 낸다. 국민연금은 건강보험과 유사한 방식으로 보험료를 내지만, 월평균소득의 한도액(2020년에 486만 원)을 규정하여 고소득자의 보험료가 상대적으로 적다. 고용보험의 경우 실업급여에 대한 것은 노동자와 사용자가 반씩 부담하고, 고용안정사업·직업능력개발사업은 사용자가 전액 부담한다. 노인장기요양보험은 건강보험료에 일정한 비율을 곱해 내고, 추가로 국가는 매년 예산의 범위 안에서 해당 연도 장기요양보험료 예상수입액의 20%를 건강보험공단에 지원하도록 되어 있다.

이처럼 사회보험은 급여를 받는 노동자, 농어민, 도시자영자가 소득(과 재산)에 따라 보험료를 낸다. 노동자를 고용한 사용자도 일부 부담하며, 농어민 등을 위해 국가가 세금으로 지원한다. 특히 공무원연금, 군인연금 등의 결손예상액(연간 3조 원 내외)을 매년 국가가 예산으로 지원한다. 사회보험의 재정은 당사자와 사용자가 낸 사회보험료를 기초로 하지만, 국가가 세금으로 지원하는 액수도 적지 않다. 건강보험,

노인장기요양보험 등의 급여를 받을 때에는 당사자의 본인부담금도 있다. 건강보험은 전체 진료비의 1/3 이상을 본인이 부담하고, 노인장기요양보험의 이용자는 재가급여의 15%와 시설급여의 20%와 식비·간식비의 전액을 부담한다.

3) 급여

사회보장의 급여는 흔히 현금급여와 현물급여, 단기급여와 장기급여 등으로 나눌 수 있다. 현금급여는 이용자의 선택의 폭을 넓히고, 현물급여는 급여의 효율성·효과성을 높인다고 주장하지만, 한마디로 규정하기는 어렵다.

공공부조는 초기에 현물급여를 중심으로 하고 현금급여를 보충적으로 사용했지만 점차 현금급여의 비중을 높였다. 생활보호제도에서 생계보호의 비중이 컸고, 쌀과 보리쌀 등을 매달 지급하고 반찬값을 현금으로 지급했다. 기초생활보장제도는 생계급여, 해산급여, 장제급여를 현금으로 주고, 의료급여, 교육급여를 현물로 주며, 주거급여를 일부 현금으로 주면서 나머지 '주택수선비'를 현물로 준다. 긴급복지제도는 생계지원, 주거지원, 교육지원 등을 현금으로 주고, 의료지원을 현물로 준다.

사회보험 중 국민연금은 현금으로 주고, 건강보험은 주로 현물로 주고 요양비 등 극히 일부만 현금으로 준다. 산업재해보상보험은 요양급여 등을 현물로 주고, 휴업급여 등을 현금으로 준다. 고용보험은 실업급여 등을 현금으로 주고, 노인장기요양보험은 재가급여와 시설급여를 현물로 지급하지만 부득이한 경우에 가족요양비 등을 현금으로도 준다. 어떤 급여를 현금으로 주느냐 혹은 현물로 주느냐는 제도를 도입할 때 결정되는데, 생활비(예: 노령연금, 휴업급여, 실업급여 등)는 현금으로, 치료비(예: 요양급여 등)는 현물로 주는 경향이 있다. 현금으로 주는 것이 간편하지만 현물로 주면 관련 기관(예: 병원, 장기요양지정기관 등)의 발전을 촉진시킬 수도 있다.

사회수당은 주로 현금으로 주고, 사회서비스는 현물로 준다. 정부가 사회서비스를 현물로 줄 때에도 사회복지시설에 예산을 주고 이용자가 서비스를 받는 방식(과거 어린이집의 이용방식)에서 이용자에게 카드(포인트, 바우처)를 주고 서비스 이용 기관에서 결제하는 방식(현재 어린이집의 이용방식)으로 하여 이용자의 선택권을 넓히려는 경향이 있다.

사회보장 급여는 단기급여와 장기급여로 나눌 수도 있다. 그 기준은 대체로 1년 미만이면 단기급여, 1년 이상이면 장기급여라고 부른다. 기초생활보장 수급자는 1년 단위로 선정하고, 긴급복지지원 대상자는 한 달 단위로 선정하여 지원의 필요성이 있으면 연장된다. 기초생활보장 생계급여와 의료급여 수급자의 다수는 18세 미만, 65세 이상, 중증장애인, 한부모가족 등으로 노동능력이 없거나 약한 사람이기에 한번 수급자로 선정되면 중장기간 보호를 받는다. 수급자 선정은 1년 단위이지만, 특정인이 급여를 받는 기간은 중장기일 가능성이 크다. 긴급복지는 1년 이하로 수급기간이 끝나고, 지원이 더 필요한 경우에는 기초생활보장 수급자로 선정하여 지원하는 경향이 있다.

사회보험의 급여는 단기급여와 장기급여가 혼합되어 있다. 국민연금은 노령연금, 유족연금 등 장기급여가 많고 반환일시금 등 단기급여도 있다. 건강보험은 요양급여, 고용보험은 실업급여 등 단기급여이다. 산재보험은 요양급여와 휴업급여는 단기급여이지만 장해급여, 상병보상연금은 장기급여이다. 노인장기요양보험은 등급판정을 1년

단위로 받지만, 등급을 받은 노인은 시간이 갈수록 일상생활 수행능력이 떨어져 사망 시까지 중장기간 급여를 받는 경향이 있다.

사회수당은 1년 단위로 수급자를 선정하지만, 아동수당은 7세 미만까지, 기초연금은 65세에서 사망 시까지 지급하기에 장기급여이다. 사회서비스는 1년 혹은 그 미만 단위로 이용자가 선정되지만 흔히 장기간 이용한다. 즉, 특정 사회서비스는 제한된 기간만 이용할 수 있어서 단기급여로 보이지만, 한번 선정된 사람이 이용자로 반복 선정되면 사실상 장기간 서비스를 받게 된다.

4) 관리운영

사회보장제도는 공공부조, 사회보험, 사회서비스, 사회수당별로 관리운영하는 기구가 다르다. 대체로 공공부조와 사회수당은 국가가 총괄하고 지방자치단체(시 · 도와 시 · 군 · 구)가 해당 지역의 수급자에게 복지급여를 제공한다. 법령으로 표준화된 기준에 맞추어서 수급자를 선정하고 정해진 급여를 제공한다. 간혹 지방자치단체가 국가가 정한 기준보다 관대한 기준을 만들어 추가로 수급자를 선정하고 급여를 주는 경우(가령, 서울형 기초생활보장제도)도 있지만 많지 않다.

사회보험은 5대 사회보험별로 다르다. 국민연금은 보건복지부가 총괄하고 국민연금공단이 관리운영한다. 건강보험과 노인장기요양보험은 보건복지부가 총괄하고 국민건강보험공단이 관리운영한다. 고용보험은 고용노동부가 총괄하고 근로복지공단의 지원을 일부 받아 고용노동부가 관리운영한다. 산업재해보상보험은 고용노동부가 총괄하고 근로복지공단이 관리운영한다.

사회서비스는 국가가 총괄하고 지방자치단체를 통해 실행하거나 사회복지법인 등이 운영하는 사회복지시설을 통해 제공된다. 중앙 정부의 총괄 부처는 해당 사업에 따라 보건복지부, 여성가족부, 고용노동부 등으로 나뉘어져 있다. 정부가 사회서비스 업무를 직접 수행하는 경우는 많지 않고, 대부분 사회복지법인 등 민간에 위탁하고 사회복지시설 · 기관 · 단체가 해당 국민에게 서비스를 제공한다. 과거에는 정부가 사회복지법인을 통해 서비스를 제공하였지만, 최근에는 다른 비영리법인과 개인이 신고로 설치한 사회복지시설 등이 서비스를 제공하기도 한다. 서비스의 종류는 많은데 전달체계가 표준화되어 있지 않아서 사회서비스의 공공성이 낮고, 서비스의 질이 낮아 국민의 기대에 미치지 못한 경우도 있다.

3. 한국 사회보장의 역사

한국의 사회보장은 공공부조, 사회서비스, 사회보험, 사회수당 순으로 발달했지만 개별 복지제도도 꾸준히 변화했다. 전체적으로 사회보장제도는 시간이 지남에 따라 종류가 늘어나고 급여내용도 충실해졌다. 개별 사회보장제도는 향후 소개될 것이므로 여기에서는 개괄적인 역사만 다룬다.

1) 공공부조의 역사

대한민국 정부 수립 이후 최초로 제정된 공공부조 관련 법은 1961년에 제정된 「생활보호법」이었다. 이 법은 1946년에 미군정청이 공포한 후생국보3C호를 이어받았고, 1944년에 조선총독부가 공포한 조선구호령과 유사했다.

조선구호령은 요보호대상자를 65세 이상의 노쇠자, 13세 이하의 유아, 임산부, 불구, 폐질, 상이 기타 정신 또는 신체의 장애로 인하여 노동을 하기에 지장이 있는 자로 규정했다. 후생국보3C호는 65세 이상 된 자, 13세 이하의 소아, 6세 이하의 부양할 소아를 가진 모, 분만 시 도움을 요하는 자, 정신 또는 육체적 결함이 있는 자로서 구호시설에 수용되지 않고 가족이나 친척이 없고 노동할 수 없는 자, 불치의 병자로 규정했다. '6세 이하의 부양할 소아를 가진 모'를 추가했지만, 요보호대상자는 조선구호령과 거의 같았다. 「생활보호법」은 65세 이상의 고령자, 18세 미만의 아동, 임산부, 불구 · 폐질자, 기타 요보호자로 규정하여, 요보호아동의 범위를 13세 이하에서 18세 미만으로 확대했을 뿐이다.

조선구호령의 급여내용은 생활부조, 의료부조, 조산부조, 생업부조, 장제부조였고, 후생국보3C호의 급여내용은 식량, 의류, 차표 제공, 긴급의료, 숙사, 연료, 주택부조, 매장이며, 「생활보호법」의 급여는 생계보호, 의료보호, 해산보호, 자활보호, 장제보호로 그 이름만 바뀌었다. 이후 「생활보호법」의 개정으로 교육보호가 추가되었다.

공공부조의 틀은 1997년 연말에 외환위기를 맞아 노동력이 있는 국민도 노동력을 팔 수 없으면 가난해질 수 있다는 사실에 직면하여 1999년에 「국민기초생활 보장법」이 제정되고 2000년 10월부터 시행되면서 바뀌었다. 이 법은 18세 이상 65세 미만의 국민도 가구의 소득과 재산이 낮으면 노동을 조건으로 기초생활을 보장받을 수 있도록 했다. 모든 국민은 「헌법」에 규정된 인간다운 생활을 할 권리를 누리기 어려울 때 정부에 공공부조를 신청할 수 있고, 정부는 이를 제공할 의무가 있다는 것을 제도화시켰다. 기존 보호의 이름을 생계급여, 의료급여, 교육급여, 자활급여, 해산급여, 장제급여 등으로 바꾸고, 주거급여, 긴급급여를 추가시켰다. 이후 정부는 급여의 내용을 내실화하는 데 역점을 두었다.

2) 사회보험의 역사

사람은 살아가면서 질병에 걸리거나 늙고, 산업재해를 당하거나 일자리를 잃어서 소득을 상실할 수도 있다. 사회보험은 시민이 겪게 될 질병, 산업재해, 실업, 노령 등을 대비하기 위한 사회복지제도이다. 비 오는 날을 대비해 우산을 준비하듯이 산업화된 국가는 1883년부터 사회보험을 단계적으로 도입했다. 한국도 1964년에 시행된 산업재해보상보험을 비롯하여 건강보험(의료보험, 1977년), 국민연금(1988년), 고용보험(1995년), 노인장기요양보험(2008년) 등 5대 사회보험을 정착시켰다. 여기에 공무원연금(1960년), 군인연금(1963년), 사립학교교직원연금(1975년), 별정우체국직원연금(1982년)을 포함하면 9대 사회보험이 시행 중이다.

각 사회보험은 점차 적용대상자를 늘려 왔다. 산업재해보상보험은 500인 이상을 고용하는 사업장에서 꾸준히 확대하여 1인 이상 사업장까지, 건강보험과 국민연금도 사업장 노동자에서 농어민, 도시자영자로 확대시켰다. 고용보험은 30인 이상을 고용하는 사업장에서 1인 이상 사업장까지 확대시켰고, 자영업자도 임의가입할 수 있다. 노인장기요양보험은 건강보험의 가입자와 피부양자 그리고 의료급여 수급자를 포함한 전 국민이 적용대상이다.

원칙적으로 모든 노동자는 5대 사회보험의 적용을 받을 수 있고, 자영업자나 농어민도 건강보험, 국민연금, 노인장기요양보험 등을 적용

받는다. 사회보험에 가입한 사람은 소득(과 재산)에 따라 보험료를 내고, 각종 보험급여를 받을 수 있다. 5대 사회보험의 도입 연도, 적용대상, 재원, 급여, 관리운영기관, 관계 법 등을 정리하면 〈표 2-1〉과 같다.

〈표 2-1〉 한국의 사회보험 개요

제도명 구분	국민연금	건강보험	산업재해 보상보험	고용보험	노인장기 요양보험
도입 연도	1988년	1977년	1964년	1995년	2008년
적용대상	1인 이상 노동자 농어민 도시자영자	1인 이상 노동자 농어민 도시자영자	1인 이상 노동자	1인 이상 노동자	1인 이상 노동자 농어민 도시자영자
재원	노동자+사용자 농어민+국가 자영자	노동자+사용자 농어민+국가 자영자	사용자 재해율에 따른 기여	실업-노동자+사용자 고용 · 직업-사용자	건강보험료의 일부비율
급여	노령연금 장애연금 유족연금 반환일시금 사망일시금	요양급여 건강검진 요양비 장애인보장구 본인부담금상한제 임신출산진료비	요양급여 휴업급여 장해급여 유족급여 상병보상연금 장의비 장해특별급여 유족특별급여	실업급여 고용안정사업 직업능력개발사업	재가급여 시설급여
관리운영	국민연금공단	국민건강보험공단	근로복지공단	고용노동부	국민건강보험공단
주무부서	보건복지부	보건복지부	고용노동부	고용노동부	보건복지부
관계 법	「국민연금법」	「국민건강보험법」	「산업재해보상보험법」	「고용보험법」	「노인장기요양보험법」

출처: 사회보험 관리운영기관 홈페이지 검색

한국 사회보험의 특징을 몇 가지로 정리하면 다음과 같다.

첫째, 사회보험은 해당 제도에 대한 사회적 욕구의 절실성에 따라 도입되었다. 사회보험은 사회적 사고를 보험 방식으로 대응한 사회적 대책인데, 가장 먼저 주목을 받은 것이 산업재해이었다. 부상과 질병이 노령이나 실업보다 사회적 대책이 절실했고, 업무상 부상과 질병이 일상생활 속의 그것보다 먼저 공적 개입이 이루어졌다.

둘째, 사회보험은 적용하기 쉬운 인구집단부터 시작하여 점차 전 국민으로 확대되고 있다. 사회보험은 일정규모 이상의 사업장 노동자를 대상으로 시작하였다. 예컨대, 건강보험은 500인 이상 사업장 노동자부터 실시해서 점차 규모가 작은 사업장 노동자에게, 다음은 농어민, 도시자영자에게 확대되었다. 임금노동자는 관리운영을 하기 쉽고 농어민은 도시자영자에 비교할 때 토지 규모 등을 통해 쉽게 보험료를 산출할 수 있었기 때문이다.

셋째, 한국 사회보험의 기여는 사용자와 노동자가 공동으로 분담하고 국가는 별로 부담하지 않는다. 업무상 재해에 대한 무과실 책임의 원칙에 따라서 사용자가 전액을 부담하는 산재보험을 제외하면, 나머지 4대 사회보험은 사용자와 노동자가 반씩 보험료를 분담한다(고용보험 중 고용안정사업 · 직업능력개발사업은 사업자가 전액 부담). 다만, 농어민의 건강보험과 국민연금에 대해서는 국가가 분담하는데, 선진국에 비교할 때 국가의 기여가 약한 편이다.

넷째, 한국 사회보험의 급여는 다양성을 갖추고 있지만 그 수준은 최저수준에도 미치지 못한 경우가 많다. 국민이 가장 많이 활용하는 건강보험은 본인부담금이 높고 비급여 항목이 있기에 요양급여를 충분히 받기가 어렵다. 국민연금도 40년 가입 시 노령연금으로 평균소득의 약 50%(가입 시기마다 편차가 큰데, 당초 70%에서 60%로 낮추었고,

다시 50%로 낮추어 매년 0.5%포인트씩 낮아져 40%로 낮추어질 예정)를 받기에 국민연금만으로 적절한 노후생활비를 확보하기 어렵다. 사회보험의 급여가 조금씩 확충되지만 보험료를 증액하지 않고는 보험급여를 높일 수 없다는 것이 딜레마이다.

3) 사회서비스의 역사

우리나라 사회서비스는 초기에는 사회복지서비스에 한정시켰다가 점차 보건의료, 교육, 고용, 주거, 문화, 환경 등의 분야로 확장되었다. 사회복지서비스의 경우에도 초기에는 고아를 위한 고아원(아동양육시설), 독거노인을 위한 양로원, 중증장애인을 위한 재활원과 같은 복지시설에서 생활하는 사람을 위한 보호에 초점을 두었다.

사회복지시설은 일제강점기에도 있었지만, 해방과 한국전쟁을 계기로 늘어난 고아를 위한 아동복리시설(현 아동복지시설)이 주된 공간이었다. 1961년에 제정된 「아동복리법」은 보호자가 없거나 있어도 보호할 능력이 없는 18세 미만 아동의 복지에 강조점을 두었다. 1981년에 「노인복지법」과 「심신장애자복지법」이 제정되어 노인복지시설과 장애인복지시설이 보다 체계적으로 지원을 받았다. 점차 모자가정을 포함한 한부모가족, 가정폭력 피해자와 성폭력 피해자, 다문화가족 등도 사회서비스를 받게 되었다.

특정 인구에게 주는 사회서비스의 양식은 이용자의 욕구와 비용의 지불 능력에 따라 세분화되었다. 노인복지시설의 경우에는 양로원(주거복지시설)에서 치료가 필요한 노인을 위한 요양원(의료복지시설), 치매 노인을 위한 전문요양시설로 세분화되고, 부담능력에 따라 무료시설, 실비시설, 유료시설로 분화되었다. 복지시설에서 하루 24시간 생활하는 양식에서 벗어나 집에서 살면서 주로 낮 시간에 시설을 방문하여 서비스를 이용하거나(주 · 야간보호), 서비스 제공자가 집으로 찾아와서 주는 방식(방문요양, 방문목욕 등)으로 다변화되었다.

아동복지의 경우에도 초기에는 부모나 보호자의 보호를 받지 못한 고아를 위한 복지에서 점차 낮 시간에 부모를 대신하여 미취학아동을 보호하고 가르치는 어린이집이 확산되고, 초등학생이 방과 후에 학습지도와 생활지도 등을 받는 지역아동센터가 확장되었다. 시간이 지남에 따라 아동양육시설은 정원과 현원이 줄고, 가정형 시설인 공동생활가정이 늘며, 가정위탁보호가 소년가장지원사업의 대안으로 채택되었다. 그동안 사회서비스는 사회복지서비스에서 사회서비스로, 아동 중심에서 노인 · 장애인 · 여성으로, 시설급여에서 재가급여로, 극소수 인구집단을 위한 복지에서 전 국민 복지로 확장되었다. 일부 사회서비스는 소득이 낮고 욕구가 강한 집단이 우선적으로 받지만, 영유아보육 등은 보편적으로 받을 수 있다. 사회서비스의 보편적 급여는 더욱 확산될 것이다.

4) 사회수당의 역사

한국에서 사회수당에 대한 법적 정의는 없지만, 아동수당, 기초연금, 장애인연금 등은 사회수당이다. 현재 아동수당은 7세 미만 아동이 소득수준에 상관없이 받고, 기초연금은 소득 하위 70%인 노인만 받으며, 장애인연금은 18세 이상 중증장애인으로 소득인정액이 하위 70%인 사람만 받을 수 있다.

아동수당은 2018년 9월에 도입될 때 가구 소득 기준 하위 90%에 속한 6세 미만이 받았지만, 2019년 4월부터 7세 미만 모든 아동이 받을 수 있다. 다수 선진국은 16세 이하 모든 아동에게 아동수당을 주는 것에 비교할 때 우리나라는 지급 대상의 연령이 제한적이다.

기초연금은 2008년 1월부터 시행된 「기초노령연금법」의 기초노령연금에 연원을 두고 있다. 초기에는 가구 소득이 하위 60%인 노인에게 지급되었고, 2014년 7월 1일부터 기초연금으로 바뀌고 그 대상도 하위 70%로 확대되었다. 이후 기초연금의 액수는 매월 최고 20만 원에서 25만 원까지 증액되었고 현재 30만 원까지 인상되었다. 부부가구의 기초연금액은 단독가구 2배의 80%(48만 원)까지이고, 매년 물가상승율 등을 고려하여 증액된다.

장애인연금은 2010년 7월부터 「장애인연금법」에 의해 18세 이상의 중증장애인으로서 소득인정액이 하위 70%인 자에게 매월 지급되는 무기여 연금이다. 기존 「장애인복지법」에 의한 장애수당 대상자 중 18세 이상 중증장애인은 장애인연금으로 전환되었고, 경증장애인은 장애수당, 18세 미만 장애아동은 장애아동수당으로 지급되고 있다.

단원 정리

사회보장의 법적 정의는 나라와 시기에 따라 다를 수 있다. 2012년에 전면 개정된 「사회보장기본법」은 "'사회보장'이란 출산, 양육, 실업, 노령, 장애, 질병, 빈곤 및 사망 등의 사회적 위험으로부터 모든 국민을 보호하고 국민 삶의 질을 향상시키는 데 필요한 소득 · 서비스를 보장하는 사회보험, 공공부조, 사회서비스를 말한다."라고 규정한다. 이 책은 사회보험, 공공부조, 사회서비스를 다루고, 사회수당을 추가시켜 기술한다.

사회보장제도는 누군가에게 복지급여를 제공하고 필요한 재원을 조달하는 등 관리운영을 하기에 적용대상, 재원, 급여, 관리운영의 원리를 알아야 한다. 사회보장의 적용대상은 원칙적으로 모든 국민이지만, 실제로는 제도에 따라 달라진다. 사회보장은 모든 국민에게 보편적으로 적용되지만, 현실적인 요인에 의해 선별적인 경우가 많다. 흔히 공공부조는 가구 소득과 재산이 적은 빈곤층과 같이 사회적 욕구가 강하고 시장에서 구매력이 떨어진 사람에게 주어진다. 사회보험을 적용할 때에도 초기에는 일정 규모 이상 사업장에서 일하는 노동자와 그 가족에게만 적용하고 점차 1인 이상 사업장까지, 다음으로 농어민, 도시자영자에게 확대되었다.

사회보장의 재원을 마련할 때 중요한 원칙은 지속 가능성과 수지균형이다. 재원은 세금, 사회보험료, 본인부담금 등이다. 공공부조는 세금으로 조달되고, 사회보험은 사회보험료를 근간으로 하면서 조세로 보완되며, 사회서비스는 세금으로 조달되고 일부는 본인부담금으로 충당되며, 사회수당은 세금으로 조달된다.

사회보장의 급여는 현금급여와 현물급여, 단기급여와 장기급여 등으로 나눌 수 있다. 공공부조는 초기에 현물급여를 중심으로 하였지만 점차 현금급여의 비중을 높였다. 사회보험 급여 중 주로 생활비(예: 노령연금, 휴업급여, 실업급여 등)는 현금으로 주고, 치료비(예: 요양급여 등)는 현물로 주는 경향이 있다.

사회보장제도의 관리운영은 공공부조와 사회수당은 국가가 총괄하고 지방자치단체가 해당 지역의 수급자에게 복지급여를 제공한다. 사회보험 중 국민연금은 국민연금공단, 건강보험과 노인장기요양보험은 국민건강보험공단, 고용보험은 고용노동부, 산업재해보상보험은 근로복지공단 등이 관리운영한다.

한국의 사회보장은 공공부조, 사회서비스, 사회보험, 사회수당 순으로 발달했지만, 개별 복지제도도 꾸준히 변화했다. 사회보장제도는 시간이 지남에 따라 종류가 늘어나고 급여내용도 충실해지고 있다.

✱ 용어 정리

- **사회보장제도의 구조**: 사회보장제도는 누군가에게 복지급여를 제공하고 필요한 재원을 조달하는 등 관리운영을 한다. 사회보장제도의 구조는 사회보장의 적용대상, 재원, 급여, 관리운영의 원리로 파악된다.

- **사회서비스**: 「사회보장기본법」상 '사회서비스'란 국가 · 지방자치단체 및 민간부문의 도움이 필요한 모든 국민에게 복지, 보건의료, 교육, 고용, 주거, 문화, 환경 등의 분야에서 인간다운 생활을 보장하고 상담, 재활, 돌봄, 정보의 제공, 관련 시설의 이용, 역량 개발, 사회참여 지원 등을 통하여 국민의 삶의 질이 향상되도록 지원하는 제도를 말한다.

- **평생사회안전망**: 「사회보장기본법」상 '평생사회안전망'이란 생애주기에 걸쳐 보편적으로 충족되어야 하는 기본욕구와 특정한 사회위험에 의하여 발생하는 특수욕구를 동시에 고려하여 소득 · 서비스를 보장하는 맞춤형 사회보장제도를 말한다.

- **사회보장의 적용대상**: 사회보장의 적용대상은 원칙적으로 모든 국민이지만 실제로는 제도에 따라 달라진다. 「헌법」상 모든 국민은 국가가 실시하는 사회보장으로 '인간다운 생활을 할 권리'를 누릴 수 있다. 그렇다고 모든 국민이 똑같은 복지급여를 받는 것은 아니다. 국가는 여자의 복지와 권익의 향상, 노인과 청소년의 복지향상, 신체장애자 및 질병 · 노령 기타의 사유로 생활능력이 없는 국민의 보호, 재해의 예방과 그 위험으로부터 국민을 보호하기 위하여 노력하여야 한다.

- **보편주의와 선별주의**: 사회보장은 모든 국민에게 보편적으로 적용되지만, 현실적인 요인에 의해 선별적인 경우가 많다. 모든 국민에게 혹은 해당 인구에게 사회복지가 보편적으로 적용되는 것을 보편주의, 빈민이나 저소득층 등 특정 인구집단에게 선별적으로 적용되는 경우를 선별주의라고 한다. 흔히 사회보험과 사회수당은 보편주의를 따르고, 공공부조와 사

회서비스는 선별주의를 따르는 경우가 많다.

- **사회보험의 적용대상**: 사회보험의 적용대상은 사회보험료의 부담능력이 있고 보험료를 계산하기 쉬운 인구집단부터 시작되어 점차 전 국민으로 확대된다. 건강보험과 국민연금은 노동자가 먼저 적용받고 그다음은 농어민, 도시자영자로 확대되었다. 고용보험, 산업재해보상보험은 1인 이상 고용사업장에서 일하는 노동자가 당연 적용대상이고, 농어민, 도시자영자는 아직 당연 적용대상자가 아니다.

- **공공부조의 적용대상**: 공공부조는 스스로 살아가기 어려운 사람부터 적용한다. 국가와 지방자치단체는 어떤 국민의 가구 소득인정액이 '기준 중위소득의 50% 이하'인 경우에 수급자로 선정할 수 있다. 소득인정액은 소득평가액에 재산의 소득환산액을 더한 금액이다. 기초생활보장제도는 가구 소득인정액에 부양의무자의 부양비를 합친 금액이 기준 중위소득의 30% 이하일 때 생계급여 수급자, 30%를 넘고 40% 이하일 때 의료급여 수급자로 선정될 수 있다. 생계급여와 의료급여 수급자는 해당 가구의 소득, 재산뿐만 아니라 부양의무자의 부양능력까지 고려하여 선정된다.

- **사회서비스의 수급자**: 사회서비스의 수급자는 아동복지는 18세 미만, 노인복지는 65세 이상, 장애인복지는 등록장애인 등이다. 특정 인구집단을 위한 복지서비스는 종류가 다양하다. 일반적으로 권익 보호서비스는 다수에게 적용되지만 금품 제공은 일부에게만 적용된다.

- **사회수당의 수급자**: 사회수당 중 아동수당은 7세 미만인 자, 기초연금은 65세 이상 중 소득 하위 70%인 자, 장애인연금은 등록된 중증장애인이고 소득인정액이 하위 70%인 경우에 받을 수 있다. 사회수당 수급자의 선정기준은 변한다. 아동수당의 수급자는 도입 초기에는 소득 하위 90%이었지만, 상위 10%를 선별하는 비용이 많이 들어 모두에게 주는 것으로 바뀌었다.

- **사회보장의 재원**: 사회보장의 재원은 크게 세금, 사회보험료, 본인부담금

이다. 공공부조는 세금으로 조달되고, 사회보험은 사회보험료를 근간으로 하면서 본인부담금과 조세로 보완되며, 사회서비스는 세금으로 조달되고 일부는 본인부담금으로 충당되며, 사회수당은 세금으로 조달된다.

- **세금**: 세금은 크게 직접세와 간접세, 국세와 지방세, 일반세와 목적세 등으로 구분된다. 세금을 부담하는 사람과 내는 사람이 같으면 직접세이고, 물건이나 서비스 가격에 포함된 세금을 모아서 판매자가 내는 것은 간접세이다. 국가가 세금을 징수하면 국세이고, 지방자치단체가 세금을 징수하면 지방세이다. 세금의 목적을 정하지 않은 것은 일반세이고, '사회보장세'처럼 목적을 정한 세금은 목적세이다.

- **사회보장의 급여**: 사회보장의 급여는 흔히 현금급여와 현물급여, 단기급여와 장기급여 등으로 나눌 수 있다. 공공부조는 초기에 현물급여를 중심으로 하였지만 점차 현금급여의 비중을 높였다. 사회보험에서 생활비는 현금으로, 치료비는 현물로 지급하는 경향이 있다. 대체로 1년 미만이면 단기급여, 1년 이상이면 장기급여라고 부른다.

- **사회보장의 관리운영**: 사회보장제도 중 공공부조와 사회수당은 국가가 총괄하고 지방자치단체가 해당 지역의 수급자에게 복지급여를 제공한다. 사회보험 중 국민연금은 국민연금공단, 건강보험과 노인장기요양보험은 국민건강보험공단, 고용보험은 고용노동부, 산업재해보상보험은 근로복지공단이 관리운영한다. 사회서비스는 국가가 총괄하고 지방자치단체를 통해 운영하거나 사회복지법인 등이 운영하는 사회복지시설을 통해 수행한다.

- **사회보장의 도입**: 한국의 사회보장은 공공부조, 사회서비스, 사회보험, 사회수당 순으로 발달했지만 개별 복지제도도 꾸준히 변화했다. 전체적으로 사회보장제도는 시간이 지남에 따라 종류가 늘어나고 급여내용도 충실해지고 있다.

제3장
국민연금

1. 국민연금의 정의와 역사

국민연금은 국민의 노령 · 폐질 또는 사망에 대하여 연금급여를 실시함으로써 국민의 생활안정과 복지증진에 기여함을 목적으로 하는 사회보험이다. 연금을 주는 사회보험에는 공무원연금, 군인연금, 사립학교교직원연금, 별정우체국직원연금이 별도로 있는데, 이들은 특정 직업인을 위한 것이고 대부분의 국민은 국민연금에 가입한다.

국민을 위한 연금제도는 1973년에 「국민복지연금법」이 제정되어 시행될 예정이었으나 유류파동으로 연기되었다가, 1988년부터 「국민연금법」이 시행되었다. 이 법에 따라 국내에 거주하는 18세 이상 60세 미만 국민은 국민연금의 당연가입 대상이다. 다만, 다른 법에 의한 연금제도의 적용대상인 공무원, 군인, 사립학교교직원, 별정우체국직원은 제외된다. 국민연금은 1988년 시행 초기에 10인 이상 사업장 노동자에게만 적용되었다가, 이후 5인 이상 사업장 노동자에게 확대되었다. 1995년에는 농어민에게 적용되고, 1999년 4월에는 도시자영자에게 적용되어 18세 이상 모든 국민이 국민연금에 가입할 수 있게 되었다. 2006년부터 1인 이상 고용사업장의 노동자는 사업장가입자로 전환되었다.

국민연금의 재원은 보험료로 조달함을 원칙으로 한다. 보험료는 제도 도입 초기에는 부담을 줄이기 위해 5년간은 3%, 그다음 5년간은 6%, 그 이후에는 9%로 하였다. 현재 사업장가입자의 보험료는 표준보수월액의 9%(노동자 4.5%, 사용자 4.5%)이고, 농어민과 자영자는 1999년 4월부터 3%씩 시작하여 매년 1%씩 인상하되 2005년 7월 이후에는 9%이다.

국민연금은 적용대상자가 크게 사업장가입자, 농어민, 자영자로 구분되지만 모든 적용대상자를 국민연금공단이 관리운영한다. 이 점은 가입 대상자를 수백 개의 조합으로 나누어서 관리한 적이 있었던 건강보험(당시엔 의료보험)과 다르고, 국가가 직접 관장하거나 했던 고용보험, 산업재해보상보험과도 차이가 있다. 당초 국민연금공단이 보험료를 징수하였지만, 2011년부터 국민건강보험공단이 사회보험료를 통합 징수하여 그중 국민연금 보험료만 국민연금공단으로 이체하고 있다.

＊국민연금공단 http://www.npc.or.kr

2. 국민연금의 적용대상

국민연금의 적용대상은 대한민국 국민으로서 18세 이상 60세 미만의 모든 사람이다. 1인 이상 고용사업장에서 일하는 모든 노동자, 농어민과 도시자영자는 국민연금의 당연가입 대상자이다. 학생, 군인(의무복무대상자), 주부 등은 임의가입 대상자이고, 60세에 도달하더라도 가입자가 원하면 65세까지 임의계속가입을 신청할 수 있다.

국민연금의 가입은 빠를수록 좋다. 국민은 누구나 18세가 되면 국민연금에 가입할 수 있다. 직장인, 농어민, 도시자영자는 당연가입해야 하고 다른 사람은 임의로 가입할 수 있다. 국민연금의 당연가입자가 아닌 학생, 현역병, 사회복무요원, 취업준비자, 주부 등이 임의로 가입하도록 장려해야 한다. 임의가입을 위한 최소 소득이 약 100만 원이므로 보험료는 월 9만 원 이상이면 된다. 은행 적금이나 개인연금 등 다른 금융상품과 비교했을 때 국민연금의 수익률이 좋은 편이다. 혹 직장을 다니면서 가입하였다가 퇴직한 사람도 임의가입으로 보험료를 내면 연금을 더 많이 탈 수 있다.

국민연금은 최소한 10년 이상 가입할 때 노령연금을 탈 수 있기에 가입기간을 늘리고 싶으면 60세가 되기 직전에 국민연금공단에 임의계속가입을 신청하여 65세까지 보험료를 낼 수 있다. 특히 배우자가 공무원, 직업 군인, 사립학교교직원으로 다른 공적 연금을 타는(탈) 사람은 배우자가 사망할 때 유족연금과, 국민연금에서 노령연금을 함께 탈 수 있기에 이를 적극 활용할 수 있다.

농어민은 보험료의 일부를 국가가 지원하기에 국민연금에 반드시 가입하고, 부부가 함께 농사를 짓는다면 둘 다 연금에 가입하는 것이 이익이다. 18세 이상 자녀가 농사를 함께 짓는다면 자녀도 국민연금에 가입할 수 있다. 또한 부부 중 한 사람이 사업자 등록을 하여 자영업을 한다면 남편 혹은 아내 한 사람만 가입하는 것보다는 소액이라도 부부 모두 가입하는 것이 이익이다. 생존할 때에는 각기 노령연금을 타고, 배우자 사망 후에도 노령연금을 타면서 배우자의 사망으로 인한 유족연금의 일부(30%)를 탈 수 있기 때문이다.

1인 이상 고용사업장 노동자는 국민연금의 당연가입 대상자이지만 보험료 납부를 기피하는 경향이 있기에 정부는 두루누리사업으로 보험료를 지원한다. 직장인이라면 당연히 가입해야 하는 국민연금 · 고용보험 등에 가입하지 않아서 노후대책이나 실업대책을 세우지 못한 경우가 적지 않았다. 이를 방지하기 위해 국가는 2012년 7월부터 두루누리사업을 시행하는데, 많은 사람이 잘 모르거나 알아도 이용하지 않는 경우가 적지 않다.

두루누리는 작은 사업장에서 일하는 노동자의 국민연금과 고용보험의 가입을 촉진하기 위해 도입되었다. 지원 기준은 매년 조금씩 인상되는 경향이 있는데, 2020년에는 10인 미만 사업장에서 일하는 월평균 보수 215만 원 미만 노동자와 그 사업자가 지원을 받을 수 있다. 지원 내용은 기존 가입자보다 신규 가입자가 많고, 사업장 규모가 5인 미만일 때 더 많다. 신규 가입자는 5인 미만 사업장 노동자는 보험료의 90%, 5~10인 미만 사업장 노동자는 80%를 지원받고, 기존 가입자는 40%를 지원받는다. 한 사람이 신규와 기존으로 지원받을 수 있는 기간은 36개월이다.

두루누리 지원을 받으려면 사업주가 고용보험 콜센터(1588-0075)와 국민연금공단 콜센터(국번 없이 1355)에 신청하면 된다. 이 사업은 소급 적용되지 않기에 하루라도 빨리 신청하는 것이 좋다. 지원방법은 '해당 월분 보험료를 납기 내 완납 시 다음 달 보험료에서 공제'받기에 미납 또는 납기 후 납부, 다음 달 부과할 금액이 없는 경우에는 지원되지 않는다. 즉, 두루누리를 신청하고 보험료를 매달 성실히 납부하면 다음 달 보험료에서 지원을 받을 수 있다.

3. 국민연금의 재원

국민연금의 보험료율은 표준소득월액의 9%이다. 사업장가입자는 노동자와 사용자가 각각 1/2씩 분담하고, 농어민은 일부 보험료(2020년에 43,650원까지 국가 지원, 매년 증액)를 국가가 지원하며, 임의가입자는 가입자가 전액 부담한다.

국민연금은 반환일시금 반납, 추후 납부 등을 활용하면 가입기간을 획기적으로 늘릴 수 있다. 과거에는 국민연금에 가입했던 사람이 공무원·군인·사립학교교직원 연금을 주는 직장으로 옮기거나 직장을 그만두면 1년이 지나서 반환일시금을 받은 적이 있었다. 반환일시금을 이자 계산하여 반납하면 당시의 조건으로 반납을 받아 준다. 1988년 국민연금을 처음 도입할 때에는 한 달에 소득의 3%를 내면 40년 가입 시 소득대체율이 70%이고, 10년 후에는 9%를 내면 소득대체율이 60%이었다. 지금은 40년 가입 시 소득대체율이 50%도 되지 않는데, 반납제도를 활용하면 당시 조건으로 급여를 받아서 가입자에게 큰 이익이다. 반납제도를 적극 활용하여 노령연금 등 연금액을 획기적으로 늘릴 수 있다.

모든 국민은 18세가 되면 국민연금에 가입할 수 있지만 소급해서 가입할 수는 없다. 가입한 사람이 중간에 보험료를 내지 않았더라도 나중에 추후 납부하는 제도가 있다. 추후 납부는 휴·폐업이나 실직, 휴직(육아휴직 포함), 이직 준비 등으로 소득이 없을 때 보험료를 내지 않았던 기간에 내지 않은 보험료를 낼 수 있는 제도이다. 내지 않은 보험료에 이자계산을 하여 일시에 내거나 나눠 내서 가입기간을 늘리고 연금액을 올릴 수 있다.

국민연금은 하루라도 일찍 가입하고, 하루라도 길게 가입하며, 한 푼이라도 많은 보험료를 낸 사람이 연금을 더 탈 수 있다. 따라서 모든 국민은 18세가 되면 취업하기 전이라도 국민연금에 가입하고, 가입 후 보험료를 낼 형편이 되지 않으면 미납분을 추후에 납부할 수도 있다. 반환일시금 반납, 60세에 임의계속가입 등을 활용하면 가입기간을 늘릴 수 있다. 국민연금은 가입기간을 늘리는 것이 연금액을 높이는 효과적인 방법이다. 예컨대, 28세에 국민연금에 가입하여 20년간 보험료를 낸 사람이 노령연금으로 100만 원을 탈 때, 18세에 가입하여 30년 간 낸 사람은 150만 원을 타고, 40년 간 낸 사람은 200만 원을 탈 수 있다.

국민연금 가입자는 출산 크레딧, 군복무 크레딧, 실업 크레딧 등을 적극 활용하여 가입기간을 늘릴 수 있다. 2008년부터 국민연금에는 출산 크레딧과 군복무 크레딧이 도입되었다. 출산 크레딧은 2008년 1월 1일 이후에 둘째 자녀 이상을 출산한 가입자에게 가입기간을 추가로 인정해 주는 제도이다. 자녀가 2명인 경우 12개월, 셋째 자녀부터는 18개월씩 최대 50개월까지 인정받을 수 있다. 즉, 자녀가 2명이면 12개월, 3명이면 30개월(12+18개월), 4명이면 48개월, 5명 이상은 50개월까지 가입기간으로 인정받는다. 출산 크레딧은 적용기간 동안의 인정소득수준은 본인의 소득수준과 상관없고, 국민연금 전체가입자의 최근 3년치 월소득 평균값(A값)의 100%를 소득으로 산정해 적용한다. 소득이 낮은 젊은이가 출산 크레딧을 받으면 소득보다 높은 연금을 받을 수 있다. 많은 직장에서 임금에 호봉제 등으로 연공서열이 반영되기에 자녀를 출산한 젊은이는 연금을 더 받을 확률이 높다. 출산 크레딧은 노령연금 수급 시에 부모 중 어느 한 사람이 선택해서 받거나 부모가 반씩 나누어 받을 수도 있다.

군복무 크레딧은 2008년 1월 1일 이후에 입대해 병역의무를 이행한 현역병과 공익근무요원(사회복무요원)에게 최대 6개월의 국민연금 가입기간을 인정해 주는 제도이다. 군복무 기간이 18개월이라도 군복무 크레딧은 6개월만 인정해 준다. 출산 크레딧은 둘째 자녀부터 임신기간 이상으로 크레딧을 부여하지만, 군복무 크레딧은 실제 군복무 기간에 비교하여 현저히 짧다. 군복무 크레딧은 국민연금 전체가입자의 최근 3년치 월소득 평균값(A값)의 50%만 산정해 출산 크레딧 100%와 비교하여 엄격한 측면이 있다.

2016년 8월 1일부터 도입된 실업 크레딧은 구직급여 수급자가 국민연금공단이나 고용센터에 이를 신청하면, 국가가 보험료의 75%(국민연금기금 25%, 고용보험기금 25%, 일반회계 25%)를 지원하고 당사자는 25%만 내면 국민연금 가입기간으로 인정한다. 실업 크레딧은 구직급여 수급기간 중 최대 1년간 신청자의 실직 전 평균소득의 50%(최대 70만 원)까지 인정하여 지원해 준다. 구직자는 보험료의 1/4만 내고도 국민연금을 이어 갈 수 있다.

4. 국민연금의 급여

국민연금에서 지급하는 급여는 노령연금이 중심이지만, 장애연금, 유족연금, 반환일시금, 사망일시금, 그리고 미지급금급여 등이 있다. 국민연금은 피보험자가 노령뿐만 아니라 장애와 사망 등으로 인해 소득을 상실할 경우에는 연금으로 그 소득을 보충해 주려는 것이고, 연금을 받을 수 없는 조건인 사람에게는 일시금을 주는 것이다.

1) 기본연금

기본연금은 모든 연금액 산정의 기초가 되는 것으로 피보험자가 평생 동안 낸 보험료의 기준이 된 '개인의 표준소득월액'과 연금이 개시되기 전 3년간 '전가입자의 평균소득월액'을 기초로 산정한다. 이는 피보험자가 보험료로 낸 것에 비례해서 급여를 주려는 것과 모든 피보험자에게 평등하게 급여를 주려는 두 가지 목표를 조합한 것이다. 기본연금은 당초 20년 가입 시 평균소득의 35%를 급여하는 것으로 설계했다가 수지를 감안하여 1999년부터 30%를 급여하고, 2008년부터 25%에서 매년 0.25%포인트씩 20%까지 낮아지는 방식으로 설계되었다. 기본연금은 노령연금, 장애연금, 유족연금 등 모든 연금을 계산할 때 기본이 된다.

연금액=기본연금×지급률+부양가족연금액

* 국민연금 http://www.nps.or.kr/jsppage/info/easy/easy_04_01.jsp

국민연금의 기본연금은 '20년 가입 시'에 100만 원을 탄다면 21년을 가입하면 105만 원, 22년을 가입하면 110만 원, 25년을 가입하면 125만 원을 받도록 설계되어 있다. 즉, 가입기간 20년을 넘기면 1년에 5%포인트씩 더 받는다. 1998년 이전에 가입한 피보험자의 기득권을 인정하여서 기본연금액은 다음과 같이 산정된다.

$$[2.4(A+0.75B)\times P1/P+1.8(A+B)\times P2/P+1.5(A+B)\times P3/P]\times(1+0.05n/12)$$

A=연금 수급 전 3년간의 평균소득월액의 평균액
B=가입자 개인의 가입기간 동안의 표준소득월액의 평균액
P1=1998년 12월 31일 이전 가입 월수
P2=1999년 1월 1일 이후 가입 월수
P3=2008년 1월 1일 이후 가입 월수(매년 0.5%포인트씩 낮아짐)
P=가입자의 전체 가입 월수
0.05=가입기간 20년을 초과하는 경우, 그 초과 연수마다 연금액을 가산하는 비율(5%)
n=20년 초과 가입 연수(1년을 초과하는 매 1월마다 1/12년으로 계산하여 반영함)

가급연금액은 국민연금 가입자가 연금 수급권을 취득할 당시 수급권자(유족연금은 가입자이었던 자)에 의하여 생계를 유지하고 있는 자에게 주는 가족수당 성격의 부가급여이다. 2020년부터 가급연금 대상과 급액은 배우자(사실혼 포함)에게 연 261,760원, 19세 미만 또는 장해 2급 이상의 자녀(2인 이내)에게 1인당 연 174,460원, 60세 이상 또는 장해 2급 이상의 부모(배우자의 부모 포함)에게 1인당 연 174,460원을 지급한다. 부모의 부양가족연금 대상자 연령은 점차 상향되는데 1953~1956년생은 61세, 1957~1960년생은 62세, 1961~1964년생은 63세, 1965~1968년생은 64세, 1969년생 이후는 65세이다.

2) 노령연금

국민연금 중 핵심적인 급여는 노령연금이다. 노령연금은 원칙적으

로 20년 이상 가입하고, 60세에 달하며, 생존하고, 퇴직할 때 완전노령연금을 받을 수 있다. 완전노령연금은 기본연금액에 가급연금액을 합하여 산정한다. 당초 연금 수급 연령은 만 60세이지만, 2013년부터 4년마다 1세씩 상향조정되어 2033년 이후에는 65세가 된다. 즉, 1952년생 이전은 60세, 1953~1956년생은 61세, 1957~1960년생은 62세, 1961~1964년생은 63세, 1965~1968년생은 64세, 1969년생 이후는 65세부터 노령연금을 탈 수 있다. 이는 평균수명이 연장됨에 따라 연금수급기간도 점차 연장되기 때문이다.

완전노령연금을 수급할 수 있는 조건을 갖추지 못하는 경우에는 감액 노령연금, 조기 노령연금, 재직자 노령연금, 특례 노령연금 등을 받을 수 있다. 가입기간이 10년 이상이지만 20년에 미치지 못하면 감액 노령연금을 타고, 55세 이상이고 소득이 없으면 조기 노령연금을 탈 수 있다.

감액 노령연금은 가입기간이 10년 이상 20년 미만이고 만 60세(광부와 선원은 55세)가 되어 소득이 없는 경우 본인의 청구로 받을 수 있다. 즉, 10년 가입 시는 '기본연금액 47.5%+가급연금액'이고, 가입기간 1년 증가 시마다 기본연금액을 5%포인트씩 증액한다.

조기 노령연금은 10년 이상 가입하였고, 55세 이상 60세 미만인 사람이 소득이 있는 업무에 종사하지 않을 경우 본인의 희망에 의하여 조기에 수급할 수 있다. 급여수준은 '기본연금액×가입기간지급률×연령별지급률+가급연금액'이다. 즉, 10년 가입하고 55세에 조기연금을 수급한다면 '기본연금액의 47.5%×55세 지급률 75%+가급연금액'이다.

재직자 노령연금은 가입기간 10년 이상이고 60세 이상 65세 미만인 자로 소득이 있는 업무에 종사하는 경우 60세부터 64세까지(광부와 선원은 55세부터 59세까지) 지급하는 연금으로 가급연금액은 지급하지 않는다. 급여수준은 가입기간이 20년인 경우, 60세는 기본연금액의 50%이고 매년 10%포인트씩 증액된다.

특례 노령연금은 국민연금의 최초시행(1988년 1월 1일), 농어촌지역 확대(1995년 7월 1일) 그리고 도시지역 확대(1999년 4월 1일) 당시 연령이 많아 최소 가입기간을 채우지 못하는 사람들을 위해 특별히 2000년 3월 31일까지 가입이 허용된 특례가입자 제도이다. 특례 노령연금은 5년 이상 가입하고 만 60세 이상이면 사망 시까지 연금을 받을 수 있다. 급여수준은 가입기간 5년인 경우에 '기본연금액의 25%+가급연금액'이고, 가입기간 1년 증가 시마다 기본연금액이 5%포인트씩 증가된다.

한편, 연금가입자나 그 수급자가 이혼을 할 때 배우자의 생계를 보호하기 위해서 분할연금을 시행하고 있다. 즉, 분할연금은 가입기간 중의 혼인기간이 5년 이상인 사람이 노령연금 수급권자인 배우자와 이혼한 후 60세가 된 때, 60세가 된 이후 노령연금 수급권자인 배우자와 이혼한 때, 60세가 된 이후 배우자이었던 자가 노령연금 수급권을 취득한 때, 배우자이었던 사람이 노령연금 수급권을 취득한 후 본인이 60세가 된 때 등의 경우에 혼인기간에 해당하는 연금액을 똑같이 분할하여 지급한다. 급여수준은 배우자이었던 자의 노령연금액(가급연금액 제외) 중 혼인기간에 해당하는 연금액을 균분한 금액이다. 예컨대, 어떤 사람이 20년간 국민연금에 가입하여 노령연금으로 100만 원을 타고, 이혼한 배우자는 결혼생활 중에 낸 기간이 10년이라면 50만 원의 반인 25만 원을 분할연금으로 청구할 수 있다. 분할연금은 부부로 함께 산 기간 중 국민연금에 가입한 기간이 길수록 더 많다. 분할연금을 청구하려면 이혼한 배우자가 노령연금 수급자이고, 본인도 노령연금을 탈 수 있는 나이가 되어서 5년 이내에 청구해야 한다. 이혼한 배우자가 노령연금을 타지 못하면 분할연금을 청구할 수 없다. 다만, 분할연금을 탄 이후에는 노령연금을 타던 전 배우자가 사망해도 분할연금을 계속 받을 수 있다. 분할연금은 이혼한 배우자가 각자 상대에게 청구할 수 있다.

3) 장애연금

장애연금은 가입자나 가입자이었던 자가 질병이나 부상이 발생하여 완치(진행 중인 때는 초진일로부터 1년 6개월 경과 시)되었으나 신체적 또는 정신적 장애가 남았을 때 이에 따른 소득 감소 부분을 보전함으로써 자신과 가족의 안정된 생활을 보장하기 위한 급여로서 장애정도(1~4급)에 따라 일정한 급여를 지급한다.

국민연금 납부요건은 다음 중 하나를 충족하여야 한다. 즉, 초진일 당시 가입기간이 가입 대상기간의 1/3 이상, 초진일 당시 초진일 5년 전부터 초진일까지의 기간 중 가입기간이 3년 이상(단, 가입 대상기간 중 체납기간이 3년 이상인 경우 제외), 초진일 당시 가입기간이 10년 이상이다. 단, 질병이나 부상의 초진일이 2016년 11월 30일 전인 경우에는 가입 중 발생한 질병이나 부상에 한해 장애연금이 지급된다.

초진일로부터 1년 6개월 경과 후에도 완치되지 아니한 경우에는 초진일로부터 1년 6개월이 경과한 날을 기준으로 장애정도를 결정한다. 1년 6개월이 경과된 시점에서 장애정도가 장애등급(1~4급)에 해당하지 않았으나 그 장애가 악화되어 60세(1953~1956년생은 61세, 1957~1960년생은 62세, 1961~1964년생은 63세, 1965년~1968년생은 64세, 1969년생 이후는 65세)가 되기 전에 장애등급에 해당되면 청구한 날과 완치된 날 중 빠른 날을 기준으로 장애등급을 결정한다.

장애연금의 급여수준은 당사자의 기본연금액과 장애등급에 따라 달라진다. 장애 1급은 기본연금액의 100%+부양가족연금액이고, 장애 2급은 기본연금액의 80%+부양가족연금액이며, 장애 3급은 기본연금액의 60%+부양가족연금액이고, 장애 4급은 기본연금액의 225%를 일시금으로 받을 수 있다.

4) 유족급여, 사망일시금 등

유족급여는 국민연금을 수령하는 사람이나 현재 가입 중인 사람이 사망할 때 받을 수 있다. 유족은 수급조건에 따라 반환일시금, 사망일시금, 유족연금의 형태로 받을 수 있다. 유족연금은 가입기간과 기본연금액 그리고 부양가족수에 의해 결정된다. 가입기간이 10년 미만이면 기본연금액의 40%+부양가족연금액, 가입기간이 10년 이상 20년 미만이면 기본연금액의 50%+부양가족연금액, 20년 이상이면 기본연금액의 60%+부양가족연금액이다.

유족급여의 수급자는 생계를 같이 해야 하고 연령 제한이 있다. 자녀는 25세 미만이거나(2016년 11월 29일까지는 19세 미만이었음) 장애등급 2급 이상이고, 손자녀는 19세 미만이거나 장애등급 2급 이상이며, 부모나 조부모는 60세 이상이거나 장애등급 2급 이상이어야 한다. 유족의 순위는 배우자(남편은 60세 이상, 사실혼관계의 배우자 포함), 자녀(양자, 태아 포함), 부모, 손자녀, 조부모이고, 가장 상위에 있는 사람이 받는다. 같은 등급에 수급자가 여러 명이면 똑같이 나누어서 받을 수 있다.

사망일시금은 가입자 또는 가입자이었던 자가 사망하였으나 유족연금 또는 반환일시금을 지급받을 수 없는 경우에 그 금액만큼 지급되는 장제부조금 성격의 급여이다.

미지급급여는 급여 수급권자가 사망한 경우 그 수급권자에게 지급하여야 할 급여로 아직 지급되지 않는 것이 있는 경우의 급여이다. 수급권자는 급여 수급권자에 의하여 생계를 유지하고 있던 배우자, 자녀, 부모, 손자녀, 조부모 중에서 최우선 순위자이다.

5) 반환일시금

반환일시금은 국민연금가입자 또는 가입자이었던 자가 연금(노령, 장애, 유족)의 수급요건을 충족하지 못하고 탈퇴하여 가입 중에 납부하였던 보험료에 일정한 이자를 가산하여 지급받는 것으로 본인 또는 그 유족이 받을 수 있다. 수급요건은 가입기간 10년 미만인 자로 60세에 달한 때 등이다.

60세에 도달할 때 가입기간이 10년이 안 된 사람은 반환일시금을 타는 것보다는 임의계속가입을 하여 가입기간을 늘려 연금을 타는 것이 유리하다. 혹 60세가 되기 전에 반환일시금을 탔다면 반환일시금 반납을 통해 가입기간을 늘려 연금을 타는 것도 효과적인 노후대책이다.

6) 국민연금과 직역연금의 연계

공무원연금 · 군인연금 · 사립학교교직원연금 등 직역연금은 서로 합산되고, 국민연금과 직역연금 간에도 연계되어 이를 잘 활용하면 노후보장을 더욱 튼튼하게 할 수 있다. 국민연금과 직역연금 간 연계제도는「국민연금과 직역연금의 연계에 관한 법률」(이하 연금연계법률)이 제정된 2009년 이후부터 시행되었다. 국민연금과 직역연금의 가입기간을 합쳐 20년 이상이면 노령연금을 탈 수 있다. 이 법 시행 전에 국민연금은 최소한 10년 이상 가입해야 노령연금을 탈 수 있고(특례노령연금은 5년 이상), 과거 공무원연금 가입자 등은 20년(현재는 10년) 이상 가입해야 퇴직연금을 받을 수 있었다. 과거에는 국민연금에 9년 가입했던 사람이 공무원이 되어 19년간 공무원연금에 가입하면 두 연금 관리기구에서 연금을 받지 못하고 일시금만 받았다.

「연금연계법률」은 국민연금과 직역연금의 가입기간을 합쳐 '통산 최소 의무가입기간' 20년을 채운 가입자에게 각 연금제도가 가입기간 만큼 연금을 나눠서 지급하는 방식이다. 예를 들어, 국민연금을 9년 가입한 뒤 공무원으로 채용되어 공무원연금을 19년간 납입하다 퇴직한 사람이 연금연계제도를 통해 국민연금공단에서 9년분의 노령연금과 공무원연금공단에서 19년분의 퇴직연금을 함께 받을 수 있다.

국민연금과 직역연금 간 연계는 본인이 신청해야 한다. 국민연금에 연계를 신청하는 시기는 직역연금가입자가 된 때와 직역연금가입자가 퇴직한 때이다. 즉, 국민연금에 9년간 가입했던 사람이 공무원이 되었다면 공무원이 된 때나 퇴직한 때 연계신청을 하면 된다. 주의할 것은 연계신청을 하였던 사람이 다시 직역연금에 가입하여 그 법에 따라 직역재직기간의 합산이 인정된 경우에는 종전의 국민연금가입기간과 직역재직기간의 연계는 취소된다.

적용대상은 법률 시행일인 2009년 8월 7일 이후 이동자, 국민연금 가입자이었던 자가 2007년 7월 23일 이후 직역연금으로 이동한 경우, 법 공포일(2009년 2월 6일) 당시 직역연금 가입자가 공포일 이후 다른 직역연금이나 국민연금으로 이동한 경우이다. 직역연금 연계신청 대상자는 2009년 2월 7일 이후 퇴직자이고, 직역에서 10년 이상(단, 군인연금은 20년 이상) 재직 후 퇴직한 사람이 연계신청을 하는 경우에는 국민연금에 임의가입 후 연계를 신청하여야 한다. 또한 연계제도로 가입자이었던 자가 사망할 때 유족이 받는 유족급여도 수급자의 수와 수급액이 늘어났다. 연계제도로 가입기간 20년 이상을 채운 퇴직연금이나 유족급여 수급자들이 큰 덕을 보게 되었다.

* 공무원연금공단 http://www.gepco.or.kr
* 사립학교교직원연금공단 http://www.ktpf.or.kr

60세가 되기 전에 국민연금을 재설계할 수 있다

국민연금은 60세가 된 후에는 다시 설계하기가 어렵다. 하지만 60세가 되기 전에 조기 노령연금을 탈 수 있고, 60세가 되기 직전에 임의계속가입을 선택하거나 연기제도를 이용하여 연금액을 늘리는 길도 있다. 가입기간에 따라 노령연금의 액수가 다르고, 유족급여의 수급비율이 다르므로 60세가 되기 전에 국민연금을 자신과 가족에게 유리하게 재설계하는 것이 좋다.

• 55세 이후 소득이 없다면 조기 노령연금을 탈 수 있다

55세 이후 소득이 없거나 적다면 조기 노령연금을 탈 수 있다. 조기 노령연금은 다른 사람보다 빨리 연금을 탈 수 있는 대신에 연금액을 감액해서 받는 것이다. 연금을 타기 시작하면 매년 물가상승율을 반영하여 연금을 받기에 조기노령연금은 손해를 보기 쉽다. 하지만 조기 노령연금을 타는 것이 유리한 사람도 있다. 치료하기 어려운 질병에 걸린 사람은 60세 이후에 노령연금을 타는 것보다는 55세부터 조기 노령연금을 타는 것이 더 유리할 수 있다. 생존기간이 짧을 것으로 예측되는 경우에는 적은 액수라도 빨리 타는 것이 유리하다.

• 가입기간은 20년 이상이 좋다

국민연금은 가입기간이 최소 10년 이상일 때 노령연금을 탈 수 있고,

20년 이상이면 완전노령연금을 탈 수 있다. 같은 조건일 때 가입기간이 늘어나면 연금액도 비례해서 늘어난다. 또한 노령연금 수급자가 사망하면 유족이 받는 유족연금은 가입기간이 20년 이상이면 노령연금의 60%이지만, 10년 이상 20년 미만이면 50%이며, 가입기간이 10년 미만이면 유족급여는 40%이다. 반환일시금 반환, 추후 납부, 임의계속가입 등을 통해 가입기간을 늘리는 방법을 모색해야 한다.

• 60세가 되기 전에 임의계속가입을 신청한다

국민연금의 가입기간을 늘리기 위해 가장 손쉬운 방법은 임의계속가입을 신청하는 것이다. 임의계속가입은 만 60세가 되기 직전에 가입자가 국민연금공단에 신청하면 된다. 가입기간은 65세까지이고, 본인이 선택하여 그 기간을 줄일 수도 있다. 예컨대, 어떤 사람이 60세가 될 때 국민연금의 가입기간이 8년이면 반환일시금만 탈 수 있다. 이 사람이 60세가 되기 직전에 임의계속가입을 신청하여 65세까지 보험료를 내면 가입기간이 13년이 되어 노령연금을 탈 수 있다. 임의계속가입을 하여 2년간 보험료를 내면 가입기간이 10년이 되기에 반환일시금이 아니라 노령연금을 탈 수 있다. 노령연금을 타던 사람이 사망하면 그 배우자나 자격이 되는 유족은 유족연금을 탈 수 있다.

• 연기제도를 활용할 수 있다

국민연금의 노령연금은 타는 연령을 연기하면 1년에 7.2%를 더 탈 수 있다. 예컨대, 어떤 국민연금 가입자가 62세에 노령연금으로 매월 100만 원씩 탈 수 있다면, 1년 연기하면 연금액의 7.2%를 더 타고, 5년 연기하면 36%를 더 탈 수 있다.

국민연금의 연기제도는 60대 초반에 연금이 없이도 생활할 수 있다면 활용하기 좋은 제도이다. 나이가 들어 늙고 병이 들수록 더 많은 생활비가 필요하므로 연금액을 늘릴 수 있기 때문이다. 특히 60대 초반에 상당한 근로소득이 있는 경우에는 '재직자 노령연금'을 타게 된다. 재직자는 연령에 따라 노령연금의 50~90%를 타는데, 연기제도를 활용하면 노령연금의 액수를 크게 늘릴 수 있다.

• 배우자의 연금을 고려하여 결정한다

60세 직전에 국민연금을 재설계할 때 배우자가 가입한 연금을 함께 고려하는 것이 중요하다. 만약 당사자는 국민연금에 가입하고, 배우자는 공무원 · 군인 · 사립학교교직원 연금에 가입했다면 임의계속가입과 연기제도 등을 통해 연금액을 높이는 것이 좋다. 부부가 모두 국민연금 가입자라면 배우자의 연금액과 연령을 고려하여 결정하는 것이 좋다. 나이가 젊은 아내가 연기제도를 활용하면 배우자 사망 시 자신의 노령연금을 늘리고 배우자 유족연금 일부를 함께 탈 수도 있다.

• 노령연금과 유족연금을 늘린다

노인의 평균수명은 꾸준히 늘고 있기에 국민연금의 노령연금을 타는 기간은 평균적으로 20년 이상이 될 것이다. 부부가 모두 국민연금에 가입하면 생존 시 각자 노령연금을 타고, 배우자가 사망하면 유족연금만 타거나 노령연금과 유족연금을 함께 탈 수도 있다. 노후에 받는 연금을 실질적으로 늘리기 위해서는 부부가 각자 노령연금을 늘리고, 둘 다 국민연금에 가입했다면 부부 중 젊은 사람 혹은 아내의 노령연금을 늘리는 방안을 강구한다.

• 배우자 노령연금이 많다면 노령연금을 일찍 타는 것이 좋다

부부가 모두 국민연금에 가입하고 배우자 노령연금이 자신보다 아주 많은 사람은 조기 노령연금을 고려해 봄 직하다. 국민연금의 노령연금은 각자에게 지급되지만, 배우자 사망 시에 배우자의 유족연금과 자신의 노령연금 중 선택해야 한다. 만약 포기하는 것이 유족연금이라면 유족연금의 일부(현재 30%)와 자신의 노령연금을 받을 수 있다. 배우자의 노령연금이 자신의 노령연금보다 현저히 높으면 배우자 사망 시 유족연금을 선택하고 자신의 노령연금을 포기하는 경우도 있다. 이 경우에는 조기 노령연금을 타서 가급적 빨리 연금을 받으면 그만큼 유리할 수도 있다. 사람의 수명은 정확히 예측할 수 없지만, 만약 남편의 노령연금이 많은 부인이라면 조기 노령연금의 수급을 고려해 봄 직하다.

• 남편 연령이 높다면 내 노령연금 액수를 늘린다

부부가 모두 국민연금에 가입하고 각각 노령연금의 액수가 큰 차이가 없다면 남편의 노령연금은 제때에 타고 부인은 임의계속가입을 하거나 연기제도를 통해 노령연금의 액수를 늘리는 것이 이익이다. 만약 남편이 먼저 사망하면 부인은 자신의 노령연금과 남편의 유족연금의 일부를 탈 수 있기에 자신의 노령연금 액수를 늘린 효과를 볼 수 있다. 국민연금은 나의 노후를 보장할 뿐만 아니라 가족(특히 부부)의 노후를 보장하는 제도이다. 초고령사회에 대비하여 국민연금을 나와 가족에게 유리하게 설계할 수 있다.

＊시민과 함께 꿈꾸는 복지공동체 http://cafe.daum.net/ewelfare

5. 국민연금의 관리운영

국민연금은 국민연금공단이 관리운영하고, 보건복지부가 지도감독한다. 국민연금공단은 1986년 12월에 제정된 「국민연금법」에 의거하여 1987년 9월에 국민연금관리공단으로 설립되었다. 공단은 국민연금가입자에 대한 기록관리와 유지, 갹출료의 징수, 연금급여의 결정과 지급, 가입자와 연금 수급권자를 위한 복지시설의 설치 · 운영 등 복지증진사업, 기타 국민연금사업에 관하여 보건복지부장관이 위탁하는 사항 등을 수행한다.

2007년에 국민연금공단으로 명칭이 변경되었다. 공단은 이사장 아래 기획 · 업무 · 기금이사가 있으며 이들 이사 산하에 기획조정실, 고객지원실 등 9실과 기초노령연금지원센터 등 2센터, 그리고 기금운용본부가 있다. 본부는 전주에 있고, 전국에 91개 지사와 50개 국민연금상담센터를 두고 있다.

6. 국민연금의 활용과 과제

국민연금은 도입된 지 12년 만에 전 국민에게 연금을 도입했다는 찬사에도 불구하고 많은 과제를 안고 있다. 국민연금이 모든 국민의 소득보장제도로 설계되었지만 가입하지 않는 국민이 많아 일부 국민을 위한 제도로 운용되고 있다. 18세 이상 모든 국민이 국민연금에 가입하여 노령연금 등을 활용할 수 있도록 가입자를 늘리고, 가입기간을 늘리며, 노령연금 등의 액수를 늘리기 위해 다음과 같은 대책을 강구해야 한다.

첫째, 18세 이상 모든 국민이 하루라도 빨리 국민연금에 가입할 수 있도록 생애 첫 국민연금 보험료를 국가가 지원해야 한다. 18세 이상 국민은 국민연금에 가입할 수 있지만 많은 국민이 직장에 취업하여 당연가입 대상자가 될 때까지 가입하지 않는 경향이 있다. 국민연금은 하루라도 빨리 가입할 때 가입기간을 늘릴 수 있고, 가입 후 보험료를 내지 않은 기간은 추후 납부를 할 수 있다. 모든 국민이 18세가 되면 생애 첫 국민연금 보험료를 국가가 전액 지원하면 가입기간을 늘릴 수 있기에 이를 국가정책으로 실시해야 한다.

둘째, 국민연금은 건강보험과 달리 피보험자의 몫으로 노령연금 등이 지급된다. 직업이 없는 주부는 국민연금에 가입하기 어렵고, 남편과 함께 농사를 짓거나 자영업을 하는 경우 대부분 세대주의 이름으로 가입하기에 주부는 피보험자에서 제외되기 쉽다. 이를 해결하기 위해 18세 이상 모든 국민이 국민연금에 가입하는 운동을 펼쳐야 한다. 소액이라도 자신의 이름으로 보험료를 내야 노령연금을 받고 사망 시에 배우자를 포함한 유족이 유족연금을 받을 수 있기 때문이다.

셋째, 국민연금의 액수를 늘릴 수 있는 다양한 방법을 활용하도록 교육하고 안내해야 한다. 18세 이상 국민이 임의가입을 하면 가입기간을 늘리고, 60세가 되기 직전에 임의계속가입을 신청하면 일시금이 아닌 연금을 탈 수도 있다. 반환일시금을 반납하거나 가입 후 보험료를 내지 않았던 기간을 60세가 되기 전에 추후 납부하면 좋은 조건으로 가입기간을 늘릴 수 있다. 보험료를 선납하면 이자율만큼 보험료를 깎아 주고, 60세 이후에 노령연금을 받지 않고 1년 이상 늦추면 1년에 연금액을 7.2% 더 받을 수 있다. 60세 이후 직장을 갖고 있다면 재직자 연금을 타는 것보다 연기제도를 활용하는 것이 이익이다. 이처럼 모든 국민이 국민연금의 다양한 제도를 활용하여 연금액을 실질적으로 늘리는 방안을 강구하도록 알려야 한다.

넷째, 농어민의 기준소득금액은 지나치게 낮아서 국고 지원 한도액도 낮기에 기준소득금액을 높여야 한다. 농어민 기준소득금액 97만 원은 국가가 임의로 정한 것으로 합리적이지 않다. 2019년 6월 국민연금 보험료의 기준소득월액은 최저가 30만 원이고 최고가 468만 원이므로 농어민 기준소득 97만 원은 최저와 최고의 중간값의 39.0%에 불과하다. 이는 정부가 10인 미만 사업장에 고용되고 월평균 보수가 215만 원 미만인 노동자의 사회보험료를 지원하는 '두루누리 사회보험료 지원사업'과 비교해도 턱없이 낮다. 사회적 형평을 위해 두루누리사업의 기준으로 올려야 한다. 두루누리는 신규참여자에게 보험료의 90%까지 지원하는데 농어민에 대한 지원은 50%라는 것도 차별이므로 이를 개선해야 한다.

다섯째, 국민연금의 당연가입 연령을 점차 65세까지로 연장해야 한다. 국민연금은 60세에 도달하면 당연가입은 중지되고, 본인이 희망하면 65세까지 임의계속가입을 할 수 있다. 수급 연령이 4년에 1세씩 늦추어지므로 가입 연령을 수급 연령까지 연장시키면 연금액을 높일 수 있다. 가입 연령의 조정은 점진적으로 정년을 연장하는 것과 연계시킨다. 연금 수급 연령은 2033년에 65세인데, 평균수명의 증가를 고려할 때 점진적으로 늦추어야 한다. 연금 개시 연령이 늦추어져도 수명의 증가로 국민연금 가입자가 노령연금을 수급하는 기간은 더 길어진다.

여섯째, 찾아가지 않는 국민연금 급여를 찾아 주는 사업을 적극 펼쳐야 한다. 국민연금공단에 따르면 2008년부터 2017년까지 급여를 찾아가지 않는 사람은 2만 598명에 달했고, 이들이 납부한 보험료는 2,656억 원이었다. 국민연금 수급권자의 주민등록이 말소되거나 국외로 이주하고, 유족의 소재를 파악하는 게 불가능한 상황 등으로 연락이 끊기거나 연금급여 금액이 소액이어서 수령을 거부하는 경우 등이다. 국민연금공단은 원칙적으로 지급사유가 발생한 이후 10년(2018년 1월 25일 전에는 5년) 이내에 청구하지 않으면 소멸시효가 완성된 것으로 봐 일시금을 주지 않는다. 국민연금공단은 미청구 연금액의 지급을 위해 은행휴면계좌 통합조회와 같이 본인의 연금액을 정확히 확인하고 미수령을 방지할 수 있는 시스템을 구축했는데, 은행과 카드사와 협력하여 홍보해야 한다.

일곱째, 국민연금기금에 대한 우려는 시간이 갈수록 커지고 있다. 보험료를 적게 내고 보험급여를 많이 주도록 설계되었고 평균수명이 증가되어 수급자 수와 수급기간이 늘어나기 때문이다. 국민연금공단은 기금의 수익성을 높이기 위해 다각적으로 노력하고, 기금에 대한 사회적 우려를 불식하기 위해 노력하지만, 급여 대비 수입을 늘리는 방안을 강구해야 한다. 5년에 한 번씩 연금재정추계를 하고 이에 맞도록 보험료의 인상 등을 다각도로 검토하고, 국민연금기금의 운용수익을 늘려서 국민의 노후를 안정적으로 보장해야 한다.

여덟째, 국민연금은 보험료를 적게 내고 급여를 많이 받기에 연금 수급자는 좋지만 장기적으로 볼 때 재정위기를 일으킬 수 있다. 이를 해소하기 위해 연금의 수준을 낮추고, 노령연금의 개시 연령을 2013년부터 매 4년마다 1세씩 늦추도록 하여 2033년 이후에는 65세가 되도록 변경하였다. 이렇게 되면 2028년 이후 40년 가입 시 소득대체율이 40%에 불과하다. 국민연금 재정계산자문위원회는 2019년에 노령연금의 소득대체율을 45%에서 매년 0.5%포인트씩 낮추는 것을 중지하고 보험료율을 높이는 방안을 제안하였다. 보험료율을 11%로 인상하고, 연차적으로 조금씩 더 인상하자는 것이다. 국민연금의 중장기 수입과 지출 간 균형을 위해 보험료율 인상은 불가피하다.

단원 정리

국민연금은 국민의 노령 · 폐질 또는 사망에 대하여 연금급여를 실시함으로써 국민의 생활안정과 복지증진에 기여함을 목적으로 한 사회보험이다. 1973년에 「국민복지연금법」이 제정되어 시행될 예정이었으나 유류파동으로 연기되었다가 1988년부터 「국민연금법」이 시행되고 있다. 18세 이상 60세 미만 국민 중 1인 이상 고용사업장에서 일하는 모든 노동자, 농어민과 도시자영자는 국민연금의 당연가입 대상자이다. 학생, 군인(직업군인이 아닌 의무복무대상자), 주부 등은 임의가입 대상자이고, 공무원, 직업군인, 사립학교교직원, 별정우체국직원은 별도의 공적 연금제도의 적용을 받는다.

국민연금의 보험료율은 표준소득월액의 9%이다. 사업장가입자는 노동자와 사용자가 각각 1/2씩 분담하고, 농어민은 일부 보험료(2020년에 43,650원까지 국가 지원, 매년 증액되는 경향이 있음)를 국가가 지원하며, 임의가입자는 가입자가 전액 부담한다.

국민연금은 과거에 받은 반환일시금을 반납하거나 가입 후 보험료를 내지 않았던 기간의 보험료를 추후 납부하면 가입기간을 획기적으로 늘릴 수 있다. 국민연금 가입자는 출산 크레딧, 군복무 크레딧, 실업 크레딧 등을 적극 활용하여 가입기간을 늘릴 수 있다.

국민연금 급여는 노령연금이 중심이지만, 장애연금, 유족연금, 반환일시금, 사망일시금, 미지급금급여 등이 있다. 국민연금은 피보험자가 노령뿐만 아니라 장애와 사망 등으로 인해 소득을 상실할 경우에는 연금을 주고, 연금을 받을 수 없는 조건인 사람에게는 일시금을 준다.

기본연금은 모든 연금액 산정의 기초가 되는 것으로 피보험자가 평생 동안 낸 보험료의 기준이 된 '개인의 표준소득월액'과 연금이 개시되기 전 3년간 '전가입자의 평균소득월액'을 기초로 산정한다.

국민연금 중 핵심적인 급여는 노령연금이다. 노령연금은 원칙적으로 20년 이상 가입하고, 60세에 달하며, 생존하고, 퇴직할 때 완전노령연금을 받을 수 있다. 완전노령연금은 기본연금액에 가급연금액을 합하여 산정한다. 완전노령연금을 수급할 수 있는 조건을 갖추지 못하는 경우에는 감액노령연금, 조기 노령연금, 재직자 노령연금, 특례 노령연금 등을 받을 수 있다. 연금가입자나 그 수급자가 이혼을 할 때 배우자의 생계를 보호하기 위해서 분할연금을 시행하고 있다.

장애연금은 가입자나 가입자이었던 자가 질병이나 부상이 발생하여 완치(진행 중인 때는 초진일로부터 1년 6개월 경과 시)되었으나 신체적 또는 정신적 장애가 남았을 때 이에 따른 소득 감소 부분을 보전함으로써 자신과 가족의 안정된 생활을 보장하기 위한 급여로서 장애정도(1~4급)에 따라 일정한 급여를 지급한다.

유족급여는 국민연금을 수령하는 사람이나 현재 가입 중인 사람이 사망할 때 받을 수 있다. 유족은 수급조건에 따라 반환일시금, 사망일시금, 유족연금의 형태로 받을 수 있다. 유족연금은 가입기간과 기본연금액 그리고 부양가족수에 의해 결정된다.

반환일시금은 국민연금가입자 또는 가입자이었던 자가 연금(노령, 장애, 유족)의 수급요건을 충족하지 못하고 탈퇴하여 가입 중에 납부하였던 보험료에 일정한 이자를 가산하여 지급받는 것으로 본인 또는 그 유족이 지급받을 수 있다. 수급요건은 가입기간 10년 미만인 자로 60세에 달한 때 등이다.

국민연금은 도입된 지 12년 만에 전 국민에게 연금을 도입했다는 찬사에도 불구하고 많은 과제를 안고 있다. 국민연금이 모든 국민의 소득보장제도로 설계되었지만 가입하지 않는 국민이 많아 일부 국민을 위한 제도로 운용되고 있기에 다음과 같은 대책을 강구해야 한다.

18세 이상 모든 국민이 하루라도 빨리 국민연금에 가입할 수 있도록 생애 첫 국민연금 보험료를 국가가 지원해야 한다. 국민연금은 건강보험과 달리 피보험자의 몫으로 노령연금 등이 지급되기에 18세 이상 모든 국민이 가입해야 한다. 국민연금의 액수를 늘릴 수 있는 다양한 방법을 활용하도록 교육하고 안내해야 한다. 농어민의 기준소득금액은 지나치게 낮아서 국고 지원 한도액도 낮기에 기준소득금액을 높여야 한다. 국민연금의 당연가입 연령을 점차 65세까지로 연장해야 한다. 찾아가지 않는 국민연금 급여를 찾아 주는 사업을 적극 펼쳐야 한다. 국민연금기금에 대한 우려가 크기에 보험료의 인상 등을 검토하고 국민연금기금의 운용수익을 늘려야 한다. 재정위기를 극복하기 위해 노령연금의 개시 연령을 점차 늦추어야 한다.

✱ 용어 정리

- **국민연금**: 국민연금은 국민의 노령 · 폐질 또는 사망에 대하여 연금급여를 실시함으로써 국민의 생활안정과 복지증진에 기여함을 목적으로 한 사회보험이다. 연금을 주는 사회보험에는 공무원연금, 군인연금, 사립학교교직원연금, 별정우체국직원연금이 별도로 있는데, 이들은 특정 직업인을 위한 것이고, 대부분의 국민은 국민연금에 가입한다.

- **국민연금의 적용대상**: 국민연금의 적용대상은 대한민국 국민으로서 18세 이상 60세 미만의 모든 사람이다. 1인 이상 고용사업장에서 일하는 모든 노동자, 농어민과 도시자영자는 국민연금의 당연가입 대상자이다. 학생, 군인(의무복무대상자), 주부 등은 임의가입 대상자이고, 60세에 도달하더라도 10년을 채울 수 없으면 65세까지 임의계속가입을 신청할 수 있다.

- **두루누리사업**: 두루누리는 작은 사업장에서 일하는 노동자의 국민연금과 고용보험의 가입을 촉진하기 위해 2012년 7월에 도입되었다. 2020년에는 10인 미만 사업장에서 일하는 월평균 보수 215만 원 미만 노동자와 그 사업자가 지원을 받을 수 있다. 지원 내용은 기존 가입자보다 신규 가입자가 많고, 사업장 규모가 5인 미만일 때 더 많다. 신규 가입자는 5인 미만 사업장 노동자는 보험료의 90%, 5~10인 미만 사업장 노동자는 80% 지원을 받고, 기존 가입자는 40%를 지원받는다. 한 사람이 신규와 기존으로 지원받을 수 있는 기간은 36개월이다.

- **국민연금의 보험료율**: 국민연금의 보험료율은 표준소득월액의 9%이다. 사업장가입자는 노동자와 사용자가 각각 1/2씩 분담하고, 농어민은 일부 보험료(2020년에 43,650원까지 국가 지원, 매년 증액)를 국가가 지원하며, 임의가입자는 가입자가 전액 부담한다.

- **반환일시금 반납**: 반환일시금을 이자 계산하여 반납하면 당시의 조건으로 반납을 받아 준다. 1988년 국민연금을 처음 도입할 때에는 한 달에 소

득의 3%를 내면 40년 가입 시 소득대체율이 70%이고, 10년 후에는 9%를 내면 소득대체율이 60%이었다. 지금은 40년 가입 시 소득대체율이 50%도 되지 않는데, 반납제도를 활용하면 당시 조건으로 급여를 받아서 가입자에게 큰 이익이다.

- **추후 납부**: 가입한 사람이 중간에 보험료를 내지 않았더라도 나중에 추후 납부하는 제도가 있다. 추후 납부는 휴 · 폐업이나 실직, 휴직(육아휴직 포함), 이직 준비 등으로 소득이 없을 때 보험료를 내지 않았던 기간에 내지 않은 보험료를 낼 수 있는 제도이다. 내지 않은 보험료에 이자계산을 하여 일시에 내거나 나눠 내서 가입기간을 늘리고 연금액을 올릴 수 있다.

- **출산 크레딧**: 출산 크레딧은 2008년 이후에 둘째 자녀 이상을 출산한 가입자에게 가입기간을 추가로 인정해 주는 제도이다. 자녀가 2명인 경우 12개월, 셋째 자녀부터는 18개월씩 최대 50개월까지 인정받을 수 있다. 출산 크레딧은 적용기간 동안의 인정소득수준은 국민연금 전체가입자의 최근 3년치 월소득 평균값(A값)의 100%를 소득으로 산정해 적용한다. 출산 크레딧은 노령연금 수급 시에 부모 중 어느 한 사람이 선택해서 받거나 부모가 반씩 나누어 받을 수도 있다.

- **군복무 크레딧**: 군복무 크레딧은 2008년 이후에 입대해 병역의무를 이행한 현역병과 공익근무요원에게 최대 6개월의 국민연금 가입기간을 인정해 주는 제도이다. 군복무 크레딧은 국민연금 전체가입자의 최근 3년치 월소득 평균값(A값)의 50%만 산정해 출산 크레딧 100%과 비교하여 엄격하다.

- **실업 크레딧**: 실업 크레딧은 2016년 8월 1일부터 구직급여 수급자가 국민연금공단이나 고용센터에 이를 신청하면, 국가가 보험료의 75%(국민연금기금 25%, 고용보험기금 25%, 일반회계 25%)를 지원하고 당사자는 25%만 내면 국민연금 가입기간으로 인정한다. 실업 크레딧은 구직급여 수급기간 중 최대 1년간 신청자의 실직 전 평균소득의 50%(최대 70만원)까지 인정하여 지원해 준다.

- **기본연금**: 기본연금은 모든 연금액 산정의 기초가 되는 것으로 피보험자가 평생 동안 낸 보험료의 기준이 된 '개인의 표준소득월액'과 연금이 개시되기 전 3년간 '전가입자의 평균소득월액'을 기초로 산정한다. 기본연금은 당초 20년 가입 시 평균소득의 35%를 급여하는 것으로 설계했다가, 수지를 감안하여 1999년부터 30%를 급여하고, 이후에는 평균소득의 25%에서 매년 조금씩 낮아져 20%가 되도록 설계되었다. 기본연금은 노령연금, 장애연금, 유족연금 등 모든 연금을 계산할 때 기본이 된다.

- **노령연금**: 국민연금 중 핵심적인 급여는 노령연금이다. 노령연금은 원칙적으로 20년 이상 가입하고, 60세에 달하며, 생존하고, 퇴직할 때 완전노령연금을 수급할 수 있다. 완전노령연금은 기본연금액에 가급연금액을 합하여 산정한다. 연금액=기본연금×지급률+부양가족연금액

- **감액 노령연금**: 감액 노령연금은 가입기간이 10년 이상 20년 미만이고 만 60세(광부와 선원은 55세)가 되어 소득이 없는 경우 본인의 청구로 수급받을 수 있다. 즉, 10년 가입 시는 '기본연금액 47.5%+가급연금액'이고, 가입기간 1년 증가 시마다 기본연금액을 5%포인트씩 증액한다.

- **조기 노령연금**: 조기 노령연금은 10년 이상 가입하였고, 55세 이상 60세 미만인 사람이 소득이 있는 업무에 종사하지 않을 경우 본인의 희망에 의하여 조기에 수급할 수 있다. 급여수준은 '기본연금액×가입기간지급률×연령별지급률+가급연금액'이다. 즉, 10년 가입하고 55세에 조기연금을 수급한다면 '기본연금액의 47.5%×55세 지급률 75%+가급연금액'이다.

- **재직자 노령연금**: 재직자 노령연금은 가입기간 10년 이상이고 60세 이상 65세 미만인 자로 소득이 있는 업무에 종사하는 경우 60세부터 64세까지(광부와 선원은 55세부터 59세까지) 지급하는 연금으로 가급연금액은 지급하지 않는다. 급여수준은 가입기간이 20년인 경우, 60세는 기본연금액의 50%이고 매년 10%포인트씩 증액된다.

- **특례 노령연금**: 특례 노령연금은 국민연금의 최초시행, 농어촌지역 확대

그리고 도시지역 확대 당시 연령이 많아 최소 가입기간을 채우지 못하는 사람들을 위해 특별히 2000년 3월 31일까지 가입이 허용된 특례가입자 제도이다. 특례 노령연금은 5년 이상 가입하고 만 60세 이상이면 사망 시까지 연금을 지급받을 수 있다. 급여수준은 가입기간 5년인 경우에 '기본연금액의 25%+가급연금액'이고, 가입기간 1년 증가 시마다 기본연금액이 5%포인트씩 증가된다.

- **분할연금**: 분할연금은 가입기간 중의 혼인기간이 5년 이상인 사람이 노령연금 수급권자인 배우자와 이혼한 후 60세가 된 때, 60세가 된 이후 노령연금 수급권자인 배우자와 이혼한 때, 60세가 된 이후 배우자이었던 자가 노령연금 수급권을 취득한 때, 배우자이었던 사람이 노령연금 수급권을 취득한 후 본인이 60세가 된 때 등의 경우에 혼인기간에 해당하는 연금액을 똑같이 분할하여 지급한다. 급여수준은 배우자이었던 자의 노령연금액(가급연금액 제외) 중 혼인기간에 해당하는 연금액을 균분한 금액이다.

- **장애연금**: 장애연금은 가입자나 가입자이었던 자가 질병이나 부상이 발생하여 완치(진행 중인 때는 초진일로부터 1년 6개월 경과 시)되었으나 신체적 또는 정신적 장애가 남았을 때 이에 따른 소득 감소 부분을 보전함으로써 자신과 가족의 안정된 생활을 보장하기 위한 급여로서 장애정도(1~4급)에 따라 일정한 급여를 지급한다. 장애 1급은 기본연금액의 100%+부양가족연금액이고, 장애 2급은 기본연금액의 80%+부양가족연금액이며, 장애 3급은 기본연금액의 60%+부양가족연금액이고, 장애 4급은 기본연금액의 225%를 일시금으로 받을 수 있다.

- **유족급여**: 유족급여는 국민연금을 수령하는 사람이나 현재 가입 중인 사람이 사망할 때 받을 수 있다. 유족은 수급조건에 따라 반환일시금, 사망일시금, 유족연금의 형태로 받을 수 있다. 유족연금은 가입기간과 기본연금액 그리고 부양가족수에 의해 결정된다. 가입기간이 10년 미만이면 기본연금액의 40%+부양가족연금액, 가입기간이 10년 이상 20년 미만이면 기본연금액의 50%+부양가족연금액, 20년 이상이면 기본연금액의

60%+부양가족연금액이다.

- **반환일시금**: 반환일시금은 국민연금가입자 또는 가입자이었던 자가 연금(노령, 장애, 유족)의 수급요건을 충족하지 못하고 탈퇴하여 가입 중에 납부하였던 보험료에 일정한 이자를 가산하여 지급받는 것으로, 본인 또는 그 유족이 지급받을 수 있다. 수급요건은 가입기간 10년 미만인 자로 60세에 달한 때 등이다.

- **국민연금과 직역연금의 연계**: 국민연금과 직역연금 간 연계제도는 「국민연금과 직역연금의 연계에 관한 법률」이 제정된 2009년 이후부터 시행되었다. 국민연금과 직역연금의 가입기간을 합쳐 20년 이상이면 노령연금을 탈 수 있다. 국민연금과 직역연금 간 연계는 본인이 신청해야 한다. 국민연금에 연계를 신청하는 시기는 직역연금가입자가 된 때와 직역연금가입자가 퇴직한 때이다.

제4장
공무원연금 등

1. 공무원연금 등의 정의와 역사

한국에는 국민연금 이외에 공무원연금, 군인연금, 사립학교교직원연금, 별정우체국직원연금 등 4개의 공적 연금이 있다. 1960년에 공무원연금은 군인을 포함하여 전체 공무원을 대상으로 시작되었는데, 1963년에 군인연금이 분리되었다. 1975년에 사립학교교직원연금과 1982년에 별정우체국직원연금이 만들어졌다. 공무원연금과 사립학교교직원연금은 근거 법령과 적용대상만 다를 뿐 급여내용은 같다. 군인연금은 공무원연금보다 급여종류가 많고 급여수준도 높은 편이다. 별정우체국직원연금도 공무원연금과 유사하다. 이 글은 공무원연금을 중심으로 기술하고, 다른 공적 연금은 특별한 사항만 언급한다. 4개 공적 연금의 법적 정의는 다음과 같다.

공무원연금은 공무원의 퇴직, 장해 또는 사망에 대하여 적절한 급여를 지급하고 후생복지를 지원함으로써 공무원 또는 그 유족의 생활안정과 복지향상에 이바지함을 목적으로 한 연금제도이다.

군인연금은 군인이 상당한 기간을 성실히 복무하고 퇴직하거나 심신의 장애로 인하여 퇴직하거나 사망한 경우 또는 공무상의 질병·부상으로 요양하는 경우에 본인이나 그 유족에게 적절한 급여를 지급함으로써 본인 및 그 유족의 생활안정과 복리향상에 이바지함을 목적으로 한 제도이다.

사립학교교직원연금은 사립학교교원 및 사무직원의 퇴직·사망 및 직무로 인한 질병·부상·장해에 대하여 적절한 급여제도를 확립함으로써 교직원 및 그 유족의 경제적 생활안정과 복리향상에 이바지함을 목적으로 한 제도이다.

별정우체국직원연금은 우체국이 없는 지역에 별정우체국을 설치·운영하여 국민에게 편의를 제공하고, 직원의 퇴직과 사망에 대하여 적절한 급여제도를 확립함으로써 직원과 그 유족의 경제적 생활안정과 복리향상에 이바지함을 그 목적으로 한 제도이다.

* 공무원연금공단 https://www.geps.or.kr

2. 공무원연금 등의 적용대상

「공무원연금법」의 적용을 받는 공무원은 「국가공무원법」, 「지방공무원법」, 그 밖의 법률에 따른 공무원이다. 그 밖에 국가기관이나 지방자치단체에 근무하는 직원 중 대통령령으로 정하는 사람은 공무원연금의 적용을 받는다. 다만, 군인과 선거에 의하여 취임하는 공무원은 제외된다. 공무원연금의 적용대상은 공무원이 중심이지만 일부 급여는 유족도 받을 수 있다. 유족이란 공무원이거나 공무원이었던 사람이 사망할 당시 그가 부양하고 있던 배우자, 자녀, 부모, 손자녀, 조부모 등을 말한다. 배우자는 재직 당시 혼인관계에 있던 사람으로 한정하며, 사실상 혼인관계에 있던 사람을 포함한다. 자녀(손자녀)는 퇴직일 이후에 출생하거나 입양한 자녀는 제외하되 퇴직 당시의 태아는 재직 중 출생한 자녀로 본다. 부모(조부모)는 퇴직일 이후에 입양된 경우의 부모는 제외한다.

「군인연금법」은 현역 또는 소집되어 군에 복무하는 군인에게 적용한다. 다만, 지원에 의하지 아니하고 임용된 부사관, 병(兵), 군간부후보생(복무 중 지원 군간부후보생은 제외)에게는 사망보상금과 장애보상금만 적용된다. 따라서 군인연금은 주로 장교, 지원에 의한 부사관, 복무 중 지원 군간부후보생에게 적용된다.

「군인연금법」에서 유족은 군인 또는 군인이었던 사람의 사망 당시 그가 부양하고 있던 배우자, 자녀, 부모, 손자녀, 조부모를 말한다. 다만, 사망보상금을 지급하는 경우에는 부양 여부를 가리지 아니하고 유족으로 본다. 배우자는 사실상 혼인관계에 있던 사람을 포함하며, 퇴직 후 61세 이후에 혼인한 배우자는 제외한다. 자녀(손자녀)는 퇴직 후 61세 이후에 출생하거나 입양한 자녀는 제외하되, 퇴직 후 60세 당시의 태아는 복무 중 출생한 자녀로 본다. 부모(조부모)는 퇴직일 이후에 입양된 경우의 부모는 제외한다. 「군인연금법」상 배우자는 퇴직 후 61세 미만에 혼인한 배우자까지 포함하여 「공무원연금법」상 배우자(재직 당시 혼인관계에 있던 사람)보다 넓게 인정된다. 이는 군인은 계급정년제가 있어서 공무원보다 일찍 퇴직하는 경우가 많다는 점을 고려한 것이다.

* 군인연금 https://www.mps.mil.kr

사립학교교직원연금에서 교직원이란 「사립학교법」에 따라 그 임명에 관한 사항이 관할청에 보고된 교원과 임명된 사무직원을 말한다. 다만, 임시로 임명된 사람, 조건부로 임명된 사람 및 보수를 받지 아니하는 사람은 제외한다. 유족이란 교직원이거나 교직원이었던 사람이 사망할 당시 그가 부양하고 있던 배우자, 자녀, 부모, 손자녀, 조부모를 말한다.

* 사립학교교직원연금공단 http://www.ktpf.or.kr

「별정우체국법」에 의한 별정우체국이란 과학기술정보통신부장관의 지정을 받아 자기의 부담으로 청사와 그 밖의 시설을 갖추고 국가로부터 위임받은 체신 업무를 수행하는 우체국을 말한다. 직원이란 별정우체국장과 채용되어 근무하는 사람이다. 유족이란 직원이거나 직원이었던 사람이 사망할 당시 그가 부양하고 있던 배우자, 자녀, 부모, 손자·손녀, 조부모를 말한다.

* 별정우체국연금관리단 https://www.popa.or.kr

3. 공무원연금 등의 재원

「공무원연금법」에 근거하여 공무원연금공단이 인사혁신처장의 권한 및 업무를 위탁받아 공무원연금을 관리운영한다. 공무원연금공단의 수입은 기여금, 부담금, 보전금, 공무원연금기금으로부터의 전입금 및 이입충당금, 국가나 지방자치단체로부터의 보조금·차입금 및 그 밖의 수입금, 국가나 지방자치단체 등으로부터 위탁받은 업무를 위한 수입금이다. 지출은 「공무원연금법」에 따른 급여금·적립금·반환금, 차입금의 상환금과 그 이자, 국가나 지방자치단체 등으로부터 위탁받은 업무를 위한 지출금, 그 밖에 공단 운영을 위한 경비 등이다.

공무원연금의 재원은 주로 가입자인 공무원의 기여금과 사용자인 국가 또는 지방자치단체의 부담금으로 충당된다. 퇴직급여, 퇴직유족급여 및 비공무상 장해급여에 드는 비용은 공무원과 국가 또는 지방자치단체가 부담한다. 이 경우 퇴직급여 및 퇴직유족급여에 드는 비용은 적어도 5년마다 다시 계산하여 재정적 균형이 유지되도록 하여야 한다. 다만, 퇴직수당 지급에 드는 비용은 국가나 지방자치단체가 부담한다. 퇴직수당은 노동자가 받는 퇴직금에 상응하는 것이므로 사용자의 부담이다. 공무원연금공단 운영에 드는 비용은 국가가 보조할 수 있다.

공무원연금의 보험료율은 18%이다. 이 중 공무원의 기여금은 기준소득월액의 9%이고, 국가 또는 지방자치단체의 부담금은 보수예산의 9%이다. 기여금은 공무원으로 임명된 날이 속하는 달부터 퇴직한 날의 전날 또는 사망한 날이 속하는 달까지 월별로 내야 한다. 다만, 기여금 납부기간이 36년을 초과한 사람은 기여금을 내지 아니한다. 기준소득월액은 공무원 전체의 기준소득월액 평균액의 160%를 초과할 수 없다. 군인연금, 사립학교교직원연금, 별정우체국직원연금의 보험료율도 18%인데, 가입자가 9%, 사용자가 9%(사립학교교원은 법인이 5.294% 정부가 3.706%)를 부담한다.

공무원연금의 복무기간은 재직기간이 기본이고, 군복무기간처럼 공무원의 재직기간에 산입되는 사람은 공단이 산입을 승인한 날이 속하는 달의 다음 달부터 그 산입기간의 기여금과 같은 금액의 소급기여금을 내야 한다.

기여금은 기여금징수의무자가 매월 보수에서 징수하여 보수지급일부터 3일 이내에 공단에 내야 한다. 공무원이 다른 기관으로 전출한 경우 그 전출한 날이 속하는 달의 기여금은 전 소속기관의 기여금징수의무자가 징수한다. 더 내거나 덜 낸 기여금은 다음 번 기여금을 징수할 때에 가감할 수 있다.

국가나 지방자치단체가 부담하는 부담금의 금액(연금부담금)은 매 회계연도 대통령령으로 정하는 보수예산의 9%로 한다. 다만, 국가나 지방자치단체는 퇴직급여 및 퇴직유족급여에 드는 비용을 기여금, 연금부담금으로 충당할 수 없는 경우에는 그 부족한 금액(보전금)을 대통령령으로 정하는 바에 따라 부담하여야 한다. 국가나 지방자치단체는 연금부담금 및 보전금을 연 4기로 나누어 공단에 내야 한다.

「공무원연금법」에 따른 급여에 충당하기 위한 책임준비금으로 공무원연금기금을 둔다. 기금은 회계연도마다 공단의 예산에 계상된 적립금 및 결산상 잉여금과 기금운용수익금으로 조성한다. 기금은 공무원연금공단이 관리운용한다. 공단은 공무원연금운영위원회의 심의를 거쳐 공무원 후생복지사업을 위하여 기금을 출연할 수 있다.

공무원연금은 가입 연령에 제한이 없지만 가입기간을 36년을 초과할 수 없다는 점이 국민연금과 다르다. 국민연금은 18세 이상 60세 미만 국민이 적용대상자인데, 공무원연금은 36년을 초과한 사람은 더 이상 기여금을 낼 수 없다. 또한 공무원연금의 보험료율은 18%로 국민연금의 2배이다. 공무원은 더 많은 보험료율을 내고 노후 소득보장을 보다 충실히 받고 있다.

4. 공무원연금 등의 급여

공무원연금은 공무원의 퇴직 · 사망 및 비공무상 장해에 대하여 급여를 제공한다. 급여의 범주는 크게 퇴직급여, 퇴직유족급여, 비공무상 장해급여, 퇴직수당이다. 이를 국민연금과 비교하면, 퇴직급여는 국민연금의 노령연금(과 반환일시금), 퇴직유족급여는 유족연금(과 사망일시금), 비공무상 장해급여는 장애연금, 퇴직수당은 「근로기준법」상 퇴직금과 유사하다.

각종 급여는 받을 권리를 가진 사람의 신청에 따라 인사혁신처장의 결정으로 공단이 지급한다. 다만, 장해연금 또는 장해일시금, 급여 제한 사유 해당 여부 등 대통령령으로 정하는 사항은 「공무원 재해보상법」 제6조에 따른 공무원재해보상심의회의 심의를 거쳐야 한다. 급여의 결정에 관한 인사혁신처장의 권한은 대통령령으로 정하는 바에 따라 공단에 위탁할 수 있다. 연금인 급여는 통계청장이 매년 고시하는 전국소비자물가변동률을 반영하여 증감하고, 조정된 금액을 매년 적용한다.

1) 퇴직급여

공무원연금의 퇴직급여는 퇴직연금, 퇴직연금일시금, 퇴직연금공제일시금, 퇴직일시금이 있다. 공무원의 퇴직이란 면직, 사직, 그 밖에 사망 외의 사유로 인한 모든 해직을 말한다. 다만, 공무원의 신분이 소멸된 날 또는 그다음 날에 다시 신분을 취득하고 이 법에 따른 퇴직급여 및 퇴직수당을 받지 아니한 경우는 예외로 한다. 공무원연금의 퇴직급여에는 국민연금에 없는 퇴직연금일시금, 퇴직연금공제일시금이 있다. 연금을 전액 일시금으로 받거나 일부를 일시금으로 받는 제도로 자녀 결혼자금 등으로 사용할 수 있지만 노후 소득보장에 위기를 가져올 수도 있다.

(1) 퇴직급여의 요건과 액수

공무원이 10년 이상 재직하고 퇴직한 경우에는 65세가 되는 때, 법령으로 근무상한 연령을 60세 미만으로 정한 경우에는 그 정년 또는 근무상한 연령이 되었을 때부터 5년이 경과한 때, 계급정년이 되어 퇴직한 때부터 5년이 경과한 때, 정원의 개정과 폐지 또는 예산의 감소 등으로 인하여 직위가 없어지거나 정원을 초과하는 인원이 생겨 퇴직한 때부터 5년이 경과한 때, 대통령령으로 정하는 장해 상태가 된 때부터 사망할 때까지 퇴직연금을 지급한다.

이런 사항에도 불구하고 10년 이상 재직하고 퇴직한 공무원이 퇴직연금 지급이 시작되는 시점 이전에 퇴직연금을 지급받기를 원하는 경우에는 못 미치는 햇수(미달연수)에 따른 금액을 조기퇴직연금으로 하여 그가 사망할 때까지 지급할 수 있다. 미달연수 1년 이내는 퇴직연금 상당액의 95%, 미달연수 1년 초과 2년 이내는 90%, 미달연수 2년 초과 3년 이내는 85%, 미달연수 3년 초과 4년 이내는 80%, 미달연수 4년 초과 5년 이내는 75%이다.

퇴직연금 또는 조기퇴직연금을 받을 권리가 있는 사람이 원하는 경우에는 이에 갈음하여 퇴직연금일시금을 지급하거나, 10년을 초과하는 재직기간 중 본인이 원하는 기간에 대해서는 그 기간에 해당하는 이에 갈음하여 퇴직연금공제일시금을 지급할 수 있다.

퇴직연금의 금액은 재직기간 1년당 평균기준소득월액의 1.7%로 한다. 다만, 재직기간은 36년을 초과할 수 없다. 퇴직연금일시금의 계산식은 [퇴직한 날의 전날이 속하는 달의 기준소득월액×재직연수×{975/1000+65/10000(재직연수−5)}]이다. 퇴직연금공제일시금의 계산식은 {퇴직한 날의 전날이 속하는 달의 기준소득원액×공제재직연수×(975/1000+65/10000×공제재직연수)}이다. 이 경우 공제재직연수는 퇴직하는 공무원이 퇴직연금공제일시금 계산에 산입할 것을 원하는 재직연수로 한다. 장해를 이유로 퇴직연금을 받던 사람의 장해 상태가 대통령령으로 정하는 장해 상태에 해당되지 아니하게 되면 그 다음 달부터 그 사유로 인한 퇴직연금은 지급하지 아니한다. 공무원이 10년 미만 재직하고 퇴직한 경우에는 퇴직일시금을 지급한다. 퇴직일시금의 금액은 퇴직연금일시금을 산정하는 방식과 같다.

'기준소득월액'이란 기여금 및 급여 산정의 기준이 되는 것으로서 일정기간 재직하고 얻은 소득에서 비과세소득을 제외한 금액의 연지급 합계액을 12개월로 평균한 금액을 말한다. 이 경우 소득 및 비과세소득의 범위, 기준소득월액의 결정방법 및 적용기간 등에 관한 사항은 대통령령으로 정한다.

'평균기준소득월액'이란 재직기간 중 매년 기준소득월액을 공무원보수인상률 등을 고려하여 대통령령으로 정하는 바에 따라 급여의 사유가 발생한 날의 현재가치로 환산한 후 합한 금액을 재직기간으로 나눈 금액을 말한다. 다만, 퇴직연금 · 조기퇴직연금 및 퇴직유족연금 산정의 기초가 되는 평균기준소득월액은 급여의 사유가 발생한 당시의 평균기준소득월액을 공무원보수인상률 등을 고려하여 대통령령으로 정하는 바에 따라 연금 지급이 시작되는 시점의 현재가치로 환산한 금액으로 한다.

국가나 지방자치단체의 특정 업무가 공사(公社) 또는 이와 유사한 기관 · 단체로 이관됨에 따라 그 업무에 종사하던 공무원이 퇴직하고 공사의 임직원이 되는 경우에는 그 공사의 퇴직급여를 계산할 때에 그 임직원의 종전의 공무원 재직기간을 그 공사의 재직기간으로 합산하고, 그 임직원이 공사에서 퇴직하거나 사망한 때에 공단은 이 법에 따른 종전의 공무원으로서의 퇴직급여인 퇴직연금일시금 또는 퇴직일시금을 그 공사에 이체한다. 공사에 이체할 퇴직연금일시금 또는 퇴직일시금의 산정은 공무원 퇴직 당시의 퇴직급여 산정에 관한 규정에 따르되, 그 산정의 기초가 되는 기준소득월액은 공사에서 퇴직하거나 사망한 당시의 해당 공무원의 기준소득월액으로 한다.

퇴직급여를 받을 권리가 있는 사람이 1년 이상 행방불명인 경우에는 그의 상속인(유족의 범위에 해당하여야 한다)이 될 사람의 청구에 의하여 그 퇴직급여를 그 상속인에게 지급할 수 있다. 상속인이 행방불명자의 연금을 청구한 경우에는 그 행방불명자가 이 법에 따라 퇴직연금 또는 조기퇴직연금을 받을 권리가 있는 때부터의 해당 연금을 지급하고, 연금을 받을 권리가 있는 때부터 3년이 지나도 행방불명된 사람의 소재가 확인되지 아니하면 그다음 달부터 해당 연금액의 60%를 지급한다. 퇴직급여를 지급한 후 행방불명되었던 사람이 사망한 사실이 확인된 경우에는 사망한 사실이 확인된 날이 속하는 달의 다음 달부터 그 상속인에게 퇴직유족연금을 지급한다. 행방불명되었던 사람이 생존한 사실이 확인된 경우에는 그 생존한 사실이 확인된 날이 속하는 달의 다음 달부터 그 행방불명되었던 사람에게 퇴직연금 또는 조기퇴직연금을 지급하여야 한다.

(2) 분할연금의 요건과 액수

공무원연금에도 퇴직급여에 대해 분할연금이 신설되었다. 혼인기간(배우자가 공무원으로서 재직한 기간 중의 혼인기간으로서 별거, 가출 등의 사유로 인하여 실질적인 혼인관계가 존재하지 않았던 기간을 제외한 기간을 말한다)이 5년 이상인 사람이 배우자와 이혼하였을 것, 배우자였던 사람이 퇴직연금 또는 조기퇴직연금 수급권자일 것, 65세가 되었을 것 등 세 가지 요건을 모두 갖추면 그때부터 그가 생존하는 동안 배우자였던 사람의 퇴직연금 또는 조기퇴직연금을 분할한 일정한 금액의 연금(분할연금)을 받을 수 있다. 분할연금액은 배우자였던 사람의 퇴직연금액 또는 조기퇴직연금액 중 혼인기간에 해당하는 연금액을 균등하게 나눈 금액으로 한다. 분할연금은 요건을 모두 갖추게 된 때부터 3년 이내에 청구하여야 한다.

분할연금 수급권은 그 수급권을 취득한 후에 배우자였던 사람에게 생긴 사유로 퇴직연금 또는 조기퇴직연금의 수급권이 소멸 · 정지되어도 영향을 받지 아니한다. 다만, 형벌 등에 따른 사유로 배우자였던 사람의 퇴직연금액 또는 조기퇴직연금액이 감액되거나 지급이 정지된 경우에는 관련 법령에 따른다. 65세에 도달하기 전에 이혼하는 경우에는 이혼의 효력이 발생하는 때부터 분할연금을 미리 청구할 수 있다. 분할연금 선청구는 이혼의 효력이 발생하는 때부터 3년 이내에 하여야 하며, 65세에 도달하기 전에 분할연금 선청구를 취소할 수 있다. 이 경우 분할연금 선청구 및 선청구의 취소는 각각 1회로 한정한다.

퇴직연금 대신 퇴직연금일시금, 퇴직연금공제일시금, 퇴직일시금을 청구하는 공무원의 어느 하나에 해당하는 공무원의 배우자였던 사람(혼인기간이 5년 이상이고, 배우자였던 공무원의 퇴직급여청구 전에 이혼한 경우에 한정한다)에게는 청구에 따라 해당 급여를 분할하여 지급한다. 이 경우 이미 분할연금 선청구를 한 경우는 해당 급여에 대한 선청구로 본다. 분할 청구는 퇴직연금일시금, 퇴직연금공제일시금, 퇴직일시금의 청구일부터 3년 이내에 하여야 한다.

(3) 퇴직연금 또는 조기퇴직연금의 지급정지

퇴직연금 또는 조기퇴직연금의 수급자가 공무원 · 군인 또는 사립학교교직원, 선거에 의한 선출직 공무원, 국가가 전액 출자 · 출연한 공공기관에 임직원, 지방자치단체가 전액 출자 · 출연한 지방직영기업 · 지방공사 및 지방공단에 임직원, 지방자치단체가 전액 출자 · 출연한 기관에 임직원이 된 경우에는 그 재직기간 중 해당 연금 전부의 지급을 정지한다. 다만, 국가 또는 지방자치단체의 출자 · 출연기관의 임직원으로 근로소득금액이 전년도 공무원 전체의 기준소득월액 평균액의 160% 미만인 경우에는 그러하지 아니하다.

퇴직연금 또는 조기퇴직연금 수급자가 연금 외의 사업소득금액 또는 근로소득금액이 있고, 각 소득금액 또는 이를 합산한 소득금액의 월평균금액이 전년도 평균연금월액(퇴직연금액과 퇴직유족연금액을 합한 금액을 해당 수급자 수로 나눈 금액을 말한다)을 초과한 경우에는 퇴직연금 또는 조기퇴직연금에서 일부 금액의 지급을 정지한다. 이 경우 지급정지액은 퇴직연금 또는 조기퇴직연금의 1/2을 초과할 수 없다.

2) 퇴직유족급여

공무원연금의 퇴직유족급여는 퇴직유족연금, 퇴직유족연금부가금, 퇴직유족연금특별부가금, 퇴직유족연금일시금, 퇴직유족일시금이 있다. 급여를 받을 유족의 순위는 「민법」에 따라 상속받는 순위(배우자, 자녀, 부모, 손자녀, 조부모의 순)에 따른다. 같은 순위자가 2명 이상 있을 때에는 급여를 똑같이 나누어 지급한다. 공무원이거나 공무원이었던 사람이 사망한 경우에 급여를 받을 유족이 없을 때에는 대통령령으로 정하는 한도의 금액을 유족이 아닌 직계존비속에게 지급하고 직계존비속도 없을 때에는 그 공무원이거나 공무원이었던 사람을 위하여 사용할 수 있다.

공무원이거나 공무원이었던 사람으로서 퇴직연금 또는 조기퇴직연금을 받을 권리가 있는 사람이 사망한 경우 퇴직유족연금을 지급한다. 10년 이상 재직한 공무원이 재직 중 사망하면 퇴직유족연금(순직유족연금 포함) 외에 퇴직유족연금부가금을 따로 지급한다. 공무원이었던 사람이 퇴직 후 퇴직연금의 지급이 시작되기 전에 사망하거나 퇴직연금 또는 조기퇴직연금의 수급자가 연금 지급이 시작되는 달부터 3년 이내에 사망하면 퇴직유족연금 외에 퇴직유족연금특별부가금을 따로 지급한다. 10년 이상 재직한 공무원이 재직 중 사망한 경우 유족이 원할 때에는 퇴직유족연금과 퇴직유족연금부가금을 갈음하여 퇴직유족연금일시금을 지급한다.

퇴직유족연금은 공무원이거나 공무원이었던 사람이 받을 수 있는 퇴직연금액 또는 조기퇴직연금액의 60%로 한다. 다만, 퇴직연금 또는 조기퇴직연금을 받을 권리가 있는 사람이 해당 퇴직연금 지급이 시작되는 시점이 되기 전에 사망한 경우(미달연수 5년을 초과하여 사망한 경우에는 미달연수 4년 초과 5년 이내에 사망한 것으로 본다)에는 사망 당시의 조기퇴직연금 상당액의 60%로 한다. 퇴직유족연금부가금은 사망 당시의 퇴직연금일시금에 해당하는 금액의 25%로 한다. 퇴직유족연금특별부가금은 퇴직 당시의 퇴직연금일시금(퇴직연금공제일시금을 선택한 경우에는 연금을 선택한 기간에 해당하는 퇴직연금일시금을 말한다)에 해당하는 금액의 1/4에 {(36-사망 시까지 퇴직연금 또는 조기퇴직연금을 받을 수 있는 개월 수)×1/36} 비율을 곱한 금액으로 한다. 퇴직유족연금일시금의 금액에 관하여는 퇴직연금일시금을 준용한다.

퇴직유족연금을 받을 권리가 있는 사람이 1년 이상 행방불명인 경우에는 같은 순위자의 청구에 의하여 행방불명된 기간에 해당하는 연금을 같은 순위자에게 지급할 수 있고, 같은 순위자가 없을 때에는 다음 순위자의 청구에 의하여 행방불명된 기간에 해당하는 연금을 다음 순위자에게 지급할 수 있다. 퇴직유족연금을 받을 권리가 있는 사람이 사망한 때, 재혼한 때(사실상 혼인관계 포함), 사망한 공무원이었던 사람과의 친족관계가 종료된 때, 대통령령으로 정하는 정도의 장해 상태에 있지 아니한 자녀 또는 손자녀가 19세가 되었을 때, 대통령령으로 정하는 정도의 장해 상태로 퇴직유족연금을 받고 있던 사람의 장해 상태가 해소되었을 때 등의 어느 하나에 해당할 때에는 그 권리를 상실한다. 퇴직유족연금을 받을 권리가 있는 사람이 그 권리를 상실한 경우에 같은 순위자가 있을 때에는 그 같은 순위자에게 그 권리가 이전되고, 같은 순위자가 없을 때에는 다음 순위자에게 그 권리가 이전된다.

공무원이 10년 미만 재직하고 사망한 경우에는 그 유족에게 퇴직유족일시금을 지급한다. 퇴직유족일시금에 관하여는 퇴직일시금을 준용한다.

3) 비공무상 장해급여

공무원연금의 비공무상 장해급여는 비공무상 장해연금, 비공무상 장해일시금이 있다. 공무원이 공무 외의 사유로 생긴 질병 또는 부상으로 인하여 장해 상태가 되어 퇴직하였을 때 또는 퇴직 후에 그 질병 또는 부상으로 인하여 장해 상태로 되었을 때에는 장해등급에 따라 비공무상 장해연금 또는 장해일시금을 지급한다. 제1~7급은 비공무상 장해연금, 제8급 이하는 비공무상 장해일시금을 지급한다. 비공무상 장해연금의 금액은 기준소득월액에 등급에 따른 비율을 곱한 금액으로 한다. 제1~2급은 기준소득월액의 26%, 제3~4급은 22.75%, 제5~7급은 19.5%이다. 비공무상 장해일시금의 금액은 기준소득월액의 2.25배로 한다.

4) 퇴직수당

공무원연금의 퇴직수당은 일시금으로 지급된다. 공무원이 1년 이상 재직하고 퇴직하거나 사망한 경우에는 퇴직수당을 지급한다. 퇴직수당의 계산식은 '재직기간×기준소득월액×대통령령으로 정하는 비율'이다.

5) 급여의 조정

급여의 조정은 급여 상호 간의 조정, 다른 법령 등에 따른 급여와의 조정이 있다. 급여 상호 간의 조정에는 다음 몇 가지가 있다. 퇴직연금 또는 조기퇴직연금의 수급자가 본인의 연금 외에 퇴직유족연금을 함께 받게 된 경우에는 유족연금액의 1/2을 빼고 지급한다. 퇴직연금 또는 퇴역연금의 수급자가 재직기간을 합산받은 후 다시 퇴직하거나 사망한 경우에는 퇴직연금(퇴직연금공제일시금 포함), 조기퇴직연금(퇴직연금공제일시금 포함) 또는 퇴직유족연금(퇴직유족연금부가금 포함)만을 받을 수 있으며, 이를 갈음하여 일시금을 받을 수 없다. 조기퇴직연금의 수급자가 재직기간을 합산받은 후 다시 퇴직하거나 사망한 경우에는 조기퇴직연금(퇴직연금공제일시금 포함) 또는 퇴직유족연금(퇴직유족연금부가금 포함)만을 받을 수 있으며, 이를 갈음하여 일시금을 받을 수 없다. 이 경우 조기퇴직연금액은 재직기간을 합산하여 계산한 퇴직연금액에 재임용 전의 지급률을 적용한 금액으로 한다. 퇴직연금과 비공무상 장해급여는 함께 지급하지 아니한다.

다른 법령 등에 따른 급여와의 조정에는 다음이 대표적이다. 다른 법령에 따라 국가나 지방자치단체의 부담으로 이 법에 따른 급여와 같은 종류의 급여를 받는 사람에게는 그 급여에 상당하는 금액을 이 법에 따른 급여에서 빼고 지급한다. 「군인연금법」, 「사립학교교직원연금법」 또는 「별정우체국법」에 따른 퇴역연금 · 퇴직연금 또는 조기퇴직연금의 수급자가 이 법에 따른 퇴직유족연금을 함께 받게 된 경우에는 퇴직유족연금액의 1/2을 빼고 지급한다. 비공무상 장해급여와 「공무원 재해보상법」에 따른 장해급여 수급권이 함께 발생한 경우에는 그중 하나를 선택하여 받을 수 있다. 퇴직연금 또는 조기퇴직연금을 받을 권리가 있는 공무원이 사망한 경우 해당 유족이 「공무원 재해보상법」에 따른 순직유족연금 또는 위험직무순직유족연금 수급권을 갖게 되었을 때에는 퇴직유족연금과 순직유족연금 또는 위험직무순직유족연금 중 하나를 선택하여 받을 수 있다.

6) 급여의 제한

급여의 제한은 고의 또는 중과실 등에 의한 급여의 제한, 진단 불응 시의 급여 제한, 형벌 등에 따른 급여의 제한이 있다. 「공무원연금법」에 따른 급여를 받을 수 있는 사람이 고의로 질병 · 부상 · 장해를 발생하게 한 경우에는 해당 급여를 지급하지 아니한다. 퇴직유족급여를 받을 수 있는 사람이 공무원, 공무원이었던 사람 또는 퇴직유족급여를 받고 있는 사람을 고의로 사망하게 한 경우에는 그에 대한 퇴직유족급여를 지급하지 아니한다. 공무원이거나 공무원이었던 사람이 사망하기 전에 그의 사망으로 인하여 퇴직유족급여를 받을 수 있는 사람이 해당 같은 순위자 또는 앞선 순위자를 고의로 사망하게 한 경우에도 또한 같다. 이 법에 따른 급여를 받을 수 있는 사람이 고의로 질병 · 부상 · 장해의 정도를 악화되게 하거나 회복을 방해한 경우, 중대한 과실에 의하여 또는 정당한 사유 없이 요양에 관한 지시에 따르지 아니하여 질병 · 부상 · 장해를 발생하게 하거나 그 질병 · 부상 · 장해의 정도를 악화되게 하거나 회복을 방해한 경우에 해당하면 해당 급여의 전부 또는 일부를 지급하지 아니할 수 있다.

이 법에 따른 급여의 지급을 위하여 진단을 받아야 할 경우에 정당한 사유 없이 진단을 받지 아니할 때에는 해당 급여의 일부를 지급하지 아니할 수 있다.

공무원이거나 공무원이었던 사람이 재직 중의 사유(직무와 관련이 없는 과실로 인한 경우 및 소속 상관의 정당한 직무상의 명령에 따르다가 과실로 인한 경우는 제외한다)로 금고 이상의 형이 확정된 경우, 탄핵 또는 징계에 의하여 파면된 경우, 금품 및 향응 수수, 공금의 횡령 · 유용으로 징계에 의하여 해임된 경우에 해당하는 경우에는 퇴직급여 및 퇴직수당의 일부를 줄여 지급한다. 이 경우 퇴직급여액은 이미 낸 기여금의 총액에 「민법」 제379조에 따른 이자를 가산한 금액 이하로 줄일 수 없다.

7) 다른 공적 연금의 급여

「군인연금법」상 급여의 종류에는 퇴역연금, 퇴역연금일시금, 퇴역연금공제일시금, 퇴직일시금, 상이연금, 유족연금, 유족연금부가금, 유족연금특별부가금, 유족연금일시금, 유족일시금, 사망보상금, 장애보상금, 사망조위금, 재해부조금, 퇴직수당, 공무상요양비 등이 있다. 그중 퇴역연금, 퇴역연금일시금, 퇴역연금공제일시금, 퇴직일시금 등은 공무원연금의 퇴직급여에 해당되고, 유족연금, 유족연금부가금, 유족연금특별부가금, 유족연금일시금, 유족일시금, 사망보상금 등은 공무원연금의 퇴직유족급여와 유사하다. 군인연금에는 상이연금, 공무상요양비가 있다는 것이 공무원연금과 다르다. 상이연금은 군인이 공무상 질병 또는 부상으로 인하여 장애 상태가 되어 퇴직한 때 또는 퇴직 후에 그 질병 또는 부상으로 인하여 장애 상태가 된 때에는 그때부터 사망할 때까지 장애정도에 따라 지급되는 것이고, 공무상요양비는 군인이 공무상 질병 또는 부상으로 인하여 요양을 하는 경우에는 지급되는 것이다. 공무원의 경우 직무로 인한 부상 · 질병 · 장해 · 사망에 대해서는「공무원 재해보상법」제8조에 따른 급여를 지급한다.

군인연금의 급여 명칭이 공무원연금과 유사한 경우에는 지급요건이나 지급액도 유사하지만 대체로 군인연금이 공무원연금보다 더 많다. 대표적인 것은 퇴역연금으로 군인이 20년 이상 복무하고 퇴직한 경우에는 그때부터 사망할 때까지 지급한다. 공무원은 10년 이상 근무하고 65세 이상이 되거나 '근무상한 연령이 60세 미만으로 정한 경우에는 그 정년 또는 근무상한 연령이 되었을 때부터 5년이 경과한 때'부터 퇴직연금을 받을 수 있다. 예컨대, 소위 · 중위 · 대위의 정년은 43세이고, 소령은 45세, 중령은 53세, 대령은 56세인데, 20년 이상 근무하고 퇴역하면 그 직후부터 군인연금을 받을 수 있다. 이는 경찰공무원이 경감 57세, 경정 60세로 퇴직하면 5년이 지난 후에 퇴직연금을 받는 것과 다르다. 군인으로 복무하다 퇴역하면 사회에서 직업을 얻기가 쉽지 않다는 이유로 군인연금을 설계하였다. 이 때문에 군인연금은 기금이 일찍 고갈되었고 매년 국방예산으로 1조 원가량을 보전한다.

사립학교교직원연금의 급여는 공무원연금과 사실상 같다. 교직원의 퇴직 · 사망 · 장해(직무로 인한 경우를 제외)에 대해서는 「공무원연금법」 제28조에 따른 급여를 지급하고, 교직원의 직무로 인한 부상 · 질병 · 장해 · 사망에 대해서는 「공무원 재해보상법」 제8조에 따른 급여를 지급한다. 제도가 비슷한 것은 사립학교교직원을 국공립학교의 교직원과 동일하게 처우하려고 만들어졌기 때문이다.

별정우체국직원연금은 장기급여로 퇴직급여, 유족급여, 비업무상장해연금, 퇴직수당이 있고, 단기급여로 사망조위금, 재해부조금이 있다. 퇴직급여에는 퇴직연금, 퇴직연금일시금, 퇴직연금공제일시금, 퇴직일시금이 있고, 유족급여에는 유족연금, 유족연금부가금, 유족연금특별부가금, 유족연금일시금, 유족일시금이 있다. 전체적으로 공무원연금과 유사하다.

5. 공무원연금 등의 관리운영

공무원연금은 공무원연금공단이 관리운영한다. 인사혁신처장의 권한 및 업무를 위탁받아 「공무원연금법」의 목적을 달성하기 위한 사업을 효율적으로 추진하기 위하여 공무원연금공단을 설립했다. 공무원연금공단은 법인이고, 공무원연금 급여의 지급, 기여금, 부담금, 그 밖의 비용 징수, 공무원연금기금을 불리기 위한 사업, 공무원 후생복지사업, 주택의 건설 · 공급 · 임대 또는 택지의 취득, 그리고 인사혁신처장 등 중앙행정기관의 장, 지방자치단체의 장 등으로부터 위탁받은 업무 수행 등을 한다. 공단은 매 회계연도의 사업운영계획과 예산에 관하여 인사혁신처장의 승인을 받아야 한다. 인사혁신처장은 공단에 대하여 그 사업에 관한 보고를 명하거나 사업 또는 재산상황을 검사하며, 정관의 변경을 명하는 등 감독상 필요한 조치를 할 수 있다.

공무원연금에 관한 사항을 심의하기 위하여 인사혁신처에 공무원연금운영위원회를 둔다. 이 위원회는 공무원연금 제도, 공무원연금 재정 계산, 기금운용 계획 및 결산, 기금에 의한 공무원 후생복지사업, 기금의 출연과 출자, 그 밖에 인사혁신처장이 공무원연금 운영에 필요하다고 인정하는 사항을 심의한다. 이 위원회는 위원장을 포함하여 15명 이상 20명 이하의 위원으로 구성하고, 위원장은 인사혁신처장이 되며, 위원은 인사혁신처장이 지명하거나 위촉한다.

군인연금은 국방부 군인연금과가 연금정책, 연금운영, 기금관리, 급여심의, 재정추계를 담당하고, 국군재정관리단이 연금급여, 연금연계를 맡으며, 국방부 전산정보원이 사업관리, 유지보수를 한다. 사립학교교직원연금은 사립학교교직원연금공단이 관리운영하고 교육부가 감독한다. 별정우체국직원연금은 별정우체국연금관리단이 관리운영하고 과학기술정보통신부가 감독한다.

6. 공무원연금 등의 활용과 과제

공무원연금, 군인연금, 사립학교교직원연금, 별정우체국직원연금 등은 국민연금에 비교하여 보험료율이 높고 급여의 수준도 높아 노후소득보장에 적절하다. 공무원연금 등은 연금으로서 기능을 충실히 하고 적용대상자가 이를 잘 활용하고 있기에 국민연금에 비교하여 과제가 많지 않다. 다음 몇 가지를 보완하면 더욱 우수한 공적 연금제도가 될 것이다.

첫째, 공무원연금 등의 적용대상자를 더욱 확대시켜야 한다. 공무원연금은 군인과 선거에 의하여 취임하는 공무원을 적용대상에서 제외시키고 있다. 군인은 군인연금이 별도로 있지만, 선출직 공무원을 적용대상에서 제외시키는 것은 납득하기 어렵다. 공무원연금은 당초 20년 이상 가입할 때만 받을 수 있었지만 현재 10년 이상만 가입하면 연금을 받을 수 있고, 10년 미만이라도 국민연금과 연계를 통해 연금을 받을 수 있다. 따라서 모든 공무원은 공무원연금에 가입할 수 있도록 해야 한다.

둘째, 공무원연금 등의 퇴직연금일시금, 퇴직연금공제일시금 제도를 폐지하거나 활용을 엄격히 제한해야 한다. 공무원연금은 퇴직연금을 받는 대신에 퇴직연금일시금이나 퇴직연금공제일시금을 받을 수 있다. 이는 국민연금에는 없는 제도인데, 평균수명의 증가로 노후 소득보장이 절실한 상황에서 일시금은 연금의 근본을 위태롭게 할 수 있다. 퇴직유족연금 대신에 퇴직유족연금일시금을 받을 수 있도록 한 것도 연금제도의 취지에 맞지 않다. 연금 대신에 일시금을 받는 것을 폐지하거나 일정한 연한(예: 20년)을 반드시 연금으로 받고 일부만 일시금으로 받을 수 있도록 제도 개선을 해야 한다.

셋째, 군인연금의 차별적인 우대 사항을 폐지해야 한다. 퇴역연금은 군인이 20년 이상 복무하고 퇴직한 경우에는 그때부터 사망할 때까지 지급한다. 계급정년을 고려할 때 소위 · 중위 · 대위로 퇴역한 사람은 43세, 소령은 45세, 중령은 53세, 대령은 56세 퇴역부터 바로 연금을 받을 수 있다. 이는 계급 정년이 있는 경찰공무원 등이 정년퇴직 후 5년이 지난 후에 퇴직연금을 타는 것과 비교된다. 일반적으로 연금은 노인이 타는 것인데, 노인이 아닌 사람이 연금을 타는 것은 합리적이지 않다. 퇴역연금의 지급시기를 공무원연금처럼 65세 이후로 하거나 정년퇴직 후 5년이 지난 후에 받도록 해야 한다. 퇴역연금 등의 지급요건이 불합리하여 군인연금 기금이 일찍 고갈되었는데, 지속 가능한 군인연금을 위해 제도를 시급히 개선해야 한다.

넷째, 공무원연금 등과 국민연금과의 연계를 실질적으로 확대해야 한다. 공무원연금, 군인연금, 사립학교교직원연금 간의 통산은 잘 정착되었다. 공무원연금 등은 국민연금과의 연계를 통해 합계 가입기간이 20년을 넘으면 가입기간만큼의 연금을 각 공단에서 탈 수 있다. 국민연금과의 연계를 널리 알려 공무원이나 교사가 되길 희망하는 청년이 18세가 되면 국민연금에 가입하고, 공무원이 조기에 퇴직하면 다시 국민연금에 보험료를 내서 공적 연금제도를 활용하는 문화를 정착시켜야 한다.

다섯째, 공무원연금 등의 기금을 보다 투명하게 관리하고 수익률을 높여야 한다. 공무원연금, 군인연금의 기금은 이미 고갈되었고, 사립학교교직원연금의 기금도 국민연금에 비교하여 일찍 고갈될 것이다. 연금은 보험료를 불입하고 장기간 수익을 내서 급여를 주도록 설계되었지만, 기금이 고갈되면 급여를 줄 재정이 불안정해진다. 공무원연금과 군인연금은 부족한 재정을 세금으로 보전하지만, 그 액수가 늘어나면 국민적 저항이 커질 것이다. 기금을 보다 투명하게 관리하고 수익률을 높여야 한다.

여섯째, 지속 가능한 연금제도를 위해 모든 공적 연금을 통합 일원화시키는 방안을 연구해야 한다. 공적 연금 중에서 군인연금과 공무원연금은 기금이 고갈되었고, 사립학교교직원연금, 별정우체국직원연금도 오래지 않아 고갈될 것이다. 공적 연금의 기금 고갈은 기여금과 부담금에 의한 수입보다 급여가 더 많기 때문이다. 급여를 낮추면 노후 소득보장이란 근본 목적이 훼손되기에 보험료율을 높이거나 지속 가능한 제도 개선을 중장기적으로 모색해야 한다. 과거 정부는 모든 공적 연금제도를 통합하는 방안을 검토한 바 있었다. 새로 연금에 가입하는 모든 사람은 국민연금에 가입하고, 기존 가입자는 기존 연금이 관리하는 방식을 도입함 직하다. 이렇게 하면 시간이 지남에 따라 모든 국민은 국민연금의 적용을 받을 수 있다. 국민연금의 보험료율을 조금씩 높여 소득보장을 보다 튼튼히 하면 모든 성인이 국민연금 하나로 노후를 보장받을 수 있다.

단원 정리

한국에는 국민연금 외에 공무원연금, 군인연금, 사립학교교직원연금, 별정우체국직원연금 등 4개 공적 연금이 있다. 1960년에 공무원연금은 군인을 포함하여 전체 공무원을 대상으로 시작되었는데, 1963년에 군인연금이 분리되었다. 1975년에 사립학교교직원연금과 1982년에 별정우체국직원연금이 만들어졌다. 공무원연금과 사립학교교직원연금은 근거 법령과 적용대상만 다를 뿐 급여내용은 같다. 군인연금은 공무원연금보다 급여종류가 많고 급여수준도 높은 편이다. 별정우체국직원연금도 공무원연금과 유사하다.

「공무원연금법」에 근거하여 공무원연금공단이 인사혁신처장의 권한 및 업무를 위탁받아 공무원연금을 관리운영한다. 공무원연금공단의 수입은 기여금, 부담금, 보전금, 공무원연금기금으로부터의 전입금 및 이입충당금, 국가나 지방자치단체로부터의 보조금 · 차입금 및 그 밖의 수입금, 국가나 지방자치단체 등으로부터 위탁받은 업무를 위한 수입금이다. 지출은 「공무원연금법」에 따른 급여금 · 적립금 · 반환금, 차입금의 상환금과 그 이자, 국가나 지방자치단체 등으로부터 위탁받은 업무를 위한 지출금, 그 밖에 공단 운영을 위한 경비 등이다.

공무원연금의 재원은 주로 가입자인 공무원의 기여금과 사용자인 국가 또는 지방자치단체의 부담금으로 충당된다. 공무원연금의 보험료율은 18%이다. 이 중 공무원의 기여금은 기준소득월액의 9%이고, 국가 또는 지방자치단체의 부담금은 보수예산의 9%이다. 군인연금, 사립학교교직원연금, 별정우체국직원연금의 보험료율도 18%인데, 가입자가 9%, 사용자가 9%(사립학교교원은 법인이 5.294%, 정부가 3.706%)를 부담한다.

공무원연금은 공무원의 퇴직 · 사망 및 비공무상 장해에 대하여 급여를 제공한다. 급여의 범주는 크게 퇴직급여, 퇴직유족급여, 비공무상 장해급여, 퇴직수당이다. 이를 국민연금과 비교하면, 퇴직급여는 국민연금의 노령연금(과 반환일시금), 퇴직유족급여는 유족연금(과 사망일시금), 비공무상 장해급여는 장애연금, 퇴직수당은 「근로기준법」상 퇴직금과 유사하다.

공무원연금은 공무원연금공단이 관리운영한다. 군인연금은 국방부 군인연금과가 연금정책, 연금운영, 기금관리, 급여심의, 재정추계를 담당하고, 국군재정관리단이 연금급여, 연금연계를 맡으며, 국방부 전산정보원이 사업관리, 유지보수를 한다. 사립학교교직원연금은 사립학교교직원연금공단이 관리운영하고 교육부가 감독한다. 별정우체국직원연금은 별정우체국연금관리단이 관리운영하고 과학기술정보통신부가 감독한다.

공무원연금 등은 국민연금에 비교하여 보험료율이 높고 급여의 수준도 높아 노후 소득보장을 적절히 수행한다. 공무원연금 등은 연금으로서 기능을 충실히 하고 적용대상자가 이를 잘 활용하고 있기에 과제가 많지 않지만 다음 몇 가지를 보완해야 한다. 공무원연금 등의 적용대상자를 더욱 확대시켜야 한다. 퇴직연금일시금, 퇴직연금공제일시금 제도를 폐지하거나 활용을 엄격히 제한해야 한다. 군인연금의 차별적인 우대 사항을 폐지해야 한다. 공무원연금 등과 국민연금과의 연계를 실질적으로 확대해야 한다. 연금기금을 보다 투명하게 관리하고 수익률을 높여야 한다. 지속 가능한 연금제도를 위해 모든 공적 연금을 통합하는 방안을 연구해야 한다.

✱ 용어 정리

- **공무원연금**: 공무원연금은 공무원의 퇴직, 장해 또는 사망에 대하여 적절한 급여를 지급하고 후생복지를 지원함으로써 공무원 또는 그 유족의 생활안정과 복지향상에 이바지함을 목적으로 한 연금제도이다. 「공무원연금법」의 적용을 받는 공무원은 「국가공무원법」, 「지방공무원법」, 그 밖의 법률에 따른 공무원이다. 그 밖에 국가기관이나 지방자치단체에 근무하는 직원 중 대통령령으로 정하는 사람은 공무원연금의 적용을 받는다. 다만, 군인과 선거에 의하여 취임하는 공무원은 제외된다.

- **군인연금**: 군인연금은 군인이 상당한 기간을 성실히 복무하고 퇴직하거나, 심신의 장애로 인하여 퇴직하거나 사망한 경우 또는 공무상의 질병·부상으로 요양하는 경우에 본인이나 그 유족에게 적절한 급여를 지급함으로써 본인 및 그 유족의 생활안정과 복리향상에 이바지함을 목적으로 한 제도이다. 「군인연금법」은 현역 또는 소집되어 군에 복무하는 군인에게 적용한다.

- **사립학교교직원연금**: 사립학교교직원연금은 사립학교교원 및 사무직원의 퇴직·사망 및 직무로 인한 질병·부상·장해에 대하여 적절한 급여제도를 확립함으로써 교직원 및 그 유족의 경제적 생활안정과 복리향상에 이바지함을 목적으로 한 제도이다. 교직원이란 「사립학교법」에 따라 그 임명에 관한 사항이 관할청에 보고된 교원과 임명된 사무직원을 말한다.

- **별정우체국직원연금**: 별정우체국직원연금은 우체국이 없는 지역에 별정우체국을 설치·운영하여 국민에게 편의를 제공하고, 직원의 퇴직과 사망에 대하여 적절한 급여제도를 확립함으로써 직원과 그 유족의 경제적 생활안정과 복리향상에 이바지함을 그 목적으로 한 제도이다. 직원이란 별정우체국장과 채용되어 근무하는 사람이다.

- **공무원연금의 유족**: 공무원연금의 유족이란 공무원이거나 공무원이었던 사람이 사망할 당시 그가 부양하고 있던 배우자, 자녀, 부모, 손자녀, 조부모 등을 말한다. 배우자는 재직 당시 혼인관계에 있던 사람으로 한정하며, 사실상 혼인관계에 있던 사람을 포함한다. 자녀(손자녀)는 퇴직일 이후에 출생하거나 입양한 자녀는 제외하되 퇴직 당시의 태아는 재직 중 출생한 자녀로 본다. 부모(조부모)는 퇴직일 이후에 입양된 경우의 부모는 제외한다.

- **공무원연금의 재원**: 공무원연금의 재원은 주로 가입자인 공무원의 기여금과 사용자인 국가 또는 지방자치단체의 부담금으로 충당된다. 퇴직급여, 퇴직유족급여 및 비공무상 장해급여에 드는 비용은 공무원과 국가 또는 지방자치단체가 부담한다. 다만, 퇴직수당 지급에 드는 비용은 국가나 지방자치단체가 부담한다. 퇴직수당은 노동자가 받는 퇴직금에 상응하는 것이므로 사용자의 부담이다. 공무원연금공단 운영에 드는 비용은 국가가 보조할 수 있다. 공무원연금의 보험료율은 18%이고, 그중 공무원의 기여금은 기준소득월액의 9%이며, 국가 또는 지방자치단체의 부담금은 보수예산의 9%이다.

- **공무원연금의 급여**: 공무원연금은 공무원의 퇴직 · 사망 및 비공무상 장해에 대하여 급여를 제공한다. 급여의 범주는 크게 퇴직급여, 퇴직유족급여, 비공무상 장해급여, 퇴직수당이다. 이를 국민연금과 비교하면, 퇴직급여는 국민연금의 노령연금(과 반환일시금), 퇴직유족급여는 유족연금(과 사망일시금), 비공무상 장해급여는 장애연금, 퇴직수당은 「근로기준법」상 퇴직금과 유사하다.

- **퇴직급여**: 공무원연금의 퇴직급여는 퇴직연금, 퇴직연금일시금, 퇴직연금공제일시금, 퇴직일시금이 있다. 공무원의 퇴직이란 면직, 사직, 그 밖에 사망 외의 사유로 인한 모든 해직을 말한다. 공무원연금의 퇴직급여에는 국민연금에 없는 퇴직연금일시금, 퇴직연금공제일시금이 있다.

- **분할연금**: 공무원연금에도 퇴직급여에 대해 분할연금이 신설되었다. 혼

인기간이 5년 이상인 사람이 배우자와 이혼하였을 것, 배우자였던 사람이 퇴직연금 또는 조기퇴직연금 수급권자일 것, 65세가 되었을 것 등 세 가지 요건을 모두 갖추면 그때부터 그가 생존하는 동안 배우자였던 사람의 퇴직연금 또는 조기퇴직연금을 분할한 일정한 금액의 연금(분할연금)을 받을 수 있다. 분할연금액은 혼인기간에 해당하는 연금액을 균등하게 나눈 금액으로 한다.

- **퇴직유족급여**: 공무원연금의 퇴직유족급여는 퇴직유족연금, 퇴직유족연금부가금, 퇴직유족연금특별부가금, 퇴직유족연금일시금, 퇴직유족일시금이 있다. 급여를 받을 유족의 순위는 「민법」에 따라 상속받는 순위(배우자, 자녀, 부모, 손자녀, 조부모의 순)에 따른다. 같은 순위자가 2명 이상 있을 때에는 급여를 똑같이 나누어 지급한다. 급여를 받을 유족이 없을 때에는 대통령령으로 정하는 한도의 금액을 유족이 아닌 직계존비속에게 지급하고 직계존비속도 없을 때에는 그 공무원이거나 공무원이었던 사람을 위하여 사용할 수 있다.

- **비공무상 장해급여**: 공무원연금의 비공무상 장해급여는 비공무상 장해연금, 비공무상 장해일시금이 있다. 공무원이 공무 외의 사유로 생긴 질병 또는 부상으로 인하여 장해 상태가 되어 퇴직하였을 때 또는 퇴직 후에 그 질병 또는 부상으로 인하여 장해 상태로 되었을 때에는 장해등급에 따라 비공무상 장해연금 또는 장해일시금을 지급한다. 제1~7급은 비공무상 장해연금, 제8급 이하는 비공무상 장해일시금을 지급한다.

- **퇴직수당**: 공무원연금의 퇴직수당은 일시금으로 지급된다. 공무원이 1년 이상 재직하고 퇴직하거나 사망한 경우에는 퇴직수당을 지급한다. 퇴직수당의 계산식은 '재직기간×기준소득월액×대통령령으로 정하는 비율'이다.

- **공무원연금공단**: 공무원연금은 공무원연금공단이 관리운영한다. 공무원연금공단은 법인이고, 공무원연금 급여의 지급, 기여금, 부담금, 그 밖의 비용 징수, 공무원연금기금을 불리기 위한 사업, 공무원 후생복지사업, 주

택의 건설 · 공급 · 임대 또는 택지의 취득, 그리고 인사혁신처장 등 중앙 행정기관의 장, 지방자치단체의 장 등으로부터 위탁받은 업무 수행 등을 한다.

제5장

건강보험

1. 건강보험의 정의와 역사

건강보험은 국민의 질병 · 부상에 대한 예방 · 진단 · 치료 · 재활과 출산 · 사망 및 건강증진에 대하여 보험급여를 실시함으로써 국민보건을 향상시키고 사회보장을 증진함을 목적으로 하는 사회보험이다.

한국 건강보험은 1963년에 임의적용 의료보험으로 시작되었다가 1977년부터 강제적용체제로 전환되어 본격적으로 시행되었다. 처음에는 사업장 노동자에게 적용되었고, 1979년에는 공무원과 사립학교 교직원에게, 1988년에는 군지역 농어민에게, 1989년에는 도시자영자에게 당연 적용되어 12년 만에 전 국민 의료보험 시대가 열렸다.

초기 의료보험은 그 적용대상자를 직장가입자와 지역가입자로 크게 나누었다. 직장가입자는 다시 대기업은 그룹단위로, 중소기업은 지구단위로 직장 의료보험조합을 구성하고, 농어민과 자영자인 지역가입자는 시 · 군 · 구 지역의료보험조합을 구성하여 독립채산제로 운영되었다. 이와 별도로 공무원 및 사립학교교직원 의료보험관리공단이 있었는데, 1998년 10월부터 종전 지역의료보험과 통합되어 국민의료보험관리공단이 되었고, 다시 2000년 7월에 직장의료보험조합까지 모두 통합되어 국민건강보험공단으로 바뀌었다. 현재 의료급여(예전에 의료보호) 대상자를 제외한 전 국민은 건강보험제도 속에서 관리운영되고 있다.

2. 건강보험의 적용대상

의료급여 수급자를 제외한 모든 국민은 건강보험의 당연가입 대상자이다. 건강보험의 적용대상자는 직장가입자, 지역가입자로 나뉘고, 지역가입자는 다시 농어민, 도시자영자로 나뉜다.

2017년 건강보험 적용 인구는 직장가입자(피부양자 포함)가 3,690만 명으로 전체의 72.4%이고, 지역가입자(세대원 포함)가 1,404만 명으로 전체의 27.6%이며, 합계 5,094만 명으로 국민의 97.2%이다. 건강보험 가입자가 아닌 사람은 대부분 의료급여 수급자이다.

3. 건강보험의 재원

건강보험의 재원은 건강보험료가 중심이고 정부의 세금, 기금 이자 수입 등으로 보충된다. 1인 이상 고용사업장에서 일하는 사람은 직장가입자이고, 나머지는 지역가입자(농어민, 도시자영자)이다. 건강보험은 가구단위로 서비스를 받아서 소득이 없는 피부양가족은 주된 소득자의 건강보험에 등재되어 서비스를 받을 수 있다. 건강보험 대상자 중 피부양자는 직장가입자에 의하여 주로 생계를 유지하는 자로서 보수 또는 소득이 없는 자를 의미하며, 직장가입자의 배우자, 직계존속(배우자의 직계존속 포함), 직계비속(배우자의 직계비속 포함)과 그 배우자, 형제자매를 포함한다.

건강보험 직장가입자에게는 주로 근로소득에만 보험료를 부과하고, 지역가입자에게는 소득, 재산, 승용차에 보험료를 부과하고, 소득액이 낮은 경우에는 가족수에도 부과하였다. 이러한 부과체계는 직장가입자가 근로소득 이외에 다른 소득(예: 임대료 등 재산소득)이 있어도 고액이 아니면 보험료를 부과하지 않고, 지역가입자의 경우 소득능력이 없는 가족에게도 보험료를 부과하는 것은 부적절하다는 비판을 받았다. 이러한 부과체계는 소득이 많은 사람에게 더 많은 보험료를 부과하고, 소득이 낮은 사람에게는 보험료를 덜 내도록 개편되었다.

2016년에는 금융소득 · 연금소득과 근로 · 기타소득이 각각 연간 4천만 원을 넘지 않고, 과표 재산이 9억 원 이하(실거래가격 약 18억 원)면 피부양자로 등재될 수 있었다. 개편 후에는 합산소득이 3,400만 원(1단계, 2018년 7월 시행), 2천만 원(2단계, 2022년 7월 적용 예정)을 넘으면 피부양자 자격을 잃게 된다. 재산도 과표로 5억 4천만 원(1단계), 3억 6천만 원(2단계) 초과 시 피부양자에서 제외된다. 과거 피부양자로 건강보험을 받았던 사람도 소득과 재산이 많으면 건강보험에 직접 가입해야 급여를 받을 수 있게 된다. 새 기준은 저소득층 가구의 보험료를 내리고, 고소득층의 보험료를 조금 올린다. 과표를 초과해도 연 1천만 원 이상의 소득이 없으면 피부양자 자격을 유지할 수 있다.

대부분 직장가입자의 건강보험료는 보수월액에 보험료율을 곱해서 산정된다. 보수월액은 직장가입자가 당해 연도에 받은 보수총액을 근무월수로 나눈 금액이다. 보수월액은 상한선과 하한선이 있어서 7,810만 원을 초과하면 7,810만 원으로 간주되고, 28만 원 미만이면 28만 원으로 간주된다. 이 기준은 매년 조금씩 인상되는 경향이 있다. 건강보험료율은 2020년에 6.67%(노동자 3.335%+사용자 3.335%; 단, 사립학교교원의 경우 피보험자인 교원이 보험료의 50%, 학교법인이 30%, 국가가 20%를 분담)인데 매년 조금씩 인상되는 경향이 있다.

추가로 소득월액은 보수월액에 포함된 보수를 제외한 직장가입자의 소득으로 이자, 배당, 사업, 근로, 연금, 기타소득을 12로 나눈 금액이다. 근로소득, 연금소득은 20%를 적용한다. 소득월액보험료는 [{소득월액×보험료율(6.67%)}×50/100]이다.

과거 지역가입자의 보험료는 가입자의 소득, 재산(전월세 · 자동차 포함), 세대원의 성 · 연령을 고려한 생활수준 및 경제활동참가율을 참작하여 정한 부과요소별 점수를 합산한 보험료 부과점수에 점수당 금액을 곱하여 보험료 산정 후 경감율 등을 적용하여 세대 단위로 부과되었다. 보험료 부과체계는 연소득 500만 원 이하 세대와 초과 세대로 나뉘었다. 연소득 500만 원 이하 세대는 [부과요소별 {생활수준 및 경제활동참가율+재산(전월세 포함)+자동차} 점수를 합산한 보험료 부과점수×부과점수당 금액]이었다. 연소득 500만 원 초과 세대는 [부과요소별 {소득+재산(전월세 포함)+자동차} 점수를 합산한 보험료부과점수×부과점수당 금액]이었다. 2020년의 부과점수당 금액은 195.8원이고 매년 조금씩 인상되는 경향이 있다.

2018년 7월부터 건강보험료 부과체계가 개편되어 저소득 지역가입자의 건강보험료 부담이 큰 폭으로 낮아졌다. 연간 소득 500만 원 이하 지역가입자 세대에 성, 연령, 재산, 자동차 등으로 소득을 추정해서 부과하던 이른바 '평가소득' 보험료를 폐지했다. 소득이 거의 없는 사람에게 '머리수'를 계산하여 보험료를 부과하는 것은 사회보험의 원리에 맞지 않다는 주장이 수용된 것이다.

건강보험공단이 보험료를 매기는 소득은 사업소득, 금융소득(이자+배당소득), 근로소득, 기타소득, 공적 연금소득이다. 이 가운데 지역가입자 사업소득과 금융소득, 기타소득은 필요경비를 90%까지 제외한 소득금액을 보험료 부과에 적용한다. 특히 연소득 100만 원 이하(필요경비비율 90%를 고려하면 총수입 연 1천만 원 이하)인 저소득 지역가입자 451만 세대에는 '최저보험료'를 일괄 적용해 월 13,100원 만 내면 된다.

또한 지역가입자 보유 재산과 자동차에 매기던 건강보험료를 낮춰 부담을 줄였다. 재산 보험료는 재산금액 구간에 따라 과세표준액에서 500~1,200만 원을 공제한 뒤 부과된다. 이렇게 되면 349만 세대(재산 보험료를 내는 지역가입자의 58%)의 재산 보험료가 평균 40% 감소한다. 가격에 비교하여 지나치게 높게 평가받았던 '자동차'에 부과되었던 보험료가 낮아졌다. 배기량 1,600cc 이하의 소형차, 9년 이상 사용한 자동차, 생계형으로 볼 수 있는 승합 · 화물 · 특수자동차는 보험료 부과 대상에서 빠진다. 중 · 대형 승용차(3,000cc 이하)에 대해서는 보험료를 30% 감액한다. 이런 조치로 288만 세대(자동차를 보유한 지역가입자의 98%) 자동차에 매기는 건강보험료는 평균 55% 인하된다.

2017년 보험료 부과액은 50조 4,168억 원이고, 그중 직장보험료는 42조 4,486억 원, 지역보험료는 7조 9,682억 원이며, 세대당 월평균 보험료는 10만 1,178원(직장 10만 7,449원, 지역 8만 7,458원)이었다. 건강보험 적용대상자 1인당 연간 보험료는 99만 1,349원이었고, 보험급여비는 107만 9,340원으로 보험료 대비 급여비는 109%였다. 이는 건강보험에 가입한 사람과 그 부양가족이 납부한 보험료보다 건강보험 급여(요양급여, 건강검진 등)를 더 많이 받는다는 뜻이다. 이와 같은 구조는 보험료 외에도 세금으로 조성되는 돈이 있기에 가능하다.

2019년 국민건강보험공단의 총수입은 68조 643억 원이고, 총지출은 70조 8,886억 원으로 단기수지는 -2조 8,243억 원인데 누적수지는 17조 7,712억 원이다. 건강보험의 보장성을 강화하기 위해 보험급여를 확충했지만, 누적흑자가 17조 원이 넘어 재정은 안정적이다.

＊국민건강보험공단 http://www.nhic.or.kr

4. 건강보험의 급여

건강보험은 적용을 받는 피보험자와 피부양자가 질병, 부상, 분만, 사망과 같은 위험에 처했을 때 보호하고 건강을 유지 · 증진시키기 위하여 각종 형태로 실시하는 의료서비스이다. 보험급여의 핵심인 요양급여, 건강검진은 현물인 의료서비스로 지급되고, 요양비, 본인부담금 보상금 등은 현금으로 지급된다. 모든 보험급여는 원칙적으로 피보험자와 피부양자에게 똑같이 적용된다.

1) 요양급여

국민이 병의원, 한방병의원, 치과병의원, 약국 등에서 받는 것은 요양급여이다. 요양급여는 피보험자와 피부양자의 질병 또는 부상에 대한 진찰, 약제 또는 치료재료의 지급, 처치, 수술 및 기타의 치료, 의료시설에의 수용, 간호, 이송 등을 말한다.

건강보험의 핵심인 요양급여는 요양취급기관의 종류와 등급, 입원과 외래에 따라 달라진다. 입원진료는 요양급여비용 총액의 80%를 보험 처리하고 20%를 본인이 부담한다. 치료목적상 꼭 필요한 경우(질병에 따라 사용 횟수에 제한)에는 CT, MRI 등도 보험급여에 포함시키지만, 예방 목적의 검사 등일 때에는 전액 본인이 부담해야 한다. 입원시 식비는 50%가 보험 처리된다.

외래진료는 요양기관 종류와 소재지에 따라 달라진다. 의원은 진료비의 70%, 병원은 60%, 종합병원은 50%, 상급종합병원은 40%를 보험 처리하고 나머지는 본인이 부담해야 한다.

상급종합병원(흔히 대학병원)은 '모든 지역 일반환자 진찰료 총액+(요양급여비용 총액-진찰료 총액)의 60%'를 본인이 부담하고, 나머지를 보험으로 처리한다. 다만, 임신부 외래진료의 경우에는 요양급여비용 총액의 40%, 1세 미만 영유아 외래진료의 경우에는 요양급여비용 총액의 20%를 본인에게 부과한다. 상급종합병원에서 약을 먹을 경우에는 '예외환자 진찰료 총액+(요양급여비용 총액-약값 총액-진찰료 총액)의 60%+약값 총액의 30%'를 본인이 부담한다.

종합병원의 외래진료 시 본인부담금은 동지역 일반환자 요양급여비용 총액의 50%이다. 임신부 외래진료의 경우에는 30%, 1세 미만 영유아 외래진료의 경우에는 15%를 본인이 부담하고 나머지를 보험 처리한다.

병원, 치과병원, 한방병원, 요양병원은 동지역 일반환자 요양급여비용 총액의 40%(임신부 외래진료의 경우에는 20%, 1세 미만 영유아 외래진료의 경우에는 10%)를 본인이 부담하고 나머지를 보험 처리한다. 종합병원, 병원이 군지역에 있는 경우에는 외래진료비의 5%를 추가로 보험 처리하고 본인부담금을 5%를 낮추어 준다.

의원, 치과의원, 한의원, 보건의료원은 모든 지역 일반환자 요양급여비용 총액의 30%(임신부 외래진료의 경우에는 10%, 1세 미만 영유아 외래진료의 경우에는 5%)를 본인이 부담하고, 나머지를 보험 처리한다.

보건소, 보건지소, 보건진료소의 경우 모든 지역 요양급여비용 총액의 30%를 본인이 부담하고 나머지를 보험 처리한다. 다만, 의원과 보건소 등에서 요양급여를 받는 사람이 65세 이상이면서 해당 요양급여비용 총액이 보건복지부령으로 정하는 금액을 넘지 않으면 보건복지부령으로 정하는 금액을 본인일부부담금으로 한다.

요양급여를 제외한 의료비는 모두 본인이 부담해야 하는데, 이는 피보험자가 (상급)종합병원과 병원을 불필요하게 이용하는 것을 억제하여 보험재정을 안정화시키려는 의도이다. 피보험자와 피부양자가 요양기관에서 출산하게 되면 요양급여와 동일한 방법으로 분만급여를 받게 된다. 분만은 정상분만뿐만 아니라 난산과 유산, 제왕절개수술 등과 같은 이상분만, 사산의 경우도 급여 대상이 된다. 자녀수에 관계없고, 2박 3일로 제한된 분만급여기간을 1997년 9월 1일부터는 철폐하여 산모의 상태에 따라서 입원기간을 연장할 수 있다.

2) 건강검진

건강검진만 잘 받아도 건강을 지킬 수 있다. 건강검진은 일반건강검진, 암검진, 생애전환기건강진단, 영유아건강검진이 있는데, 일반건강검진을 충실하게 받는 것이 기본이다.

일반건강검진은 건강보험에 가입한 지역세대주, 직장가입자, 만 20세 이상 세대원과 피부양자가 매 2년마다 1회(비사무직은 매년) 무료로 받을 수 있다. 지역가입자에게는 집으로, 직장가입자에게는 직장으로 건강검진표가 오기에 검진기관(병원)을 선택해 가거나 직장으로 검진기관이 찾아올 때 받으면 된다. 매년 혹은 2년에 한 번씩 반드시 건강검진을 받는 것이 중요하다.

생애전환기건강진단은 만 40세가 될 때 일반건강검진의 항목에 암검진 등이 포함되고, 66세가 될 때에는 골밀도검사, 노인신체기능검사 등이 추가되어 받을 수 있다. 본인이 원하면 음주 · 운동 · 영양 · 비만 등 생활습관검사, 우울증 · 치매선별검사, 고혈압 · 당뇨 2차 확진검사도 무료로 받을 수 있다.

매년 혹은 2년에 한 번씩 건강검진을 받는 후 추가 검진을 받는 것도 중요하다. 1차 검진 결과에서 '고혈압 · 당뇨병 질환의심자로 판정된 사람과 만 70세와 74세 1차 검진 수검자 중 인지기능장애 고위험군'은 2차 검진을 받도록 통보받는다. 고혈압 의심자는 혈압 측정을 받고, 당뇨병 의심자는 공복혈당 측정을 받으며, 인지기능장애 고위험군은 치매선별검사를 받을 수 있다. 정기적인 건강검진을 통해 질병을 조기에 발견할 수 있고, 성인병이나 치매를 빨리 대처할 수 있기에 건강검진을 꼭 받는 것이 중요하다.

건강검진은 큰 병이 들 때 진료 받을 병원에서 받으면 좋다. 건강검진을 받을 때마다 다른 병원을 이용하다 보면, 막상 큰 병이 걸릴 때 축적된 건강정보를 확인할 길이 없다. 암 · 고혈압 · 당뇨병 등을 잘 치료할 수 있는 병원에서 평소 건강검진을 해서 본인의 건강정보를 축적해 놓는 것이 좋다. 많은 만성질환은 장기간 건강정보를 축적하면 예방 또는 관리가 가능하기에 건강검진 결과를 보관하고 활용할 수 있다. 일부 질병은 가족력과 상관성이 높아 가족이 한 병원에서 건강검진을 받는 것도 좋다. 건강검진은 큰 병이 걸렸을 때 이용할 의료기관에서 정기적으로 받은 것이 이익이다.

20~30대 무상 건강검진

2019년부터 20~30대 모든 청년은 무상으로 건강검진을 받을 수 있다. 그동안 40세 이상 모든 국민과 건강보험료를 내는 국민은 건강검진을 받았지만, 본인이 직접 보험료를 내지 않은 피부양자(피보험자의 가족)는 건강검진의 사각지대에 있었다. 청년도 체계적인 건강관리가 필요하다는 사회적 합의가 있어 관련 법률을 개정하였고, 20세 이상 모든 국민은 건강검진을 받을 수 있으니 해당되는 사람은 활용하기 바란다.

2018년까지 20~30대 중 직장가입자와 지역가입자의 '세대주'만 주기적으로 건강검진을 받을 수 있었지만, 직장가입자의 피부양자와 지역가입자의 세대원 중 20~30대는 무상으로 건강검진을 받을 수 없었다. 이 때문에 미취업 청년과 전업주부 등 약 720만 명(직장가입자 피부양자 461만 3천 명과 지역가입자 세대원 246만 8천 명, 의료급여 수급권자의 세대원 11만 4천 명)은 건강검진대상에서 제외되었다. 이에 일부 국회의원들은 청년과 전업주부들도 건강검진 혜택을 받을 수 있도록 법안을 발의하였고, 이 법안이 국회에서 통과되었다. 개정법에 따라 2019년부터 일반건강검진 대상자가 '20세 이상인 지역가입자'와 '20세 이상인 피부양자'로 확대되었다.

정부는 20~30대 청년의 자살사망률이 높은 점을 고려해 일반건강검진 항목 이외에도 정신건강검사를 받을 수 있게 했다. 우울증을 조기 발견해 치료할 수 있게 20세와 30세는 각 1회 정신건강검사(우울증)를 받을 수 있다. 과거 건강검진에서 우울증 검사는 40세, 50세, 60세, 70세에만 각 1회 시행했다. 통계청의 2015년 사망원인통계를 보면, 20대와 30대의 사망원인 1위는 자살이었다. 자살은 20대 사망 원인 중 43.8%이고 30대는 사망 원인의 35.8%였다.

일반건강검진을 받을 때 암검진을 함께 받는 것이 좋다. 본인이 필요해서 암검진을 받으면 비용이 많이 들지만, 일반건강검진을 받을 때 위암 · 대장암 · 간암 · 유방암 · 자궁경부암 · 폐암 등 6대 암검진도 함께 받으면 매우 경제적이다. 의료급여 수급권자와 건강보험가입자 및 피부양자 중 소득 하위 50%인 사람은 암검진을 무상으로 받고, 소득 상위 50%인 사람도 검사비의 10%만 내고 받을 수 있다.

자궁경부암검진은 20세 이상 여성이 2년에 한 번, 대장암검진은 50세 이상 남녀가 1년에 한 번 무상으로 받을 수 있다. 위암은 40세 이상 남녀가 2년에 한 번, 유방암은 40세 이상 여성이 2년에 한 번, 간암은 40세 이상 남녀로 간경변증이나 B형 간염바이러스 항원 또는 C형 간염바이러스 항체 양성으로 확인된 사람이 6개월에 한 번, 폐암은 54세에서 74세 중 30갑년(하루 한 갑씩 30년간 흡연자)인 사람이 받을 수 있다. 해당 연령 국민은 특별한 증상이 없어도 2년에 한 번씩 암검사를 받고, 가족력이 있거나 증상이 의심되는 사람은 집중적으로 관리하는 것이 좋다. 자신의 생년을 기준으로 홀수 해에 태어난 사람은 홀수 해에, 짝수 해에 태어난 사람은 짝수 해에 검진을 받으면 되고, 놓치면 다음 해에 받을 수 있다.

조직검사 결과, 암환자로 확진된 경우에는 조기에 치료를 받는다. 암환자로 등록하면 건강보험 요양급여에 대한 본인부담금을 낮추어 주고, 암치료비 지원사업과 재가암 관리사업을 받을 수도 있기에 사는 지역의 보건소에 암환자로 등록하는 것이 좋다.

암 · 희귀난치질환 등록자는 입원 · 외래 · 약국을 불문하고 등록일부터 5년간 본인부담금을 경감받는다. 등록 암환자는 총진료비의 5%만 환자가 부담하고, 미등록 시에는 외래 시 총진료비의 20%를 본인이 부담해야 한다. 암환자는 보건소에 등록만 해도 진료비를 20%에서 5%로 획기적으로 줄일 수 있다. 다만, 건강보험으로 처리된 진료비에 대한 본인부담금이 5%이고, 비급여 항목에 대해서는 전액 본인이 부담해야 하기에 가급적 건강보험으로 치료를 받아야 부담을 줄일 수 있다.

＊국민건강보험 일산병원 https://www.nhimc.or.kr

3) 임신과 출산지원

정부는 초저출산 문제를 완화시키기 위해 임신·출산 관련 진료비를 낮추고 있다. 임신기간 외래 본인부담률을 20%포인트 일괄 인하하였고, 난임시술에 대해 건강보험을 적용하고, 난임 휴가제를 시행한다.

난임부부는 여러 차례 시술을 받아야 임신에 성공하는 경우가 많은데, 시술비의 부담으로 임신을 포기하는 부부도 많았다. 정부는 난임부부에게 시술비를 지원하여 경제적 부담을 줄였다. 체외수정 시술 등 특정 치료를 통해서만 임신이 가능한 일정 소득 이하 부부가 신청하면 시술비를 지원받을 수 있다. 법적 혼인상태에 있는 난임부부로서 접수일 현재 부인의 연령이 만 44세 이하이고, 전국 가구 월평균소득의 150% 이하인 사람은 시·군·구와 보건소에 신청하면 지원받을 수 있다. 체외수정 시술 시 신선배아는 회당 190만 원 범위 내에서 총 3회, 동결배아는 회당 60만 원 범위 내에서 총 3회, 인공수정은 회당 50만 원 범위 내에서 최대 3회를 지원받을 수 있다.

또한 고위험임산부에 대한 '비급여 입원진료비 중 50만 원 초과액의 90% 지원'을 '비급여 입원진료비의 90% 지원'으로 확대한다. 분만취약지 2개소와 고위험 산모-신생아 통합치료센터 4개소를 추가로 선정하고, 둘째아 이상 출산가정에 대한 산모-신생아 건강관리 서비스 지원을 확대한다.

하지만 임신·출산과 관련된 진료비의 지원만으로 출산율을 높이는 데는 일정한 한계가 있다. 여성 노동자가 결혼과 동시에 직장을 그만두었던 관행은 크게 개선되었지만, 임신과 출산을 계기로 직장을 그만두는 여성은 줄지 않고 있다. 아이를 사회적으로 돌보는 체계에 사각지대가 많고, 가족구성원에 의한 돌봄을 희망하는 욕구도 적지 않기 때문이다.

4) 현금급여

건강보험의 급여 중 요양비, 장애인보장구, 본인부담금상한제, 임신출산진료비 등은 현금으로 받는다. 요양비, 본인부담금상한제는 가입자와 피부양자 모두가 받을 수 있고, 장애인보장구는 등록된 장애인, 임신출산진료비는 임산부만 받을 수 있다.

요양비는 당뇨병환자 소모성 재료 구입비, 인공호흡기치료 서비스, 자가도뇨 소모성 재료, 산소치료 서비스, 복막관류액 및 자동복막투석 소모성 재료, 기침유발기 대여료 등이 있다. 등록된 환자가 지정된 것을 지원받을 수 있다. 예컨대, 인공호흡기 급여 대상자로 등록된 환자가 의사의 처방전에 따라 공단에 등록된 업소에서 인공호흡기치료 서비스를 받을 수 있다. 건강보험대상자는 기준금액이나 실구입가 중 적은 금액의 90%까지, 차상위 본인부담경감대상자는 전액을 지원받을 수 있다. 요양비는 피보험자와 피부양자가 긴급 또는 기타 부득이한 사유로 인하여 업무정지 처분 기관 중인 요양기관 등에서 요양을 받은 때에도 요양급여에 상당하는 금액을 받는다.

장애인보장구는 장애의 유형과 수준에 따라 보장구를 구입할 수 있는 비용을 받는다. 당사자가 더 비싼 보장구를 살 때에는 지정된 금액만 받을 수 있다.

본인부담금상한제는 수진자 1인이 부담한 연간 본인부담금 총액이 가입자 소득수준에 따른 본인부담 상한액을 초과하는 경우, 그 초과금액을 환자에게 돌려주는 제도이다(비급여 항목 제외). 2020년 소득

10분위를 7단계로 나누어서 1분위는 81만 원을 초과하면, 2~3분위는 101만 원, 4~5분위는 152만 원, 6~7분위는 281만 원, 8분위는 351만 원, 9분위는 431만 원, 10분위는 582만 원 초과 시에 초과금액을 내지 않거나 돌려받을 수 있다. 이는 일반병원의 기준이고 요양병원(입원일수 120일 초과 시)은 1분위는 125만 원, 2~3분위는 157만 원, 4~5분위는 211만 원 초과 시에 받을 수 있다.

임신출산진료비는 요양취급기관에서 분만하지 않았을 경우에는 분만급여에 상응하는 비용(25만 원)을 현금으로 받을 수 있다.

5) 건강보험의 보장성 강화

문재인 정부에서 건강보험은 각 영역에서 보장성이 강화되었다. 어린이 병원입원비 본인부담 경감, 노인 의원급 외래진료비 정액제 개선, 틀니와 임플란트 건강보험 적용, 치매국가책임제도가 대표적이다.

어린이 병원입원비 본인부담금이 5%로 낮추어졌다. 어린이병원비국가보장추진연대는 15세 이하 모든 아동의 입원치료비를 무상으로 하자는 운동을 펼쳤다. 이 운동의 결과로 문재인 정부는 15세 이하 어린이의 병원입원비 본인부담비율을 20%에서 5%로 낮추었다.

2019년부터 아동 의료비가 크게 줄었다. 1세 미만 아동은 종별(의원, 병원, 종합병원, 상급종합병원) 외래 이용 시 본인부담이 21~42%이었으나, 2019년에 5~20%로 본인부담이 완화되었다. 임산부의 임신·출산 관련 의료비와 1세 미만 영유아의 모든 진료비용을 지원금액 한도(단태아 60만 원, 다태아 100만 원) 내에서 출산일로부터 1년 동안 사용할 수 있게 되었다. 12세 이하 아동을 대상으로 광중합형 복합레진 충전 충치치료에 건강보험이 적용되어 환자 본인부담이 치아

1개당 10여만 원에서 약 2.5만 원으로 줄었다.

65세 이상 노인이 의원에서 외래진료를 받으면 본인부담금이 더 낮아졌다. 2001년부터 국가는 노인이 의원급 의료기관에서 외래진료를 받으면 총 진료비가 15,000원 이하면 일률적으로 1,500원만 부과하고, 이를 초과하면 진료비 총액의 30%를 본인에게 부담하게 했다. 그동안 진료비가 인상되었기에 총진료비 액수에 따라 본인부담금의 비율을 조금씩 인상하는 개선방안을 마련했다. 총진료비가 15,000원 이하면 본인이 1,500원을 내고, 총진료비가 15,000원 초과~2만 원 이하이면 본인부담률은 10%, 2만 원 초과~25,000원 이하이면 20%, 25,000원 초과하면 30%로 차등 적용한다. 총진료비가 2만 원이면 본인부담금은 2,000원, 총진료비가 25,000원이면 본인부담금은 5,000원으로 줄었다.

틀니와 임플란트 시술에 대한 건강보험 적용 연령이 만 65세 이상으로 확대되었다. 틀니와 임플란트 시술에 건강보험을 적용하면 시중 가격의 절반으로 시술을 받을 수 있다. 노인은 어금니와 앞니 등 평생 2개의 임플란트와 틀니 시술을 건강보험 수가로 받을 수 있다. 필요한 노인은 치과에 가서 진료를 받아 시술이 필요하다는 판정을 받은 후에 시술동의를 하여 등록하면 된다.

치매국가책임제도가 확립되었다. 치매선별검사(질문항목이 15가지)를 실시해 소견이 있는 경우에는 전문의의 진단을 받도록 한다. 치매는 많은 사람들이 초기에는 건망증으로 인식하고, 치매가 의심되어도 가족이 견딜 만하면 방임하는 경향이 있다. 치매는 하루라도 빨리 검사하고, 약물복용을 하는 것이 좋다. 보건소에 치매환자로 등록하면 약값을 지원받을 수 있다. 치매환자와 가족은 치매안심센터 등을 활용하여 적극 도움을 받을 수 있다.

6) 비급여 항목

건강보험은 모든 의료사고에 대해서 요양급여를 하는 것은 아니다. 질병, 부상의 치료목적이 아니거나 업무 또는 일상생활에 지장이 없는 질환, 기타 보험급여의 원리에 부합되지 아니하는 사항은 보험급여 대상에서 제외된다. 대표적인 예는 코를 세우는 성형수술, 치열 교정, 상급병실료의 차액 등이다.

또한 자신의 범죄 행위와 고의로 사고를 일으켜 생긴 부상이나 질병은 보험급여를 받을 수 없고, 업무에 따른 질병이나 부상으로 다른 법령에 의한 보험급여나 보상을 받은 경우(예: 산업재해보상보험 등)에도 받을 수 없다. 국외에 여행 중이거나 국외에 근무하고 있는 경우, 현역으로 군에 복무 중인 경우(단, 상근예비역은 제외), 교도소 및 기타 이에 준하는 시설에 수용 중인 경우에는 보험급여가 정지된다.

이 밖에도 건강보험수가로 전액을 본인이 부담해야 하는 경우도 적지 않다. 보험료를 3개월 이상 체납하여 급여 제한을 받은 기간에 소요된 진료비는 본인이 부담하고, 현역으로 군복무 중 피보험자가 요양기관을 이용한 때의 진료비도 본인이 부담해야 한다.

5. 건강보험의 관리운영

국민건강보험의 관리운영은 국민건강보험공단이 하고 보건복지부가 공단을 지도감독한다. 2000년「국민건강보험법」시행으로 출범한 국민건강보험공단의 주요 업무는 가입자 및 피부양자의 자격관리, 보험료 및 「국민건강보험법」에 의한 징수금의 부과 · 징수, 보험급여의 관리, 보험급여비용의 지급, 가입자 및 피부양자의 건강 유지 · 증진을 위한 가입자 보호사업, 건강검진 · 증진사업, 의료시설의 운영, 자산 관리운영업무 등이다. 건강보험공단은 건강보험을 포함하여 5대 사회보험의 보험료를 부과하고 징수한다.

건강보험심사평가원은 보건복지부 산하 위탁집행형 준정부기관이다. 건강보험심사평가원은 요양급여 비용의 심사 및 요양급여의 적정성 평가 업무를 효율적으로 수행하여 국민보건의 향상과 사회보장 증진에 기여하는 것을 목적으로 「국민건강보험법」에 근거하여 설립되었다.

건강보험은 보험자, 피보험자, 요양취급기관, 심사평가원 등으로 이루어진 다자관계이기에 다소 복잡하다. 즉, 피보험자인 국민은 보험자인 국민건강보험공단에 보험료를 내고 요양취급기관에서 요양급여를 받으면 요양취급기관은 심사평가원에 심사청구를 하고, 심사평가원이 심사를 마치면 건강보험공단이 요양취급기관에게 요양비를 지급한다. 또한 요양취급기관은 병의원, 약국, 한방병의원 등으로 다양하기에 요양급여의 내용과 수준 그리고 전문직의 역할 등에서 갈등의 소지를 안고 있다. 의약분업을 정착시키는 과정에서 의료계와 약계는 국민의 생명을 볼모로 극심하게 대립한 바 있었다.

* 건강보험심사평가원 http://www.hira.or.kr

건강보험의 요양취급기관은 병의원, 한방병의원, 치과병의원, 약국 등이다. 병의원은 의원, 병원, 종합병원, 상급종합병원으로 나뉜다. 2017년 요양기관 수는 의료기관 6만 9,808개소(76.%), 약국 2만 1,737개소(23.7%) 등으로 9만 1,545개소이다. 요양기관 종사자는 간호사 18만 5,853명(50.4%), 의사 10만 241명(27.2%), 약사 3만 6,980명(10%) 등 36만 8,763명이다.

6. 건강보험의 활용과 과제

국민의 97% 이상이 적용받는 건강보험은 한국을 대표하는 사회보험이다. 건강보험은 적용대상이 많고 일상생활 속에서 지속적으로 받는다는 점에서 국민연금 등 다른 사회보험과 비교된다. 의료급여 수급자를 제외한 모든 국민이 건강보험을 잘 활용하도록 다음 몇 가지 과제를 해결해야 한다.

첫째, 건강보험료 미납으로 인한 적용대상자의 누락이 없도록 해야 한다. 건강보험은 보험료를 3개월 이상 미납할 경우에 요양급여 등을 받을 수 없다. 건강보험에 가입하고도 보험료 미납으로 급여를 받지 못한 사람이 100만 명이 넘는다는 점에서 이들이 보험료를 경감받는 방법을 적극 활용하여 보험료 미납으로 인한 불이익을 최소화시켜야 한다.

둘째, 저소득층이 의료급여, 긴급복지지원, 본인부담금상한제 등을 통해 의료비 부담을 줄일 수 있는 방법을 널리 활용하도록 지원해야 한다. 가구 소득인정액과 부양의무자의 부양비를 합친 금액이 기준 중위소득의 40% 이하면 의료급여를 신청하여 수급자가 될 수 있다. 가구 소득이 기준 중위소득의 75% 이하인 경우에 병원입원비가 없으면 시 · 군 · 구에 긴급복지지원을 신청하여 300만 원까지 의료지원을 받을 수도 있다. 또한 저소득층은 연간 본인부담금이 일정액을 넘으면 모두 건강보험으로 처리되는 제도가 있기에 이를 활용하여 의료비를 경감하도록 해야 한다.

셋째, 건강보험 가입자가 소득수준에 맞는 적정한 보험료를 낼 수 있도록 보험료 부과체계를 적극 활용하도록 해야 한다. 건강보험의 가입자는 직장가입자와 지역가입자로 나뉘고, 직장가입자는 전년도의 소득과 재산기준에 의해 보험료가 책정된다. 소득과 재산에 큰 변동이 있어 건강보험료가 부담이 된 경우에는 건강보험공단에 소득과 재산의 변동을 알려서 적정한 보험료를 납부하도록 해야 한다. 한편, 자영자의 소득파악율이 낮기에 직장가입자와 지역가입자 간, 지역가입자 중에서 자영자 간의 갈등이 표출되고 있으므로 국세청 등은 과세자료가 실제의 소득과 재산을 정확히 반영하도록 행정을 혁신해야 한다. 건강보험료뿐만 아니라, 각종 사회보험료를 적정하게 부과하고 원활히 징수하기 위해서도 조세행정이 발전되어야 한다. 예컨대, 공시지가가 시가를 정확히 반영해야 세금을 공평하게 부과하고, 건강보험료 등 사회보험료도 적정하게 부과할 수 있다.

넷째, 치과 진료 등에 대한 건강보험의 급여를 확대하고 본인부담비율을 낮추어야 한다. 2019년 치과 의료비 중 건강보험으로 보장되는 비율은 병원급 18.9%, 의원급 31.7%로 전체 의료기관 평균 62.7%에 크게 못 미쳤다. 노인의 틀니와 임플란트에 대한 건강보험이 확대되었지만 치과를 이용하기에는 아직도 벽이 높다. 일반적으로 치과 치료비가 높고, 상당한 기간 동안 지속적으로 치료를 받아야 하기에 부담이 크다. 치아는 한번 망가지면 치료를 해도 완전하게 회복되기 어렵고, 몇 년이 지나면 반복해서 시술을 해야 하기에 부담이 커진다. 치과 치료비의 본인부담률이 50%로 다른 진료과목보다 턱없이 높기에 의원은 30%, 병원은 40%로 바꾸어야 한다.

다섯째, 환자가 병원에서 받는 각종 의료서비스를 건강보험으로 받아 보장성을 높여야 한다. 건강보험 보장 강화를 위해 미용 · 성형을 제외하고 의학적으로 필요한 모든 진료를 건강보험 급여에 포함시켜야 한다. 환자가 병원을 이용하면 건강보험 급여 중 본인부담분과 비급여를 추가로 부담한다. 정부는 환자의 부담이 큰 선택진료비 · 상급병실료 · 간병비 등 3대 비급여를 해결하기 위해 지정진료(특진)를 없앴고, 3,800여 개의 비급여를 급여로 전환시키며, 상급병실료도 2인실까지 보험을 적용한다. 더 나아가 간호간병 통합서비스의 확대로 간병비를 보험 처리해야 한다. 간병이 필요한 모든 환자의 간병에 대해 건강보험을 적용하고, 가족 간병을 억제하여 병원 내 감염 등을 방지해야 한다.

여섯째, 의료 전달체계를 확립하여 가벼운 질병이나 만성질환자가 상급종합병원으로 몰리는 것을 억제해야 한다. 2018년부터 상급종합병원에서 지정진료가 사라지면서 의원이나 병원에서 치료가 가능한 가벼운 질병이나 만성질환을 가진 환자도 상급종합병원을 찾는 경향이 있다. 의료 전달체계를 보다 명확히 하여 감기 등 가벼운 질병이나 긴급하지 않는 고혈압이나 당뇨병 등으로 상급종합병원을 찾는 경우에는 다른 병원으로 이송해야 한다. 특히 만성질환자는 단골병원을 지정하게 하여 의원을 이용하면 본인부담금을 10%포인트 낮출 수 있으므로 이를 장려해야 한다. 모든 환자가 적정한 의료기관을 이용하도록 전달체계를 확립해야 한다. 보건소와 보건지소 그리고 보건진료소가 관내 만성질환자를 지속적으로 관리하는 기능을 키워야 한다.

일곱째, 실손 의료보험 등의 오남용으로 결국 건강보험의 재정에 손실을 주는 입원 남용을 규제해야 한다. 건강보험의 보장성이 63% 내외로 낮기에 실손 의료보험에 가입하는 사람이 적지 않고, 질병이나 사고가 나면 입원을 오남용하는 경우가 많다. 장기 입원 시에 더 많은 급여를 주는 민간보험을 활용하면 결국 건강보험의 급여도 늘어나게 된다. 건강보험의 보장성을 높여 굳이 실손 의료보험에 가입하지 않아도 건강관리를 할 수 있도록 하고, 불필요한 입원을 강력히 규제해야 한다.

여덟째, 지방정부의 공립병원과 건강보험공단이 설립한 병원을 늘려 공공의료의 비율을 높여야 한다. 아직 공립병원이 없는 시·도가 새로 짓고, 기존 공립병원의 병상을 늘려야 한다. 국민건강보험공단은 건강보험기금으로 매년 1~2개소씩 병원을 건립하여 직접 운영하거나 국공립대학교 병원에 위탁하여 공공의료의 비율을 높여야 한다. 공공병원의 비중을 늘려 의료의 상업화를 제어하고, 전염병과 같은 위기에 적극 대응해야 한다.

단원 정리

건강보험은 국민의 질병·부상에 대한 예방·진단·치료·재활과 출산·사망 및 건강증진에 대하여 보험급여를 실시함으로써 국민보건을 향상시키고 사회보장을 증진함을 목적으로 하는 사회보험이다. 건강보험은 1963년에 임의적용 의료보험으로 시작되었다가 1977년부터 강제적용체제로 전환되어 본격적으로 시행되었다. 처음에는 사업장 노동자에게 적용되었고, 1979년에는 공무원·사립학교교직원에게, 1988년에는 군지역 농어민에게, 1989년에는 도시자영자에게 당연 적용되어 12년 만에 전 국민 의료보험 시대가 열렸다.

한국 국민 중 의료급여 수급자를 제외한 모든 국민은 국민건강보험의 피보험자이거나 그 피부양자이다. 건강보험의 적용대상자는 직장가입자, 지역가입자로 나뉘고, 지역가입자는 다시 농어민, 도시자영자로 나뉜다.

건강보험의 재원은 건강보험료가 중심이고 정부의 세금, 기금 이자수입 등으로 보충된다. 1인 이상 고용사업장에서 일하는 사람은 직장가입자이고, 나머지는 지역가입자(농어민, 도시자영자)이다. 건강보험은 가구단위로 서비스를 받아서 소득이 없는 피부양가족은 주된 소득자의 건강보험에 등재되어 서비스를 받을 수 있다.

건강보험 직장가입자에게는 주로 근로소득에만 보험료를 부과하고, 지역가입자에게는 소득, 재산, 승용차에 보험료를 부과하고, 소득액이 낮은 경우에는 가족수에도 부과하였다. 이 부과체계는 소득이 많은 사람에게 더 많은 보험료를 부과하고, 소득이 낮은 사람에게는 보험료를 덜 내도록 개편되었다.

건강보험은 적용을 받는 피보험자와 피부양자가 질병, 부상, 분만, 사망과 같은 위험에 처했을 때 보호하고 건강을 유지 증진시키기 위하여 각종 형태로 실시하는 의료서비스이다. 보험급여의 핵심인 요양급여, 건강검진은 현물인 의료서비스로 지급되고, 요양비, 본인부담금보상금 등은 현금으로 지급된다. 모든 보험급여는 원칙적으로 피보험자와 피부양자에게 똑같이 적용된다.

건강보험은 보험자, 피보험자, 요양취급기관, 심사평가원 등으로 이루어진 다자관계이기 때문에 구조가 다소 복잡하다. 즉, 피보험자인 국민은 보험자인 국민건강보험공단에 보험료를 내고 요양취급기관에서 요양급여를 받으면 요양취급기관은 심사평가원에 심사청구를 하고, 심사평가원이 심사를 마치면 건강보험공단이 요양취급기관에게 요양비를 지급한다. 또한 요양취급기관은 병의원, 약국, 한방병의원 등으로 다양하기에 요양급여의 내용과 수준 그리고 전문직의 역할 등에서 갈등의 소지를 안고 있다.

모든 국민이 건강보험을 잘 활용하도록 다음 몇 가지 과제를 해결해야 한다. 건강보험료 미납으로 인한 적용대상자의 누락이 없도록 해야 한다. 저소득층이 의료급여, 긴급복지지원, 본인부담금상한제 등을 통해 의료비 부담을 줄일 수 있는 방법을 널리 활용하도록 지원해야 한다. 건강보험 가입자가 소득수준에 맞는 적정한 보험료를 낼 수 있도록 보험료 부과체계를 적극 활용하도록 해야 한다. 치과 진료 등에 대한 건강보험의 급여를 확대하고 본인부담비율을 낮추어야 한다. 환자가 병원에서 받는 각종 의료서비스를 건강보험으로 받아 보장성을 높여야 한다. 의료 전달체계를 확립하여 가벼운 질병이나 만성질환자가 상급종합병원으로 몰리는 것을 억제해야 한다. 실손 의료보험 등의 오남용으로 결국 건강보험의 재정에 손실을 주는 입원 남용을 규제해야 한다. 지방정부의 공립병원과 건강보험공단이 설립한 병원을 늘려 공공의료의 비율을 높여야 한다.

✱ 용어 정리

- **건강보험**: 건강보험은 국민의 질병 · 부상에 대한 예방 · 진단 · 치료 · 재활과 출산 · 사망 및 건강증진에 대하여 보험급여를 실시함으로써 국민보건을 향상시키고 사회보장을 증진함을 목적으로 하는 사회보험이다.

- **건강보험 적용대상자**: 의료급여 수급자를 제외한 모든 국민은 건강보험에 당연가입 대상자이다. 건강보험의 적용대상자는 직장가입자, 지역가입자로 나뉘고, 지역가입자는 다시 농어민, 도시자영자로 나뉜다.

- **건강보험 피부양자**: 건강보험 대상자 중 피부양자는 직장가입자에 의하여 주로 생계를 유지하는 자로서 보수 또는 소득이 없는 자를 의미한다. 직장가입자의 배우자, 직계존속(배우자의 직계존속 포함), 직계비속(배우자의 직계비속 포함)과 그 배우자, 형제자매를 포함한다.

- **건강보험료**: 건강보험 직장가입자에게는 주로 근로소득에만 보험료를 부과하고, 지역가입자에게는 소득, 재산, 승용차에 보험료를 부과하고, 소득액이 낮은 경우에는 가족수에도 부과하였다. 이 부과체계는 소득이 많은 사람에게 더 많은 보험료를 부과하고, 소득이 낮은 사람에게는 보험료를 덜 내도록 개편되었다.

- **건강보험 급여**: 건강보험은 적용을 받는 피보험자와 피부양자가 질병, 부상, 분만, 사망과 같은 위험에 처했을 때 보호하고 건강을 유지 · 증진시키기 위하여 각종 형태로 실시하는 의료서비스이다. 보험급여의 핵심인 요양급여, 건강검진은 현물인 의료서비스로 지급되고, 요양비, 본인부담금 보상금 등은 현금으로 지급된다. 모든 보험급여는 원칙적으로 피보험자와 피부양자에게 똑같이 적용된다.

- **요양급여**: 다수 국민이 병의원, 한방병의원, 치과병의원, 약국 등에서 받는 것은 요양급여이다. 요양급여는 피보험자와 피부양자의 질병 또는 부상에 대한 진찰, 약제 또는 치료재료의 지급, 처치, 수술 및 기타의 치료, 의료시설에의 수용, 간호, 이송 등을 말한다.

- **건강검진**: 건강검진은 일반건강검진, 암검진, 생애전환기건강진단, 영유아건강검진이 있는데, 일반건강검진을 충실하게 받는 것이 기본이다. 이 중 일반건강검진은 건강보험에 가입한 지역세대주, 직장가입자, 만 20세 이상 세대원과 피부양자가 매 2년마다 1회(비사무직은 매년) 무료로 받을 수 있다.

- **암검진**: 건강보험가입자와 피부양자는 자궁경부암 · 위암 · 유방암 · 간암 · 대장암 · 폐암 등 6대 암검진을 받을 수 있다. 자궁경부암검진은 20세 이상 여성이 2년에 한 번, 대장암검진은 50세 이상 남녀가 1년에 한 번 무상으로 받을 수 있다. 위암은 40세 이상 남녀가 2년에 한 번, 유방암은 40세 이상 여성이 2년에 한 번, 간암은 40세 이상 남녀로 간경변증이나 B형 간염바이러스 항원 또는 C형 간염바이러스 항체 양성으로 확인된 사람이 6개월에 한 번, 폐암은 54세에서 74세 중 30갑년인 사람이 받을 수 있다. 소득 하위 50%인 사람은 암검진을 무상으로 받고, 소득 상위 50%인 사람도 검사비의 10%만 내고 받을 수 있다.

- **임신과 출산지원**: 정부는 초저출산 문제를 완화시키기 위해 임신 · 출산 관련 진료비를 낮추고 있다. 임신기간 외래 본인부담률을 20%포인트 일괄 인하하였고, 난임시술에 대한 건강보험을 적용하며, 난임 휴가제를 시

행한다.

- **현금급여**: 건강보험의 급여는 요양급여와 건강검진 등 현물급여가 대부분이지만, 요양비, 장애인보장구, 본인부담금상한제, 임신출산진료비 등의 경우에는 현금으로 받는다. 요양비, 본인부담금상한제는 가입자와 피부양자 모두가 받을 수 있고, 장애인보장구는 등록장애인, 임신출산진료비는 임산부만 받을 수 있다.

- **본인부담금상한제**: 본인부담금상한제는 수진자 1인이 부담한 연간 본인부담금 총액이 가입자 소득수준에 따른 본인부담 상한액을 초과하는 경우, 그 초과금액을 전액 환자에게 돌려주는 제도이다.

- **국민건강보험공단**: 국민건강보험공단은 건강보험 가입자 및 피부양자의 자격관리, 보험료 및 「국민건강보험법」에 의한 징수금의 부과 · 징수, 보험급여의 관리, 보험급여비용의 지급, 가입자 및 피부양자의 건강 유지 · 증진을 위한 가입자 보호사업, 건강검진 · 증진사업, 의료시설의 운영, 자산관리운영업무 등을 수행한다.

- **건강보험심사평가원**: 건강보험심사평가원은 보건복지부 산하 위탁집행형 준정부기관이다. 건강보험심사평가원은 요양급여 비용의 심사 및 요양급여의 적정성 평가 업무를 효율적으로 수행하여, 국민보건의 향상과 사회보장 증진에 기여하는 것을 목적으로 설립되었다.

제6장 노인장기요양보험

1. 노인장기요양보험의 정의와 역사

노인장기요양보험은 「노인장기요양보험법」에 의한 사회보험으로 2008년 7월 1일부터 시행되고 있다. 이 법 제1조에 따르면 "이 법은 고령이나 노인성 질병 등의 사유로 일상생활을 혼자서 수행하기 어려운 노인 등에게 제공하는 신체활동 또는 가사활동 지원 등의 장기요양급여에 관한 사항을 규정하여 노후의 건강증진 및 생활안정을 도모하고 그 가족의 부담을 덜어 줌으로써 국민의 삶의 질을 향상하도록 함을 목적으로 한다."라고 규정되어 있다. 노인장기요양보험은 고령이나 노인성 질병 등으로 인하여 6개월 이상 동안 혼자서 일상생활을 수행하기 어려운 요양보험 수급자에게 배설, 목욕, 식사, 취사, 조리, 세탁, 청소, 간호, 진료의 보조 또는 요양상의 상담 등의 다양한 방식으로 장기요양급여를 제공한다.

고령화를 경험한 선진국들은 다양한 방식으로 장기요양서비스를 제공하고 있다. 재원조달 방식을 중심으로 보면, 영국, 호주, 스웨덴은 국가와 지방자치단체의 재정으로 하고, 독일, 일본은 사회보험방식이며, 미국은 민간 건강보험의 급여로 제공한다. 한국은 사회보험방식이지만 독일, 일본과는 상당히 다르다.

노인장기요양보험은 상당한 논의와 3년간 시범사업을 거쳐 제도화되었다. 추진경과를 보면, 2001년 8월 15일 대통령 경축사에서 노인요양보장제도 도입이 제시되고, 2002년 대통령 공약사항에 포함되었다. 2003년 3월부터 1년간 공적노인요양보장추진기획단이 설치 · 운영되었다. 2005년 10월 19일에 입법 예고되고, 2007년 4월 2일에 국회에서 통과되었다. 2005년 7월부터 2006년 3월까지 실시된 1차 시범사업은 6개 시 · 군 · 구(광주 남구, 강릉, 수원, 부여, 안동, 북제주)의 기초생활보장 수급노인, 2006년 4월부터 1년간 시행된 2차 시범사업은 8개 시 · 군 · 구(1차 시범지역에 부산 북구, 전남 완도 추가) 노인, 2007년 5월부터 2008년 6월까지 3차 시범사업은 13개 시 · 군 · 구(2차 시범지역에 인천 부평구, 대구 남구, 청주, 익산, 하동 추가) 노인을 대상으로 시행되었다.

노인장기요양보험은 그간 가족의 영역에 맡겨져 왔던 치매 · 중풍 등 노인에 대한 장기간에 걸친 간병, 장기요양 문제를 사회연대원리에 따라 국가와 사회가 분담한다는 점에서 그 의의를 찾을 수 있다. 요양보험은 노인뿐만 아니라 장기요양을 직접 담당하던 중장년층과 자녀 등 모든 세대에게 혜택을 주는 제도이다. 노인은 더 이상 자식에게 부담을 주지 않고 계획적이고 전문적인 장기요양서비스를 받을 수 있어 보다 품위 있게 노후를 보낼 수 있고, 장기요양을 직접 담당하던 중장년층은 정신적 · 육체적 · 경제적 부담에서 벗어나 경제, 사회활동에 전념할 수 있으며, (손)자녀들도 장기요양 부담이 해소된 가정에서 더 나은 교육과 보살핌을 받을 수 있게 되었다.

노인장기요양보험은 건강보험과는 다른 제도이다. 건강보험은 치매·중풍 등 질환의 진단, 입원과 외래 치료, 재활치료 등을 목적으로 주로 병·의원과 약국에서 제공하는 서비스를 급여 대상으로 한다. 반면에 노인장기요양보험은 치매·중풍의 노화 및 노인성 질환 등으로 인하여 혼자 힘으로 일상생활을 영위하기 어려운 대상자에게 요양시설이나 재가장기요양기관을 통해 신체활동 또는 가사지원 등의 서비스를 제공하는 제도이다.

2. 노인장기요양보험의 적용대상

1) 장기요양인정 신청

노인장기요양보험을 받기 위해서는 장기요양인정 신청을 해서 장기요양인정 및 장기요양등급판정을 받아야 한다. 장기요양등급을 받은 후에야 장기요양인정서와 표준요양이용계획서를 받고 장기요양급여 이용기관을 이용할 수 있기 때문이다.

장기요양인정을 신청할 수 있는 사람은 노인과 65세 미만으로 노인성 질병을 가진 자이다. 노인성 질병은 치매, 뇌혈관성질환, 파킨슨 병 등 보건복지부장관이 정하여 고시한 질병이다. 신청인 본인 또는 대리인은 국민건강보험공단 지사에 있는 노인장기요양보험지원센터에 장기요양인정 신청서를 제출하면 된다. 공단 홈페이지에서 온라인으로 신청해도 된다.

대리인은 가족, 친족 또는 이해관계인, 사회복지전담 공무원, 시장 · 군수 · 구청장이 지정하는 자이다. 대리신청 시 대리인 본인임을 확인할 수 있는 신분증을 제시하면 되고, 팩스나 우편접수를 할 경우에는 신분증 사본을 제출해야 한다. 신청서의 양식은 공단지사 또는 홈페이지에서 내려받을 수 있다. 의사소견서의 제출이 필요한 경우에는 65세 이상 노인은 등급판정위원회에 자료 제출 전까지 제출하면 되고, 65세 미만 중 노인성 질병을 가진 자는 신청서 제출 시에 제출해야 한다.

의사소견서는 등급판정위원회에 자료 제출 전까지 반드시 제출하여야 한다. 하지만 다음과 같은 경우에는 의사소견서를 제출하지 않아도 된다(법 제4조). 1차 판정 결과, 1등급 또는 2등급을 받을 것으로 예상되는 자로서 보건복지부장관이 정하여 고시하는 '거동불편자'에 해당하는 자, 보건복지부장관이 고시하는 도서 · 벽지 지역 거주자는 의사소견서를 제출하지 않아도 된다.

신청의 종류는 최초신청, 변경신청, 갱신신청, 이의신청으로 나눌 수 있는데, 최초신청은 장기요양인정 신청을 처음 하는 경우이고, 변경신청은 장기요양급여를 받고 있는 동안 신체적 · 정신적 상태의 변화가 있는 경우에 신청하며, 갱신신청은 장기요양인정 유효기관(흔히 1년) 종료가 예정된 경우에(유효기간 종료 90일 전부터 30일 전), 그리고 이의신청은 통보받은 장기요양인정등급에 이의가 있을 경우(처분이 있은 날로부터 90일 이내)에 한다.

* 국민건강보험공단 노인장기요양보험 http://www.longtermcare.or.kr

2) 요양등급판정

요양등급판정의 기준과 절차는 인정 신청, 방문조사(의사소견서 제출), 등급판정의 순으로 이루어진다. 본인 또는 대리인이 장기요양인정 신청서를 제출하면, 국민건강보험공단은 소속 직원으로 하여금 신청인 거주지를 방문하여 조사한다. 방문조사 일정은 사전 통보하고, 원하는 장소와 시간은 공단직원과 협의하여 조정 가능하다.

방문조사는 인정 신청을 하게 되면 간호사, 사회복지사, 물리치료사 등으로 구성된 공단 소속 장기요양 직원이 직접 방문하여 장기요양인정조사표에 따라 해당 항목을 조사한다. 장기요양인정조사표는 기본적인 일상생활활동(Activities of Daily Living: ADL) 능력을 파악하기 위해 신체기능 12개, 인지기능 7개, 행동변화 14개, 간호처치 9개, 재활 10개 항목 등 모두 5개 영역 52개 항목으로 이루어져 있다.

〈표 6-1〉 장기요양인정조사표

<table>
<tr><th>영역</th><th colspan="2">항목</th></tr>
<tr><td>신체기능
(12개 항목)</td><td colspan="2">옷 벗고 입기, 식사하기, 일어나 앉기, 화장실 사용하기, 세수하기, 목욕하기, 옮겨 앉기, 대변 조절하기, 양치질하기, 체위 변경하기, 방밖으로 나오기, 소변 조절하기</td></tr>
<tr><td>인지기능
(7개 항목)</td><td colspan="2">단기 기억장애, 날짜불인지, 장소불인지, 나이 · 생년월일 불인지, 지시불인지, 상황 판단력 감퇴, 의사소통 · 전달 장애</td></tr>
<tr><td>행동변화
(14개 항목)</td><td colspan="2">망상, 환각 · 환청, 슬픈상태 · 울기도함, 불규칙수면 · 주야혼돈, 도움에 저항, 서성거림 · 안절부절못함, 길을 잃음, 폭언 · 위협행동, 밖으로 나가려 함, 의미 없거나 부적절한 행동, 물건 망가트리기, 돈 · 물건 감추기, 부적절한 옷 입기, 대 · 소변불결행위</td></tr>
<tr><td>간호처치
(9개 항목)</td><td colspan="2">기관지 절개관 간호, 흡인, 산소요법, 경관 영양, 욕창간호, 암성통증 간호, 도뇨관리, 장루간호, 투석간호</td></tr>
<tr><td rowspan="2">재활
(10개 항목)</td><td>운동장애(4개 항목)</td><td>관절제한(6개 항목)</td></tr>
<tr><td>우측상지, 좌측상지, 우측하지, 좌측하지</td><td>어깨관절, 고관절, 팔꿈치관절, 무릎관절, 손목 및 수지관절, 발목관절</td></tr>
</table>

등급산정 방법은 장기요양인정조사표에 따라 작성된 심신상태를 나타내는 52개 항목을 조사한 후에 '영역별 점수 합계'를 구하고, '영역별 100점 환산점수'로 산정한다. 52개 항목의 조사결과와 영역별 100점 환산점수는 수형분석(Tree Regression Analysis)에 적용하여 장기요양 인정 점수 산정 후 합계를 구한다. 노인장기요양보험에서 수형분석은 서비스를 필요로 하는 신청인의 기능 상태에 따라 필요한 서비스 량을 예측하기 위해 사용하고 있다. 장기요양인정점수의 합은 등급판정기준에 의해 장기요양등급판정에 활용된다.

건강보험공단은 신청조사가 완료된 때 조사결과서, 신청서, 의사소견서, 그 밖의 심의에 필요한 자료를 장기요양등급판정위원회의에 제출하여야 한다. 장기요양등급판정위원회는 6개월 이상 동안 일상생활을 혼자서 수행하기 어렵다고 인정되는 경우 장기요양을 받을 자(수급자)로 결정하고 심신상태 및 장기요양이 필요한 정도에 따라 장기요양등급을 판정한다.

장기요양등급판정위원회는 장기요양인정 및 장기요양등급판정을 위한 심의기구로서 시 · 군 · 구 단위에 설치된다. 위원은 「의료법」에 따른 의료인, 사회복지사, 장기요양에 관한 학식과 경험이 풍부한 자 등으로 위원장을 포함하여 15인이다. 등급판정은 신청 제출일로부터 30일 이내이고, 신청인에 대한 정밀조사가 필요한 경우나 신청인에 대한 정밀조사가 필요한 경우에는 30일 범위 내에서 연장할 수 있다.

등급판정위원회는 방문조사의 결과, 의사소견서, 특기사항을 기초로 신청인의 기능상태 및 장기요양이 필요한 정도 등을 등급판정의 기준에 따라 심의하고 판정한다. 등급판정은 크게 다섯 가지인데, 와상상태로서 거의 일상생활이 불가능한 상태를 최중증(1등급)으로 판정하고, 일상생활이 곤란한 중증의 상태를 중증(2등급), 상당한 장기요양보호가 필요한 상태를 중등증(3~4등급)으로 판정하고, 치매특별등급(5등급), 그 미만의 경우에는 등급판정이 제외된다. 장기요양인정점수 100점 만점에서 95점 이상이면 1등급, 75점 이상 95점 미만은 2등급, 60점 이상 75점 미만은 3등급, 51점 이상 60점 미만은 4등급, 45점 이상 51점 미만이면서 치매는 5등급이다.

등급판정 절차에 따른 장기요양인정점수 산정 예시

- 예시: 경기도 수원에 사는 79세 김장수(가명) 할아버지

- 1단계: 심신상태를 나타내는 52개 항목 조사결과

5개 영역별로 심신상태를 나타내는 52개 항목의 판단기준 및 척도에 따라 조사한 결과는 5개 영역 52개 항목 중에서 신체기능 12개 항목을 본 결과 '기능자립정도'는 완전자립 1항목, 부분도움 6항목, 완전도움 5항목으로 조사되었다.

- 2단계: 영역별 점수 합계

1단계에서 실시한 심신상태를 나타내는 52개 항목 조사결과를 기초로 '영역별 조사항목 원점수표'에 의하여 해당 항목별 점수의 합을 다음과 같이 구한다. 완전자립, 예, 있음, 운동장애 없음, 관절제한 없음은 1점; 부분도움, 불완전운동장애, 한쪽관절제한은 2점; 완전도움, 완전운동장애, 양관절제한은 3점으로 환산한다. 김장수 할아버지의 경우에 신체기능은 (1항목×1점)+(6항목×2점)+(5항목×3점)으로 28점, 인지기능은 0점, 행동변화도 0점, 간호처치는 4항목×1점으로 4점, 그리고 재활은 (1항목×1점)+(3항목×2점)+(6항목×3점)로 25점이었다.

- 3단계: 영역별 100점 환산점수

2단계에서 계산한 '영역별 점수 합계'에 의해 '영역별 100점 득점 환산표'에 따라 영역별 100점 환산점수를 다음과 같이 산정한다. 즉, 신체기능

28점은 100점 환산점수로 61.71점이고, 인지기능 0점은 환산점수 0점, 행동변화 0점은 환산점수 0점, 간호처치 4점은 환산점수 55.81점, 재활 25점은 환산점수 70.53점으로 산출되었다.

• 4단계: 8개 서비스군별 장기요양인정점수 산정 및 합계

1단계에서 심신상태를 나타내는 52개 항목 조사결과와 3단계에서 산출한 영역별 100점 환산점수를 가지고 8개 서비스군별 수형분석도에 적용하여 장기요양인정점수를 다음과 같이 산정한 후 합을 구한다. 김장수 할아버지의 경우에는 8개 서비스군별로 장기요양인정점수가 청결 9.0점, 배설 10.2점, 식사 15.1점, 기능보조 6.4점, 행동변화 대응 0.4점, 간접지원 19.7점, 간호처치 14.6점, 재활훈련 4.8점 합계 80.2점이 산출되었다.

• 5단계: 장기요양등급 결정

수원에 사는 김장수 할아버지는 장기요양인정점수가 80.2점으로 장기요양등급 기준을 적용하면 장기요양 2등급을 판정받게 된다.

국민건강보험공단은 장기요양등급판정위원회가 장기요양인정 및 등급판정의 심의를 완료한 경우 지체 없이 장기요양인정서를 작성하여 수급자에게 송부하여야 한다. 장기요양인정서는 장기요양등급과 유효기간 등을 안내하는데, 장기요양인정 유효기간은 최소 1년이고, 유효기간 종료 90일 전부터 30일 전까지 갱신을 신청할 수 있으며, 유효기간 경과 후 매년 연속하여 3회 이상 같은 등급으로 판정되는 경우 3회 이후부터 유효기간은 2년으로 한다.

또한 국민건강보험공단은 장기요양인정서를 송부하는 때에 수급자가 월 한도액 범위 안에서 장기요양급여를 원활히 이용할 수 있도록 하기 위한 표준장기요양이용계획서를 작성하여 이를 함께 송부한다.

3. 노인장기요양보험의 재원

장기요양보험 가입자는 건강보험 가입자와 동일하며, 국민건강보험공단은 장기요양보험료와 건강보험료를 통합하여 징수한다. 공단은 통합징수한 장기요양보험료와 건강보험료는 각각 독립회계로 관리한다. 장기요양보험료는 건강보험료액에 장기요양보험료율을 곱해 산정한다. 장기요양보험료율은 보건복지부장관 소속 노인장기요양위원회의 심의를 거쳐 대통령령으로 정한다. 2020년 장기요양보험료율은 건강보험료의 10.25%이다.

국가는 매년 예산의 범위 안에서 당해 연도 장기요양보험료 예상수입액의 20%에 상당하는 금액을 공단에 지원한다. 국가와 지방자치단체는 의료수급권자의 장기요양급여비용 중 공단이 부담하여야 할 비용과 관리운영비의 전액을 대통령령이 정하는 바에 따라 각각 부담한다.

노인장기요양보험 재정의 일부는 본인일부부담금으로 충당된다. 재가급여는 당해 장기요양급여비용의 15%, 시설급여는 당해 장기요양급여비용의 20%를 본인이 부담한다. 국민기초생활보장 수급자는 전액 면제되고, 의료급여 수급자와 소득 · 재산 등이 보건복지부장관이 정하여 고시하는 일정금액의 이하인 자는 본인부담금을 일부 경감한다. 수급자와 의료급여 수급권자 등이 내지 않는 본인일부부담금은 국가가 내는 셈이다. 단, 비급여 항목 비용, 월 한도액 초과비용은 의료급여 수급자, 기초생활보장 수급자의 경우에도 전액 본인이 부담한다.

장기요양기관이 수급자에게 재가급여 또는 시설급여를 제공한 경우 공단에 장기요양급여비용을 청구하여야 하며, 공단은 이를 심사하여 공단부담금(본인부담금을 공제한 금액)을 당해 장기요양기관에 지급한다. 재가 및 시설 급여비용은 급여종류 및 장기요양등급 등에 따라 장기요양위원회의 심의를 거쳐 보건복지부장관이 정하여 고시한다.

한편, 비급여 항목과 월 한도액을 초과한 금액은 전액 본인이 부담한다. 비급여 항목은 식사 재료비, 상급침실 이용에 따른 추가비용, 이·미용비 등이다. 비급여 항목의 비용은 원칙적으로 해당 용역을 제공하기 위한 실제 소요비용(실비)을 산정하여야 한다. 장기요양급여의 월 한도액을 초과하는 비용은 본인이 전부 부담해야 한다.

4. 노인장기요양보험의 급여

1~5등급의 장기요양인정을 받은 자는 장기요양인정서가 도달한 날부터 장기요양급여를 받을 수 있다. 단, 돌볼 가족이 없는 등 대통령령이 정하는 부득이한 사유가 있는 경우에는 장기요양인정 신청서를 제출한 날 장기요양인정서가 도달되는 날까지의 기간 중에도 장기요양급여를 받을 수 있다.

장기요양급여를 이용할 때에 장기요양인정자는 본인의 욕구와 부담능력에 따라 장기요양기관과 자율적인 계약을 통하여 급여를 이용한다. 장기요양인정자는 노인요양시설, 재가장기요양기관을 선택할 수 있다. 건강보험공단은 수급자에게 장기요양기관을 자유롭게 선택할 수 있도록 정보제공·안내·상담 등을 할 수 있다. 장기요양인정자는 장기요양인정서와 표준장기요양이용계획서에 따라 자율적 선택에 의한 계약으로 가장 적합하고 적정한 양의 장기요양급여를 이용할 수 있다. 장기요양기관은 표준장기요양이용계획서와 계약내용을 반영하여 장기요양급여의 제공계획서를 작성하고 급여를 제공한다.

장기요양급여는 크게 재가급여, 시설급여, 특별현금급여로 나누어진다.

재가급여는 방문요양, 방문목욕, 방문간호, 주·야간보호, 단기보호, 기타 재가급여가 있다. 방문요양은 장기요양요원이 수급자의 집을 방문해서 목욕, 배설, 화장실 이용, 옷 갈아입기, 머리 감기, 취사, 생필품 구매, 청소, 주변정돈 등을 도와주는 급여이다. 방문목욕은 장기요양요원이 목욕설비를 갖춘 차량을 이용하여, 수급자의 가정을 방문하여 목욕을 제공하는 급여이다. 방문간호는 장기요양요원인 간호사가 의사, 한의사 또는 치과의사의 지시에 따라 가정 등을 방문하여 간호, 진료의 보조, 요양에 관한 상담 또는 구강위생을 제공하는 급여이다. 주·야간보호는 수급자를 하루 중 일정한 시간 동안 장기요양기관에 보호하여 신체활동 지원 및 심신기능의 유지·향상을 위한 교육, 훈련 등을 제공하는 급여이다. 단기보호는 부득이한 사유로 가족의 보호를 일시적으로 받을 수 없는 수급자에게 일정기간 동안 단기보호시설에 보호하여 신체활동 지원과 심신기능의 유지·향상을 위한 교육·훈련 등을 제공하는 급여이다. 기타 재가급여는 수급자의 일상생활·신체활동 지원에 필요한 용구를 제공하거나 가정을 방문하여 재활에 관한 지원 등을 제공하는 급여이다. 현재 휠체어, 전동·수동 침대, 욕창방지 매트리스·방석, 욕조용 리프트, 이동욕조, 보행기 등을 제공한다.

시설급여는 노인의료복지시설에 장기간 동안 입소하여 신체활동 지원, 심신기능의 유지·향상을 위한 교육·훈련 등을 제공하는 요양급여이다.

특별현금급여에는 가족요양비, 특례요양비, 요양병원간병비가 있다. 가족요양비는 장기요양기관이 현저히 부족한 지역(도서 · 벽지)에 거주하는 자, 천재지변 등으로 장기요양기관이 실시하는 장기요양급여를 이용이 어렵다고 인정된 자, 신체 · 정신 · 성격 등의 사유로 가족 등이 장기요양을 받아야 하는 자에게 지급한다. 특례요양비는 수급자가 장기요양기관으로 지정되지 않은 장기요양시설 등의 기관과 재가 또는 시설급여에 상당한 장기요양급여를 받은 경우 장기요양급여 비용의 일부를 지급한다. 요양병원간병비는 수급자가 「의료법」상의 요양병원에 입원한 때에 장기요양에 사용되는 비용의 일부를 지급한다.

5. 노인장기요양보험의 관리운영

노인장기요양보험은 국민건강보험공단이 관리운영하고, 보건복지부가 지도감독한다. 보건복지부는 장기요양위원회, 국가와 지방자치단체는 장기요양요원지원센터, 건강보험공단은 장기요양심사위원회를 둔다.

1) 정부와 건강보험공단

장기요양위원회는 보건복지부장관 소속 심의기구로 장기요양보험료율, 가족요양비, 특례요양비, 요양병원간병비의 지급기준, 재가 및 시설 급여비용 등을 심의한다. 구성은 위원장 1인, 부위원장 1인을 포함한 16인 이상 22인 이하의 위원이다. 구성위원(각 대표 동수로 구성)은 적용대상자 대표(노동자단체, 사용자단체, 시민단체, 노인단체, 농어업인단체, 자영자단체), 장기요양시설 등 대표(장기요양시설 또는 의료계), 공익 대표(학계 · 연구계, 고위공무원단 소속 공무원, 공단 추천자) 등이다.

국가와 지방자치단체는 장기요양요원의 권리를 보호하기 위하여 장기요양요원지원센터를 설치 · 운영할 수 있다. 장기요양요원지원센터는 장기요양요원의 권리 침해에 관한 상담 및 지원, 장기요양요원의 역량강화를 위한 교육지원, 장기요양요원에 대한 건강검진 등 건강관리를 위한 사업, 그 밖에 장기요양요원의 업무 등에 필요하여 대통령령으로 정하는 사항을 수행한다. 장기요양요원지원센터의 설치 · 운영 등에 필요한 사항은 보건복지부령으로 정하는 바에 따라 해당 지방자치단체의 조례로 정한다.

장기요양심사위원회는 이의신청 사건을 신속 · 공정하게 처리하고 이의신청에 대한 결정 업무를 효율적으로 수행하여 국민건강보험공단의 위법 · 부당한 처분으로부터 국민의 권리를 보호하고 행정의 적정한 운영을 기하는 데 이바지하고 있다. 법령규정상 장기요양심사위원회는 국민건강보험공단에 설치되나, 서로 대립되는 신청인과 피신청인(공단)의 당사자 관계에서 벗어난 별도의 중립적이고 객관적인 비상설 심리기구이다. 위원회의 구성은 위원장 1명을 포함한 16명의 위원으로 구성되어 있으며 위원장은 공단의 장기요양사업을 담당하는 상임이사가 된다. 위원은 「의료법」에 따른 의사 · 치과의사 · 한의사나 업무경력 10년 이상인 간호사, 사회복지사로서 업무경력 10년 이상인 자, 노인장기요양보험 업무를 담당하고 있는 공단의 임직원, 그 밖에 법학 및 장기요양에 관한 학식과 경험이 풍부한 자 중에서 공단의 이사장이 임명 또는 위촉한다.

장기요양심사위원회의 핵심업무는 이의신청을 받고 이를 심사하는 것이다. 장기요양보험 이의신청제도는 노인장기요양보험 법률관계에 대한 분쟁을 장기요양심사위원회가 심리·판단하는 행정심판절차로서, 국민건강보험공단으로부터 위법·부당한 처분을 받은 국민(가입자 등)이 권리 내지 이익의 침해를 구제받고자 신속·간편하게 이용할 수 있는 법률상의 권리구제 제도이다.

2) 장기요양기관

장기요양기관을 설치·운영하고자 하는 자는 관할 시장·군수·구청장으로부터 지정을 받아야 한다. 재가급여 중 어느 하나 이상에 해당하는 장기요양급여를 제공하고자 하는 자는 시설 및 인력을 갖추어 재가장기요양기관을 설치하고 시장·군수·구청장에게 이를 신고하여야 한다. 신고를 받은 시장·군수·구청장은 신고 명세를 공단에 통보하여야 한다. 의료기관이 아닌 자가 설치·운영하는 재가장기요양기관은 방문간호를 제공하는 경우 방문간호의 관리책임자로서 간호사를 두어야 한다.

2008년 4월 4일 이후부터 시설급여를 제공하는 기관은 노인요양시설, 노인요양공동생활가정이다. 재가급여를 제공하는 기관은 재가장기요양기관이다. 재가장기요양기관은 방문요양, 주·야간보호, 단기보호, 방문목욕 중 어느 하나 이상의 서비스를 제공한다.

국민건강보험의 경우 병의원 설치신고 시 건강보험요양기관으로 당연 지정되고 있지만, 기존 노인복지시설은 별도의 지정 행위를 거쳐서 장기요양보험의 요양기관이 된다. 장기요양기관 지정을 받기 위한 신청서류는 장기요양기관 지정 신청서이고, 구비서류는 일반현황, 인력현황, 시설현황 각 1부와 인력 중 자격보유가 필요한 간호사, 요양보호사, 물리치료사, 사회복지사 등(자격유예자의 경우 자격유예를 증빙할 수 있는 경력증명서, 재직증명서, 근로계약서 등) 자격증 사본 각 1부씩이다.

재가시설의 경우 한 기관에서 두 가지 이상의 재가서비스를 제공하려면 구비서류 중 인력현황과 시설현황은 서비스별로 각각 구분하여 작성하고, 재가시설의 경우 사용자와 고용인 간의 직접 근로계약을 증빙할 수 있는 근로계약서 사본을 추가적으로 첨부하여야 한다.

장기요양기관 지정 신청서는 기존 시설설치신고필증 단위로 작성한다. 설치신고필증이 여러 개인 시설(여러 가지 재가시설을 병설하여 운영하고 있는 경우)은 설치신고필증 단위로 각각 지정하여야 한다. 소규모요양시설과 같은 복합시설일 경우는 시설급여 제공시설과 재가급여 제공시설은 별도의 신청서를 작성하여 지정 신청한다. 재가노인복지시설 중 기존「노인복지법」에 의해 설치되어 있지 않은 서비스를 추가 제공하고자 하는 경우 별도의 재가장기요양기관 설치신고를 해야 한다.

시설급여 및 재가급여 제공 복합시설(소규모요양시설)의 시설기준은 입소시설의 경우 10인 이상 30인 미만 전문요양시설, 재가시설의 경우 주·야간보호, 방문요양 시설의 요건과 인력기준에 따라 심사한다. 자세한 사항은 보건복지부가 만든 '노인보건복지사업 안내'를 참조하기 바란다.

2018년 전국에서 시설급여를 하는 노인장기요양기관은 5,320개소(이 중 노인요양시설 3,389개소, 노인요양공동생활가정 1,931개소)에 이용정원은 18만 428명이다. 재가급여를 하는 노인장기요양기관은 27,992개소(방문요양 12,335개소, 방문목욕 9,665개소, 방문간호 682개소, 주·야간보호 3,211개소, 단기보호 179개소, 복지용구 1,920개소)이다.

2018년에 요양등급(1~5등급+인지지원등급)을 받은 사람은 67만 810명이다. 2009년에 장기요양지정기관은 노인요양시설이 3,221개소이고, 재가장기요양기관이 11,833개소인 것과 비교하여 투자비가 적게 드는 재가장기요양기관이 크게 증가되었다. 재가장기요양기관은 한 기관이 다양한 서비스를 할 수 있는 것도 증가요인으로 보인다.

* 한국노인장기요양기관협회 http://hnh.or.kr

재가장기요양기관을 설치할 수 있는 사람은 노인장기요양보험의 재가급여(방문요양, 방문목욕, 방문간호, 주 · 야간보호, 단기보호, 복지용구) 중 한 가지 이상의 급여를 제공하고자 하는 자이다. 설치를 원하는 사람은 신고기관의 소재지를 관할하는 시 · 군 · 구에 재가장기요양기관 설치신고서와 구비서류 등을 제출하면 된다.

모든 시설에 공통적인 서류는 재가장기요양기관 설치신고서 1부, 일반현황 1부, 인력현황 · 시설현황 각 1부(서비스 유형별 1부), 자격증 사본(배치인력 중 자격보유가 필요한 간호사, 요양보호사, 물리치료사, 사회복지사 등), 사업계획서 · 운영규정 1부, (법인의 경우) 정관 1부, 법인등기부등본 1부 등이다. 또한 주 · 야간보호, 단기보호시설은 위치도, 평면도, 설비구조내역서 각 1부, 시설을 설치할 토지 및 건물의 소유권 또는 사용권 증명서류 1부 등이며, 복지용구 관련 기관은 의료기기 판매(임대)업 신고증명서 사본 1부이다. 참고로 방문요양과 주 · 야간보호, 단기보호를 제공하는 재가장기요양기관의 경우, 서비스별로 구분하여 인력현황, 시설현황 각 1부(총 3부)를 제출해야 한다. 시 · 군 · 구의 행정사항은 '시설급여 제공 장기요양기관'의 것과 유사하다.

재가장기요양기관을 설치할 수 있는 건축물의 용도는 노유자시설, 단독주택 또는 공동주택, 제2종 근린생활시설의 사무실 또는 업무시설이다. 방문서비스(방문요양, 방문간호, 방문목욕)의 경우에는 사회복지시설 또는 의료기관 등 기존 시설에 병설하여 시설 및 설비를 공용하는 경우 또는 기존 재가노인복지시설을 지정하는 경우에는 별도로 건축물의 용도를 심사하지 아니한다. 예를 들어, 의료기관에 방문간호사업소를 병설하고 사무실을 공용하는 경우에는 해당 사무실이 위치한 건축물의 용도를 별도로 심사하지 아니한다.

시설을 확충하여 재가장기요양기관을 설치하는 경우의 민원신청 절차도를 보면 대체로 부지확보, 건축설계와 감리용역 업체 선정, 개발행위허가 필요여부 판단(필요시 개발행위 허가신청, 시 · 군 · 구청 도시계획과 처리기간 15일, 통상 30일 이상 소요), 시공업체 선정, 착공신고(시 · 군 · 구청 건축과, 처리기간 1일), 사용승인 신청(시 · 군 · 구청 건축과, 처리기간 7일), 재가장기요양기관 설치신고(시 · 군 · 구청 노인복지과, 처리기한 7일), 사업자신고(세무서 민원봉사실, 처리기한 7일) 등의 순이다.

기존 건물을 활용하여 재가장기요양기관을 설치하는 경우에는 시설을 확충하여 재가장기요양기관을 설치하는 경우보다는 다소 간소하다. 건물확보(소유권 확보 또는 임대계약 체결), 건물용도 변경 · 리모델링(대수선) 필요여부 판단, 필요시 용도변경 신청(시 · 군 · 구청 건축과, 처리기간 3~20일), 사용승인 신청(시 · 군 · 구청 건축과, 처리기간 7일), 재가장기요양기관 설치신고(시 · 군 · 구청 노인복지과, 처리기한 7일), 사업자신고(세무서 민원봉사실, 처리기한 7일) 등의 순이다.

3) 장기요양요원과 교육기관

(1) 장기요양요원

「노인장기요양보험법」은 장기요양급여 종류별로 장기요양요원을 규정하고 있다. 방문요양에 관한 업무를 수행하는 요원은 요양보호사, 사회복지사이고, 방문목욕에 관한 업무를 수행하는 요원은 요양보호사이며, 방문간호에 관한 업무를 수행하는 요원은 간호사로서 2년 이상의 간호업무경력이 있는 자, 간호조무사로서 3년 이상의 간호보조업무경력이 있고 보건복지부장관이 지정한 교육기관에서 소정의 교육을 이수한 자, 치과위생사(구강위생 업무를 하는 경우로 한정)이다. 주·야간보호와 단기보호 및 시설급여에 관한 업무를 수행하는 요원은 요양보호사, 사회복지사, 간호사, 간호조무사, 물리치료사, 작업치료사 등이다.

특히, 요양보호사는 정신적·신체적 원인으로 독립적인 일상생활을 수행하기 어려운 노인들의 신체, 가사 및 일상생활지원 서비스를 담당하는 요양전문인력 양성을 통해 질 높은 요양 서비스를 제공하기 위해 제도화되었다. 종전「노인복지법」상 가정봉사원과 생활지도원보다 기능·지식 수준을 강화하여 노인장기요양보험제도의 성공적 도입과 복지수준 제고를 목적으로 한다.

(2) 요양보호사 교육기관

요양보호사의 법적 근거는 개정「노인복지법」제39조의2(요양보호사의 직무·자격증의 교부 등)에 따른다. 노인복지시설의 설치·운영자는 보건복지부령으로 정하는 바에 따라 노인 등의 신체활동 및 가사활동 지원 등의 업무를 전문적으로 수행하는 요양보호사를 두어야 한다. 요양보호사가 되려는 자는「노인복지법」제39조의3에 따른 요양보호사교육기관에서 교육과정을 마쳐야 한다. 시·도지사는 제2항에 따라 요양보호사 교육과정을 마친 자에게 요양보호사의 자격을 검정하고 자격증을 교부하여야 한다.

요양보호사의 교육대상은 학력, 연령 등의 제한이 없다. 교육시간 감면 대상은 국가자격(면허) 취득자와 경력자이다. 그중 국가자격(면허)은 사회복지사, 간호사, 물리치료사, 작업치료사, 간호조무사 등이다. 각 자격(면허) 소지자의 전공 분야를 고려하여 기 이수한 부분에 대해 면제한다.

승급대상은 요양보호사 2급 자격취득 후 업무경력 1년 이상인 자가 교육시간 60시간(이론 40시간, 실기 20시간) 이상을 이수하면 승급대상이 된다. 요양보호사 자격발급 절차는 교육신청, 교육, 교육수료자 명부통보 및 제반서류 제출, 서류검정, 자격증 발급신청, 자격증 발급 순으로 이루어진다.

(3) 방문간호 간호조무사 교육기관

방문간호 장기요양요원은 「의료법」상 간호조무사로 최근 10년 이내 3년 이상 경력을 가지고 보건복지부장관이 정하는 교육이수자 혹은 「의료기사 등에 관한 법률」상 치과위생사(단, 치과 위생 업무를 하는 경우로 한정)이다. 간호사는 「의료법」상 간호사로 최근 10년 이내 2년 이상 경력을 가진 자이다. 방문간호는 장기요양요원인 간호사 등이 의사, 한의사 또는 치과의사의 지시서에 따라 수급자의 가정 등을 방문하여 간호, 진료의 보조, 요양에 관한 상담 또는 구강위생 등을 제공하는 장기요양급여이다.

방문간호의 재가급여 업무를 하기 위하여 간호조무사가 이수하여야 하는 교육을 받을 수 있는 자는 다음 분야, 즉 「의료법」에 의한 의료기관, 「노인복지법」에 의한 노인복지시설, 「지역보건법」에 의한 보건소·보건의료원 및 보건지소, 「농어촌 등 보건의료를 위한 특별조치법」에 의한 보건진료소 등에서 최근 10년 이내에 3년 이상의 업무

경험이 있는 간호조무사로 보건복지부장관이 지정하는 교육기관에서 교육과정 과목을 이수하여야 한다. 간호조무사 수료증 발급절차는 교육등록, 교육, 교육이수자 수료증 교부, 교육수료자 명단 통보와 제반 서류 제출 등의 순으로 이루어진다.

6. 노인장기요양보험의 활용과 과제

노인장기요양보험은 5대 사회보험 중 가장 늦게 도입되었지만 수급자와 그 가족, 장기요양요원, 장기요양지정기관 등의 만족도가 높은 제도이다. 고령화로 노인인구가 늘고 핵가족화 등으로 가족이 일상생활에 어려움을 겪는 노인을 돌보기 어려운 상황에서 유용한 복지제도이기 때문이다. 노인장기요양보험의 지속적인 활용과 시민의 삶의 질 향상을 위해 제안하는 과제는 다음과 같다.

첫째, 전 국민을 대상으로 노인장기요양보험에 대한 기초교육을 실시해야 한다. 노인장기요양보험은 노인과 노인성 질환을 가진 사람을 위한 제도이지만 피보험자는 모든 국민이다. 수급자가 노인과 노인성 질환자이기에 노인만을 위한 사회보험으로 인식하기 쉬운데, 모든 국민이 적용을 받는다. 노인이 장기요양보험을 받으면 자녀인 중장년층과 손자녀도 영향을 받기에 모든 국민에게 노인장기요양보험에 대한 기초교육을 실시해야 한다. 노인장기요양보험의 급여는 본인이나 대리인(흔히 가족)이 장기요양인정 신청을 하여 요양등급판정을 받아야 하는데, 가족이 요양보험에 대한 기초 지식이 있어야 이를 활용할 수 있다.

둘째, 노인이 치매예방과 관리를 위해 개인과 가족, 보건소(치매안심센터), 국민건강보험공단의 역할을 이해하고 활용하도록 해야 한다. 노인장기요양보험의 수급자 중에는 치매를 동반하는 노인이 많다. 치매는 조기에 발견하여 약물관리 등을 체계적으로 하면 건강수명을 높일 수 있다. 치매가 의심되면 노인과 가족이 보건소에서 치매선별검사를 무상으로 받고, 소견이 나오면 보건소가 추천하는 병원에서 정밀검사를 무상으로 받을 수 있다. 치매관리를 위해 약을 먹으면 보건소에서 치매약값을 지원받고, 환자와 가족은 건강보험공단에 장기요양인정 신청을 할 수 있다. 치매환자는 45점 이상이면 요양등급을 받아 장기요양급여를 이용할 수 있다. 이러한 사실을 널리 알려 노인과 가족이 치매국가책임제도와 노인장기요양보험을 활용할 수 있도록 안내해야 한다.

셋째, 요양등급에 맞는 재가급여와 시설급여의 활용을 안내하고 지원해야 한다. 요양등급은 5개 등급으로 나뉘고, 전체 등급은 재가급여를 받고, 1∼2등급은 시설급여도 받으며, 3등급도 적절한 가족보호자가 없으면 시설급여를 받을 수 있다. 수급자가 일상생활을 얼마나 할 수 있는지와 가족의 지지체계 등을 고려하여 먼저 재가급여를 활용하고 등급이 높아지면 시설급여를 활용하는 것이 방법이다. 수급자와 가족은 전국 어디에서나 장기요양지정기관을 이용할 수 있지만, 지역에 따라 요양지정기관의 분포가 다르고 이용정원이 찬 경우에는 대기해야 한다. 장기요양지정기관은 정기적으로 정부의 인증을 받고 있기에 수급자와 가족은 우수한 평가를 받는 기관을 이용하는 것도 한 방법이다.

넷째, 건강보험에 비교하여 차별적으로 적용되는 요양보험의 수가를 조정하여 수급자와 가족이 합리적으로 장기요양지정기관을 활용하도록 해야 한다. 수급자는 재가급여를 이용할 때 전체 이용료의

15%를 부담하고, 시설급여를 이용할 때에는 이용료의 20%와 식대·간식비의 전액을 부담해야 한다. 그런데 노인이 요양병원에 입원하면 입원비의 20%를 부담하고, 장기요양보험에서 간병비를 지원받는다. 요양병원의 환자는 식대도 건강보험의 적용을 받는데, 요양시설의 이용자는 전액 본인이 부담해야 한다. 요양시설의 이용자는 총액이 싼 요양병원으로 전원하길 희망하는 경우가 많다. 또한 건강보험에는 본인부담금 한도액이 있어서 가구 소득이 낮으면 연간 진료비 중 자부담액이 125만 원만 넘으면 모두 건강보험에서 처리하는데, 노인장기요양보험에는 본인부담금 한도액 제도가 없다. 장기요양보험과 건강보험 간에 차별적인 수가제도를 개선하고, 요양보험에도 본인부담금 한도액 제도를 도입하여 수급자가 비용이 아닌 욕구에 따라 선택할 수 있도록 해야 한다.

다섯째, 장기요양보험의 수가를 합리적으로 책정하여 장기요양요원이 질 좋은 서비스를 제공하도록 해야 한다. 건강보험공단은 건강보험과 장기요양보험을 관리운영하고 매년 각종 급여에 대한 수가를 정하고 있다. 최근 10여 년간 자료를 보면 건강보험공단은 건강보험을 실질적으로 운영하는 요양취급기관(병원)과 그곳에서 일하는 직원에 대한 처우를 위해 노력하였는데, 노인장기요양보험을 운용하는 장기요양요원의 급여와 근로조건은 열악한 상태로 방임하였다. 요양보호사의 처우는 건강보험공단이 주는 수가의 영향을 받을 수밖에 없다. 공단은 장기요양요원이 적절한 임금을 받고 「근로기준법」에 맞는 휴게시간, 휴가 등을 누릴 수 있도록 지원해야 한다.

여섯째, 장기요양요원이 인권에 기반한 서비스를 제공할 수 있도록 여건을 조성하고 모니터링을 통해 발전방안을 모색해야 한다. 장기요양보험의 수급자는 일상생활 능력이 낮아서 다른 사람의 도움이 없이는 살기 어렵다. 특히, 요양등급 1~2등급은 요양시설에서 살면서 하루 24시간 장기요양요원의 보살핌을 받게 된다. 소수 요양요원이 다수 수급자를 돌보고, 일부 수급자는 치매를 앓고 있기에 자기결정권을 포함한 많은 인권을 누리기 어렵다. 흔히 재가급여 수급자는 가족이 함께 사는 경우가 많고, 매일 확인할 수 있기에 인권침해 사례가 별로 없지만, 시설급여 수급자는 인권침해 사례가 생겨도 발견되기 어렵다. 이 때문에 시설장과 장기요양요원이 적극적으로 인권에 기반한 서비스를 하지 않으면 인권침해가 일어날 수도 있다. 이에 정부와 관련 단체는 장기요양요원에게 인권교육을 강화하고, 인권에 기반한 요양서비스를 하는지 모니터링해야 한다.

일곱째, 장기요양지정기관의 지속 가능한 발전을 지원하고, 제도를 오남용하는 기관을 모니터링하여 중대한 위법 행위를 하면 재진입을 방지해야 한다. 장기요양지정기관은 개인이나 단체가 시설과 인력 요건을 갖추어서 시 · 군 · 구에 신고하면 시 · 군 · 구청에서 장기요양지정기관으로 지정하고 있다. 장기요양기관을 설립한 개인과 단체는 이윤을 창출할 목적으로 이 사업에 투자하였지만, 현행 제도는 요양기관의 시설장이나 직원으로 인건비를 받을 수는 있지만, 시설의 투자비를 회수하거나 이윤을 창출하기는 어렵다. 이 때문에 시설장은 차입금의 원리금과 이윤을 위해 급량비의 일부를 횡령하거나 인력을 채용한 것처럼 꾸며 인건비를 착복하는 사례가 있다. 이에 장기요양지정기관이 지속 가능한 발전을 할 수 있도록 제도를 개선하고, 위법행위를 한 경우에는 그 수준에 맞게 처벌해야 한다.

여덟째, 장기요양보험의 급여를 보다 충실히 하여 치매보험에 가입할 필요성을 줄여야 한다. 노인장기요양보험은 건강보험료의 10.25%를 요양보험료로 받아서 충당한다. 그런데 고령화로 치매에 대한 불안이 높기에 보험회사는 치매보험을 적극 판매한다. 치매보험은 급여율이 매우 낮아서 가입자의 입장에서는 효율성이 매우 낮다. 노인장기요양보험에서 식대와 간식비를 보험수가에 포함시키고, 건강보험에 있는 본인부담금 한도액 제도를 도입하여 자기부담액을 낮추면 굳이 치매보험에 가입할 필요성이 줄어든다. 장기요양보험의 보장성을 강화하려면 요양보험료율을 조금 인상해야 하는데, 추가로 치매보험에 가입하지 않아도 되므로 경제적인 대안이다.

단원 정리

노인장기요양보험은 65세 이상의 노인과 65세 미만으로 노인성 질병(치매, 뇌혈관성질환, 파킨슨 병 등)으로 인하여 6개월 이상 동안 혼자서 일상생활을 수행하기 어려운 요양보험 수급자에게 배설, 목욕, 식사, 취사, 조리, 세탁, 청소, 간호, 진료의 보조 또는 요양상의 상담 등을 다양한 방식으로 장기요양급여를 제공한다. 우리나라 5대 사회보험 중 가장 늦게 2008년 7월 1일부터 시행되었다.

노인장기요양보험을 받으려면 장기요양인정 신청을 해서 장기요양인정 및 장기요양등급판정을 받아야 한다. 등급판정의 기준과 절차는 인정 신청, 방문조사, 등급판정의 순으로 이루어진다. 건강보험공단이 조사결과서, 신청서, 의사소견서, 그 밖의 심의에 필요한 자료를 장기요양등급판정위원회의에 제출하면 위원회에서 장기요양등급(1~5등급)을 판정한다. 장기요양등급을 받은 후에야 장기요양인정서와 표준요양이용계획서를 받고, 장기요양급여 이용기관을 선택하여 이용할 수 있다.

장기요양보험 가입자는 건강보험 가입자와 동일하며, 국민건강보험공단은 건강보험료액에 장기요양보험료율(2020년에 10.25%)을 곱해 보험료를 징수한다. 국가는 매년 당해 연도 장기요양보험료 예상수입액의 20%에 상당하는 금액을 공단에 지원한다. 장기요양급여를 이용하는 노인은 재가급여 비용의 15%, 시설급여 비용의 20%를 부담해야 한다. 기초생활보장 수급자는 전액 면제되고, 저소득층은 일부 경감을 받는다.

장기요양기관이 수급자에게 재가급여 또는 시설급여를 제공한 경우 공단에 장기요양급여비용을 청구하여야 하며, 공단은 이를 심사하여 공단부담금(본인부담금을 공제한 금액)을 당해 장기요양기관에 지급한다. 비급여 항목과 월 한도액을 초과한 금액은 전액 본인이 부담한다. 비급여 항목은 식사 재료비, 상급침실 이용에 따른 추가비용, 이 · 미용비 등이다.

장기요양급여는 크게 재가급여, 시설급여, 특별현금급여로 나누어진다. 재가급여는 방문요양, 방문목욕, 방문간호, 주 · 야간보호, 단기보호, 기타 재가급여가 있다. 시설급여는 노인의료복지시설에 장기간 동안 입소하여 신체활동 지원, 심신기능의 유지 · 향상을 위한 교육 · 훈련 등을 제공하는 요양급여이다. 특별현금급여는 가족요양비, 특례요양비, 요양병원간병비가 있다.

노인장기요양보험은 국민건강보험공단이 관리운영하고, 보건복지부가 지도감독한다. 보건복지부는 장기요양위원회, 국가와 지방자치단체는 장기요양요원지원센터, 건강보험공단은 장기요양심사위원회를 둔다.

장기요양기관을 설치 · 운영하고자 하는 자는 관할 시장 · 군수 · 구청장으로부터 지정을 받아야 한다. 시설급여를 제공하는 기관은 노인요양시설, 노인요양공동생활가정이고, 재가급여를 제공하는 기관은 재가장기요양기관이다.

「노인장기요양보험법」은 장기요양급여 종류별로 장기요양요원을 규정하고 있다. 방문요양은 요양보호사, 사회복지사가 담당하고, 방문목욕은 요양보호사가 담당하며, 방문간호는 경력 있는 간호사, 간호조무사, 치과위생사가 담당하고, 주 · 야간보호와 단기보호 및 시설급여는 요양보호사,

사회복지사, 간호사, 간호조무사, 물리치료사, 작업치료사 등이 담당한다.

노인장기요양보험의 지속적인 활용과 시민의 삶의 질 향상을 위해 제안하는 과제는 다음과 같다. 전 국민을 대상으로 노인장기요양보험에 대한 기초교육을 실시해야 한다. 노인이 치매예방과 관리를 위해 개인과 가족, 보건소(치매안심센터), 국민건강보험공단의 역할을 이해하고 활용하도록 해야 한다. 요양등급에 맞는 재가급여와 시설급여의 활용을 안내하고 지원해야 한다. 건강보험에 비교하여 차별적으로 적용되는 요양보험의 수가를 조정하여 수급자와 가족이 합리적으로 장기요양지정기관을 활용하도록 해야 한다. 장기요양보험의 수가를 합리적으로 책정하여 장기요양요원이 질 좋은 서비스를 제공하도록 해야 한다. 장기요양요원이 인권에 기반한 서비스를 제공할 수 있도록 여건을 조성하고 모니터링을 통해 발전방안을 모색해야 한다. 장기요양지정기관의 지속 가능한 발전을 지원하고, 제도를 오남용하는 기관을 모니터링하여 중대한 위법 행위를 하면 재진입을 방지해야 한다. 장기요양보험의 급여를 보다 충실히 하여 추가적으로 치매보험에 가입할 필요성을 줄여야 한다.

✱ 용어 정리

- **노인장기요양보험**: 노인장기요양보험은 「노인장기요양보험법」에 의해 2008년 7월 1일부터 시행된 사회보험이다. 고령이나 노인성 질병 등의 사유로 일상생활을 혼자서 수행하기 어려운 노인 등에게 제공하는 신체활동 또는 가사활동 지원 등의 장기요양급여에 관한 사항을 규정하여 노후의 건강증진 및 생활안정을 도모하고 그 가족의 부담을 덜어 줌으로써 국민의 삶의 질을 향상하도록 함을 목적으로 한다.

- **요양등급판정**: 노인장기요양보험을 받기 위해서는 요양등급판정을 받아야 한다. 등급판정의 기준과 절차는 인정 신청, 방문조사, 등급판정의 순으로 이루어진다. 본인 또는 대리인이 장기요양인정 신청서를 제출하면, 국민건강보험공단 소속 직원이 신청인 거주지를 방문하여 조사한다. 장기요양등급판정위원회는 조사결과서, 신청서, 의사소견서, 그 밖의 심의에 필요한 자료를 바탕으로 요양등급을 판정한다.

- **장기요양등급판정위원회**: 장기요양등급판정위원회는 장기요양인정 및 장기요양등급판정을 위한 심의기구로서 시 · 군 · 구 단위에 설치된다. 위원은 「의료법」에 따른 의료인, 사회복지사, 장기요양에 관한 학식과 경험이 풍부한 자 등으로 위원장을 포함하여 15인이다.

- **장기요양보험료**: 장기요양보험 가입자는 건강보험 가입자와 동일하며, 국민건강보험공단은 장기요양보험료와 건강보험료를 통합하여 징수하여 각각 독립회계로 관리한다. 장기요양보험료는 건강보험료액에 장기요양보험료율(2020년에 10.25%)을 곱해 산정한다.

- **본인일부부담금**: 노인장기요양보험의 재정 일부는 본인일부부담금으로 충당된다. 장기요양급여를 이용한 노인은 재가급여 비용의 15%, 시설급여 비용의 20%를 부담해야 한다. 국민기초생활보장 수급자는 전액 면제되고, 의료급여 수급자, 소득 · 재산 등 보건복지부장관이 정하여 고시하는 일정금액 이하인 자는 본인부담금을 일부 경감한다.

- **장기요양급여**: 장기요양급여는 크게 재가급여, 시설급여, 특별현금급여로 나누어진다. 재가급여는 방문요양, 방문목욕, 방문간호, 주 · 야간보호, 단기보호, 기타 재가급여가 있다. 시설급여는 노인의료복지시설에 장기간 동안 입소하여 신체활동 지원, 심신기능의 유지 · 향상을 위한 교육 · 훈련 등을 제공하는 요양급여이다. 특별현금급여는 가족요양비, 특례요양비, 요양병원간병비가 있다.

- **장기요양기관**: 장기요양기관을 설치 · 운영하고자 하는 자는 관할 시장 ·

군수 · 구청장으로부터 지정을 받아야 한다. 시설급여를 제공하는 기관은 노인요양시설, 노인요양공동생활가정이다. 재가급여를 제공하는 기관은 재가장기요양기관이고, 방문요양, 방문간호, 주 · 야간보호, 단기보호, 방문목욕 중 어느 하나 이상의 서비스 제공을 목적으로 하는 시설이다.

- **장기요양요원**: 「노인장기요양보험법」은 장기요양급여 종류별로 장기요양요원을 규정하고 있다. 방문요양은 요양보호사, 사회복지사가 담당하고, 방문목욕은 요양보호사가 담당하며, 방문간호는 경력 있는 간호사, 간호조무사, 치과위생사가 담당하고, 주 · 야간보호와 단기보호 및 시설급여는 요양보호사, 사회복지사, 간호사, 간호조무사, 물리치료사, 작업치료사 등이 담당한다.

- **요양보호사**: 요양보호사는 「노인복지법」에 근거한 국가자격증이다. 노인복지시설의 설치 · 운영자는 보건복지부령으로 정하는 바에 따라 노인 등의 신체활동 및 가사활동 지원 등의 업무를 전문적으로 수행하는 요양보호사를 두어야 한다. 요양보호사가 되려는 자는 요양보호사교육기관에서 교육과정을 마쳐야 한다. 시 · 도지사는 요양보호사 교육과정을 마친 자에게 요양보호사의 자격을 검정하고 자격증을 교부하여야 한다.

제7장

고용보험

1. 고용보험의 정의와 역사

고용보험은 실업의 예방, 고용의 촉진 및 근로자의 직업능력의 개발과 향상을 꾀하고, 국가의 직업지도와 직업소개 기능을 강화하며, 근로자가 실업한 경우에 생활에 필요한 급여를 실시하여 근로자의 생활안정과 구직활동을 촉진함으로써 경제·사회 발전에 이바지하는 것을 목적으로 한 사회보험이다.

한국 고용보험은 실직한 노동자에게 실업급여를 지급하는 전통적 의미의 실업보험 이외에 적극적인 직업소개 또는 직업훈련 지원을 통하여 재취업을 촉진하고 실업의 예방, 취업기회의 확대, 노동자의 직업능력 향상, 기타 노동자의 복지증진을 목적으로 하는 사회보장제도인 동시에 인력정책이다.

고용보험의 도입 여건은 누가 일하고 일하지 않는지를 알 수 있도록 노동시장이 투명해야 하고, 실업률이 비교적 낮아야 한다. 고용보험은 근로의욕의 저하와 실업의 장기화를 가져올 수도 있다는 우려가 있었지만, 1995년 7월에 도입된 후 적용대상이 빠르게 확장되었다. 최초 실업급여는 상시 노동자 30인 이상 사업장에, 고용안정사업과 직업능력개발사업은 상시 노동자 70인 이상 사업장에 적용되었다. 1997년 외환위기를 전후로 적용대상자가 크게 확대되어 도입 후 3년 3개월 만인 1998년 10월부터 1인 이상 모든 사업장까지 적용되었다.

고용보험에 필요한 재원은 대부분 보험료로 조달되고, 실업급여 보험료는 사용자와 노동자가 1/2씩 부담하고, 고용안정사업과 직업능력개발사업 보험료는 사업주가 부담한다. 보험료율은 실업급여는 1.6%, 고용안정사업 · 직업능력개발사업은 0.25~0.85%로 상시 노동자 수가 많은 사업장이 더 많이 부담하도록 설계되어 있다.

고용보험의 관리운영은 고용노동부가 관장하지만, 보험가입자의 관리업무 등은 사업장을 대상으로 산업재해보상보험을 관리하는 근로복지공단에게 위임하고 있다. 고용보험과 산재보험은 사업장을 대상으로 한 사회보험이므로 고용노동부와 근로복지공단의 협력이 필수적이다.

* 고용노동부 http://www.molab.go.kr
* 근로복지공단 https://www.kcomwel.or.kr

2. 고용보험의 적용대상

1) 1인 이상 사업장 노동자

1인 이상을 고용한 사업장에서 일하는 모든 노동자가 고용보험의 적용대상이다. 다만, 가족종사자로 구성된 사업장, 5인 미만의 농업 사업장 등 일부는 적용을 받지 않는다. 「고용보험법」 제8조와 그 시행령 제2조는 적용제외 사업을 다음과 같이 규정한다.

1. 농업 · 임업 및 어업 중 법인이 아닌 자가 상시 4명 이하의 노동자를 사용하는 사업
2. 다음 각 목의 어느 하나에 해당하는 공사. 다만, 「고용보험법」 제15조 제2항 각 호에 해당하는 자가 시공하는 공사는 제외한다.
   가. 총 공사금액이 2천만 원 미만인 공사
   나. 연면적이 100제곱미터 이하인 건축물의 건축 또는 연면적이 200제곱미터 이하인 건축물의 대수선에 관한 공사
3. 가구 내 고용활동 및 달리 분류되지 아니한 자가소비 생산활동

2) 일용노동자

2004년 「고용보험법」 개정으로 모든 일용노동자의 고용보험 가입이 의무화되었다. 일용노동자란 1개월 미만의 기간 동안 고용되는 노동자로, 주로 건설노동자(비계공, 벽돌공, 목수, 용접공 등)가 해당되며, 그 외에 중국집 배달원, 급식 조리원, 식당 주방보조원, 백화점 세일기간 동안 고용된 사람 등이 해당된다. 다만, 임금 계산이나 지급이 일단위로 이루어진다 해도 근로계약기간이 1개월 이상인 경우는 일용노동자로 볼 수 없다.

3) 자영업자

49인 이하의 노동자가 있는 자영업자는 본인이 희망하는 경우에 고용보험에 가입할 수 있다. 고용안정사업·직업능력개발사업, 실업급여에 모두 가입해야 하고, 가입 후 모든 급여를 받을 수 있다.

4) 미적용대상자

고용보험은 적용사업에 고용된 모든 노동자에게 적용되나 다음 어느 하나에 해당하는 자에게는 적용을 제외한다.

- 65세 이후 고용되거나 자영업을 개시한 자
- 1개월간 소정 근로시간이 60시간 미만인 자(1주간의 소정 근로시간이 15시간 미만인 자 포함), 다만 3개월 이상 계속하여 근로를 제공하는 자와 1개월 미만 동안 고용되는 일용노동자는 적용대상임
- 「국가공무원법」과 「지방공무원법」에 따른 공무원. 다만, 별정직·임기제공무원은 본인의 의사에 따라 최초 임용된 날부터 3개월 이내 임의가입 가능(실업급여만 적용)
- 「사립학교교직원 연금법」의 적용을 받는 자
- 외국인노동자(외국인노동자의 경우 고용보험 적용제외 대상이나 일부 체류자격의 경우 당연, 임의, 상호주의로 구분 적용)
- 「별정우체국법」에 따른 별정우체국 직원

요약하면 1인 이상을 고용하는 사업장에서 일하는 모든 노동자는 고용보험의 적용을 받지만, 대체로 가족종사자로 구성된 사업장, 5인

미만의 농업 사업장, 2천만 원 미만 공사 등은 적용을 받지 않는다. 고용보험이 적용되는 사업장에서 일하더라도 65세 이후 고용된 자, 단시간 노동자, 공무원 등 특수직역 연금 대상자, 외국인노동자 등은 적용되지 않는다.

3. 고용보험의 재원

고용보험의 재원은 대부분 보험료로 조달된다. 실업급여에 소요되는 재원은 노동자와 사용자가 각각 반씩 분담하고, 고용안정사업·직업능력개발사업은 사용자가 모두 부담한다. 보험료율은 조금씩 인상되는 경향이 있는데 실업급여의 보험료율은 2020년에 1.6%(노동자 0.8%+사용자 0.8%)이다. 고용안정사업·직업능력개발사업의 보험료율은 종사자 수와 우선지원 대상기업 여부에 따라 다르다. 150인 미만 기업의 보험료율은 0.25%, 150인 이상 우선지원 대상기업은 0.45%, 150인 이상~1,000인 미만 우선지원 대상이 아닌 기업은 0.65%, 1,000인 이상 기업과 국가, 지방자치단체가 직접 행하는 사업은 0.85%이다.

우선지원 대상기업

1. 산업별 상시 노동자 수가 아래에 해당되는 사업
   - 제조업 500명 이하
   - 광업, 건설업, 운수업, 정보통신업, 사업시설관리 및 사업지원 서비스업, 전문·과학 및 기술 서비스업, 보건업 및 사회복지 서비스업 300명 이하
   - 도매 및 소매업, 숙박 및 음식점업, 금융 및 보험업, 예술·스포츠 및 여

가 관련 서비스업 200명 이하

- 농업 · 임업 및 어업, 전기 · 가스 · 증기 및 수도사업, 하수 · 폐기물 처리 · 원료재생 및 환경복원업, 부동산업 및 임대업, 공공행정 · 국방 및 사회보장 행정, 교육 서비스업, 협회 및 단체, 수리 및 기타 개인서비스업, 가구 내 고용활동 및 달리 분류되지 않은 자가소비 생산활동, 국제 및 외국기관 100명 이하

2. 「중소기업기본법」 제2조 제1항 및 제3항의 기준에 해당하는 기업
3. 위 1호 또는 2호에 해당하더라도 「독점규제 및 공정거래에 관한 법률」 제14조 제1항에 따라 지정된 상호출자제한기업집단에 속하는 회사는 그 지정된 날이 속하는 보험연도의 다음 보험연도부터 우선지원 대상기업으로 보지 아니함

요약하면 우선지원 대상기업은 상시 노동자 수가 500인 이하 제조업, 300인 이하 광업 · 건설업 · 운수업 등, 200인 이하 도소매업 · 음식숙박업 등, 이에 속하지 않은 100인 이하 사업장 그리고 「중소기업기본법」에 의한 중소기업이다. 다만, 상시 노동자 수가 적은 중소기업이라도 시장지배력이 높은 상호출자제한기업집단(대기업그룹)에 속하는 곳은 우선지원 대상이 아니다.

정부는 10인 미만 사업장 노동자의 고용보험과 국민연금의 가입을 장려하기 위해 '두루누리'사업을 시행한다. 2020년에는 10명 미만 사업장에서 일하는 월평균소득 215만 원 미만 노동자의 보험료와 사용자의 보험료를 국가가 일부 지원한다. 신규가입자는 5인 미만 사업장일 경우 사업주 · 노동자 보험료의 각 90%, 5인 이상 10인 미만 사업장일 경우 각 80%를 지원받고, 1년 이내 사업장 가입 이력이 있는 기존 가입자는 보험료의 각 40%를 지원받는다.

* 두루누리 http://www.insurancesupport.or.kr

자영업자의 고용보험 보험료는 본인이 선택한 기준보수 7등급(2015년 이전은 5등급)에 보험료율을 곱한다. 실업급여 보험료율은 기준보수의 2.0%이고, 고용안정사업 · 직업능력개발사업 보험료율은 0.25%이다. 2019년 자영업자의 1등급 기준보수는 182만 원, 2등급 208만 원, 3등급 234만 원, 4등급 260만 원, 5등급 286만 원, 6등급 312만 원, 7등급 338만 원이다.

4. 고용보험의 급여

고용보험의 급여는 실업급여, 고용안정사업 · 직업능력개발사업, 육아휴직 급여와 출산전후휴가 급여 등이 있다. 실업급여는 구직급여, 취업촉진수당, 상병급여 등이 있다. 취업촉진수당은 조기재취업수당, 직업능력개발수당, 광역구직활동비, 이주비 등이 있다.

1) 실업급여

노동자가 퇴직 전 1년 6개월 사이에 여섯 달(180일) 이상 일하다 회사의 폐업, 도산, 인원감축 등 본인의 뜻과 달리 일자리를 잃으면 고용센터에 구직신청을 하여 실업급여(구직급여)를 받을 수 있다. 전직 등을 위해 자발적으로 퇴직한 경우에는 받을 수 없다. 구직급여는 고용보험에 가입하는 사업장에서 일한 노동자가 비자발적으로 실직하고, 고용센터에 구직신청을 하며, 구직활동을 성실히 할 때 정해진 기간 동안 받을 수 있다. 고용보험료를 납부한 기간이 길고, 노동자의 연령이 높을 때 구직급여를 받을 수 있는 기간이 길다. 실업급여에는 구직급여와 취업촉진수당 등이 있다.

구직급여는 실직 노동자의 생계안정과 재취직을 촉진하기 위하여 지급하는 것이기 때문에 노동자가 의사와 능력을 가지고 적극적으로 구직활동을 하여야 한다. 구직급여는 퇴직 당시의 연령과 보험가입기간에 따라 120~270일 동안 실직 전 평균임금의 60%를 받는다. 즉, 연령은 50세 미만, 50세 이상 및 장애인으로 나누어서 연령이 높을수록, 그리고 가입기간이 길수록 구직급여를 오래 받을 수 있다. 즉, 50세 미만으로 고용보험 가입기간이 1년 미만인 자의 실업급여 지급일수는 120일, 1~3년 미만은 150일, 3~5년 미만은 180일, 5~10년 미만은 210일, 10년 이상은 240일이다. 50세 이상과 장애인은 각각 120일, 180일, 210일, 240일, 270일로 가입기간이 1년 이상이면 50세 미만인 노동자보다 실업급여 지급일수는 30일 늘어난다.

2019년 10월부터 연령 구분이 단순화되고(2019년 9월까지 30세 미만, 30~50세 미만, 50세 이상과 장애인으로 구분되었다), 지급기간이 한 달씩 연장되었으며, 평균임금의 50%에서 60%로 인상되었다. 구직급여액의 상한액과 하한액은 인상되는 경향이 있는데, 2019년 1월 이후 상한액은 1일 66,000원이고 하한액은 퇴직 당시 「최저임금법」상 시간급의 80%(다만, 하한액이 60,120원보다 낮으면 이를 적용)이다.

구직급여를 받을 수 있는 사람이 질병·부상·출산으로 취업이 불가능한 경우에 구직급여 대신에 상병급여를 받고, 실업급여 수급자로서 재취업에 필요한 직업훈련을 받으면 구직활동을 하지 않아도 직업능력개발수당을 받을 수 있다. 만약 소정급여일수가 종료되어도 재취직을 하지 못한 사람에게는 특별연장급여(60일)와 개별연장급여(60일) 등이 지급될 수 있다. 특별연장급여 등은 노동시장이 크게 악화되어 고용노동부장관이 정한 경우로 한정되어 있다.

실업자가 구직급여를 받을 수 있는 기간에 취업을 할 경우에는 취업촉진수당을 받을 수 있다. 조기에 재취업하는 자에게는 구직급여 잔여일수의 1/2에 해당하는 금액만큼 일시금으로 조기재취업수당을 지급하며, 구직급여 수급자가 직업훈련을 받는 경우에 직업능력개발수당을 지급하며, 지방노동관서의 소개로 50km 이상 원거리에 직장 구직활동을 하는 경우 광역구직활동비를 지급하고, 원거리에 취업하는 경우에는 이주비를 지급한다.

2) 고용안정사업 · 직업능력개발사업

고용안정사업은 노동자를 감원하지 않고 고용을 유지하거나 실직자를 채용하여 고용을 늘리는 사업주에게 비용의 일부를 지원하여 고용안정을 유지할 수 있게 하는 일이다. 고용안정사업에는 고용창출지원사업, 고용조정지원사업, 고용촉진지원사업, 건설노동자 고용안정지원사업, 기타 고용안정 및 취업지원사업 등이 있다. 이러한 사업은 노동시장의 변화에 따라 세부 사업의 이름과 지원 조건이 달라지는 경향이 있다.

고용창출지원사업은 통상적 조건하에 취업이 어려운 취약계층을 고용하거나 교대제 개편, 실근로시간 단축, 시간선택제 일자리 도입 등 근무형태를 변경하여 고용기회를 확대한 사업주를 지원하는 것으로 고용창출장려금 등을 지급한다. 사전에 사업참여신청서 및 사업계획서를 제출받아 고용센터 심사위원회의 심사를 거쳐 선정된 기업에 한하여 예산의 범위 내에서 지원한다. 단, 고용촉진장려금은 사업 참여 신청이 필요 없이 지급요건을 갖추어 장려금 지급 신청서를 제출하면 지원한다.

고용조성지원사업은 고용유지지원금, 전직지원장려금 등을 지원한다. 고용유지지원금은 경기의 변동, 산업구조의 변화 등으로 생산량·매출액이 감소하거나 재고량이 증가하는 등의 고용조정이 불가피하게 된 사업주가 노동자를 감원하지 않고 근로시간 조정, 교대제 개편, 휴업, 휴직과 같은 고용유지조치를 실시하고 고용을 유지하는 경우 임금(수당)을 지원하여 사업주의 경영 부담을 완화하고 노동자의 실직을 예방하기 위한 것이다.

고용안정장려금은 학업, 육아, 간병 등 생애주기별로 고용불안이 가속될 때 소정 근로시간 단축, 근로형태 유연화 등을 도입하여 노동자의 계속고용을 지원하거나 기간제 노동자 등을 정규직으로 전환하는 사업주를 지원하여 기존 노동자의 고용안정과 일자리 질 향상을 도모하는 것이다. 사전에 사업참여신청서 및 사업계획서를 제출받아 고용센터 심사위원회의 심사를 거쳐 선정된 기업에 한하여 예산의 범위 내에서 지원한다.

장년고용안정지원금은 고령자와 장년 미취업자의 고용촉진 및 안정을 도모하기 위해 사업주에게 지원금을 지원하여 기업의 임금부담을 완화하고, 일할 의욕이 있고 경험이 풍부한 직원을 채용할 수 있는 기회를 제공하는 것이다.

고용촉진지원사업은 지역고용촉진지원금, 고령자 고용촉진지원금, 임금체계 및 정년연장 지원금, 취업취약자 고용촉진지원금, 임신출산 여성 고용안정 지원사업 등이 있다. 그중 지역고용촉진지원금은 지역 노동시장 간 형평성 제고와 균형 있는 발전을 위해 고용사정이 현저히 악화된 지역을 고용위기지역으로 지정하고 지정지역에서 고용을 창출하는 사업주에게 지원금을 지급한다.

직업능력개발사업은 사업주가 노동자에게 직업훈련을 실시하거나 노동자가 자기개발을 위해 훈련을 받을 경우 사업주 · 노동자에게 일정 비용을 지원해 준다. 사업주를 지원하는 사업은 직업능력개발훈련 지원, 유급휴가훈련 지원, 직업능력개발훈련시설 · 장비 설치비용대부 등이 있다. 고용노동부장관은 사업주가 기간제 노동자, 단시간 노동자, 파견노동자, 일용노동자, 고령자 또는 준고령자 등에게 직업능력개발 훈련을 실시할 경우에는 우대 지원할 수 있다. 노동자를 지원하는 사업은 재직노동자훈련 지원(노동자 수강지원금 지원), 실업자훈련 지원(실업자재취직훈련 지원) 등이 있다.

직업능력개발훈련을 소개하면, 고용보험에 가입한 직장인은 2015년부터 직업능력개발훈련카드(근로자카드)를 발급받아 국비지원 교육과정을 수강할 수 있다. 근로자카드는 고용보험에 가입 중인 사람이 지원대상일 때, 본인이 인터넷으로 신청하면 된다. 이 카드를 발급받은 사람은 5년간 300만 원까지 교육훈련비로 쓸 수 있다. 근로자카드를 신청할 수 있는 사람은 우선지원 대상기업 노동자, 기간제 노동자, 단시간 노동자, 파견노동자, 일용노동자, 자영업자, 이직예정자, 무급휴직 · 휴업 중인 노동자, 50세 이상 노동자, 3년간 훈련이력이 없는 노동자 등이다. 이들 조건에 하나만 해당되면 누구든지 신청할 수 있다.

실업자 재취업훈련 지원은 고용보험 사업장에서 실직한 노동자가 재취업을 위해 훈련을 받는 경우 훈련비(전액 국비지원이나 일부 훈련의 정부지원훈련비 초과분은 훈련생 부담)와 훈련수당을 지원한다.

직장어린이집 지원은 직장어린이집 설치를 위한 사업주의 적극적인 참여를 유인하고 보육 서비스의 질적 제고를 위하여 직장보육교사 등의 인건비 및 중소기업 직장어린이집 운영비를 지원하는 것이다.

청년내일채움공제는 중소기업 등에 정규직으로 취업한 청년에게는 장기근속 및 목돈 마련의 기회를, 기업에는 우수인재 고용유지를 지원하는 제도이다. 지원대상은 신규 취업 청년(고용보험 가입이력 12개월 이내)과 5인 이상(5인 미만이라도 지식서비스산업 · 문화콘텐츠산업 · 벤처기업 등 예외적 허용) 중소 · 중견기업(중견기업 중 3년 평균 매출액 3천억 원 미만 기업만 가입 가능)이다. 지원내용은 2년형은 만기금 1,600만 원(청년 300+기업 400〈정부지원〉+정부 900)이고, 3년형은 만기금 3천만 원(청년 600+기업 600〈정부지원〉+정부 1,800)이다. 3년형은 「뿌리산업 진흥과 첨단화에 관한 법률」에 따른 뿌리산업에 해당하는 경우만 가입 가능(총 1만 명)하다. 즉, 청년이 2년형에 가입하여 매월 12.5만 원씩 적립하면, 기업과 정부가 1개월, 6개월, 12개월, 18개월, 24개월에 기여금과 지원금을 주어 2년 만기 시 1,600만 원 이상을 받을 수 있도록 하는 사업이다.

3) 모성보호

모성보호 관련 급여는 출산전후휴가, 육아휴직, 육아기 근로시간 단축, 고용보험 미적용자 출산급여, 배우자 출산휴가 등이 있다.

출산전후휴가는 임신 · 출산(유산 · 사산 포함) 등으로 인하여 소모된 체력을 회복시키기 위하여 부여하는 제도이다. 임신 중의 여성에 대하여는 출산 전과 출산 후를 통하여 90일(다태아 120일)의 출산전후휴가를 주되, 휴가기간의 배정은 출산 후에 45일(다태아 60일) 이상이 확보되도록 하여야 한다. 이는 출산한 여성노동자의 근로의무를 면제하고 임금상실 없이 휴식을 보장받도록 하는 제도이다. 우선지원 대상기업의 경우 90일(다태아 120일)의 급여가 고용보험에서 지급되고, 대규모 기업의 경우 최초 60일(다태아 75일)은 사업주가, 그 이후 30일(다태아 45일)은 고용보험에서 지급된다. 휴가가 끝난 날 이후 12개월 이내에 신청해야 하고, 그후에 신청하면 급여를 받을 수 없다. 출산전후휴가급여는 휴가를 시작한 날의 통상임금으로 지급하되, 우선지원 대상기업 노동자의 통상임금이 고용보험에서 지원하는 금액(90일분 600만 원 한도, 120일분 800만 원 한도)보다 많을 경우 최초 60일(다태아 75일)에 대하여는 그 차액을 사업주가 지급하여야 한다. 사용자 측이 출산휴가를 위반하면 2년 이하의 징역 또는 1천만 원 이하의 벌금에 처해질 수 있다.

육아휴직은 만 8세 이하 또는 초등학교 2학년 이하의 자녀를 가진 노동자가 그 자녀를 양육하기 위해 「남녀고용평등과 일 · 가정 양립 지원에 관한 법률」 제19조에 의한 육아휴직을 30일 이상 1년 이내로 부여받는다. 소정의 수급요건을 충족하는 경우 육아휴직 시작일부터 3개월까지는 통상임금의 80%(상한액 월 150만 원, 하한액 월 70만 원)를 육아휴직 급여액으로 지급하고, 4개월째부터 종료일까지 통상임금의 50%(상한액 월 120만 원, 하한액 월 70만 원)를 육아휴직 급여액으로 지급한다. 단, 육아휴직 급여액의 25%는 직장복귀 6개월 후에 지급요건(육아휴직 종료 후 해당 사업장에 복귀하여 6개월 이상 계속 근무한 경우)을 확인한 후에 합산하여 일시불로 지급한다.

육아기 근로시간 단축제도는 육아휴직을 신청할 수 있는 노동자가 육아휴직을 대신해서 육아기 근로시간의 단축을 신청할 수 있는 것이다. 육아기 근로시간 단축은 1년(육아휴직 미 사용기간을 가산하는 경우 최대 2년까지) 이내의 기간으로 사용할 수 있다. 자녀 1명당 육아휴직과 육아기 근로시간 단축을 합산하여 최대 2년까지 사용할 수 있다. 2019년 10월 1일부터 육아기 근로시간 단축 시 매주 최초 5시간 분은 통상임금의 100%(상한액 200만 원, 하한액 50만 원), 나머지 근로시간 단축분은 통상임금의 80%(상한액 150만 원, 하한액 50만 원)이다.

고용보험 미적용자 출산급여는 소득활동을 하고 있으나 고용보험의 출산전후휴가급여를 지원받지 못하는 출산(유산 · 사산 포함) 여성에게 출산급여 지원(총 150만 원, 한 달에 50만 원씩 3개월분)을 통해 모성보호와 생계를 지원하는 제도이다. 출산 전 18개월 중 3개월 이상, 그리고 출산일 현재도 소득활동을 하고 있어야 하며 소득이 발생하여야 받을 수 있다. 대체로 출산급여의 조건을 미충족한 노동자, 1인 사업자, 특수형태 노동자와 자유계약자 등 그 밖에 소득활동을 하는 여성이다. 출산일로부터 1년 이내에 신청해야 하고 출산급여는 150만 원이다. 유산 · 사산의 경우에 임신기간에 따라 액수가 달라지는데, 15주까지는 30만 원, 16~21주는 50만 원, 22~27주는 100만 원, 28주 이상은 150만 원이다.

배우자 출산휴가 급여는 노동자의 배우자가 출산할 경우 배우자와 태아의 건강보호와 육아에 참여토록 하기 위해 「남녀고용평등과 일 · 가정 양립 지원에 관한 법률」 제18조의2에 의한 배우자 출산휴가를 부여받고, 소정의 수급요건을 충족하는 경우 우선지원 대상기업 소속 노동자에 한해 최초 5일분(상한액 382,770원, 하한액 최저임금)을 배우자 출산휴가 급여로 지급한다. 배우자 출산휴가 기간은 10일(유급)이다.

4) 일용노동자와 자영업자의 급여

일용노동자는 상용노동자와 달리 실업급여, 취업 알선, 훈련비와 훈련수당만 받을 수 있다. 일용노동자는 수급자격 인정 이직일 이전 18개월간 피보험 단위기간이 통산 180일 이상이고, 수급자격 신청일 이전 1개월간 일한 날 수가 10일이 안 될 경우 실업급여를 청구하여 받을 수 있다. 재취업을 위하여 취업 알선을 받을 수 있고, 실업자 재취직 훈련을 받을 경우 훈련비와 훈련수당을 지원받을 수 있다.

자영업자는 노동자와 달리 구직급여, 직업능력개발수당, 광역구직활동비, 이주비 등을 받을 수 있으나 연장급여, 조기재취업수당 등은 적용되지 않는다. 자영업자 실업급여는 보험료 납부 시 선택한 기준보수의 60%이다.

5. 고용보험의 관리운영

고용보험은 고용노동부가 관리운영하고, 주요 지역마다 있는 고용센터가 실직자의 구직활동 등을 지원한다. 최근에는 고용센터가 여성새로일하기센터, 서민금융센터, 금융상담센터, 헬스케어 등 전문성을 가진 참여기관 등과 협력하여 고용·복지 분야 외에도 노후설계, 금융, 법률, 기초의료 분야의 종합적인 상담 및 서비스를 동시에 지원하기도 한다. 고용과 복지를 한곳에서 해결 가능한 고용복지플러스센터는 실업급여, 복지상담, 신용회복상담 등을 제공한다. 과거에는 취업상담이나 실업급여는 고용센터, 복지상담은 지방자치단체, 신용회복상담은 서민금융센터로 흩어져 있었으나, 2013년에 관련 부처들이 협의해 서비스를 한곳에서 받을 수 있도록 했다. 이 센터는 전국에 100여 개가 있고 더욱 확대될 것이다.

고용복지플러스센터에서 재취업설계프로그램을 받으면 교육비는 무료이며 취업의사가 있는 여성 구직자는 5일 동안 하루 4시간씩 성격검사, 직업선호도 검사, 직업정보탐색, 취업계획수립, 업체유형별 자기소개서 작성법, 면접방법 등을 교육받을 수 있다. 수료한 교육생은 1:1 맞춤상담을 통해 취업을 알선 받고 주부 인턴십에도 참여하는 특전을 받을 수 있다. 자신이 원하는 직업에 필요한 직업훈련이 무엇인지 알게 되면 정부 지원의 직업훈련도 받을 수 있다. 또한 저소득층, 취업 취약계층, 청년층, 중 · 장년층 등 취업에 애로사항을 겪고 있는 사람은 센터에서 종합적인 취업지원 서비스인 '취업성공패키지'를 이용할 수 있다. 교육을 받는 동안 소정의 수당을 지원받아 생계비로도 활용하는 등 복지서비스도 한꺼번에 받을 수 있다.

* 광주고용복지플러스센터 http://www.work.go.kr/gwangju

고용센터는 거주하는 주소지별로 관할 센터가 다른데, 광주광역시에 산다면 광주고용센터를 이용하면 된다. 일자리를 찾는 모든 시민은 고용노동부가 운영하는 워크넷에서 해당 지역 정보만 검색하지 말고 출근이 가능한 인접 지역도 검색하면 취업 기회는 늘어난다. 워크넷에서 일자리 정보를 지역별, 직종별, 특정 인구집단별(청년, 장년, 여성 등)로도 검색할 수 있다.

* 워크넷 http://www.work.go.kr

여성가족부는 재취업에 성공하도록 전국에 여성새로일하기센터를 운영하고, 경력단절여성 등이 새 일터에서 안착할 수 있도록 지원하기 위해 온라인 직장적응 상담서비스를 운영한다. 온라인상담서비스는 재취업한 경력단절여성을 중심으로 개발되었지만, 여성 재직자라면 누구든지 무료로 이용할 수 있다. 서비스는 인터넷으로 이용하거나 전화상담을 통해 받을 수 있다. 이용자는 '온라인경력개발센터-꿈날개'를 검색하거나 글쓰기를 하면 된다. 전화는 1600-3680으로 걸면 여성가족부와 경기도가 함께 운영하는 경력개발센터와 연결된다.

직장적응 상담은 여성이 직장생활을 하면서 겪게 되는 노무 · 법률, 심리, 육아 · 보육 등 다양한 어려움에 대해 경력유지상담사의 1:1 상담과 전문가 조언을 제공하는 서비스이다. 이 사업은 경력단절여성 등의 사회복귀를 위한 온라인 취업지원서비스로 시작되어 점차 취업·창업 역량진단에서 경력개발과 취업·창업지원, 고용유지 상담과 직장적응교육 등이 포함된 사후관리지원도 추가되었다. 인터넷의 보편화와 스마트폰을 통한 모바일 서비스가 대중화되면서 상담방식도 바뀌고 있다. 직장적응 상담은 온라인상담이 중심이고 전화상담도 병행되고 있다.

* 온라인경력개발센터-꿈날개 http://www.dream.go.kr

6. 고용보험의 활용과 과제

고용보험이 1995년에 도입된 후 짧은 기간 동안 적용대상 사업장이 1인 이상 모든 사업장으로 확대되었음에도 불구하고, 사각지대에 있는 노동자가 적지 않다. 또한 고용보험의 실업급여, 고용안정사업, 직업능력개발사업이 꾸준히 발전되었지만, 구직자의 입장에서 충분하지 못하다. 고용보험의 사각지대를 줄이고 급여를 확충하기 위해 다음 과제를 해결해야 한다.

첫째, 노동자 중 시간제 노동자, 일용노동자 등은 고용보험에 적용되지 않는 경우가 많아 대책을 세워야 한다. 사업장에서 구조조정 등으로 한번 배제된 노동자는 정규직으로 임용되기 어렵고, 일용직이나 시간제로 채용되기에 고용보험의 적용대상자에서 누락되기 쉽다. 이러한 노동자는 근로조건이 열악할 뿐만 아니라 실직 시 최소한의 사회적 안전망인 고용보험조차 받을 수 없다. 정부가 1인 이상 고용사업장에서 일하는 모든 노동자, 일용노동자, 자영업자 등 노동능력이 있고 노동할 의사가 있는 모든 국민이 고용보험에 가입하도록 하여 당연가입 대상자가 누락되지 않고, 임의가입 대상자에게 가입 촉진동기를 부여해야 한다. 고용보험에 가입하지 않아도 되는 단시간 노동자를 오남용하지 못하도록 제도적 보완이 필요하다.

둘째, 고용보험은 주로 사용자를 위한 고용안정사업과 직업능력개발사업 그리고 노동자를 위한 실업급여와 직업능력개발사업이 있지만, 실직자의 입장에서 구직급여가 충분하지 못하다는 것이 가장 큰 문제이다. 만약 49세 노동자가 고용보험에 3~5년간 가입했다면 구직급여를 받을 수 있는 기간은 180일이다. 퇴직 전에 평균임금이 360만 원이었다면, 실직 전 임금의 60%는 216만 원이더라도 한도액에 걸려 198만 원밖에 받지 못한다. 이마저도 6개월이 지나면 중단된다는 것은 장기 실직자에게 가혹하다. 2020년 실업급여의 하루 상한액이 66,000원이고 하한액이 60,120원인데, 이렇게 낮은 수준의 구직급여 상한액은 불합리하다. 보험료를 더 많이 낸 사람은 실업급여도 더 받을 수 있도록 상한액을 없애거나 합리적인 수준으로 높여야 한다.

셋째, 장기간 실업으로 생계가 어렵다면 개별연장급여와 특별연장급여를 받을 수 있는 조건을 완화시키고 그 기간을 늘려야 한다. 현재 연장급여는 최대 2개월인데, 실직자가 구직활동을 하기에 충분하지 못하다. 선진국에서는 실업급여가 끝난 후에 소득수준에 따라서 실업부조를 하는 경우가 많은데, 우리나라도 단기적으로 실업급여의 수준을 상향조정하고 장기적으로 실업부조를 도입해야 한다.

넷째, 고용노동부는 구인 업체와 구직자 간의 간극을 해결하기 위해 맞춤형 알선을 수행해야 한다. 고용보험을 수급받기 위해서 실직자는 고용센터에 구직신청을 하고 매 2주마다 노동관서에 출두하여 자신의 구직활동을 입증해야 한다. 사업장은 실질적 공채보다는 연고로 임용하는 경우가 많아서 실직자가 고용센터에 구직신청을 하더라도 일자리를 구하기 어렵다. 구직신청이 실업급여를 타기 위한 한 절차로 활용될 뿐, 직업 알선에 실질적인 도움이 되지 못한다면 직업 알선을 위한 사업에 더 역점을 두어야 한다. 노동부는 직업능력개발사업에 초점을 맞추어서 실직자가 각종 자격증을 취득하도록 교육비 등을 지원하지만, 취업에 연결되지 않는 자격증의 취득은 사실상 직업학교(학원)에게 혜택을 주는 셈이다. 실업자가 많지만 많은 중소기업체가 구인난을 겪고 있으므로 고용노동부는 직업 알선을 맞춤형으로 수행해야 한다.

다섯째, 사회복지사와 사회복지계는 노동시장의 발전과 고용보험의 활용에 전문적으로 개입해야 한다. 사회복지사는 18세 미만 아동, 65세 이상 노인, 중증장애인과 같이 노동시장에서 배제된 사람에게 우선 개입하고, 노동시장에서 활동하는 사람은 소극적으로 개입했다. 과거에는 노동능력이 없어서 가난하여 복지 수급자가 되었지만, 현재는 노동능력이 있지만 적절히 팔지 못한 사람이 수급자로 편입되고 있다. 사회복지사는 노동시장을 파악하고, 모든 국민이 법에서 정한 적절한 근로조건에서 일하며 고용보험을 잘 활용하도록 교육하고 지원하는 일에 좀 더 역점을 두어야 한다. 노동자의 고충을 상담하고 옹호하며, 모든 시민이 고용보험 등 사회보험을 누리도록 교육하고 지원하는 능력을 키워야 한다.

여섯째, 2020년 7월부터 시행되는 국민취업지원제도를 고용보험과 연계시켜야 한다. 국민취업지원제도는 취업지원서비스와 소득지원으로 구성된다. 취업지원서비스는 취업이 곤란한 만 18~64세의 취업취약계층을 대상으로 제공한다. 이들에게는 1:1 밀착 직업상담을 통해 취업 의욕을 돋우는 취업활동 계획을 만들고 일자리 훈련, 직업훈련, 취업 알선, 복지서비스 연계 등을 추진한다. 소득지원은 생활에 지원을 요하는 사람에게 구직촉진수당을 제공한다. 대상자에게는 최대 6개월간 매달 50만 원씩 지급하며, 이들이 취업에 성공하면 취업성공수당으로 최대 150만 원을 지급해 장기근속에 도움을 준다. 이 사업은 정부 재정으로 이루어지는데, 지원을 받는 사람이 고용보험의 체계로 빨리 편입될 수 있도록 해야 한다.

* 온라인청년센터 https://www.youthcenter.go.kr

일곱째, 국가와 지방자치단체는 노동시장과 고용보험의 발전을 위해 다각적으로 노력해야 한다. 자본주의사회에는 노동자와 자본가가 있고, 노동자가 노동력을 적절한 조건으로 판매할 수 있을 때 발전할 수 있다. 자본가는 노동의 잉여로 성장하기에 노동시장에서 갈등은 상존한다. 정부는 노동자가 최소한 최저임금을 보장받고, 「근로기준법」에서 정한 근로조건을 보장받으며, 고용보험을 활용할 수 있도록 꾸준히 지원하고 불법이나 부당행위가 일어날 때에는 적시에 개입하고 지원해야 한다. 고용보험의 가입과 활용에 대한 이력을 전 생애 간 관리하여 실업급여를 오남용하는 사례가 생기지 않도록 해야 한다.

단원 정리

1995년 7월에 도입된 고용보험은 실업의 예방, 고용의 촉진 및 노동자의 직업능력의 개발과 향상을 꾀하고, 국가의 직업지도와 직업소개 기능을 강화하며, 노동자가 실업한 경우에 생활에 필요한 급여를 실시하여 노동자의 생활안정과 구직활동을 촉진함으로써 경제 · 사회 발전에 이바지하는 것을 목적으로 한 사회보험이다.

고용보험의 당연가입 대상은 1인 이상을 고용한 사업장에서 일하는 모든 노동자이고, 2004년 「고용보험법」 개정으로 모든 일용노동자도 적용대상이며, 49인 이하의 노동자가 있는 자영업자는 본인이 희망하는 경우에 가입할 수 있다. 다만, 가족종사자로 구성된 사업장, 5인 미만의 농업 사업장 등 일부는 적용을 받지 않는다.

고용보험에 필요한 재원은 대부분 보험료로 조달된다. 보험료율은 실업급여는 1.6%(사용자 0.8%+노동자 0.8%), 고용안정사업 · 직업능력개발사업은 상시 노동자 수의 규모와 우선지원 대상기업 여부에 따라 대규모 사업장이 더 많이 부담(0.25~0.85%)한다.

정부는 10인 미만 사업장 노동자의 고용보험과 국민연금의 가입을 장려하기 위해 '두루누리'사업을 시행한다. 2020년에는 10명 미만 사업장에서 일하는 월평균소득 215만 원 미만 노동자의 보험료와 사용자의 보험료를 국가가 일부(신규 80~90%, 기존 40%) 지원한다.

고용보험의 급여는 실업급여, 고용안정사업 · 직업능력개발사업, 육아휴직 급여와 출산전후휴가 급여 등이 있다. 실업급여는 구직급여, 취업촉진수당, 상병급여 등이 있다. 취업촉진수당은 조기재취업수당, 직업능력개발수당, 광역구직활동비, 이주비 등이 있다. 고용안정사업은 노동자를 감원하지 않고 고용을 유지하거나 실직자를 채용하여 고용을 늘리는 사업주에게 비용의 일부를 지원하여 고용안정을 유지할 수 있게 하는 일이다. 직업능력개발사업은 사업주가 노동자에게 직업훈련을 실시하거나 노동자가 자기개발을 위해 훈련을 받을 경우 사업주 · 노동자에게 일정 비용을 지원해준다. 모성보호 관련 급여는 출산전후휴가, 육아휴직, 육아기 근로시간 단축, 고용보험 미적용자 출산급여, 배우자 출산휴가 등이 있다.

고용보험은 고용노동부가 관리운영하고, 주요 지역마다 있는 고용센터가 실직자의 구직활동 등을 지원한다. 고용센터가 여성새로일하기센터, 서민금융센터, 금융상담센터, 헬스케어 등 전문성을 가진 참여기관 등과 협력하여 고용 · 복지 분야 외에도 노후설계, 금융, 법률, 기초의료 분야의 종합적인 상담 및 서비스를 지원하는 고용복지플러스센터로 진화하고 있다.

고용보험은 꾸준히 발전되었지만 사각지대를 줄이고 급여를 확충하기 위해 다음 과제를 해결해야 한다. 시간제 노동자, 일용노동자 등은 고용보험에 적용되지 않는 경우가 많아 대책을 세워야 한다. 실직 노동자의 입장에서 구직급여가 충분하지 못하기에 보완해야 한다. 장기간 실업에 개별연장급여와 특별연장급여를 받을 수 있는 조건을 완화시키고 실업부조를 도입해야 한다. 고용노동부는 구인 업체와 구직자 간의 간극을 해결하기 위해 맞춤형 알선을 수행해야 한다. 사회복지사는 노동시장의 발전과 고용보험의 활용에 전문적으로 개입해야 한다. 정부는 국민취업지원제도를 고용보험과 연계시키고, 노동시장과 고용보험의 발전을 위해 다각적으로 노력해야 한다.

✱ 용어 정리

- **고용보험**: 고용보험은 실업의 예방, 고용의 촉진 및 근로자의 직업능력의 개발과 향상을 꾀하고, 국가의 직업지도와 직업소개 기능을 강화하며, 근로자가 실업한 경우에 생활에 필요한 급여를 실시하여 근로자의 생활안정과 구직활동을 촉진함으로써 경제·사회 발전에 이바지하는 것을 목적으로 한 사회보험이다.

- **고용보험 적용대상**: 1인 이상을 고용한 사업장에서 일하는 모든 노동자가 고용보험의 적용을 받는다. 모든 일용노동자의 고용보험 가입이 의무화되었고, 49인 이하의 노동자가 있는 자영업자는 본인이 희망하는 경우에 고용보험에 가입할 수 있다.

- **고용보험 보험료**: 고용보험의 재원은 주로 보험료로 조달된다. 실업급여에 소요되는 재원은 노동자와 사용자가 반씩 분담하고, 고용안정사업·

직업능력개발사업은 사용자가 모두 부담한다. 2020년에 실업급여의 보험료율은 1.6%(노동자 0.8%+사용자 0.8%)이고, 고용안정사업 · 직업능력개발사업의 보험료율은 종사자 수와 우선지원 대상기업 여부에 따라 0.25~0.85%이다.

- **우선지원 대상기업**: 우선지원 대상기업은 상시 노동자 수가 500인 이하 제조업, 300인 이하 광업 · 건설업 · 운수업 등, 200인 이하 도소매업 · 음식숙박업 등, 이에 속하지 않은 100인 이하 사업장 그리고 「중소기업기본법」에 의한 중소기업이다. 다만, 상시 노동자 수가 적은 중소기업이라도 시장지배력이 높은 상호출자제한기업집단에 속하는 사업장은 우선지원 대상이 아니다.

- **실업급여**: 노동자가 퇴직 전 1년 6개월 사이에 여섯 달(180일) 이상 일하다 비자발적으로 일자리를 잃으면 고용센터에 구직신청을 하여 실업급여(구직급여 등)를 받을 수 있다. 구직급여는 고용보험에 가입한 노동자가 비자발적으로 실직하고, 고용센터에 구직신청을 하며, 구직활동을 성실히 할 때 정해진 기간 동안 받을 수 있다. 구직급여는 퇴직 당시의 연령과 보험가입기간에 따라 120~270일 동안 실직 전 평균임금의 60%이다.

- **고용안정사업**: 고용안정사업은 노동자를 감원하지 않고 고용을 유지하거나 실직자를 채용하여 고용을 늘리는 사업주에게 비용의 일부를 지원하여 고용안정을 유지할 수 있게 하는 일이다. 고용안정사업에는 고용창출지원사업, 고용조정지원사업, 고용촉진지원사업, 건설노동자 고용안정지원사업, 기타 고용안정 및 취업지원사업 등이 있다.

- **직업능력개발사업**: 직업능력개발사업은 사업주가 노동자에게 직업훈련을 실시하거나 노동자가 자기개발을 위해 훈련을 받을 경우 사업주 · 노동자에게 일정 비용을 지원해 준다. 사업주를 지원하는 사업은 직업능력개발훈련 지원, 유급휴가훈련 지원, 직업능력개발훈련시설 · 장비 설치비용대부 등이 있다. 노동자를 지원하는 사업은 재직노동자를 위한 수강지원금 지원, 실업자를 위한 재취직훈련 지원 등이 있다.

- **출산전후휴가**: 출산전후휴가는 임신 중의 여성에 대하여는 출산(유산 · 사산 포함) 전과 출산 후를 통하여 90일(다태아 120일)의 출산전후휴가를 주되, 휴가기간의 배정은 출산 후에 45일(다태아 60일)이상이 확보되도록 부여하여야 한다. 우선지원 대상기업은 90일(다태아 120일)의 급여가 고용보험에서 지급되고, 대규모 기업은 최초 60일(다태아 75일)은 사업주가 그 이후 30일(다태아 45일)은 고용보험에서 지급된다.

- **육아휴직**: 육아휴직은 만 8세 이하 또는 초등학교 2학년 이하의 자녀를 가진 노동자가 그 자녀를 양육하기 위해 육아휴직을 30일 이상 1년 이내로 부여받는다. 소정의 수급요건을 충족하는 경우 육아휴직 시작일부터 3개월까지는 통상임금의 80%를 육아휴직 급여액으로 지급하고, 4개월째부터 종료일까지 통상임금의 50%를 지급한다.

- **육아기 근로시간 단축제도**: 육아기 근로시간 단축제도는 육아휴직을 신청할 수 있는 노동자는 육아휴직을 대신해서 육아기 근로시간의 단축을 신청할 수 있는 제도이다. 육아기 근로시간 단축은 1년(육아휴직 미사용 시 최대 2년까지) 이내의 기간으로 사용할 수 있다. 육아기 근로시간 단축 시 매주 최초 5시간분은 통상임금의 100%, 나머지 근로시간 단축분은 통상임금의 80%이다.

- **고용복지플러스센터**: 고용복지플러스센터는 실업급여, 복지상담, 신용회복상담 등의 여러 서비스를 한곳에서 제공하는 기관이다. 과거에는 취업상담이나 실업급여는 고용센터, 복지상담은 지방자치단체, 신용회복상담은 서민금융센터로 흩어져 있었으나, 2013년에 관련 부처들이 협의해 서비스를 한곳에서 받을 수 있도록 했다.

- **워크넷**: 워크넷은 고용노동부가 구인 · 구직 정보를 제공하는 포털사이트이다. 구직자는 워크넷에서 구인 정보를 검색하여 일자리를 찾을 수 있다. 일자리 정보를 지역별 · 직종별 · 인구집단별로 검색할 수 있다.

제8장

산업재해보상보험

1. 산재보험의 정의와 역사

산업재해보상보험(이하 '산재보험'이라 한다)은 근로자의 업무상의 재해를 신속하고 공정하게 보상하고, 재해근로자의 재활 및 사회복귀를 촉진하기 위하여 이에 필요한 보험시설을 설치 · 운영하며 재해예방, 기타 근로자의 복지증진을 위한 사업을 행하는 사회보험이다. 건강보험이 일상생활 속에서 일어나는 부상과 질병에 대하여 요양급여를 제공하는 것이라면, 산재보험은 노동자가 업무수행 중 또는 업무수행과 관련하여 부상, 질병 또는 사망한 경우에 노동자 본인의 치료와 본인과 부양가족의 생계를 보장하기 위한 제도이다.

산업재해란 사업장의 노동자가 업무상 발생하는 재해로 인해 부상, 질병, 신체장해, 사망을 당한 경우를 말한다. 아울러 업무수행 중의 사고뿐만 아니라 사업장의 설비 미비로 인한 사고, 업무수행을 위한 출장 중에 당한 사고, 출퇴근하다 당한 사고, 작업환경이나 근무조건 등 유해요인으로 인해 생기는 질병도 산업재해로 본다. 이러한 산업재해에 대해 치료비와 보상금을 지급하고 직업재활, 생활정착금 보조 등의 복지증진을 위해 국가가 관장하는 사회보험이 산재보험이다.

산업화 초기에는 산업재해에 대해서 노동자 또는 사업주가 스스로 책임을 졌다. 이때 노동자는 일을 하지 못하게 되어 임금을 받을 수 없어 생활하는 데 어려움이 따르게 되고, 회사는 또 산업재해 보상의 많은 비용부담으로 경영상의 어려움을 겪었다. 이러한 어려움을 평소에 대비하기 위해 공공기금을 마련해 두었다가 사고나 재해가 발생할 때 이것을 재원으로 활용하게 되었다. 보험료는 사용자가 전액 납부하고, 산재가 발생하였을 때 노동자 혹은 그 가족은 요양급여, 휴업급여, 장해급여, 유족급여, 상병보상연금, 간병급여, 장의비 등을 받을 수 있다.

5대 사회보험 중 산재보험이 가장 먼저 도입되었는데, 1963년에 「산업재해보상보험법」이 제정되었고, 1964년 7월 1일부터 실시되었다. 500인 이상의 광업과 제조업 사업장 노동자에게 처음 적용하였고, 점차 적용사업장을 확대하여 2000년 7월부터 1인 이상을 고용하는 모든 사업장으로 확대시켰다. 적용되는 사업장이 산재보험에 가입하지 않았더라도, 산재를 당한 노동자가 근로복지공단에 요양급여 등을 요구하는 경우에는 산재처리를 하도록 되어 있다.

산재보험의 비용은 전액 고용주가 보험료로써 부담한다. 특정 사업장의 산재보험료는 업종별 재해율에 따라 결정되는 보험료율에 해당 사업장의 임금총액을 곱해서 결정한다. 보험료율의 결정은 고용주에게 매우 민감한 사안인데, 상시 30인 이상 노동자를 사용하는 사업장은 업종별 재해율을 감안하되, 최근 3년간의 보험수지율(보험료 수입액에 대한 보험급여비 지출액의 비율)이 85% 이상이거나 75% 이하인 때에는 업종별 요율의 20% 범위 내에서 할증 또는 할인하는 개별실적요율 제도를 가미하고 있다. 이는 산업재해가 적은 사업장에게 보험료를 할인해 주는 것인데, 할인혜택을 받기 위해서 명백한 산업재해를 산재로 처리하는 것을 기피하도록 부추기는 요인이 되기도 한다.

산재보험은 당초 고용노동부가 관리운영하였지만, 1995년에 고용보험을 실시하면서 산재보험의 정책업무와 집행업무로 구분하여, 보험료율의 결정, 보험급여수준의 결정 등 정책업무는 고용노동부에서 담당하고, 보험료의 징수, 보험급여의 지급 등 집행업무는 고용노동부 산하 근로복지공단이 담당하고 있다.

* 근로복지공단 http://www.kcomwel.or.kr

2. 산재보험의 적용대상

산재보험의 적용대상은 적용 사업장에서 재해를 당한 노동자(그의 유족을 포함)이지만 산재보험의 적용단위는 사업 또는 사업장이다. 여기에서 사업이란 어떤 목적을 위하여 업으로 행하여지는 계속적 · 사회적 · 경제적 활동 단위로서 그 목적은 영리성 여부와는 관계가 없다. 사업장이란 사업이 행하여지고 있는 인적 · 물적 시설이 존재하는 장소적 범위를 중심으로 본다. 사업 또는 사업장의 판단기준은 그것이 사업장이든 공장이든 그 자체에서 인사 · 회계운영 등이 최소한의 경영체제로서 독립성의 유지 여부이다.

산재보험의 적용사업장은 당연적용 사업장과 임의적용 사업장이 있다. 당연적용 사업장은 2000년 7월부터 상시 노동자 1인 이상의 모든 사업 또는 사업장이었다. 2018년 7월 1일부터는 '소규모 건설공사'

와 '상시 1인 미만 사업장'에도 산재보험이 적용된다. 단, 농업, 임업(벌목업 제외), 어업, 수렵업은 상시 5인 이상 사업장이다. 당연적용 사업장의 노동자는 상용, 일용, 임시직 등 고용형태나 명칭과 상관없이 모두 가입 대상자가 된다.

다만, 「산업재해보상보험법 시행령」 제2조에서는 '적용제외사업'을 다음과 같이 규정하고 있다.

① 「산업재해보상보험법」(이하 '법'이라 한다) 제6조 단서에서 '대통령령으로 정하는 사업'이란 다음 각 호의 어느 하나에 해당하는 사업 또는 사업장(이하 '사업'이라 한다)을 말한다.

1. 「공무원 재해보상법」 또는 「군인 재해보상법」에 따라 재해보상이 되는 사업. 다만 「공무원 재해보상법」 제60조에 따라 순직유족급여 또는 위험직무순직유족급여에 관한 규정을 적용받는 경우는 제외한다.
2. 「선원법」, 「어선원 및 어선 재해보상보험법」 또는 「사립학교교직원 연금법」에 따라 재해보상이 되는 사업
3. 삭제
4. 가구 내 고용활동
5. 삭제
6. 농업, 임업(벌목업은 제외한다), 어업 및 수렵업 중 법인이 아닌 자의 사업으로서 상시 근로자 수가 5명 미만인 사업

② 제1항 각 호의 사업의 범위에 관하여 이 영에 특별한 규정이 없으면 「통계법」에 따라 통계청장이 고시하는 한국표준산업분류표에 따른다.

③ 삭제

2018년 12월 산재보험에 가입한 사업장은 2,654,107개소이고 노동자는 19,073,438명이다.

3. 산재보험의 재원

산재보험의 보험료는 사용자가 전액 납부하고 정부가 운영사업비의 일부를 부담하며, 사업장 재해 발생 위험도에 따라 차등부담원칙에 의거한다. 보험료는 당해 보험연도의 임금총액에 사업집단별 보험료율을 곱해서 산출한다.

임금총액은 사업주가 근로의 대상으로 노동자에게 임금 · 봉급, 기타 어떠한 명칭으로든지 지급하는 일체의 금품(「근로기준법」 제18조)을 말한다. 사업주가 모든 노동자에게 당해 보험연도 중에 지급 또는 지급하기로 결정한 일체의 금품으로서 현금 이외의 현물로 지급된 임금은 포함되나 근로의 대가가 아닌 은혜적 · 호의적 · 복리후생적 금품은 제외되어 평균임금 산정 시의 임금범위와 유사하다. 다만, 건설공사 또는 벌목업의 경우처럼 임금총액을 추정하기가 곤란할 경우에는 고용노동부장관이 따로 정하여 고시하는 노무비율에 의하여 산정한 임금액을 임금총액의 추정액으로 하여 보험료를 산정한다. 즉, '보험료=총 공사금액(총벌목재적량)×노무비율×보험료율'이다. 예컨대, 2020년도 건설공사 노무비율은 총 공사금액의 27%(하도급공사는 30%)이고 건설업의 보험료율은 3.6%이다.

보험료율은 가입자의 보험료 부담과 직결되는 것으로서, 보험료 부담의 공평성 확보를 위하여 매년 9월 30일 현재 과거 3년간의 임금총액에 대한 보험급여총액의 비율을 기초로 보험급여지급율을 동등하다고 인정되는 사업집단별로 보험료율을 세분화하여 적용한다(매년 12월 31일 고시). 2019년에는 35개 업종으로 분류되고 평균 보험료율은 1.65%(업종별 일반요율 1.50%+출퇴근 재해요율 0.15%)이다.

한 적용사업장에 대하여는 하나의 보험료율을 적용하고, 하나의 사업장 안에서 보험료율이 다른 2종 이상의 사업이 행해지는 경우 그중 주된 사업에 따라 적용한다. 적용순위는 노동자 수가 많은 사업, 노동자 수가 동일하거나 그 수를 파악할 수 없는 경우에는 임금총액이 많은 사업이다.

한편, 사업장의 재해예방을 장려하기 위해서 '개별실적요율'을 추가로 활용한다. 당해 보험료액에 비추어 보험급여액의 비율이 85%를 넘거나 75% 이하인 사업에 대하여 그 사업에 적용하는 보험료율을 20%의 범위 안에서 인상 또는 인하하여 당해 사업에 대한 보험에 다음 보험연도의 요율로 하는 제도가 있다.

- 개별실적요율=해당 사업종류의 일반요율±(해당 사업종류의 일반요율×수지율에 의한 증감비율)
- 수지율: 보험료액에 대한 보험급여액의 백분율
- 보험료액: 9월 30일 이전 3년간 납부한 보험료 총액
- 보험급여액: 9월 30일 이전 3년간 지급된 보험급여액

보험료의 신고와 납부는 매년 1월 1일(혹은 보험관계 성립일)부터 70일 이내에 근로복지공단에 보험료신고서를 제출하고 금융기관에 보험료를 납부해야 한다. 당연가입 대상업체가 신고를 태만히 한 기간 중에 산재가 발생하면 노동자에게 지급되는 보험금의 50% 징수, 과거 보험료 소급 징수, 연체금 및 가산금 징수 등을 하게 된다. 가입신고를 한 상태에서 보험료 납부를 태만히 하면 그 태납률에 따라 보험급여의 10%를 징수한다. 산재보험 당연적용 사업장의 사업주가 가입을 기피하면 불이익을 받게 되고, 설사 가입하지 않았더라도 당연

사업장의 노동자는 산업재해를 당했을 때 근로복지공단에 산재보험 처리를 요구할 수 있다.

4. 산재보험의 급여

산재보험의 급여는 업무상 부상 또는 질병에 대한 요양급여와 간병급여, 일하지 못한 기간에 대한 휴업급여, 치료 후 폐질등급이면 휴업급여 대신에 상병보상연금, 치료 후 장해가 남는 경우에 장해급여, 간병급여, 사망 시 그 유족에게 지급하는 유족급여와 장의비가 있다.

1) 요양급여

요양급여는 업무상 부상 또는 질병에 걸려 4일 이상의 요양을 요할 때 의료기관에서 상병의 치료에 소요되는 비용을 치유될 때까지 지급하는 현물급여(지정 의료기관에서의 치료)이다. 다만, 긴급 및 기타 부득이한 사유로 요양 승인을 받지 않고 자비로 치료한 경우에는 요양비로 지급된다. 요양비를 받으려면 요양비청구서를 작성한 후에 근로복지공단에 제출하고, 청구내용에 관한 증빙서류와 위임의 경우 수령위임장을 첨부한다.

요양급여는 재해가 발생했을 때 최초 요양, 의료기관을 옮기고자 할 때 전원요양, 계속 치료가 필요한 경우 치료기간을 연장하고자 할 때 요양연기, 요양치료 중 업무상 재해와 관련하여 새로운 상병이 발견되었을 때 추가상병, 치료 후 상병이 재발되었을 때 재요양을 포함한다. 각 요양급여를 받기 위해서는 요양신청 등을 하여야 한다.

최초 요양을 받기 위해서는 요양신청서에 재해자 및 사업주가 재해발생 상황 및 인적사항을 기재하여 사업주와 재해노동자가 확인하여 날인하고, 뒷면에 의사의 초진소견서를 작성하여 의료기관장이 확인 날인하여 3부를 작성하며, 각각 의료기관, 사업장, 사업장 관할 소재지(건설공사의 경우에는 공사현장 소재지) 근로복지공단 지사에 1부씩을 제출하여야 한다.

근로복지공단은 요양신청서가 접수되면 재해발생 경위를 검토하여 업무상 사유에 의한 재해가 명확한 경우 7일 이내에 요양승인 결정 후 재해자 및 사업주, 의료기관장에게 요양승인을 통보한다. 업무상 사유에 의한 재해 여부가 불분명한 경우 재해발생상황을 확인하여 업무상 재해 여부를 판단하고 결과를 통보한다. 「근로기준법」 및 「산업재해보상보험법」에 명시되지 아니한 질병 등 업무상 질병으로 인정된 바 없는 새로운 질병이 발병한 경우에는 업무와 질병 간의 인과관계를 확인하기 위하여 역학조사를 하여야 하기 때문에 업무상 재해 여부를 판단하는 데 상당한 시일(3~6개월)이 소요되는 경우도 있다.

요양신청과 관련하여 요양급여를 지급하며, 요양급여는 실제 의료행위에 해당되는 비용으로(현물급여) 하고 그 내용은 진찰비, 약제비(약값) 또는 진찰재료와 의지(보조기) 및 기타 보철구(의치 등)의 지급, 의료처치, 수술 및 기타의 치료, 의료기관의 입원·통원, 간병료(간병이 필요한 경우), 이송(통원비용) 및 기타 산재환자 치료를 위해 필요한 제반 비용이다. 요양급여의 범위, 비용 등 요양급여의 산정기준은 고용노동부령으로 정하여 고시한다. 부득이하게 공단에서 지정하는 의료기관이 아닌 다른 비지정의료기관에서 요양할 경우 응급조치 후 지정 의료기관으로 옮겨야 한다.

재요양은 치료가 다 되었다고 판단하고 요양을 마친 뒤 다시 생긴 질병에 대한 요양을 하는 것이다. 근로복지공단의 재요양 인정기준은 일반 상병으로서 당초의 상병과 재요양을 신청한 상병 간에 의학적으로 상당 인과관계가 인정되고, 재요양을 함으로써 치료효과가 기대될 수 있다는 의학적 소견이 있는 경우, 내고정술에 의하여 삽입된 금속 핀 등 내고정물의 제거가 필요한 경우, 의지 장착을 위하여 절단 부위의 재수술이 필요하다고 인정되는 경우이다.

재요양을 받으려면 재요양이 필요하다는 요양기관의 소견이 마련되어야 한다. 역시 요양신청과 마찬가지로 이때에도 회사의 확인이 필요하며, 서식과 절차도 동일하다.

장해보상 이후에도 재요양이 되는가? 원래 장해보상은 어떤 치료를 해도 증세가 호전되지 않을 때 치료 종결을 하고 마지막으로 하는 보상 조치이므로 장해보상 이후의 재요양은 하지 않도록 되어 있다. 그러나 장해보상금의 수령 당시 요양기관의 판단이 잘못됐을 수도 있고, 또 보상금 수령 당시보다도 증세가 악화되었다면 다시 요양에 들어가는 것이 마땅하다. 따라서 이때에는 이미 받은 장해보상금은 반환하거나 재요양을 종결하고 난 다음 받는 보상금과의 차액을 반환한다는 조건으로 재요양을 할 수 있다. 대개 이런 경우 공단에서는 특정한 수술을 받아야 한다는 등의 조건부 재요양을 종용하기 쉬운데,「산업재해보상보험법」어디에도 그런 규정은 없으므로 거부할 수 있다.

2) 휴업급여

휴업급여는 부상 또는 질병으로 인하여 취업하지 못하는 기간에 대하여 노동자와 그 가족의 생활보호를 위하여 임금 대신 지급하는 급여를 말한다. 요양기간 동안 일을 못하게 되면 1일 기준 평균임금(통상임금에 보너스 등이 포함되어 계산된 임금) 70% 상당의 금액을 보상받는데 일반적으로 받는 월급(통상임금)의 85% 내외이다.

재해로 인하여 장기간 요양하는 중 원래의 직장에서 임금이 인상되었을 때는 재해노동자가 받는 보상금도 그에 맞추어 인상되는데, 그 조정방법을 평균임금의 개정이라 한다. 「근로기준법」에 따른 보상을 받고 있을 때는 동일직종 노동자의 통상임금 평균액이 재해 발생일에 비해 10% 이상 변동될 때에 개정하며, 「산업재해보상보험법」에 따른 보험급여를 받고 있을 때는 5% 이상 변동될 때 개정한다. 이를 식으로 나타내면 '평균임금의 개정=기존의 평균임금×(변동된 평균통상임금/기존의 평균통상임금)'이다.

휴업급여를 청구하려면 노동자는 요양 후에 휴업급여 청구서 3부를 작성하여 의료기관, 회사, 근로복지공단에 제출하면 근로복지공단은 접수일로부터 7일 이내에 휴업급여를 산정하여 노동자가 희망하는 은행의 계좌에 입금하게 된다.

3) 장해급여

장해급여는 업무상 재해의 완치 후 당해 재해와 상당 인과관계가 있는 장해가 남게 되는 경우 그 장해의 정도에 따라 지급하게 되는 급여를 말한다. 이때 장해라 함은 부상 또는 질병이 치유되었으나 신체에 잔존하는 영구적인 정신적 또는 육체적 훼손상태로 인하여 생긴 노동력의 손실 또는 감소를 말한다. 영구적이라 함은 원칙적으로 치유 시 장래회복의 가능성이 없다고 하는 정도를 의미한다. 그래서 장해급여의 결정에 있어서는 정신적 또는 육체적 훼손상태가 존재함이 의학적으로 인정될 뿐이며 노동자의 연령, 직종, 지위 등 제반조건을 고려하지는 않는다.

장해급여는 장해등급에 따라 장해보상연금이나 장해보상일시금 중 선택하여 보상을 받을 수 있다. 이때 장해보상연금을 받을 경우 종신토록 지급되어 민사배상수준보다 높은 보상을 받을 수 있으며, 연금을 받는 사람이 사망할 경우 이미 지급한 연금합계액이 장해보상일시금보다 적게 지급되었을 때 그 차액을 유족에게 지급한다. 장해보상연금은 장해등급 1~7등급까지만 지급되고, 장해보상 일시금은 4~14등급까지 지급되며, 4~7등급은 연금과 일시금 중에서 선택할 수 있다.

과거에는 장해급여를 일시금으로 받는 사람이 많았지만, 평균수명이 늘어나고 이자율이 하락하면서 연금을 선호하는 경향이 있다. 장해등급의 판정은 등급에 따라서 연금 혹은 일시금을 선택할 수 있고, 급여액수에 상당한 차이가 있기에 재해를 당한 노동자와 그 가족은 장해등급을 판정받을 때 신중해야 한다.

장해급여를 청구하려면 장해보상청구서 3부를 작성하여 근로복지공단, 회사, 의료기관에 제출해야 한다. 장해보상청구서를 받은 근로복지공단은 등급판정일을 통보하고, 청구자는 출석하여 등급심사결정(자문의)을 받은 후에 보상금을 통장으로 받게 된다. 청구자 혹은 수령위임자는 X선 사진 1매, 수령위임장(수령위임의 경우), 수령을 희망하는 은행 계좌번호 등을 구비서류로 갖추어야 한다.

〈표 8-1〉 장해급여표

장해등급	장해보상연금	장해보상일시금
제1급	329일분	1,474일분
제2급	291일분	1,309일분
제3급	257일분	1,155일분
제4급	224일분	1,012일분
제5급	193일분	869일분
제6급	164일분	737일분
제7급	138일분	616일분
제8급		495일분
제9급		385일분
제10급		297일분
제11급		220일분
제12급		154일분
제13급		99일분
제14급		55일분

2개 이상의 장해가 있을 경우에는 장해등급을 조정한다. 즉, 13급 이상의 장해가 2개 이상인 경우 중한 신체장해에 의하거나 또는 그중 한쪽의 등급을 1~3급 인상하여 결정한다. 다만, 조정의 결과 1급 초과하는 경우 1급으로 하고, 그 신체장해의 정도가 조정된 등급에 규정된 다른 장해의 정도에 비하여 낮다고 인정되는 경우에는 조정된 등급보다 낮은 등급으로 한다.

- 5급 이상 장해가 2개 이상인 경우 → 3개 등급 인상
- 8급 이상 장해가 2개 이상인 경우 → 2개 등급 인상

• 13급 이상 장해가 2개 이상인 경우 → 1개 등급 인상

장해등급은 신체장해등급을 그 장해의 정도에 따라 14등급, 140종으로 나누고 있다. 신체를 해부학적 관점에서 장해 부위별로 나누고 이를 생리학적인 기능상의 관점에서 다시 여러 종류의 장해군으로 나누어 놓은 것을 장해계열이라 하며, 장해를 노동능력의 상실 정도에 따라 일정한 순서로 배열한 것을 장해서열이라고 한다.

장해급여 계산 예시

• 예시: 평균임금 10만 원인 피재해노동자가 장해등급 제4급 판정을 받았을 때
• 장해보상연금 계산: 매년 장해등급별 해당일수×재해노동자의 평균임금
224일×10만 원=22,400,000원/1년(연 4회 분할 지급)
• 장해보상일시금 계산: 장해등급별 해당일수×재해노동자의 평균임금
1,012일×10만 원= 101,200,000원

4) 유족급여

유족급여는 산재환자가 사망한 경우 그 유족의 생활을 돕기 위해 지급되는 급여로서 유족보상연금, 유족보상일시금 중 선택하여 보상을 받을 수 있다. 이때 필요한 절차는 유족보상일시금 청구서 또는 연금 청구서에 사망진단서(사체검안서), 수급권자의 호적등본 및 주민등록표 등을 근로복지공단에 제출하여야 한다. 유족보상연금 수급자격자의 범위는 다음과 같다(「산업재해보상보험법」 제63조).

① 유족보상연금을 받을 수 있는 자격이 있는 사람(이하 '유족보상연금 수급자격자'라 한다)은 근로자가 사망할 당시 그 근로자와 생계를 같이 하고 있던 유족(그 근로자가 사망할 당시 대한민국 국민이 아닌 사람으로서 외국에서 거주하고 있던 유족은 제외한다) 중 배우자와 다음 각 호의 어느 하나에 해당하는 사람으로 한다. 이 경우 근로자와 생계를 같이 하고 있던 유족의 판단기준은 대통령령으로 정한다.

1. 부모 또는 조부모로서 각각 60세 이상인 사람
2. 자녀로서 25세 미만인 사람

2의2. 손자녀로서 19세 미만인 사람

3. 형제자매로서 19세 미만이거나 60세 이상인 사람
4. 제1호부터 제3호까지의 규정 중 어느 하나에 해당하지 아니하는 자녀·부모·손자녀·조부모 또는 형제자매로서 「장애인복지법」 제2조에 따른 장애인 중 고용노동부령으로 정한 장애 정도에 해당하는 사람

② 제1항을 적용할 때 근로자가 사망할 당시 태아(胎兒)였던 자녀가 출생한 경우에는 출생한 때부터 장래에 향하여 근로자가 사망할 당시 그 근로자와 생계를 같이 하고 있던 유족으로 본다.

③ 유족보상연금 수급자격자 중 유족보상연금을 받을 권리의 순위는 배우자·자녀·부모·손자녀·조부모 및 형제자매의 순서로 한다.

유족보상연금 수급자격자인 유족이 다음 각 호의 어느 하나에 해당하면 그 자격을 잃는다(「산업재해보상보험법」 제64조).

- 사망한 경우
- 재혼한 때(사망한 노동자의 배우자만 해당하며, 재혼에는 사실상 혼인 관계에 있는 경우 포함)
- 사망한 노동자와의 친족 관계가 끝난 경우
- 자녀가 25세가 된 때, 손자녀 또는 형제자매가 18세가 된 때

- 장애인이었던 자로서 그 장애 상태가 해소된 경우
- 노동자가 사망할 당시 대한민국 국민이었던 유족보상연금 수급자격자가 국적을 상실하고 외국에서 거주하고 있거나 외국에서 거주하기 위하여 출국하는 경우
- 대한민국 국민이 아닌 유족보상연금 수급자격자가 외국에서 거주하기 위하여 출국하는 경우

유족보상일시금은 유족연금을 받을 수 없는 경우에 받을 수 있다.

유족보상연금을 받을 권리가 있는 유족보상연금 수급자격자가 그 자격을 잃은 경우에 유족보상연금을 받을 권리는 같은 순위자가 있으면 같은 순위자에게, 같은 순위자가 없으면 다음 순위자에게 이전된다. 유족보상연금 수급권자가 3개월 이상 행방불명이면 대통령령으로 정하는 바에 따라 연금 지급을 정지하고, 같은 순위자가 있으면 같은 순위자에게, 같은 순위자가 없으면 다음 순위자에게 유족보상연금을 지급한다.

유족 간의 수급권의 순위는 다음 각 호의 순서로 하되, 각 호의 자 사이에서는 각각 그 적힌 순서에 따른다. 이 경우 같은 순위의 수급권자가 2명 이상이면 그 유족에게 똑같이 나누어 지급한다(「산업재해보상보험법」 제65조).

- 노동자가 사망할 당시 그 노동자와 생계를 같이 하고 있던 배우자 · 자녀 · 부모 · 손자녀 및 조부모
- 노동자가 사망할 당시 그 노동자와 생계를 같이 하고 있지 아니하던 배우자 · 자녀 · 부모 · 손자녀 및 조부모 또는 노동자가 사망할 당시 노동자와 생계를 같이 하고 있던 형제자매

• 형제자매

부모는 양부모(養父母)를 선순위로, 실부모(實父母)를 후순위로 하고, 조부모는 양부모의 부모를 선순위로, 실부모의 부모를 후순위로, 부모의 양부모를 선순위로, 부모의 실부모를 후순위로 한다.

수급권자인 유족이 사망한 경우 그 보험급여는 같은 순위자가 있으면 같은 순위자에게, 같은 순위자가 없으면 다음 순위자에게 지급한다. 이런 규정에도 불구하고 노동자가 유언으로 보험급여를 받을 유족을 지정하면 그 지정에 따른다.

유족보상연금은 수급권자의 사망 시까지 연 4회(2월, 5월, 8월, 11월) 지급된다. 급여의 액수는 기본금액이 급여기초년액의 47%이고, 수급권자 1인당 5%가 가산되며 수급권자는 4명까지 인정받을 수 있다. 유족보상 일시금은 평균임금의 1,300일분이다.

유족급여의 구비서류는 유족보상연금과 유족보상일시금일 때 조금 차이가 난다. 유족보상연금의 서류는 유족보상일시금의 ①, ②, ③, ④ 서류와 함께 국공립병원에서 발행하는 진단서 1부(연금 수급자격자로 장해 해당 시)이다. 유족보상일시금의 구비서류는 ① 노동자의 사망진단서 또는 시체검안서 1부, ② 노동자의 사체 부검 소견서 1부(사인 미상의 경우), ③ 주민등록등본 1통, ④ 호적등본 1통(주민등록등본으로 수급권자의 확인이 안 될 경우), ⑤ 수령위임장(수령위임의 경우) 등이다.

만약 사망추정으로 인한 보험급여 수령 후 생존이 확인된 경우에는 당해 노동자가 생존해 있다는 사실을 전혀 알지 못하여 보험급여를 받았을 때는 수령한 보험급여 전액을 반환한다. 그런데 당해 노동자가 생존해 있다는 사실을 알고 보험급여를 수령한 자는 수령한 보험급여의 2배에 달하는 액을 반환해야 한다.

유족급여 계산 예시

유족보상연금액은 「산업재해보상보험법」 제62조 제2항에 의한 별표 3에 따른 유족보상연금표에 따라 다음 방식으로 산출한다. 유족보상연금 수급자격자의 수는 4인까지만 계산한다.

- 유족보상연금액=(기본금액)+(가산금액)
  ={급여기초년액×(47/100)}+{급여기초년액×(5/100)×(유족보상연금 수급자격자의 수)}
- 급여기초년액=사망노동자 평균임금×365
- 예시: 사망한 노동자 1일 평균임금이 10만 원이고, 수급권자는 처, 수급자격자는 7세와 9세인 자녀, 65세된 모, 70세된 부인 경우(수급권자를 포함한 수급자격유족 수가 총 5인이나 가산금은 최대 4인까지만 부가)
- 계산: (10만 원×365일×47/100)+(10만 원×365일×5/100×4)=24,455,000원/1년

5) 상병보상연금

상병보상연금은 요양급여를 받는 노동자가 부상 또는 질병의 정도가 폐질등급 1~3급에 해당하고 요양 개시 후 2년이 경과되어도 치유되지 않은 경우 휴업급여 대신에 보상수준을 향상시켜 연금으로 지급하게 되는 것을 말한다. 폐질등급 1급은 평균임금의 329일분, 2급은 291일분, 3급은 257일분을 청구에 의하여 12등분하여 매 월별로 수령하게 되며, 사유발생일로부터 14일 이내에 상병보상연금청구서를 작성하여 공단에 제출하여야 한다.

상병보상연금 계산 예시

- 예시: 1일 평균임금 10만 원인 노동자가 요양 중인 현재 폐질등급 제2급의 상태
- 한 달분의 상병보상연금 계산: 10만 원×291일×30/365=2,391,781원

일반적으로 연금으로 지급되는 보상급여는 연 4회 지급되는데, 상병보상연금만은 매월 단위로 계산하여 지급된다.

6) 간병급여

간병급여는 요양이 종결된 자가 의학적으로 상시 또는 수시로 간병이 필요하여 실제로 간병을 받는 자에게 지급된다. 지급대상은 상시간병급여 대상과 수시간병급여 대상으로 나뉜다.

상시간병급여 대상은 신경계통의 기능 · 정신기능 또는 흉복부 장기기능의 장해가 장해등급 제1급에 해당되는 자로서 상시간병을 받아야 하는 자, 두 눈 · 두 팔 또는 두 다리의 장해가 장해등급 제1급에 해당하는 장해와 함께 그 외의 부위에 장해등급 제7급 이상에 해당하는 장해가 있는 자이다. 수시간병급여 대상은 신경계통의 기능 · 정신기능 또는 흉복부 장기기능의 장해가 장해등급 제2급에 해당하는 자로서 수시간병을 받아야 하는 자, 신경계통의 기능 · 정신기능 또는 흉복부 장기기능 장해 외의 장해가 장해등급 제1급에 해당하는 자(다만, 조정에 의한 1급 장해는 제외), 두 눈, 두 팔 또는 두 다리의 장해가 장해등급 제2급에 해당하는 장해와 그 외의 부위에 장해등급 제7급 이상에 해당하는 장해가 있는 자이다.

간병급여는 실제로 행하여진 날에 대하여 월 단위로 지급하고, 간병급여 대상자가 재요양을 받는 경우에는 재요양한 날부터 재요양 종료 시까지에는 간병급여의 지급이 중지되나 간병급여 대신에 간병료를 지급받을 수 있다. 간병급여는 고용노동부장관이 고시하는데 현재 전문간병인은 간병 1등급 67,140원, 간병 2등급 55,950원, 간병 3등급 44,760원, 가족 · 기타 간병인은 1등급 57,360원, 2등급 47,800원, 3등급 38,240원이다. 수시간병급여는 상시간병급여의 2/3이다.

한편, 요양 중인 산재노동자의 간병(개호)이 필요하다는 의학적 소견이 있는 경우에 해당되는 사람은 요양급여의 하나로 간병료를 지급받을 수 있다. 간병은 주간뿐만 아니라 필요할 경우 철야간병을 받을 수도 있다. 간병인의 자격은 「의료법」상 간호사 또는 간호조무사와 「노인복지법」에 의한 요양보호사 자격을 가진 사람이나, 위 자격을 가진 사람을 구할 수 없을 경우에는 간병에 필요한 지식을 가진 가족 아닌 타인, 위 타인을 구할 수 없는 경우에는 재해를 당한 노동자의 배우자(사실상 혼인관계에 있는 자도 포함), 부모, 13세 이상된 자녀 또는 형제도 간병인의 자격이 된다. 간병료는 그 전문성에 따라서 차등을 두고 있다.

7) 장의비

장의비는 노동자가 업무상 사유로 사망한 경우 그 장제에 소요되는 비용에 대하여 지급하는 것을 말한다. 장의비 청구서를 작성하여 근로복지공단에 제출하되 장의비 청구서식은 유족보상일시금 청구서와 같이 사용한다. 실제로 장제를 실행한 사람에게 평균임금의 120일분을 지급한다.

8) 특별급여제도

특별급여제도는 노동자가 업무상 사유로 사망하거나 신체장해를 입은 경우 사업주를 상대로 하는 민사상 손해배상의 번거로움을 방지, 신속한 해결을 위하여 산재보험에서 대불해 주고 그 지급상당액을 사업주가 직접 납부하는 제도로서 장애특별급여와 유족특별급여가 있다.

사업주가 고의 또는 과실로 재해가 발생하였음을 인정하고 수급권자가 「민법」 및 기타 법령에 의한 손해배상 청구에 갈음하여 청구하여야 하며 장해특별급여는 장해급여 1~3급에 해당하여야 한다. 장해(유족)특별급여청구서, 권리인낙 및 포기서, 인감증명서를 공단에 제출하면 되지만 이 특별급여제도는 사업주와 노동자 간의 민사상 손해배상을 합의한 것으로 간주함을 알아야 한다. 따라서 특별급여(흔히 '합의금'이라 부름)를 받으면 향후 동일한 사건으로 민사상 손해배상을 청구할 수 없으므로 이를 받고자 할 때에는 해당 분야에 전문성이 있는 변호사, 공인노무사, 사회복지사 등과 충분히 협의하는 등 신중하게 결정해야 한다.

장해특별급여는 평균임금 30일분에 신청장해등급에 따른 노동력 상실률과 취업가능기간에 대응하는 라이프니츠계수를 곱하여 산정된 액에서 장해급여액을 공제한 금액이다. 즉, '(평균임금 30일분×노동력 상실률×취업가능기간에 대응하는 라이프니츠계수)-장해급여액'이다.

「산업재해보상보험법 시행령」 제14조 제2항의 규정에 의한 장래 취업가능기간은 신체장해가 판정된 날부터 정년퇴직일까지로 하고, 정년을 정하지 아니한 때에는 55세까지로 한다.

장해특별급여 계산 예시

- 예시: 재해노동자의 생년월일은 1969년 7월 10일. 1일 평균임금 10만 원, 단체협약상 정년은 60세인데, 재해를 당하여 요양 중 2014년 6월 10일에 치료가 종결되었고 장해등급 3급 판정을 받음
- 당사자의 정년퇴직일: 1969년 7월 10일+60년=2029년 7월 9일
- 취업가능기간: 2029년 7월 9일-2014년 6월 10일=15년 1월=181월
- 취업가능기간에 대한 라이프니츠 계수: 126.9263
- 장해급여액(장해보상일시금) 계산: 10만 원×1,155일=115,500,000원
- 장해특별급여 계산: {10만 원×30일×100%(노동력 상실률)×126.9263(계수)} -115,500,000원(장해급여액)=265,278,900원

유족특별급여는 평균임금 30일분에서 사망자 본인의 생활비를 공제한 후 취업가능기간에 대응하는 라이프니츠계수를 곱하여 산정된 액에서 유족급여액을 공제한 금액이다. 즉, '{평균임금의 30일분-(평균임금의 30일분×본인의 생활비율)}×취업가능기간에 대응하는 라이프니츠계수-유족급여액'이다. 취업가능기간은 장해특별급여 계산 때와 같다. 사망자 본인의 생활비는 평균임금에 동법 시행령 제24조 2의 규정에 따른 비율(부양가족이 없는 자 40%, 부양가족 1인 35%, 부양가족 2인 30%, 부양가족 3인 이상 25%)을 곱하여 계산한다.

유족특별급여 계산 예시

- 예시: 재해노동자의 생년월일은 1969년 7월 10일, 1일 평균임금은 10만 원, 단체협약상 정년은 60세, 사망 연월일은 2014년 6월 10일, 부양가족 3인일 경우

- 당사자 정년퇴직일: 2029년 7월 9일-2014년 6월 10일=15년 1월=181월
- 취업가능기간에 대한 라이프니츠계수: 126.9263
- 유족급여(유족보상일시금) 계산: 10만 원×1,300일=130,000,000원
- 유족특별급여 계산: {(10만 원×30일)-(10만 원×30일×25%)}×126.9263-130,000,000원=155,584,175원

대체로 「산업재해보상보험법」에 의한 산재보상은 「민법」에 의한 손해배상에 비교할 때 그 액수가 적을 수 있다. 산재보상은 요양비의 전액을 인정하고 평균임금의 70%를 휴업급여로 주며 장해보상을 장해등급에 따라 제공하지만, 민사상 손해배상은 요양비의 전액과 향후 치료비를 인정하고 치료기간 동안 임금의 전액을 주며 장해보상은 노동력 상실률을 고려하여 정년까지의 노동일수에 해당하는 호프만계수를 통해서 계산되기 때문이다.

그런데 「민법」에 의한 손해배상을 청구하기 위해서는 노동자 혹은 그 가족이 지방법원에 소송을 제기해야 하고 변호사의 도움을 받아서 장시간 동안 복잡한 절차를 거쳐서 승소해야만 한다. 또한 노동자의 과실이 있을 경우에는 과실률만큼 총배상액의 액수가 상계되기 때문에 과실상계가 없는 산재보험과 큰 차이가 있다. 따라서 민사상 손해배상을 청구할 때에는 산재보상과의 장단점, 노동자의 과실유무 등을 잘 검토하여 신중히 결정해야 한다.

〈표 8-2〉 산재보험 급여의 종류와 내용

<table>
<tr><th colspan="2">종류</th><th>지급사유</th><th>청구자</th><th>청구시기</th><th>급여내용</th></tr>
<tr><td colspan="2">요양급여</td><td>업무상 재해로 인한 부상 질병</td><td>지정의료기관, 노동자</td><td>요양 종결 후</td><td>완치시기까지 치료 일체</td></tr>
<tr><td colspan="2">휴업급여</td><td>업무상 재해로 요양하기 위해 휴업한 기간</td><td>노동자</td><td>월 1회</td><td>1일당 평균임금의 70%</td></tr>
<tr><td rowspan="2">장해급여</td><td>일시금</td><td>업무상 재해가 치유된 후 장해등급 1~14급의 장해가 남은 때</td><td>노동자</td><td>치유 후 즉시</td><td>1급: 1,474일분
14급: 55일분</td></tr>
<tr><td>연금</td><td>업무상 재해가 치유된 후 장해등급 1~7급의 장해가 남은 때</td><td>노동자</td><td>치유 후 사망 시까지 연 4회</td><td>1급: 313일분
7급: 131일분</td></tr>
<tr><td rowspan="2">유족급여</td><td>일시금</td><td>업무상 사망 시 유족이 일시금 청구</td><td>수급권자 (유족)</td><td>사망 즉시</td><td>평균임금의 1,300일분</td></tr>
<tr><td>연금</td><td>업무상 사망 시 유족이 연금 청구</td><td>연금 수급 자격자 중</td><td>수급권자 사망</td><td>연 평균임금 1년치의 52~67%</td></tr>
<tr><td colspan="2">상병보상연금</td><td>2년간의 요양에도 완치되지 않고 폐질의 정도가 1~3급인 경우</td><td>노동자</td><td>요양 개시 후 2년</td><td>폐질 1급: 313일분
폐질 2급: 277일분
폐질 3급: 245일분</td></tr>
<tr><td colspan="2">간병급여</td><td>요양이 종결된 후 간병급여가 필요한 경우</td><td>노동자</td><td>요양 종료 후 즉시</td><td>고용노동부장관이 고시한 간병급여</td></tr>
<tr><td colspan="2">장의비</td><td>업무상 사망으로 장제를 실행한 경우</td><td>장제의 실행자</td><td>장제실행 직후</td><td>평균임금의 120일분</td></tr>
<tr><td colspan="2">특별급여</td><td>보험가입자의 고의 과실에 의한 재해 시 민사상 손해배상에 갈음할 경우</td><td>노동자 혹은 수급권자</td><td>특별급여에 합의 직후</td><td>노동력 상실률에 라이프니츠계수를 곱하여 산정</td></tr>
</table>

9) 시효와 이의신청 등

「산업재해보상보험법」에 의한 보험료와 기타 이 법에 의한 징수금을 징수하거나 그 반환을 받을 권리와 보험급여를 받을 권리는 3년간 행사하지 아니하면 소멸시효가 완성되어 보험급여를 지급하지 않으므로 급여를 받기 위해서는 3년 이내에 근로복지공단에 청구하여야 한다. 시효를 최초로 계산하는 시점인 기산점은 요양급여의 경우 요양을 받은 날, 유족급여는 노동자가 사망한 날이다. 기타 이 법에서 정하지 아니한 시효는 「민법」을 적용하여 계산된다.

근로복지공단 각 지역본부(지사)에서 행한 「산업재해보상보험법」상의 보험급여에 관한 결정에 불복이 있는 자는 권리구제를 위해 심사청구를 제기할 수 있다. 심사청구의 대상은 요양급여(간병료, 이송료 등 포함), 휴업급여, 장해급여, 간병급여, 유족급여 및 장의비, 상병보상연금 등 보험급여에 관한 결정이다.

청구인 또는 대리인(변호사, 공인노무사 등)은 각 지역본부(지사)의 보험급여에 관한 결정이 있음을 안 날부터 90일 이내에 원처분을 내린 각 지역본부(지사)에 심사청구서를 제출하여야 한다. 원처분 지사에 제출된 심사청구서는 공단본부에 송부된 날부터 60일 이내에 심리 · 결정을 하게 되며, 부득이한 사유로 인하여 그 기간 내에 결정을 할 수 없을 때에는 1차에 한하여 20일을 넘지 아니하는 범위 내에서 그 기간을 연장할 수 있다.

심사결정에 이의가 있는 자는 심사청구 방식과 같이 심사결정을 안 날부터 90일 이내에 원처분을 내린 각 지역본부(지사)에 재심사청구서를 제출하면 고용노동부 산재심사위원회에서 60일 이내에 심리 · 결정하게 된다. 심사와 재심사청구서는 공단 각 지역본부(지사)에 비치되어 있고 공단 홈페이지에서 내려받을 수 있다.

또한 「산업재해보상보험법」상 보험급여에 관한 결정 또는 심사결정에 불복이 있는 경우 결정(심사결정)이 있음을 안 날부터 90일 이내에 심사 및 재심사청구를 거치지 아니하고 행정소송을 제기할 수 있다.

산재보험에 대한 시효와 심사결정, 재심사결정, 행정소송제기 등은 법으로 정한 기한이 있기 때문에 해당기일 안에 청구서의 제출 등을 해야 한다.

10) 산재 발생 후 보험급여에서 꼭 확인할 사항

사유: 업무상 재해 발생

- 지정의료기관으로 이송 치료 중 요양신청: 완치 시까지 무료로 치료받는다.
  - 산재지정병원에서 치료 시 병원에서 치료비 등 요양급여를 보험기관에 직접 신청한다.
  - 요양비 청구: 비지정의료기관에서 치료받았을 때 청구한다. 산재보험적용사업장에서 재해를 당했음에도 산재처리가 안 되어 본인 부담으로 치료했을 때도 보험기관에 청구하여 그 비용을 받을 수 있다.
  - 전원요양신청: 치료하는 병원을 바꿀 때 신청한다.
  - 재요양신청: 치료 후 재발 시 신청한다. 단, 민사소송을 하여 향후 치료비를 받았을 때는 재요양신청이 불가하다.
- 요양기간 동안 휴업급여 청구: 치료가 완료될 때까지 매월 평균임금의 70%를 받는다.

- 평균임금 개정 신청: 재해를 입은 회사가 임금에 변동이 있을 때 신청한다.
- 상병보상연금 청구: 요양 중 요양기간이 2년을 넘어설 당시에 폐질등급 3급 이상인 자는 휴업급여를 대체할 상병보상연금을 청구한다.

• 치료 후 장해가 남았을 때: 장해보상급여를 연금, 일시금의 형태 중 선택한다.
- 연금: 연 4회 지급하는데, 장해등급 1~3등급은 연금형태만 지급, 4~7등급은 연금과 일시금 중 선택이 가능하고, 8~14등급은 일시금만 선택할 수 있다.

• 사망했을 때: 장의비 및 유족급여를 청구한다.
- 유족급여는 일시금과 연금 중 선택할 수 있다.

5. 산재보험의 관리운영

산업재해와 관련된 보험업무의 관리운영은 근로복지공단이 한다. 산재보험은 원래 고용노동부에서 직접 수행했는데, 보험재정 팽창과 보험대상 적용의 확대 등으로 업무가 과다해져서 산재사업의 효율적인 운영을 위해 기존의 근로복지공사를 근로복지공단으로 개편하여 산재업무 및 노동자 관련 업무를 전담하도록 하였다.

근로복지공단은 울산에 본사를 두고 전국 6개 지역본부와 54개 지사를 운영하고 있다. 공단은 산하에 10개의 병원(인천, 태백, 창원, 순천, 대전, 안산, 동해, 정선, 대구병원, 경기요양병원)과 근로복지연구원, 직업환경연구원, 재활공학연구소 등을 보유하고, 산재지정 병·의원은 전국에 3천여 개소가 있다. 근로복지공단은 「산업재해보상보험법」에 의거하여 사업주로부터 보험료를 징수하고, 산재사고 시 피해노동자 또는 그 가족에게 적당한 기준에 의한 서비스를 제공하고 있다.

또한 근로복지공단은 산재 노동자와 그 가족을 위한 복지사업을 수행하고 있다. 산재 노동자는 대다수가 부양가족을 거느린 30~40대 가장으로서 뜻하지 않게 발생한 산업재해는 한 가정에게 커다란 정신적 · 경제적 어려움을 안겨 준다. 당장의 치료비, 생활비는 물론 자녀의 양육비, 교육비 등의 부담으로 고통스러워하고 각종 생활상의 문제가 발생한다. 근로복지공단은 산재보험으로 불행을 극복하도록 도울 뿐 아니라 근로자들의 생활안정지원과 생계비용융자를 통해 안정되고 더 큰 행복을 위해 근로자복지서비스를 제공한다. 대표적인 근로자복지서비스로는 융자사업, 문화 · 여가지원, 공단운영어린이집, 신용보증지원, 임금채권보장, 체불청산지원사업주융자, 산재근로자복지지원, 사내 · 공동근로복지기금지원, 기업복지상담, 근로자지원프로그램(EAP), 직장보육지원센터, 퇴직연금 등이 있다.

산재보험의 적용대상 사업장이 영세사업장으로 확대되면서 사업주의 보험사무를 지원하는 보험사무조합의 역할이 커지고 있다. 1987년에 도입된 산재보험사무조합은 사업주 등을 구성원으로 하는 단체로서 특별법에 의하여 설립된 단체 또는 「민법」 제32조 규정에 의하여 고용노동부장관의 허가를 받아 설립된 법인, 기타 대통령이 정하는 기준에 해당하는 단체가 중소영세사업주의 위탁을 받아 보험료 신고 등 위탁사업주의 각종 보험사무를 대행하여 주는 제도이다. 보험사무조합은 보험가입자(사업주)의 위탁을 받아 개산보험료, 추가개산보험료, 증가개산보험료, 확정보험료의 보고 · 납부, 연체금, 가산금, 기타 징수금의 납부, 보험관계의 성립, 변경, 소멸의 신고, 기타 보험사무를 행할 수 있다.

6. 산재보험의 활용과 과제

산재보험은 시행 반세기를 넘기면서 산업사회에 꼭 필요한 사회보험으로 발전하고 있지만, 다음과 같은 문제점에 대한 제도 개선방안이 모색되어야 할 것이다.

첫째, 2018년 12월 산재보험의 가입 사업장은 2,654,107개소이고 노동자는 19,073,438명으로 늘어났지만 전체 노동자의 상당수는 산재보험에 가입되어 있지 않다. 법적으로 당연가입 대상이지만 영세 제조업, 음식숙박업 등의 사업주가 수많은 비정규직 노동자들을 산재보험에 가입시키지 않기 때문이다. 이는 상시 1인 이상 고용사업체만 당연가입을 원칙으로 하고 있기 때문인데, 가입의 기피를 막기 위해서는 모든 사업장을 당연가입으로 해야 한다.

둘째, 산재보험의 급여를 합리적으로 받기 위해서는 적용을 받는 노동자가 산재보험에 대한 기초적인 지식과 권리의식을 갖도록 교육해야 한다. 산업재해가 발생하면 사업주는 산재로 처리하는 것을 꺼리기에 노동자와 그 가족이 산재보험에 대한 지식을 갖고 급여를 청구할 수 있는 방법을 잘 알아야 하는데 현재 이에 대한 기초교육이 거의 없는 상태이다. 사용주는 명백한 산업재해를 건강보험으로 처리하여 노동자의 권리를 부당하게 침해하고 건강보험의 재정을 압박하기도 한다. 산재보험에 가입한 전체 노동자에게 산재보험에 대한 기초교육을 매년 정기적으로 실시하고, '알아야 챙기는 산재보험'과 같은 안내책자를 널리 보급해야 한다.

셋째, 산재보험의 보험료율은 35개 업종으로 분류되고 평균 보험료율은 1.65%(업종별 일반요율 1.50%+출퇴근 재해요율 0.15%)이다. 지난 3년간 보험급여지급율에 따라서 보험료율을 산정하기에 공평한 것처럼 보이지만, 최고와 최저 보험료율의 격차가 크기에 사보험방식에 가깝다. 예컨대, 연간 임금총액이 100억 원 규모 건설업은 산재보험료만 3억 6천만 원을 내야 한다. 산업재해의 예방을 장려하기 위해서 보험급여지급율을 고려해야 하겠지만 사업집단별 보험료율의 지나친 차이를 줄이는 방향으로 제도를 개선해야 한다.

넷째, 산재보험의 급여가 꾸준히 향상되고 있지만 그 수준이 재해를 당한 노동자와 가족에게 충분하지 못하다. 휴업급여의 경우 OECD 국가들은 임금의 전액이나 80% 수준인데 비하여 한국은 70%이고, 장해급여의 판정도 정신적 또는 육체적 훼손상태만 고려하고 노동자의 연령, 직종, 지위 등 제반조건이 고려되지 않는다는 것은 상식과 배치된다. 예컨대, 한 손 새끼손가락을 제대로 못 쓰게 된 사람은 14등급을 판정 받아서 평균임금의 55일분을 받는데, 청년 피아니스트라면 직업활동에 심각한 영향을 받을 것이다. 급여의 적절성이 낮기에 사용자의 과실이나 관리소홀로 생긴 산업재해는 대부분 별도로 민사상 손해배상 청구의 대상이 된다. 시민의 생활양식의 변화와 기대수준에 맞게 산재보험의 급여를 적절히 향상시켜야 한다.

다섯째, 급여를 합리적으로 제공하는 것도 매우 중요하다. 현재 유족급여의 수급자 중에서 배우자가 있으면 가장 선순위자이고, 그다음은 자녀, 부모 등의 순이다. 그런데 기혼 남성노동자가 사망할 경우 아내에게는 남편, 자녀에게는 아버지, 부모에게는 자식으로 누구에게나 소중한 존재이지만 유족급여는 선순위자가 전액 수령한다. 아내가 자녀를 양육하면 큰 문제가 아니지만 자녀양육을 태만히 할 때에도 근로복지공단은 급여를 지급하는 데 그친다. 유족급여에 대하여 수급자간의 다툼이 있는 경우에는 「민법」의 상속조항을 준용하여 적절히 배분하는 것도 한 방안이다.

여섯째, 산재보험은 국민연금이나 건강보험에 비교할 때 보험료를 납부하는 사용주와 적용대상자인 노동자가 보험료의 책정, 장해급여의 판정, 기금의 관리운영, 지정 병의원에 대한 감시 등에 참여하기 위한 제도적 장치가 거의 없다. 최근 장해급여, 유족급여 등 장기급여가 늘어나기에 기금의 관리운영에 대해서도 이해당사자와 외부 전문가의 참여가 매우 절실하다. 아울러, 산재보험과 고용보험의 적용사업장이 중복되기에 양 보험의 통합 등을 포함한 중장기발전계획을 세우고, 장기급여의 증가를 고려한 안정적 재정운용으로 미래세대에게 부담을 주어서는 안 된다.

* 노동건강연대 http://laborhealth.or.kr

단원 정리

산업재해보상보험(산재보험)은 근로자의 업무상의 재해를 신속하고 공정하게 보상하고, 재해근로자의 재활 및 사회복귀를 촉진하기 위하여 이에 필요한 보험시설을 설치 · 운영하며 재해예방, 기타 근로자의 복지증진을 위한 사업을 행하는 사회보험이다.

산업재해란 사업장의 노동자가 업무상 발생하는 재해로 인해 부상, 질병, 신체장해, 사망을 당한 경우를 말한다. 아울러 업무수행 중의 사고뿐만 아니라 사업장의 설비 미비로 인한 사고, 업무수행을 위한 출장 중에 당한 사고, 출퇴근하다 당한 사고, 작업환경이나 근무조건 등 유해요인으로 인해 생기는 질병도 산업재해로 본다.

1963년에 「산업재해보상보험법」이 제정되었고, 산재보험은 1964년 7월

1일부터 500인 이상의 광업과 제조업 사업장 노동자에게 처음 적용되었다. 이후 점차 적용사업장을 확대하여 2000년 7월부터 1인 이상을 고용하는 모든 사업장으로 확대시켰다. 당연적용 사업장이 산재보험에 가입하지 않았더라도, 산재를 당한 노동자가 근로복지공단에 요양급여 등을 요구하는 경우에는 산재처리를 하도록 되어 있다.

산재보험의 비용은 전액 고용주가 보험료로써 부담한다. 특정 사업장의 산재보험료는 업종별 재해율에 따라 결정되는 보험료율에 해당 사업장의 임금총액을 곱해서 결정한다.

산재보험의 급여는 업무상 부상 또는 질병에 대한 요양급여와 간병급여, 일하지 못한 기간에 대한 휴업급여, 치료 후 폐질등급이면 휴업급여 대신에 상병보상연금, 치료 후 장해가 남는 경우에 장해급여, 간병급여, 사망 시 그 유족에게 지급하는 유족급여와 장의비가 있다.

근로복지공단은 「산업재해보상보험법」에 의거하여 사업주로부터 보험료를 징수하고, 산재사고 시 피해노동자 또는 그 가족에게 적당한 기준에 의한 서비스를 제공하고 있다.

산재보험은 시행 반세기를 넘기면서 산업사회에 꼭 필요한 사회보험으로 발전하고 있지만, 다음과 같은 문제점에 대한 제도 개선방안이 모색되어야 할 것이다. 당연가입을 하지 않는 사업장의 가입을 독려해야 한다. 적용을 받는 노동자가 산재보험에 대한 기초적인 지식과 권리의식을 갖도록 교육해야 한다. 산재보험의 보험료율은 35개 사업집단별로 세분화되고, 평균 1.65%인데 사업집단별 보험료율의 격차를 줄어야 한다. 산재보험의 급여수준을 재해를 당한 노동자와 가족에게 충분하게 향상시켜야 한다. 유족급여를 포함하여 전체 급여를 합리적으로 제공하는 것도 매우 중요하다. 보험료를 납부하는 사용주와 적용대상자인 노동자의 참여를 늘리고 안정적 재정운용으로 미래세대에게 부담을 주어서는 안 된다.

✱ 용어 정리

- **산업재해보상보험**: 산업재해보상보험은 근로자의 업무상의 재해를 신속하고 공정하게 보상하고, 재해근로자의 재활 및 사회복귀를 촉진하기 위하여 이에 필요한 보험시설을 설치 · 운영하며 재해예방, 기타 근로자의 복지증진을 위한 사업을 행하는 사회보험이다.

- **산업재해**: 산업재해란 사업장의 노동자가 업무상 발생하는 재해로 인해 부상, 질병, 신체장해, 사망을 당한 경우를 말한다. 아울러 업무수행 중의 사고뿐만 아니라 사업장의 설비 미비로 인한 사고, 업무수행을 위한 출장 중에 당한 사고, 출퇴근하다 당한 사고, 작업환경이나 근무조건 등 유해요인으로 인해 생기는 질병도 산업재해로 본다.

- **산재보험료**: 산재보험료는 사용자가 전액 납부하고 정부가 운영사업비의 일부를 부담하며, 사업장 재해 발생 위험도에 따라 차등부담원칙에 의거한다. 보험료는 당해 보험연도의 임금총액에 사업집단별 보험료율를 곱해서 산출한다.

- **산재보험 급여**: 산업재해보상보험의 급여는 업무상 부상 또는 질병에 대한 요양급여와 간병급여, 일하지 못한 기간에 대한 휴업급여, 치료 후 폐질등급이면 휴업급여 대신에 상병보상연금, 치료 후 장해가 남는 경우에 장해급여, 간병급여, 사망 시 그 유족에게 지급하는 유족급여와 장의비가 있다.

- **요양급여**: 업무상 부상 또는 질병에 걸려 4일 이상의 요양을 요할 때 의료기관에서 상병의 치료에 소요되는 비용을 치유될 때까지 지급하는 현물급여(지정 의료기관에서의 치료)이다. 다만, 긴급 및 기타 부득이한 사유로 요양 승인을 받지 않고 자비로 치료한 경우에는 요양비로 지급된다.

- **휴업급여**: 부상 또는 질병으로 인하여 취업하지 못하는 기간에 대하여 노동자와 그 가족의 생활보호를 위하여 임금 대신 지급하는 급여를 말한다.

요양기간 동안 일을 못하게 되면 1일 기준 평균임금의 70%를 지급한다.

- **장해급여**: 업무상 재해의 완치 후 당해 재해와 상당 인과관계가 있는 장해가 남게 되는 경우 그 장해의 정도에 따라 지급하게 되는 급여를 말한다. 이때 장해라 함은 부상 또는 질병이 치유되었으나 신체에 잔존하는 영구적인 정신적 또는 육체적 훼손상태로 인하여 생긴 노동력의 손실 또는 감소를 말한다.

- **유족급여**: 유족급여는 산재환자가 사망한 경우 그 유족의 생활을 돕기 위해 지급되는 급여로서 유족보상연금, 유족보상일시금 중 선택하여 보상을 받을 수 있다. 유족이 여러 명이면 배우자, 자녀, 부모, 손자녀 순으로 받을 수 있다.

- **상병보상연금**: 상병보상연금은 요양급여를 받는 노동자가 부상 또는 질병의 정도가 폐질등급 1~3급에 해당하고 요양 개시 후 2년이 경과되어도 치유되지 않은 경우 휴업급여 대신에 보상수준을 향상시켜 연금으로 지급하게 되는 것을 말한다. 폐질등급 1급은 평균임금의 329일분, 2급은 291일분, 3급은 257일분을 청구에 의하여 12등분하여 매 월별로 수령한다.

- **간병급여**: 간병급여는 요양이 종결된 자가 의학적으로 상시 또는 수시로 간병이 필요하여 실제로 간병을 받는 자에게 지급된다. 지급대상은 상시간병급여 대상과 수시간병급여 대상으로 나뉜다.

- **장의비**: 장의비는 노동자가 업무상 사유로 사망한 경우 그 장제에 소요되는 비용에 대하여 지급하는 것을 말한다. 실제로 장제를 실행한 사람에게 평균임금의 120일분을 지급한다.

- **특별급여제도**: 특별급여제도는 노동자가 업무상 사유로 사망하거나 신체장해를 입은 경우 사업주를 상대로 하는 민사상 손해배상의 번거로움을 방지, 신속한 해결을 위하여 산재보험에서 대불해 주고 그 지급상당액을 사업주가 직접 납부하는 제도로서 장애특별급여와 유족특별급여가 있다.

- **근로복지공단**: 근로복지공단은 「산업재해보상보험법」에 의거하여 사업주로부터 보험료를 징수하고, 산재사고 시 피해노동자 또는 그 가족에게 적당한 기준에 의한 서비스를 제공하고 있다. 근로복지공단은 울산에 본사를 두고 전국 6개 지역본부와 54개 지사를 운영하고 있다.

제9장 국민기초생활보장

1. 기초생활보장의 정의와 역사

국민기초생활보장(기초생활보장)은 생활이 어려운 사람에게 필요한 급여를 실시하여 이들의 최저생활을 보장하고 자활을 돕는 것을 목적으로 한 사회복지제도이다. 이 제도는 1962년부터 시행되었던 「생활보호법」이 폐지되고 1999년에 제정된 「국민기초생활 보장법」에 근거하여 2000년 10월부터 시행되고 있다(김희성, 이재법, 2020).

1997년 외환위기 때 대량실업으로 인한 이혼, 가출, 노숙, 자살, 결식아동 증가 등의 사회문제는 생활보호제도로는 대처하기 어려웠다. 당시 생활보호제도는 18세 미만 아동, 65세 이상 노인, 중증장애인과 같이 노동능력이 없고 가족의 보호를 받기 어려운 국민의 생활보호에 집중하고, 노동능력이 있는 국민의 빈곤대책을 체계적으로 세우지 못했다. 정부는 한시적 생활보호와 공공근로 확대 등을 했지만 대량 실업과 생존권 위기를 해결하지 못했다. 이에 1998년에 참여연대를 중심으로 45개 단체가 입법운동을 벌여 시민단체 · 정당 · 정부가 합의하여 1999년 9월 7일에 「국민기초생활 보장법」을 제정하였다.

* 참여연대 http://www.peoplepower21.org

기초생활보장은 극히 일부 요보호 국민에 대한 시혜적인 복지에서 모든 국민의 기초생활을 보장하는 제도로의 전환을 의미한다. 최저생활에 미치지 못한 국민에 대한 국가적 책임을 강화하여 「헌법」상 규정된 '인간다운 생활을 할 권리'를 모든 국민이 누리는 것을 지향했다. 하지만 이 법의 부양의무자 등 일부 독소조항은 많은 사람들이 복지급여를 받지 못하도록 가로막고 있다.

기초생활보장은 일할 능력이 있으면 자활 관련 사업에 참여한다는 조건 아래 생계급여를 받도록 하고 있다. 이 제도는 일할 수 있는 사람에게는 일자리를 제공하고 생활이 어려운 사람에게는 최저생활을 보장하는 '생산적 복지' 철학을 담고 있다. 정부는 소득이 일정한 수준에 미달하는 대상자(기준 중위소득의 50% 이하) 중 근로능력이 없는 사람에게 조건 없이 지원하고, 근로능력자에게 직업훈련 등 자활에 참여하는 것을 조건으로 지원한다. 이 제도는 생계급여, 주거급여, 해산급여, 장제급여를 현금으로, 의료급여, 교육급여를 현물급여로 준다.

기초생활보장제도는 소득 불평등을 완화시켰지만, 수급자의 근로의욕 상실을 가져와 빈곤에서 벗어나려는 의지를 저하시킨다고 비판을 받기도 한다. 지난 20여 년간 생계급여 수급자 선정기준은 국민의 생활수준에 비교하여 낮아 근로의욕을 저하시킬 정도라고 보기는 어렵다.

정부는 2014년에 발생된 송파 세 모녀 자살 사건을 계기로 2015년 7월부터 기초생활보장 급여를 개별 급여로 전환하였다. 가구 소득인정액이 최저생계비에 미치지 못한 사람을 수급자로 선정하는 방식에서 가구 중위소득의 일정한 비율을 미치지 못한 가구를 생계급여, 의료급여, 주거급여, 교육급여 수급자로 선정하는 방식으로 바꾸었다 이른바 '맞춤형 복지'를 통해 전반적으로 개선되었지만 모든 국민이 인간다운 생활을 할 권리를 누리기에는 부족함이 많다.

기초생활보장제도의 재원은 세금으로 조달된다. 대부분 예산은 국비로 조성되고, 일부는 해당 지방자치단체가 분담한다. 기초생활보장제도는 국가와 지방자치단체에서 사회복지전담 공무원과 관련 공무원이 담당한다. 시 · 군 · 구와 읍 · 면 · 동 행정복지센터 복지팀이 위기가구를 발굴하고, 수급자를 선정하며, 복지급여를 제공한다.

기초생활보장 수급권은 생활이 어려워졌을 때 정부로부터 지원을 받아 최소한의 생계를 유지할 수 있도록 모든 국민에게 부여된 권리이다. 수급권은 노인이나 장애인 등 특별한 사람만 받는 것이 아니라 모든 국민 중 가구 소득인정액이 수급자 책정기준 이하이면 신청하여 받을 수 있다. 생계급여와 의료급여는 부양의무자가 없거나 있더라도 부양능력이 낮아야 받을 수 있고, 주거급여와 교육급여는 부양의무자와 상관없이 받을 수 있다. 기초생활보장제도는 일곱 가지 원칙을 가지고 있다.

- 최저생활보장 원칙: 최저한의 경제적 생활을 보장하는 수준으로 급여액을 결정한다.
- 보충급여 원칙: 각 급여의 선정기준과 소득인정액의 차이만큼 보충해 준다(생계급여의 경우에 그렇고, 주거급여는 일부 연계되어 있다).
- 자활지원 원칙: 근로능력이 있는 사람에게는 자활사업에 참여하

는 조건으로 급여를 지급한다.

- 개별성 원칙: 급여수준을 정할 때 개별적 특수상황을 반영한다.
- 가족부양우선 원칙: 정부의 지원 이전에 부양능력이 있는 부양의무자에게 우선 부양받아야 한다.
- 타급여우선 원칙: 급여신청자가 다른 법령으로 보호받을 수 있는 경우는「국민기초생활 보장법」보다 우선해서 다른 법령으로 보호한다.
- 보편성 원칙:「국민기초생활 보장법」이 규정한 요건을 충족하는 국민은 누구나 수급권을 인정한다.

2. 기초생활보장의 수급자

당초 기초생활보장 수급자는 가구 소득인정액이 최저생계비 이하이고 당사자나 가족이 읍·면·동에 신청할 때 선정될 수 있었다. 2015년 7월부터 선정기준이 최저생계비에서 기준 중위소득의 일정한 비율(50%) 이하로 바뀌었다. 이전에는 수급자로 선정되면 모든 급여를 받을 수 있었으나 개정 이후 생계급여 수급자, 의료급여 수급자, 주거급여 수급자, 교육급여 수급자로 바뀌었다.

기초생활보장 수급자 선정기준이 절대 빈곤선인 최저생계비에서 상대 빈곤선인 기준 중위소득으로 바뀐 것이다. 기준 중위소득이란 중앙생활보장위원회의 심의 의결을 거쳐 고시된 국민가구소득의 중위값을 말한다. 전체 가구를 순서대로 줄을 세울 때 중위값에 해당되는 소득으로 평균소득보다는 낮다. 가구 소득인정액이 증가하여 중위소득의 30%를 넘으면 생계급여는 받지 못하더라도 의료급여, 주거급여, 교육급여 등은 받을 수 있다.

맞춤형 개별급여로 변경되어도 수급자가 되기는 쉽지 않다. 가구원의 근로의무, 소득, 재산, 부양의무자 기준을 통과해야만 수급자가 될 수 있다. 다만, 생계급여와 의료급여 수급자는 근로능력평가를 하고 부양의무자 기준이 있어서 선정되기 어렵지만, 주거급여와 교육급여 수급자는 근로능력 평가를 하지 않고 부양의무자 기준도 폐지되어 수급자로 선정될 가능성이 높다.

* 복지로 http://www.bokjiro.go.kr

1) 기준 중위소득

정부는 2015년 7월부터 기초생활보장제도를 맞춤형 복지로 바꾸었다. 가구 소득인정액과 부양비의 합계액이 기준 중위소득의 30% 이하인 가구는 생계급여 수급자, 30%를 넘고 40% 이하인 가구는 의료급여 수급자가 될 수 있다. 가구 소득인정액이 기준 중위소득의 40%를 넘고 45% 이하인 가구는 주거급여 수급자, 45%를 넘고 50% 이하인 가구는 교육급여 수급자가 될 수 있다.

생계급여와 의료급여 수급자는 부양의무자 기준이 있고 부양비를 계산하여 가구의 소득인정액과 부양비를 합친 금액이 해당 급여 기준 이하일 때 선정될 수 있다. 따라서 사회복지사를 포함한 모든 시민은 기준 중위소득, 가구, 소득인정액, 소득평가액, 재산의 소득환산액, 부양의무자와 부양비를 정확히 알아야 기초생활보장제도를 활용할 수 있다.

2) 가구(가구원, 별도가구)

기초생활보장제도는 가구 단위로 급여를 제공하되 필요하다고 인정된 경우에 개인 단위로 줄 수 있다. 가구는 수급자 선정, 급여액 결정, 급여 지급의 기본단위이다. 소득평가액을 산정하거나 재산의 소득환산액을 계산할 때 가구를 단위로 한다. 가구에 속하는 사람은 주민등록표상에 기재되고 실제로 생계와 주거를 같이하는 가족이다. 부부와 미혼의 자녀로 구성되는 가구는 계산하기 쉽지만, 친족 등 동거인이 있는 경우에는 가구에 포함될 수도 있고 그렇지 않을 수도 있다.

30세 미만의 미혼자녀는 학교를 다니거나 다른 사정으로 따로 사는 경우에도 한 가구원으로 본다. 다만, 별도로 거주하는 30세 미만 취업자녀는 가구원이 아니라 부양의무자로 본다. 만약 한부모가족에서 자녀가 직업을 가지면 소득이 높아져서 수급자에서 탈락되기 쉬운데, 자녀가 따로 살면 다른 가구이고 한 가구로 보지 않아서 수급자로 남을 수도 있다. 군대에 입대하면 가구원으로 계산되지 않지만, 사회복무요원은 가구원으로 본다.

행방불명이나 가출한 자는 경찰에 가출인 신고를 하고 한 달 이상이 되면 가구원에서 제외된다. 행방불명돼도 가출인으로 신고하지 않으면 가구원으로 간주되고, 경제활동능력을 가진 연령이면 소득행위를 할 것으로 본다. 법적으로 이혼하지 않으면 한 가구로 보는데, 별거하여 생계를 달리한 경우에는 읍 · 면 · 동 복지공무원과 상담하면 제외시킬 수도 있다.

주민등록상 한 가구이고 함께 살더라도 별도가구로 인정받을 수도 있다. 별도가구란 부모와 자녀가구가 함께 살아도 별도로 사는 것으로 간주하여 부모 혹은 자녀가구가 수급자가 될 수도 있다. 흔히 부모와 사는 30세 이상의 배우자가 없는 중증장애인은 별도가구로 간주된다. 결혼한 자녀의 집에 사는 부모, 결혼한 형제자매의 집에서 사는 경우에도 별도가구로 간주하여 수급자로 지원해 줄 수도 있다. 가구원 수가 많으면 공적 지원을 받을 수 있는 기준 중위소득도 높아지므로 어떤 사람을 가구원에 포함시킬 것인지 여부를 정확히 확인하는 것이 중요하다.

3) 가구 소득인정액

가구 소득인정액은 월단위로 계산된 소득평가액에 재산의 소득환산액을 합친 금액이다. 가구원 중에서 소득을 버는 사람이 많고 액수가 많으면 소득평가액이 높아진다. 근로소득, 사업소득, 재산소득, 이전소득 등을 합산한 금액이 소득평가액이다. 재산은 일반재산(이 중 주거용 재산, 주거용 재산을 뺀 일반재산), 금융재산, 승용차 등으로 세분된다. 재산은 유형별로 소득으로 환산되는 방식이 다르기에 환산율이 높은 자동차가 있거나 예금이 많으면 소득환산액이 높아진다. 가구 소득인정액이 복지급여를 받을 수 있는 조건이 되면 거주지 관할 읍 · 면 · 동 행정복지센터에 기초생활보장을 신청할 수 있다.

4) 소득평가액

소득평가액은 가구원이 버는 모든 소득의 합산 금액에서 공제되는 소득을 제외한 금액이다. 부부 소득뿐만 아니라 자녀의 아르바이트를 포함하여 모든 근로소득, 사업소득, 재산소득(임대소득, 이자소득 등), 이전소득(공적 이전소득, 사적 이전소득)을 합치고 이를 12개월로 나눈 금액이다.

근로소득은 가구원의 소득 전부를 합산한다. 상시 노동자는 급여 외에 상여금, 성과금 등이 포함된 금액이다. 일용직은 3개월 평균소득을 보는데 본인이 소득확인서를 고용주에게 확인받아 제출한다. 2020년부터 근로소득은 30%를 공제한 후 소득평가액으로 계산한다. 근로소득은 세금, 사회보험료 등을 내기 전의 세전 소득을 말한다. 150만 원을 벌면 30%인 45만 원을 공제한 후 105만 원을 소득평가액으로 본다.

대학생의 아르바이트 소득은 40만 원을 우선 공제하고 나머지 금액 중 30%를 뺀 금액만 소득평가액으로 간주된다. 예를 들면, 월 50만 원을 벌면 40만 원+3만 원을 제외한 7만 원만 소득평가액으로 계산된다. 나머지 금액도 교재비, 학원비, 학교등록금 등으로 지출한 영수증을 첨부하면 공제받을 수 있다.

근로능력자(18세 이상 65세 미만)가 일하지 않는 경우에는 소득을 추정한다. 대개 하루 최저임금액으로 15일 내외 일한 것으로 보아 확인소득을 추정한다(2020년에는 8,590원의 8시간분인 6만 8,720원으로 15일간 일하면 103만 800원 내외). 건강상의 이유로 일하기 어려우면 근로무능력자로 평가받아야 한다. 다만, 미취학 어린이를 양육하는 사람, 질병이나 장애로 거동이 곤란한 가구원을 보호하는 사람, 구직등록을 하고 구직 중인 사람, 대학생 등은 확인소득을 추정하지 않으니 해당되는 사람은 적극적으로 해명하기 바란다.

재산소득은 임대소득, 이자소득, 연금소득(민간 연금보험, 연금저축 등), 적은 이자라도 전부 소득으로 산정한다.

공적 이전소득은 정부나 지방자치단체 등 공공의 영역에서 받은 금품으로 국민연금, 실업급여, 산재보험으로 받는 급여 등을 소득으로 산정한다. 다만, 이전소득 중 지자체가 조례에 의하여 수급자나 생활이 어려운 저소득층에 지급하는 금품은 소득산정에서 제외한다. 아동수당, 장애인의 장애인연금과 장애수당, 장애아동수당, 한부모가정의 아동양육비, 소년소녀가정(세대) 지원금, 위탁아동 양육보조금, 대학생 장학금 등은 부가급여로서 소득으로 산정하지 않는다.

사적 이전소득은 부모나 형제, 친척, 친구 등의 도움을 연간 5회 이상 받으면 소득으로 산정한다. 친지, 이웃 등의 일시적인 생활비 보조금은 소득으로 산정하지 않는다. 부모나 형제 또는 친구 집에 무료로 사는 경우에는 소득이 생기는 것으로 보아 사용대차 사적 이전소득을 산정한다.

시 · 군 · 구 등 보장기관은 소득의 종류에 따라 매월 혹은 연 1회 이상 확인조사를 하는데, 사회보장정보시스템을 통해 조회된 공적자료를 우선 적용한다. 소득이 상당히 있어도 공적자료로 확인되지 않으면 계산에서 누락될 수 있는데, 노점상 등은 해당 가구의 생활수준을 고려하여 '지출실태조사'로 소득수준을 가늠할 수 있다.

수급자가 국민연금에 가입하면 연금보험료의 50%를 소득에서 공제하니, 이처럼 공제되는 소득이 무엇인지를 꼭 확인하기 바란다. 실제 소득에서 공제소득을 제외한 금액이 소득평가액이다.

5) 재산의 소득환산액

재산은 가구원 명의로 된 모든 재산이고 크게 일반재산, 금융재산, 자동차로 구분하여 조사된다. 일반재산은 자가이면 집값(시가표준액)과 땅값, 전세 · 월세이면 보증금(계약서상의 95%), 입주권 · 분양권 등을 합친 금액이다. 계약서는 반드시 확정일자를 검인받아야 된다.

기본재산액(2020년에는 생계급여 · 주거급여 · 교육급여 수급자는 대도시 6,900만 원, 중소도시 4,200만 원, 농어촌 3,500만 원이고, 의료급여 수급자는 대도시 5,400만 원, 중소도시 3,400만 원, 농어촌 2,900만 원)을 공제한 나머지 금액에 4.17%(연 50.04%)를 곱한다. 공제하고 남은 일반재산이 주거용 재산(주거용 재산 한도액은 생계급여 · 주거급여 · 교육급여 수급자는 대도시 1억 2천만 원, 중소도시 9천만 원, 농어촌 5,200만 원이고, 의료급여 수급자는 대도시 1억 원, 중소도시 6,800만 원, 농어촌 3,800만 원)이면 1.04%(연 12.48%)로 환산한다.

금융재산은 금융기관에 있는 예금, 적금, 주식, 채권, 보험 등을 포함한다. 예금은 3개월 평균 잔액, 연금저축은 불입금, 일반보험은 해약환급금을 기준가로 산정한다. 금융재산에서 생활준비금 500만 원을 공제한 후에 월 6.26%(연 75.12%)를 곱한다. 금융재산의 합계가 1천만 원이라면 500만 원을 공제한 후 500만 원의 6.26%인 313,000원의 소득환산액으로 계산된다.

자동차는 자동차보험 차량가격의 100%(연 1,200%)가 소득으로 환산된다. 보험기준 100만 원의 차량은 월 100만 원의 소득환산액으로 계산된다. 다만, 3급 이상의 장애인이 가진 2,000cc 미만 자동차, 자동차를 생계수단으로 활용한 경우에 1,600cc 미만이면서 10년이 넘은 차량은 일반재산으로 간주된다.

재산의 소득환산율은 시중의 이자에 비교하여 매우 높다. 승용차의 보험회사 기준 차량 가격이 200만 원이면 소득인정액이 월 200만 원, 공제 후 통장에 200만 원이 있으면 월 125,200원, 전세금이 200만 원이 남으면 월 83,400원(주거용 재산기준에 해당될 경우 월 20,850원)으로 간주된다. 이것은 노령연금에서 200만 원 초과 재산(집, 전세금, 예금, 승용차 등)에 대한 소득인정액이 월 8,333원인 것에 비교할 때 매우 불합리하다.

기초연금에서 소득인정액을 산정할 때에는 모든 소득을 합친 후에 일정액을 공제하고, 나머지 재산에 4%를 곱한 후에 12로 나누어서 계산한다. 정부가 합리적인 소득인정액 산정방식을 알면서도 기초생활보장 수급자 선정 시 재산의 소득환산액을 과도하게 산정한다. 이를 수정하지 않으면 약간의 재산이 있다는 이유로 기초생활보장 수급자가 되지 못하는 문제점이 지속될 것이다.

따라서 당사자가 자동차가 있으면 팔고, 예금이 많으면서 월세로 살면 예금을 찾아서 전세보증금을 올려 주는 것이 합리적이다. 소득인정액은 '복지로'를 클릭하고 '복지서비스 모의계산'을 하면 짐작할 수 있다. 모의계산으로 복지급여를 받을 수 있으면 129로 전화하거나 읍·면·동 행정복지센터나 휴대폰 앱 '복지로'에서 신청하기 바란다. 저소득층이 부양의무자 기준이 없는 주거급여 혹은 교육급여를 신청하면 수급자로 선정될 가능성이 높다.

6) 부양의무자

기초생활보장제도 생계급여와 의료급여 수급자는 가구 소득인정액과 부양의무자의 부양비를 합산하여 결정한다. 2촌 이내로 함께 사는 가족은 부양의무가 있고, 함께 살지 않더라도 1촌(부모, 자녀와 그 배우자)은 부양의무가 있으므로 소득인정액이 기준보다 낮더라도 부양의무자가 부양능력이 없거나 약할 때만 복지급여(생계급여, 의료급여)를 받을 수 있다.

부양의무는 부모와 자식 간에 동일하다. 자녀는 부모를 부양할 의무가 있고, 부모도 결혼한 자식이 어렵게 살면 부양할 의무가 있다. 부양의무는 1촌 간에만 있고 2촌(형제, 자매)은 함께 사는 경우에만 있다. 부양의무자가 부양을 포기하겠다거나 관계가 단절되었다고 주장하는 경우가 있으나 인정받기 어렵다. 다만, 어린 시절부터 부모와 자녀의 관계가 단절된 경우에 성장한 자녀가 부모에 대한 부양의무를 이행할 수 없다는 것과 같은 사례는 시·군·구에 사유서를 제출하여 인정을 받기도 한다.

7) 부양비

부양의무자의 부양비는 가구 소득인정액이 기준 중위소득을 넘으면 그것의 10%로 산출된다. 과거 부양비는 따로 사는 미혼 자녀는 중위소득 초과액의 30%, 기혼 자녀 중 아들(과 며느리)은 30%, 기혼 자녀중 딸(과 사위)은 15%이었지만, 이는 성차별이라는 비판을 받아 2020년부터 10%로 통일되었다. 또한 부양의무자의 소득인정액을 산정하는 방식은 수급자의 소득인정액을 산정하는 방식과 다르다. 소득평가액에서 공제하는 소득이 더 많고, 재산의 소득환산액도 더 낮게 산출되어 결국 소득인정액이 낮게 산정된다. 부양의무자가 용돈조차

〈표 9-1〉 기초생활보장 급여별 자격 조사와 지급범위

구분	생계급여	의료급여	주거급여	교육급여
근로능력평가	○	○	X	X
소득조사	○	○	○	○
재산조사	○	○	○	○
부양의무자 조사	○	○	X	X
해산급여지급	○	○	○	X
장제급여지급	○	○	○	X

주지 않아도 국가는 부양비를 산출하여 공공부조를 하지 않는다. 이 때문에 부양의무자에게 생활비를 받지 못한 가난한 사람은 공공부조의 사각지대에 방치되기 쉽다.

3. 기초생활보장의 급여

기초생활보장제도의 급여는 생계급여, 의료급여, 주거급여, 교육급여, 자활급여, 해산급여, 장제급여가 있다. 수급자는 생계급여 수급자, 의료급여 수급자, 주거급여 수급자, 교육급여 수급자로 구분되어 있다. 생계급여 수급자는 생계급여, 의료급여, 주거급여, 교육급여를 받고, 의료급여 수급자는 의료급여, 주거급여, 교육급여를 받으며, 주거급여 수급자는 주거급여와 교육급여를 받고, 교육급여 수급자는 교육급여만 받을 수 있다. 또한 생계 · 의료 · 주거급여 수급자는 해산급여, 장제급여를 받을 수 있다.

〈표 9-2〉 기초생활보장 수급자 선정기준

가구원 수	1인 가구	2인 가구	3인 가구	4인 가구	5인 가구
중위소득(100%)	1,757,194	2,991,980	3,870,577	4,749,174	5,627,771
생계급여(30%)	527,158	897,594	1,161,173	1,424,752	1,688,331
의료급여(40%)	702,878	1,196,792	1,548,231	1,899,670	2,251,108
주거급여(45%)	790,737	1,346,391	1,741,760	2,137,128	2,532,497
교육급여(50%)	878,597	1,495,990	1,935,289	2,374,587	2,813,886

수급자로 선정되면 매월 20일에 생계급여는 가구의 소득인정액과 기준 중위소득의 30% 간 차액을 수급자 이름의 통장으로 받고, 주거급여는 각 지역별 기준임대료를 고려하여 받는다. 의료급여와 교육급여는 수급자가 의료기관과 교육기관을 이용할 경우에 해당 의료기관과 교육기관이 받는다.

1) 생계급여

생계급여는 가구 소득인정액이 기준 중위소득의 30% 이하이고, 부양의무자가 없거나 있더라도 부양능력이 미약할 때(즉, 소득인정액+부양비의 합계액이 기준 중위소득의 30% 이하) 받을 수 있다. 기준 중위소득은 매년 인상되는 경향이 있기에 수급자의 책정기준도 인상된다. 생계급여액은 생계급여 선정기준에서 수급자 가구의 소득인정액을 공제한 금액이다.

2) 의료급여

의료급여는 생활유지 능력이 없거나 생활이 어려운 저소득 국민의 의료문제를 국가가 보장하는 제도로, 건강보험과 함께 국민 의료보장의 중요한 수단이다. 의료급여는 주로 경제적으로 어려운 국민에게 발생하는 질병, 부상, 출산 등에 대해 의료서비스를 현물로 제공한다. 의료급여는 가구 소득인정액과 부양비의 합계액이 기준 중위소득의 40% 이하일 때 선정되어 필수 의료서비스를 낮은 본인부담으로 받을 수 있다. 의료급여 수급권자는 1종과 2종으로 구분된다. 1종 수급권자는 18세 미만, 65세 이상, 중증장애인 등 근로무능력자로 구성된 세대이다. 여기에 이재민, 의사상자, 국가유공자, 무형문화재보유자, 북한이탈주민, 광주민주화보상자, 입양아동(18세 미만), 행려환자 등이 포함된다. 2종 수급권자는 기초생활보장 수급권자 중 1종 수급권자 기준에 해당되지 않는 사람이다. 대체로 18세 이상 65세 미만으로 일하여 돈을 버는 사람이 있는 세대이다.

의료급여는 진찰, 검사, 약재, 치료, 예방, 입원, 재활 등에 대한 비용을 지원한다. 근로능력이 없는 1종 가구는 외래진료에 1,000~2,000원을 내고 입원은 무료이며, 근로능력이 있는 2종 가구는 외래진료비와 입원진료비의 10~15%를 낸다. 의료급여 수급자는 건강보험료를 내지 않기에 싼값으로 의료를 이용할 수 있다. 의료급여자라도 비급여 청구분은 전액 본인이 부담해야 한다.

의료급여는 건강보험 보장성 강화 계획과 연계해 보장성을 확대했다. 6~15세 이하 아동에 대한 본인부담금도 10%에서 3% 수준으로 낮추었다. 노인 수급자의 틀니·임플란트 본인부담을 대폭 경감하고 (틀니 1종 의료급여는 20%에서 5%로, 2종 의료급여는 30%에서 15%로, 임플란트는 1종 20%에서 10%로, 2종 30%에서 20%로), 중증 치매환자에 대한 본인부담도 함께 완화[2종 입원 10%에서 5%로, 외래(병원급 이상) 15%에서 5%로]했다.

의료급여 수급자는 본인부담 보상제와 본인부담 상한제로 부담을 줄일 수 있다. 본인부담 보상제는 의료급여 수급자의 본인부담금이 기준금액을 초과한 경우 초과금액의 50%를 돌려주는 제도이다. 노인 틀니는 제외하고 2천 원 미만은 지급하지 않는다. 1종 수급자는 30일간 2만 원을 초과한 경우 초과금액의 50%를 지급하고, 2종 수급자는 30일간 20만 원을 초과한 경우 초과금액의 50%를 지급한다. 1종 수급자가 한 달간 입원 또는 외래진료비가 10만 원인 경우 2만 원을 초과한 8만 원의 50%인 4만 원을 본인부담 보상제로 환급받을 수 있다. 입원진료비 외에 외래진료비와 약제비도 지원한다. 그러나 식대 중 본인부담비와 비급여 항목은 지원하지 않는다. 환급절차는 의료비를 병원에 지급하고 그 영수증을 관할 시 · 군 · 구에 제출하면, 시 · 군 · 구가 확인하고 보상금을 수급자 계좌에 넣어 준다.

본인부담 상한제는 의료급여 수급자의 본인부담금이 기준금액을 초과한 경우 초과금액의 50%를 돌려주는 제도이다. 노인 틀니는 제외하고 2천 원 미만의 금액은 지급하지 않는다. 1종 수급자의 입원진료비 · 외래진료비 · 약제비를 포함하여 30일간 5만 원을 초과한 경우 초과 금액의 50%를 지급한다. 2종 수급자는 연간 80만 원을 초과한 경우 초과 금액의 50%를 지급한다. 본인부담 보상제를 먼저 적용하고도 의료비 부담액이 앞과 같을 때에 지급한다.

3) 주거급여

2015년 7월부터 주거급여가 별도로 실시되고 있다. 그 이전에는 주거급여 금액이 적었고 받을 수 있는 사람도 기초생활보장 수급자로 한정되었다. 2015년 7월 이후 가구 소득인정액이 기준 중위소득의 43%까지 주거급여를 받았고, 2020년에는 중위소득의 45% 이하일 때 지역별 기준임대료를 받을 수 있다. 주거급여는 실제 임대료에 비교하여 점차 현실화되고, 2018년 10월부터 부양의무자 기준이 폐지되어 해당 가구의 소득인정액만으로 수급자로 선정될 수 있다.

모든 형태의 임차료(전세, 월세, 보증부 월세, 사글세 등)를 지원한다. 임대차계약서상 보증금과 월 임대료를 합쳐서 산정하는데 보증금에는 연 4% 이율을 적용해 월 임대료로 환산한다. 전세보증금이 8천만 원이면 이를 연 4%의 이자로 환산하면 320만 원의 이자가 나오고 12개월로 나누면 월 266,666원이 임대료이다. 계약서가 없어도 주거급여를 받을 수 있다. 고시원이나 여인숙과 같은 곳에 살아도 입금확인이 가능하거나 영수증이 있으면 이를 인정하여 지급한다. 또 부모나 형제 집에 살아도 전부는 아니나 일부를 지급한다. 기본원칙은 수급자가 부담하는 실제 임차료를 지원해 준다는 것이다. 다만, 사는 지역과 가구원 수에 따라 상한을 정한 것이 기준임대료이다. 기준임대료보다 싼 곳에 살면 실제 임대료를, 기준임대료와 같거나 더 비싼 곳에 살면 기준임대료를 지원해 준다. 이에 따라 민간 임대주택에 사는 가구의 주거급여액이 공공임대주택보다 높은 경향이 있다.

기초생활보장 수급자가 받는 생계급여는 전국이 같지만 주거급여는 거주지역과 가구원 수에 따라 금액이 달라진다. 세입자의 월 기준임대료는 서울, 경기 · 인천, 광역시, 그 외 지역 등 4급지로 나뉘고, 가구원 수가 증가되면 증액된다. 2020년 주거급여의 지역별 기준임대료는 서울 1인 가구 266,000원, 2인 가구 302,000원, 3인 가구 359,000원, 4인 가구 415,000원이다. 경기 · 인천은 각각 225,000원, 252,000원, 302,000원, 351,000원이고, 광역시는 179,000원, 198,000원, 236,000원, 274,000원이며, 그 외 지역은 158,000원, 174,000원, 209,000원, 239,000원이다.

주거급여 액수는 지역별 기준임대료, 해당 가구가 실제 지불하는 임차료 등으로 결정된다. 가구의 소득인정액이 생계급여 선정기준(기준중위소득의 30%) 이하인 경우 기준임대료 범위 내에서 해당 가구가 실제 부담하는 임차료(실제임차료) 전액을 받고, 소득인정액이 생계급여 선정기준을 초과하는 경우에는 기준임대료(또는 실제임차료)에서 자기부담분(소득인정액에서 생계급여선정기준을 뺀 금액의 1/2)을 차감한다.

주거급여는 다른 용도로 쓰는 것을 막기 위해 3개월 이상 임대료를 연체하면 넉 달째부터는 임대인, 즉 집주인에게 직접 급여를 지급한다. 연체한 금액을 상환하면 그때부터 다시 수급자에게 급여를 지급한다. 특수한 임대차 관계에 대해 특례를 적용한다. 수급자가 임차료 대신 현물이나 노동 등으로 대가를 지불하는 경우 기준임대료의 60%를 지급한다. 정부 지원이 이뤄지지 않는 미신고 사회복지시설에 사는 경우에도 기준임대료의 60%를 준다. 수급자가 부모나 자녀 등 부양의무자(부양하는 사람)와 같이 살면서 부양의무자와 임대차 계약을 맺은 경우도 기준임대료의 일부를 지급한다.

자가 가구에게는 주거급여액 중 일부만 현금으로 지원하고 일부는 공제하여 주거환경 개선을 위한 주택개량으로 지원한다. 3년, 5년, 7년을 기준으로 각 주기에 맞는 개량범위를 정하여 낡은 주택을 개량해 준다. 금액은 350~950만 원 내에서 지급하는데 대상자의 소득인정액에 따라 전혀 소득이 없는 자는 100%, 중위소득 35% 이하는 90%, 중위소득 45% 이하는 80%를 지원한다.

기초생활보장 수급자는 주거급여와 별도로 공공임대주택 등에 우선 입주할 수 있거나 가산점이 있어서 이를 활용할 수 있다. 공공임대주택에는 영구임대주택, 행복주택, 전세임대주택, 매입임대주택, 국민주택, (분양조건형) 공공임대주택 등이 있기에 본인의 소득과 재산 그리고 부담능력을 고려하여 적합한 공공주택에 입주하면 삶의 질을 높일 수 있다. 수급자는 입주 시 우대를 받고, 임대료의 일부를 할인받기도 하기에 한국토지주택공사 홈페이지에 나온 정보를 잘 활용하기 바란다.

4) 교육급여

교육급여는 가구 소득인정액이 기준 중위소득의 50% 이하일 때 신청하면 선정되어 고등학교 입학금·수업료와 초·중·고등학교의 부교재비와 학용품비 등을 받을 수 있다. 교육급여는 부양의무자의 소득과 재산에 상관없이 해당 가구의 소득인정액에 따라 받을 수 있다. 소득과 재산은 국세청 등을 통해 파악할 수 있는 '공부상 기준'이므로 경제적으로 어려운 가구는 일단 신청하기 바란다.

교육급여는 중·고등학생에게만 지급하던 학용품비를 2018년부터 초등학생에게도 추가 지원하고 지급액을 인상했다. 2020년에 초등학생은 부교재비 134,000원과 학용품비 72,000원이고, 중학생은 212,000원과 83,000원이며, 고등학생은 339,000원과 83,000원이다. 추가로 고등학생은 교과서대, 수업료, 입학금을 전액 지급한다.

2019년 하반기에 고등학교 3학년에게 무상교육이 시행되었고, 2020년에는 2학년과 3학년에게, 2021년에는 전 학년에게 무상교육이다(자립형 사립고 등 일부 학교는 적용되지 않는다). 교육급여 수급자는 대학교에 특례로 입학하고, 국가장학금을 받아 빈곤에서 벗어날 계기를 만들 수 있다.

5) 자활급여

자활급여는 수급자의 자활을 돕기 위해 필요한 금품의 지급과 대여, 근로능력의 향상과 기술 습득의 지원, 취업 알선, 근로 기회의 제공 등을 포함하여 일을 조건으로 받는다. 자활급여는 일을 통한 복지이고, 생산적 복지의 상징처럼 인식되었다.

자활급여 수급자는 가구 소득인정액이 낮으면서 근로능력이 있을 때 지정되었다. 근로능력이 있는 사람은 18세 이상(학생은 근로의무가 면제됨)이고 65세 미만이면서 심신이 건강한 자로 규정되어 있다. 이들은 자활사업 등 일하는 것을 조건으로 수급자로 선정되었기에 조건부 수급자로 불린다. 이들이 참여하는 일자리를 통칭하여 자활사업이라 한다. 자활사업에는 자활근로, 취업 · 알선 등 취업 지원, 개인 창업 지원, 직업훈련 지원, 타 자활 프로그램 참여 의뢰 등이 있다.

자활근로사업은 저소득층에게 일할 기회를 제공하여 자활기반을 조성하는 사업으로 한시적인 공공근로사업과 다르다. 수급자가 일을 통해 스스로 살아갈 수 있도록 능력을 배양하는 데 역점을 둔다. 자활사업은 간병 · 집수리 · 청소 · 폐자원재활용 · 음식물재활용 사업 등 5대 전국표준화사업을 중점 수행하고, 정부재정사업의 자활사업 연계 활성화 및 영농 · 도시락 · 세차 · 환경정비 등 지역 실정에 맞는 특화된 사업을 추진하고 있다.

자활근로의 시간은 1일 8시간(근로유지형은 5시간), 주 5일 참여를 원칙으로 한다. 지급액은 시장진입형, 복지 · 자활도우미, 인턴형, 사회복지시설도우미, 사회서비스형, 근로유지형 등으로 나뉜다. 대체로 시장진입형의 급여가 높고, 다음은 사회서비스 일자리형이며, 근로유지형은 노동시간도 적기에 낮은 편이다. 지급액은 매년 인상되는 경향이 있기에 해당 연도에 확인하기 바란다.

6) 해산급여

해산급여는 조산 및 분만 전과 분만 후에 필요한 조치와 보호를 위해 급여를 실시한다. 소득인정액이 기준 중위소득의 45% 이하인 생계 · 의료 · 주거급여 수급자가 1인을 출산하면 70만 원, 쌍둥이를 출산하면 140만 원을 받는다.

7) 장제급여

장제급여는 시체의 검안, 운반, 화장 또는 매장, 기타 장제조치를 행하는 데 필요한 금품을 지급한다. 생계 · 의료 · 주거급여 수급자가 사망한 경우 1구당 80만 원을 유족이 받을 수 있다.

8) 특례수급자

기초생활보장 특례수급자의 종류에는 근로무능력가구에게 주는 재산기준특례, 질병이 있는 개인에게 주는 의료급여특례, 자활참여자에게 주는 자활급여특례가 있다. 재산기준특례자에게는 일반 근로하는 가구보다 재산기준을 높여 주고 재산을 소득으로 환산하지 않아 노인이나 장애인 등 사회적 약자가 약간의 재산이 있다는 이유로 사회복지에서 배제되지 않도록 배려한다. 인정금액은 대도시 8,500만 원, 중소도시 6,500만 원, 농어촌 6천만 원이다. 재산기준특례자가 되려면 금융재산이 지역별 기본재산을 넘지 않아야 하고, 승용차가 없는 가구여야 한다. 이 금액이 넘으면 일반수급자 가구와 동일한 기준을 적용한다.

의료급여특례자는 실제 소득에서 6개월 이상 지속적으로 지출되는 본인부담 의료비를 공제하면 의료급여 수급자로 선정되나 선정 이후에는 의료급여를 받으므로 소득인정액이 의료급여 수급자 기준을 넘는 가구의 가구원에게만 급여를 제공한다. 전체가구원이 아닌 의료비가 발생하는 가구원만 보장하며 의료급여 1종은 희귀난치성 질환 및 중증질환 등록자이고 그 외에는 의료급여 2종이 된다.

자활급여특례자는 수급자가 자활사업에 참가하여 발생한 소득으로 인하여 소득인정액이 중위소득의 40%를 초과하는 경우에 의료급여, 교육급여, 해산급여, 장제급여 등을 지급한다. 이 경우에 의료급여는 희귀난치성질환자는 1종이고 나머지 가구원은 2종이다. 교육급여는 중 · 고등학생에 대해서만 급여를 지급한다. 해산급여, 장제급여는 특례자 가구의 모든 가구원에게 지급한다.

4. 기초생활보장의 관리운영

기초생활보장은 국가와 지방자치단체가 관리운영한다. 가구 소득인정액이 기준 중위소득의 50% 이하인 사람은 읍 · 면 · 동 행정복지센터에 기초생활보장 수급자 신청을 할 수 있다. 가구의 소득과 재산만 보는 주거급여와 교육급여 수급자 신청은 복지로 홈페이지나 휴대폰으로 복지로 앱을 내려받아 신청할 수 있지만, 부양의무자의 부양비를 고려하여 선정되는 생계급여와 의료급여 수급자는 읍 · 면 · 동 행정복지센터에 신청해야 한다. 당사자가 신청하기 어려운 경우에는 읍 · 면 · 동 행정복지센터 복지공무원이 직권으로 조사할 수도 있다.

국민이 기초생활보장 수급자 신청을 하면 시 · 군 · 구 복지공무원은 해당 가구의 소득과 재산을 조사하고, 부양의무자의 유무와 부양능력 등을 파악하여 수급권자로 선정하고 각종 복지급여를 제공한다. 수급자 선정기준에서 벗어난 경우에는 긴급복지 등 다른 지원 대책을 강구할 수도 있다.

기초생활보장의 재원은 국가와 지방자치단체의 세금으로 조달된다. 기초생활보장 수급자의 신청과 선정은 긴급복지와 밀접히 연결되어 있다. 긴급복지를 신청한 국민에게 긴급복지를 실시하면서 가구의 소득과 재산 등을 고려하여 기초생활보장 수급자로 선정하기도 한다. 기초생활보장 수급자의 소득과 재산에 변동이 있으면 수급자에서 제외시키고 당분간 긴급복지를 제공하기도 한다. 기초생활보장의 관리 운영은 다음에 다룰 긴급복지와 연계되어 있다.

5. 기초생활보장의 활용과 과제

기초생활보장제도는 「헌법」상에 규정된 모든 국민이 '인간다운 생활을 할 권리'를 누리기 위한 사회보장 · 사회복지의 핵심 기제이다. 기초생활보장제도는 과거 생활보호제도에 비교하여 진일보한 복지제도이지만, 이를 적정하게 활용하고 미흡한 점을 개선해야 한다.

첫째, 기초생활보장제도의 복지급여는 국민이 신청할 때만 받을 수 있으므로 신청 역량을 키워야 한다. 국민이 정부에 신청하면 받을 수 있는 복지급여가 360가지가 넘는데, 대부분 당사자나 가족이 신청할 때만 받을 수 있다. 저소득층은 아동, 노인, 장애인 등으로 정보접근권이 약하므로 사회복지전담 공무원이 직권으로 조사하여 수급권자를 적극 발굴해야 한다. 시 · 군 · 구와 읍 · 면 · 동도 주민을 대상으로 복지교육을 실천하여 모든 국민이 복지로 홈페이지에서 소득인정액을 모의계산할 수 있고 온라인으로도 급여를 신청할 수 있다는 것을 알려 주어야 한다.

둘째, 부양의무자 기준이 폐지된 주거급여와 교육급여를 신청하도록 적극 안내해야 한다. 기초생활보장제도의 급여는 부양의무자가 있으면 받을 수 없다고 알려져 있다. 생계급여와 의료급여는 부양의무자 기준이 있지만, 주거급여와 교육급여는 부양의무자 기준이 폐지되었다. 어떤 노인이 어렵게 산다면 따로 사는 자녀의 소득이나 재산과 무관하게 신청하면 주거급여를 받을 수 있고, 한부모가족은 시부모나 친정부모와 상관없이 교육급여를 받을 수 있다. 주거급여를 신청하면 기준임대료의 범위에서 임차료를 받고, 교육급여를 받으면 고등학교와 국공립대학교를 사실상 무상으로 다닐 수도 있다. 부양의무자 기준이 폐지된 주거급여와 교육급여를 널리 알려 많은 사람이 받을 수 있도록 해야 한다.

셋째, 소득인정액의 산정방식을 합리적으로 바꾸어 수급자를 선정하고 적정한 급여를 제공해야 한다. 2020년부터 소득평가액은 근로소득의 30%를 공제하고 나머지 70%만 산정한다. 근로소득을 벌기 위해 들어간 교통비, 식대 등을 공제하여 실제 소득을 소득평가액으로 잡은 것이다. 그런데 재산의 소득환산액은 적은 재산에서 많은 소득이 발생하는 것으로 산출된다. 이는 기초연금에서 재산의 소득환산액에 비교하여 불합리하므로 시급히 개선되어야 한다.

넷째, 기초연금을 이전소득으로 간주하여 소득평가액으로 산출하는 것은 다른 이전소득에 비교하여 형평성이 낮으므로 개선해야 한다. 이전소득 중 아동수당, 장애인연금 등은 소득평가액에 포함시키지 않으면서 기초연금은 전액 소득평가액으로 잡아 40만 명 이상 노인이 매달 기초연금을 받고 다음 달 그만큼 생계급여를 받지 못한다. 이른바 '줬다 뺏는 기초연금'의 문제를 해결하기 위해 기초연금을 소득평가액에 반영하지 않거나, 기초연금의 일부(예: 50%)만 소득평가액으로 간주하는 개선방안을 강구해야 한다.

다섯째, 생계급여와 의료급여에서 중장기적으로 부양의무자 기준을 폐지해야 한다. 2020년부터 자녀의 부양비는 결혼유무와 성별에 차이 없이 10%로 통일시켰다. 과거 15~30%인 것에 비교하여 많이 완화되었지만, 자녀를 둔 부모의 입장에서는 단 한 명의 자녀만 중위소득 이상으로 살아도 생계급여나 의료급여를 받기 어렵다. 중장기적으로 부양의무자 기준을 폐지하고, 단기적으로 부양비를 산정할 때 한 자녀가구당 부양비의 최대액을 월 20만 원 정도로 제한시켜야 한다. 자녀가 다소 여유 있게 살더라도 부모에게 매달 생활비를 무한정 주는 경우는 많지 않기 때문이다.

여섯째, 생계급여 수급자의 선정기준을 기준 중위소득의 30% 이하에서 점진적으로 인상하여 35% 이하로 정한다. 생계급여 수급자 선정기준은 국민의 평균적인 생활수준을 반영하지 못하고, 매년 물가상승율을 인상하는 수준이었다. 기준 중위소득의 30%에서 매년 1%포인트씩 높여 35%로 인상하면, 수급자 수를 조금 늘리고 생계급여액을 보다 현실화시킬 수 있다.

일곱째, 의료급여는 오남용이 심각하므로 합리적으로 규제하는 방안을 강구해야 한다. 의료급여는 수급자가 요양취급기관을 이용하면 거의 무한대로 쓸 수 있다. 수급자가 과도하게 이용할 때에는 이용일수를 제한할 수 있지만, 사후에 활용하는 방식이기에 오남용을 줄이기 어렵다. 의료급여 수급자에게 전자식 의료급여 카드를 지급하여 의료기관 이용 시에 오남용을 선제적으로 제한할 수 있고, 오남용이 의심된 경우에는 의료급여 관리사가 상담하고 재발할 때에는 본인부담률을 높이는 방안을 강구해야 한다. 고혈압, 당뇨병과 같은 만성질환은 단골 병의원을 등록하게 하고, 응급환자가 아닐 때에는 요양취급기관을 단계적으로 활용하는 전달체계를 엄격히 지키도록 해야 한다.

여덟째, 주거급여와 공공임대주택을 잘 연계하여 수급자가 기준임대료를 지원받는 수준에서 벗어나 적절한 주거생활을 하도록 지원해야 한다. 기초생활보장 수급자는 생애주기와 가족구성원에 맞게 적절한 주거에서 삶의 질을 누릴 수 있어야 한다. 소득이 거의 없는 노인, 중증장애인은 주거비가 적게 드는 영구임대아파트에서 사는 것도 괜찮지만 한부모가족은 행복주택이나 매입임대주택에서 살다, 소득과 재산이 늘면 국민주택이나 분양조건형 공공임대주택으로 갈아타는 것이 합리적이다. 임차료를 지원받는 수준에서 벗어나 괜찮은 집에서 안정되게 살고 내 집 마련도 가능한 방법을 찾을 수 있도록 지원해야 한다.

아홉째, 교육급여와 교육비 지원사업을 통합하여 교육급여 수급자를 늘려야 한다. 교육급여는 가구 소득인정액이 기준 중위소득의 50% 이하이고, 교육비 지원사업은 대체로 중위소득의 60% 이하이다. 2021년에 고등학교 의무교육이 완성되면 예산에 여유가 있기에 교육급여 수급자를 기준 중위소득의 60%로 높여도 감당할 수 있다. 교육급여와 대학생 국가장학금을 연계하여 저소득층은 국공립대학교를 사실상 무상으로 다닐 수 있다. 교육급여는 인재를 양성하는 사업이고 그 인재가 경제활동을 통해 세금을 내면 생산적 복지이다.

단원 정리

국민기초생활보장제도는 생활이 어려운 사람에게 필요한 급여를 실시하여 이들의 최저생활을 보장하고 자활을 돕는 것을 목적으로 한 사회복지제도이다. 이 제도는 1962년부터 시행되었던「생활보호법」이 폐지되고 1999년에 제정된「국민기초생활 보장법」에 근거하여 2000년 10월부터 시행되고 있다.

초기 기초생활보장 수급자는 가구 소득인정액이 최저생계비 이하이고 당사자나 가족이 읍 · 면 · 동에 신청할 때 선정될 수 있었다. 2015년 7월부터 선정기준이 최저생계비에서 기준 중위소득의 일정한 비율(50%) 이하로 바뀌었다.

기초생활보장제도는 가구 단위로 급여를 제공하되, 필요하다고 인정된 경우에 개인 단위로 줄 수 있다. 가구는 수급자 선정, 급여액 결정, 급여 지급의 기본단위이다. 소득평가액을 산정하거나 재산의 소득환산액을 계산할 때 가구를 단위로 한다. 가구에 속하는 사람은 주민등록표상에 기재되고 실제로 생계와 주거를 같이하는 가족이다.

가구 소득인정액은 월단위로 계산된 소득평가액에 재산의 소득환산액을 합친 금액이다. 소득평가액은 가구원이 버는 근로소득, 사업소득, 재산소득, 이전소득 등 모든 소득을 합산 금액에서 공제되는 소득을 제외한 금액이다. 재산의 소득환산액은 가구원 명의로 된 모든 재산을 일반재산, 금융재산, 자동차로 구분하여 조사된다.

기초생활보장제도 생계급여와 의료급여 수급자는 가구 소득인정액과 부양의무자의 부양비를 합산하여 결정한다. 2촌 이내로 함께 사는 가족은 부양의무가 있고, 함께 살지 않더라도 1촌(부모, 자녀와 그 배우자)은 부양의무가 있으므로 소득인정액이 기준보다 낮더라도 부양의무자가 부양능력이 없거나 약할 때만 복지급여를 받을 수 있다. 부양의무자의 부양비는 가구 소득인정액이 기준 중위소득을 넘으면 그것의 10%로 산출된다.

기초생활보장제도의 급여는 생계급여, 의료급여, 주거급여, 교육급여, 자활급여, 해산급여, 장제급여가 있다. 생계급여 수급자는 생계급여, 의료급여, 주거급여, 교육급여를 받고, 의료급여 수급자는 의료급여, 주거급여, 교육급여를 받으며, 주거급여 수급자는 주거급여와 교육급여를 받고, 교육급여 수급자는 교육급여만 받을 수 있다. 또한 생계 · 의료 · 주거급여 수급자는 해산급여, 장제급여를 받을 수 있다.

생계급여는 가구 소득인정액이 기준 중위소득의 30% 이하이고, 부양의무자가 없거나 있더라도 부양능력이 미약할 때 받을 수 있다. 생계급여액은 생계급여 선정기준에서 수급자 가구의 소득인정액을 공제한 금액이다.

의료급여는 주로 경제적으로 어려운 국민에게 발생하는 질병, 부상, 출산 등에 대해 의료서비스를 현물로 제공한다. 의료급여는 가구 소득인정액과 부양비 합계액이 중위소득의 40% 이하일 때 선정되어, 필수 의료서비스를 낮은 본인부담으로 받을 수 있다. 의료급여 수급권자는 1종과 2종으로 구분된다.

주거급여는 가구 소득인정액이 중위소득의 45% 이하일 때 지역별 기준임대료를 받을 수 있다. 2018년 10월부터 부양의무자 기준이 폐지되어 해당 가구의 소득인정액만으로 수급자가 선정된다. 모든 형태의 임차료(전세, 월세, 보증부 월세, 사글세 등)를 지원한다. 주거급여 중 월 기준임대료는 서울, 경기 · 인천, 광역시, 그 외 지역 등 4급지로 나뉘고, 가구원 수가 증가되면 증액된다.

교육급여는 가구 소득인정액이 기준 중위소득의 50% 이하일 때 선정되어, 고등학교 입학금 · 수업료와 초 · 중 · 고등학교의 부교재비와 학용품비 등을 받을 수 있다.

자활급여는 수급자의 자활을 돕기 위해 필요한 금품의 지급과 대여, 근로능력의 향상과 기술 습득의 지원, 취업 알선, 근로 기회의 제공 등을 포함하여 일을 조건으로 받는다. 자활급여는 일을 통한 복지이고, 생산적 복지의 상징처럼 인식되었다.

해산급여는 조산 및 분만 전과 분만 후에 필요한 조치와 보호를 위해 급여를 실시한다. 소득인정액이 기준 중위소득의 45% 이하인 생계 · 의료 · 주거급여 수급자가 1인을 출산하면 70만 원, 쌍둥이를 출산하면 140만 원을 받는다.

장제급여는 시체의 검안, 운반, 화장 또는 매장, 기타 장제조치를 행하는 데 필요한 금품을 지급한다. 생계 · 의료 · 주거급여 수급자가 사망한 경우 1구당 80만 원을 유족이 받을 수 있다.

기초생활보장 특례수급자의 종류에는 근로무능력가구에게 주는 재산기준특례, 질병이 있는 개인에게 주는 의료급여특례, 자활참여자에게 주는 자활급여특례가 있다.

기초생활보장제도는 「헌법」상 규정된 모든 국민이 '인간다운 생활을 할 권리'를 누리기 위한 사회보장 · 사회복지의 핵심 기제이다. 기초생활보장제도는 과거 생활보호제도에 비교하여 진일보한 복지제도이지만, 이를 적정하게 활용하고 미흡한 점을 개선해야 한다. 국민이 신청할 때만 받을 수 있으므로 신청 역량을 키우고, 특히 부양의무자 기준이 폐지된 주거급여와 교육급여를 신청하도록 안내해야 한다. 소득인정액의 산정방식을 합리적으로 바꾸어 수급자를 선정하고 적정한 급여를 제공하고, 특히 기초연금을 이전소득으로 간주한 것은 다른 이전소득에 비교하여 형평성이 낮으므로 개선해야 한다. 수급자를 선정할 때 중장기적으로 부양의무자 기준을 폐지하고, 생계급여 수급자의 선정기준을 중위소득의 35% 이하로 인상해야 한다. 의료급여는 오남용이 심각하므로 합리적으로 규제해야 한다. 주거급여와 공공임대주택을 잘 연계하여 수급자가 적절한 주거생활을 하도록 지원하고, 교육급여와 교육비 지원사업을 통합하여 교육급여 수급자를 늘려야 한다.

✱ 용어 정리

- **국민기초생활보장**: 국민기초생활보장은 생활이 어려운 사람에게 필요한 급여를 실시하여 이들의 최저생활을 보장하고 자활을 돕는 것을 목적으로 한 사회복지제도이다. 이 제도는 1962년부터 시행되었던 「생활보호법」이 폐지되고 1999년에 제정된 「국민기초생활 보장법」에 근거하여 2000년 10월부터 시행되고 있다.

- **기준 중위소득**: 기준 중위소득이란 중앙생활보장위원회의 심의 의결을 거쳐 고시된 국민가구소득의 중위값을 말한다. 전체 가구를 순서대로 줄을 세울 때 중위값에 해당되는 소득으로 평균소득보다는 낮다.

- **수급자**: 가구 소득인정액과 부양비의 합계액이 중위소득의 30% 이하인 가구는 생계급여 수급자, 중위소득의 40% 이하인 가구는 의료급여 수급자가 될 수 있다. 가구 소득인정액이 중위소득의 45% 이하인 가구는 주거급여 수급자, 중위소득의 50% 이하인 가구는 교육급여 수급자로 선정될 수 있다. 생계급여와 의료급여 수급자는 부양의무자 기준이 있고, 주거급여와 교육급여 수급자는 부양의무자 기준이 폐지되었다.

- **가구**: 기초생활보장은 가구 단위로 급여를 제공하되, 필요하다고 인정된 경우에 개인 단위로 줄 수 있다. 가구는 수급자 선정, 급여액 결정, 급여지급의 기본단위이다. 소득평가액을 산정하거나 재산의 소득환산액을 계산할 때 가구를 단위로 한다. 가구에 속하는 사람은 주민등록표상에 기재되고 실제로 생계와 주거를 같이하는 가족이다.

- **별도가구**: 주민등록상 한 가구이고 함께 살더라도 별도가구로 인정받을 수도 있다. 별도가구란 부모와 자녀가구가 함께 살아도 별도로 사는 것으로 간주하여 부모 혹은 자녀가구가 수급자가 될 수도 있다.

- **가구 소득인정액**: 가구 소득인정액은 월단위로 계산된 소득평가액에 재

산의 소득환산액을 합친 금액이다. 가구 소득인정액이 복지급여를 받을 수 있는 조건이 되면 거주지 관할 읍 · 면 · 동 행정복지센터나 복지로 홈페이지 그리고 휴대폰 복지로 앱에서 기초생활보장을 신청할 수 있다.

- **소득평가액**: 소득평가액은 가구원이 버는 모든 소득의 합산 금액에서 공제되는 소득을 제외한 금액이다. 부부 소득뿐만 아니라 자녀의 아르바이트를 포함하여 모든 근로소득(30% 공제), 사업소득, 재산소득(임대소득, 이자소득 등), 이전소득(공적 이전소득, 사적 이전소득)을 합치고 이를 12개월로 나눈 금액이다.

- **재산의 소득환산액**: 재산은 가구원 명의로 된 모든 재산이고 크게 일반재산, 금융재산, 자동차로 구분하여 조사된다. 일반재산은 자가이면 집값(시가표준액)과 땅값, 전세 · 월세이면 보증금(계약서상의 95%), 입주권 · 분양권 등을 합친 금액이고 기본재산액을 공제한 나머지 금액에 4.17%(연 50.04%)를 곱한다. 금융재산은 금융기관에 있는 예금, 적금, 주식, 채권, 보험 등을 포함한 금액에서 생활준비금 500만 원을 공제한 후에 월 6.26%(연 75.12%)를 곱한다. 자동차는 자동차보험 차량가격의 100%(연 1,200%)가 소득으로 환산된다.

- **부양의무자**: 기초생활보장 생계급여와 의료급여 수급자는 가구 소득인정액과 부양의무자의 부양비를 합산하여 결정한다. 2촌 이내로 함께 사는 가족은 부양의무가 있고, 함께 살지 않더라도 1촌(부모, 자녀와 그 배우자)은 부양의무가 있다.

- **부양비**: 부양의무자의 부양비는 가구 소득인정액이 기준 중위소득을 넘으면 그것의 10%로 산출된다. 과거 부양비는 따로 사는 미혼 자녀는 중위소득 초과액의 30%, 기혼 자녀 중 아들(과 며느리)은 30%, 기혼 딸(과 사위)은 15%이었지만, 2020년부터 10%로 통일되었다.

- **기초생활보장 급여**: 기초생활보장제도의 급여는 생계급여, 의료급여, 주거급여, 교육급여, 자활급여, 해산급여, 장제급여가 있다. 생계급여 수급

자는 생계급여, 의료급여, 주거급여, 교육급여를 받고, 의료급여 수급자는 의료급여, 주거급여, 교육급여를 받으며, 주거급여 수급자는 주거급여와 교육급여를 받고, 교육급여 수급자는 교육급여만 받을 수 있다. 생계 · 의료 · 주거급여 수급자는 해산급여, 장제급여를 받을 수 있다.

- **생계급여**: 생계급여는 가구 소득인정액과 부양비의 합계액이 기준 중위소득의 30% 이하이고, 신청하면 받을 수 있다. 생계급여액은 생계급여 선정기준에서 수급자 가구의 소득인정액을 공제한 금액이다.

- **의료급여**: 의료급여는 주로 경제적으로 어려운 국민에게 발생하는 질병, 부상, 출산 등에 대해 의료서비스를 현물로 제공한다. 의료급여는 가구 소득인정액과 부양비의 합계액이 기준 중위소득의 40% 이하일 때 신청하면 선정되어, 필수 의료서비스를 낮은 본인부담으로 받을 수 있다. 의료급여 수급권자는 1종과 2종으로 구분된다.

- **주거급여**: 가구 소득인정액이 기준 중위소득의 45% 이하일 때 지역별 기준임대료를 받을 수 있다. 2018년 10월부터 부양의무자 기준이 폐지되어 해당 가구의 소득인정액만으로 수급자가 선정된다. 모든 형태의 임차료(전세, 월세, 보증부 월세, 사글세 등)를 지원한다. 주거급여는 거주지역과 가구원 수에 따라 금액이 달라진다. 세입자의 월 기준임대료는 서울, 경기 · 인천, 광역시, 그 외 지역 등 4급지로 나뉘고, 가구원 수가 증가되면 증액된다.

- **교육급여**: 교육급여는 가구 소득인정액이 기준 중위소득의 50% 이하일 때 신청하면 선정되어, 고등학교 입학금 · 수업료와 초 · 중 · 고등학교의 부교재비와 학용품비 등을 받을 수 있다.

- **자활급여**: 자활급여는 수급자의 자활을 돕기 위해 필요한 금품의 지급과 대여, 근로능력의 향상과 기술 습득의 지원, 취업 알선, 근로 기회의 제공 등을 포함하여 일을 조건으로 받는다. 자활급여는 일을 통한 복지이고, 생산적 복지의 상징처럼 인식되었다.

제10장

긴급복지지원

1. 긴급복지지원의 정의와 역사

긴급복지지원제도는 생계곤란 등의 위기상황에 처하여 도움이 필요한 사람을 신속하게 지원함으로써 이들이 위기상황에서 벗어나 건강하고 인간다운 생활을 하게 함을 목적으로 한 사회복지제도이다. 긴급복지를 받을 수 있는 위기사유 인정요건은 다양하다. 주된 소득자의 사망·실직·구금시설 수용 등의 사유로 소득 상실, 부(副)소득자의 휴업·폐업과 실직, 가구 구성원의 중한 질병 또는 부상, 가구 구성원에 의한 방임·학대·성폭력 피해, 화재 등으로 인한 거주지에서의 생활 곤란, 기초생활보장 수급자 탈락, 단전·단수·건강보험료가 체납된 경우 등이다.

긴급복지는 해당 가구가 위기상황에 처했다고 인정을 받으면 즉시 도움을 받을 수 있다. 「긴급복지지원법」은 '불로동 아동 아사 사건'으로 제정되었고, '송파 세 모녀 사건' 등을 계기로 개정되었다. 2004년 12월 대구 '불로동 아동 아사 사건'은 30대 저소득층 부부의 네 살 아이가 장롱 안에서 숨진 채 발견된 것으로, 아이는 심하게 굶주린 듯 전신이 깡마른 상태였다. 이를 계기로 위기상황에 처한 저소득층에 대한 신속 지원 필요성이 대두되어 2005년 12월 23일에 「긴급복지지원법」이 제정되고, 석 달 만인 2006년 3월 24일에 시행되었다.

'송파 세 모녀 사건'으로 이 제도가 미흡하다는 비판이 커졌다. 2014년 2월 서울 송파구 석촌동의 단독주택 지하 1층에 살던 박모 씨와 두 딸이 생활고로 고생하다 목숨을 끊었다. 셋방에 살던 세 모녀는 질병을 앓고 수입도 없어 동행정복지센터에 도움을 요청했지만, 노동능력이 있다는 이유로 복지급여를 받지 못했다. 이들은 마지막 집세와 공과금 70만 원, "주인 아주머니께…… 죄송합니다. 마지막 집세와 공과금입니다. 정말 죄송합니다."는 유서를 남겼다. 이를 계기로 긴급지원대상자 선정기준을 바꾸고 소득과 재산기준이 조금 넘더라도 담당공무원이 선지원하고 후조사하는 원칙을 세웠다.

긴급복지지원의 기본원칙은 선지원 후조사 원칙, 단기지원 원칙, 타 법률 지원 우선의 원칙을 적용한다. 선지원 후조사 원칙은 현장 확인을 통해 지원 필요성을 포괄적으로 판단하여 우선지원 후 소득·재산 등을 조사하고 지원의 적정성을 심시한다. 단기지원 원칙은 위기가구에 대한 긴급지원은 1개월 또는 1회 지원을 원칙으로 하며 위기상황에 따라 연장하도록 한다. 타 법률 지원 우선의 원칙은 타 법률(「재해구호법」, 「국민기초생활 보장법」, 「의료급여법」, 「사회복지사업법」, 「가정폭력방지 및 피해자보호 등에 관한 법률」, 「성폭력방지 및 피해자보호 등에 관한 법률」 등)에 의해 동일한 내용의 구호 또는 보호 등을 받고 있는 경우 긴급복지를 하지 아니한다.

2. 긴급복지지원의 대상자

긴급복지지원은 원칙적으로 긴급한 사유, 소득요건, 재산요건을 모두 갖추어야 받을 수 있다. 긴급지원대상자는 위기상황에 처한 사람으로서 「긴급복지지원법」에 따른 지원이 긴급하게 필요한 사람이다. 국내에 체류하는 외국인도 대통령령으로 정하는 사람은 대상자로 선정될 수 있다. 외국인의 범위는 대한민국 국민과 혼인 중인 사람, 국민인 배우자와 이혼하거나 그 배우자가 사망한 사람으로서 한국적을 가진 직계존비속을 돌보고 있는 사람, 난민으로 인정된 사람, 본인의 귀책사유 없이 화재, 범죄, 천재지변으로 피해를 입은 사람, 그 밖에 보건복지부장관이 긴급한 지원이 필요하다고 인정하는 사람이다.

「긴급복지지원법」에서 위기상황이란 본인 또는 본인과 생계 및 주거를 같이하고 있는 가구 구성원이 다음 어느 하나에 해당하는 사유로 인하여 생계유지 등이 어렵게 된 것이다. 법 제정 시에는 '주소득자가 소득을 상실한 경우'에 강조점을 두었지만, 개정 법률에서 배우자, 자녀 등 '부소득자가 소득을 상실한 경우'까지 확대되었다. 저소득층은 세대주와 가구원이 함께 일하는 경우가 많은데, 부소득자의 소득 상실로 가구의 생계유지가 어렵다면 긴급복지지원의 대상으로 선정될 수 있다.

- 주소득자가 사망, 가출, 행방불명, 구금시설에 수용되는 등의 사유로 소득을 상실한 경우
- 중한 질병 또는 부상을 당한 경우
- 가구 구성원으로부터 방임 또는 유기되거나 학대 등을 당한 경우

- 가정폭력을 당하여 가구 구성원과 함께 원만한 가정생활을 하기 곤란하거나 가구 구성원으로부터 성폭력을 당한 경우
- 화재 또는 자연재해 등으로 인하여 거주하는 주택 또는 건물에서 생활하기 곤란하게 된 경우
- 주소득자 또는 부(副)소득자의 휴업, 폐업 또는 사업장의 화재 등으로 인하여 실질적인 영업이 곤란하게 된 경우
- 주소득자 또는 부소득자의 실직으로 소득을 상실한 경우
- 보건복지부령으로 정하는 기준에 따라 지방자치단체의 조례로 정한 사유가 발생한 경우
- 그 밖에 보건복지부장관이 정하여 고시하는 사유가 발생한 경우

같은 법 시행규칙(제1조의2)에서 '보건복지부령으로 정하는 기준'에 해당되는 것은 다음과 같다.

- 가구원의 보호, 양육, 간호 등의 사유로 소득활동이 미미한 경우
- 「국민기초생활 보장법」에 따른 급여가 중지된 경우
- 「국민기초생활 보장법」에 따라 급여를 신청하였으나 급여의 실시 여부와 내용이 결정되기 전이거나 수급자로 결정되지 아니한 경우
- 수도, 가스 등의 공급이 그 사용료의 체납으로 인하여 상당한 기간 동안 중단된 경우
- 사회보험료, 주택임차료 등이 상당한 기간 동안 체납된 경우
- 그 밖에 제1호부터 제5호까지에 준하는 사유가 있는 경우

긴급복지가 필요한 긴급한 사유에 「국민기초생활 보장법」에 따른 급여가 중지된 경우, 급여를 신청했으나 급여의 실시 여부와 내용이

결정되기 전, 공공요금 · 사회보험료 · 주택임차료의 체납 등이 포함되었다. 생계가 어려워지면 생활에 꼭 필요한 비용조차 부담할 수 없다는 것을 나타내는 대표적인 징후가 생길 때 긴급지원대상자를 선정하기 위해서이다.

위기가구로서 소득요건, 재산요건, 금융재산요건 등 세 가지를 모두 충족해야 긴급복지를 받을 수 있다. 소득요건은 가구원의 총소득이 기준 중위소득의 75% 이하이어야 한다. 2020년 1인 가구는 월 소득이 1,317,896원 이하, 2인 가구는 2,243,965원, 3인 가구는 2,902,933원, 4인 가구는 3,561,881원 이하일 때 긴급지원대상자로 선정될 수 있다.

긴급복지에서 소득은 가구 구성원이 버는 모든 '근로소득+사업소득+재산소득+이전소득'의 합계액에서 일부 공제를 한 금액이다. 기초생활보장 수급자 선정 시 소득평가액의 경우 근로소득은 총액에서 30%를 공제 후 나머지만 소득평가액으로 보는데, 긴급지원대상자 선정 시 소득은 모든 근로소득이라는 점에서 차이가 있다. 다만, 소득에서 공제하는 지출은 만성질환 등의 치료 요양 재활로 인하여 6개월 이상 지출되는 의료비, 중고등학생의 입학금 · 수업료, 월세로 매월 지출되는 임차료, 사회보험료, 신용회복 또는 개인회생으로 납부하고 있는 채무상환금과 금융부채로 지출되고 있는 원금과 이자비용이다. 긴급지원대상자로 선정될 사람은 부채가 있고, 만성질환자와 학생 등이 있다면 이를 공제받을 수 있는 증빙서류를 잘 갖추어야 한다.

재산요건은 집, 전세금, 토지 등 재산의 평가액이 2020년에 대도시는 1억 8,800만 원, 중소도시는 1억 1,800만 원, 농어촌은 1억 100만 원 이하이고, 은행통장 등에 있는 금융재산이 500만 원 이하(주거지원은 700만 원 이하)인 가구만 지원을 받을 수 있다. 긴급지원대상자로 선정되려면 금융재산이 500만 원(주거지원은 700만 원)을 넘지 않고,

금융재산을 포함한 전체 재산이 한도액 이내이어야 한다.

재산의 평가액은 일반재산+예금+보험 · 청약저축 · 주택청약 종합저축을 모두 합친 금액에서 부채를 뺀 금액이다. 부채는 은행권의 담보대출, 신용대출 등을 합친 금액이고 통장에서 마이너스 대출, 개인 간의 채무(차용증) 등은 인정되지 않는다. 최근 재산기준이 완화되었지만 자기 집이나 농지만 있어도 긴급지원대상자로 선정되지 못하는 한계는 여전하다.

담당공무원은 통장 잔액이 500만 원 이하이고, 재산이 기준에 맞는지를 확인한 후에 48시간 안에 지원여부를 결정하고, 24시간 안에 대상자에게 생계비, 의료비, 주거비 등을 지원한다. 긴급복지는 선지원 후조사를 원칙으로 하여 다소 예외를 인정하는 경향이 있다. 시 · 군 · 구 지역사회보장협의체에서 사례관리를 하는 경우에 기준보다 조금 넘어도 지원하고, 기초자치단체장이 필요하다고 인정한 경우에도 일단 지원하고, 사후에 긴급지원심의위원회에서 심의를 받아 계속 지원 여부를 결정한다.

* 빈곤사회연대 http://antipoverty.kr

3. 긴급복지지원의 급여

긴급복지지원의 종류는 금전 또는 현물 등의 직접 지원, 민간기관 · 단체와의 연계 등의 지원이 있다. 금전 또는 현물 등의 직접 지원은 생계지원, 의료지원, 주거지원, 사회복지시설의 이용 지원, 교육지원, 그 밖의 지원(연료비 등)이 있다. 시장 · 군수 · 구청장은 보건복지부장관이 정하여 고시하는 금액의 범위에서 지원금을 긴급지원대상자에게 지급하여야 한다. 지원의 성격상 현금을 지급하는 것이 적절하지 아니하다고 판단되는 경우에는 긴급지원대상자에게 현물을 제공할 수 있다.

1) 생계지원

생계지원은 식료품비 · 의복비 등 생계유지에 필요한 비용 또는 현물 지원이다. 긴급복지의 지원내용은 필요한 최소한의 금액이다. 2020년 생계지원은 식료품비, 의복비 등 1개월 생계유지비로 1인 가구 454,900원, 2인 가구 774,700원, 3인 가구 1,002,400원, 4인 가구 1,230,000원 등이고, 6회까지 받을 수 있다. 생계지원은 현금(지원대상자 통장으로 입금하거나 금융기관이나 체신관서가 없는 지역에 거주하는 사람에게는 현금으로 지급)으로 주지만, 대상자가 거동이 불편하여 물품구매가 곤란한 경우 등에는 현물을 지급할 수 있다. 생계지원액은 매년 인상되는 경향이 있지만, 인간다운 생활을 하기에는 미흡하다. 4인 가구 생계지원액 1,230,000원은 기준 중위소득의 25.9%로 기초생활보장 생계급여인 중위소득의 30%보다 낮다. 생계지원은 일시적으로 주는데도 중위소득의 25.9%에 불과한 것은 불합리하다.

2) 의료지원

의료지원은 각종 검사 및 치료 등 의료서비스이다. 의료지원은 본인부담금과 비급여 항목을 포함하여 300만 원 이내이고, 필요한 경우에 2회까지 지원받을 수 있다. 입원 시 본인부담금은 의료기관 진료비의 20%이므로 전체 진료비 1,500만 원 상당을 지원받을 수 있다는 뜻이다. 의료지원을 받기 위해서는 병원에 진료비를 지불하기 전에 신청해야 한다.

3) 주거지원

주거지원은 임시거소 제공 또는 이에 해당하는 비용 지원이다. 주거지원은 국가 · 지방자치단체 소유 임시거소 제공 또는 타인 소유의 임시거소 제공, 제공자에게 거소사용 비용 지원이다. 주거지원 금액은 지역(대도시, 중소도시, 농어촌)과 가구원 수(1~2인 가구, 3~4인 가구, 5~6인 가구)로 나누어 지급한다. 대도시와 다인가구의 주거지원 금액이 더 많은데, 대도시 1~2인 가구는 월 387,200원이고, 3~4인 가구는 643,200원이며 12회까지 지원받을 수 있다. 필요한 경우에는 복지시설을 이용할 수 있다.

4) 사회복지시설의 이용 지원

사회복지시설의 이용 지원은 「사회복지사업법」에 따른 사회복지시설 입소 또는 이용 서비스 제공이나 이에 필요한 비용 지원이다. 시장 · 군수 · 구청장은 긴급지원대상자가 사회복지시설에 입소하거나 사회복지시설을 이용하게 하고, 시설의 입소자 수 또는 이용자 수 등을 고려하여 보건복지부장관이 정하여 고시하는 금액의 범위에서 사회복지시설의 입소 또는 이용에 필요한 비용을 해당 사회복지시설을 운영하는 자에게 지급하여야 한다. 다만, 사회복지시설을 운영하는 자에게 지급하는 것이 적절하지 아니하다고 판단되는 경우에는 사회복지시설의 이용에 필요한 금액을 긴급지원대상자에게 지급할 수 있다.

5) 교육지원

교육지원은 초·중·고등학생의 수업료, 입학금, 학교운영지원비 및 학용품비 등 필요한 비용 지원이다. 시장·군수·구청장은 긴급지원대상자에게 학교 또는 시설의 종류 등을 고려하여 수업료, 입학금, 학교운영지원비 및 학용품비 등을 금전이나 물품으로 지급하여야 한다. 금전을 지급하는 경우에는 해당 금액을 금융기관이나 체신관서에 개설된 긴급지원대상자의 계좌에 입금하여야 한다. 2020년 지원금액은 1인당 초등학생 22만 1,600원, 중학생 35만 2,700원, 고등학생 43만 2,200원과 소정의 수업료 및 입학금이다. 지원은 2회가 원칙이지만 필요한 경우 4회까지 연장할 수 있다. 그 금액은 매년 조금씩 인상되는 경향이 있다.

6) 그 밖의 지원

긴급지원대상자는 그 밖에 10월부터 3월까지 동절기에는 연료비를 월 98,000원씩 지원받을 수 있다. 자녀를 출산한 경우에는 해산비로 70만 원(쌍둥이 140만 원), 장례를 치른 경우에는 장제비 80만 원, 전기요금이 체납된 경우 50만 원을 각각 1회씩 받을 수 있다. 전기요금의 지원에는 소전류 제한기 부설과 재공급 수수료가 포함된다.

시·군·구가 필요하다고 인정한 경우에는 사회복지공동모금회, 대한적십자사 등 민간 자원을 연계하고, 상담·정보제공, 그 밖의 지원을 해 줄 수 있다. 누구든지 갑작스러운 위기상황에 처한 사람이나 이들을 알고 있는 사람은 일단 시·군·구에 긴급복지를 신청하기 바란다. 더 자세한 사항은 '복지로'를 검색하여 확인할 수 있다.

4. 긴급복지지원의 관리운영

1) 시 · 군 · 구청

긴급복지지원은 국가와 지방자치단체가 관리운영한다. 갑작스런 위기상황에 처한 저소득 위기가구라면 시 · 군 · 구청이나 보건복지상담센터(국번 없이 129)로 전화하여 긴급복지를 신청하면 지원받을 수 있다. 당사자나 가족이 신청하기 어려운 경우에는 친인척이나 이웃, 복지시설 · 기관 · 단체의 장이나 사회복지사 등이 신청할 수 있다.

* 보건복지부 보건복지상담센터 http://www.129.go.kr

2) 복지로

보건복지부는 중앙정부와 지방자치단체가 제공하는 대부분의 복지급여를 '복지로' 홈페이지에서 검색할 수 있도록 하고 있다. 긴급복지지원을 포함하여 중앙정부가 제공하는 복지급여가 360가지인데, 대부분 복지로에서 검색이 가능하다. '한눈에 보는 복지정보'는 임신출산, 영유아, 아동청소년, 청년, 중장년, 노년 등의 생애주기별과 장애인, 한부모, 다문화, 저소득 등의 인구집단별 그리고 교육, 고용, 주거, 건강, 서민금융, 문화 등의 생활영역별로 범주화되었다. 해당 분야 복지사업을 클릭하여 주요 내용을 확인할 수 있다.

누구든지 휴대폰으로 복지로를 검색하고 일부 복지급여를 신청할 수도 있다. 인터넷이나 휴대폰으로 바로 신청할 수 있는 복지급여는 아동수당, 기초연금, 교육급여, 고교학비지원 등으로 확대되고 있다.

필요한 사람은 어떤 상황에서 어떤 복지급여를 받을 수 있는지를 확인하고 신청하기 바란다.

* 복지로 http://www.bokjiro.go.kr

3) 전달체계

위기상황으로 생계유지가 곤란한 사람은 국번 없이 129 보건복지상담센터에 전화로 신청, 거주지 시 · 군 · 구청이나 읍 · 면 · 동 행정복지센터를 방문하여 신청, 복지로 홈페이지에서 온라인 신청을 할 수 있다.

신고를 접수하면 시 · 군 · 구 담당 공무원은 48시간 이내에 현장을 확인하고, 시장 · 군수 · 구청장은 신속하게 지원 여부를 결정한다. 시장 · 군수 · 구청장은 긴급지원요청 또는 신고를 받거나 위기상황에 처한 사람을 찾아낸 경우에는 지체 없이 긴급지원담당공무원으로 하여금 긴급지원대상자의 거주지 등을 방문하여 위기상황을 확인하여야 한다. 지원을 요청할 때 또는 긴급지원담당공무원이 위기상황을 확인할 때에 그 긴급지원대상자 및 가구 구성원은 필요한 자료 또는 정보의 제공에 대하여 동의한다는 서면 동의서(금융정보 등의 제공동의서)를 제출하여야 한다. 다만, 긴급지원대상자가 의식불명 등 대통령령으로 정하는 사유에 해당하여 서면 제출이 사실상 불가능하다고 긴급지원담당공무원이 확인한 경우에는 지원을 받은 후에 제출할 수 있다.

시장 · 군수 · 구청장은 긴급지원대상자의 신청이 있는 경우에는 긴급지원대상자에게 지급하는 금전(긴급지원금)을 긴급지원대상자 명의의 지정된 계좌(긴급지원수급계좌)로 입금하여야 한다. 다만, 불가피한 사유로 긴급지원수급계좌로 이체할 수 없을 때에는 현금 지급 등을 할 수 있다. 해당 금융기관은 긴급지원금만이 긴급지원수급계좌에 입금되도록 하고 이를 관리하여야 한다. 「긴급복지지원법」에 따라 긴급지원대상자에게 지급되는 금전 또는 현물은 압류할 수 없다. 긴급지원대상자는 이 법에 따라 지급되는 금전 또는 현물을 생계유지 등의 목적 외의 다른 용도로 사용하기 위하여 양도하거나 담보로 제공할 수 없다.

시·군·구청은 지원대상자의 소득과 재산 등을 조사하여 지원의 적정성을 심사한다. 적정하면 계속 지원 여부를 결정하고, 적정하지 않으면 지원을 중단한다. 시장·군수·구청장은 지원을 받았거나 받고 있는 긴급지원대상자에 대하여 소득 또는 재산 등 대통령령으로 정하는 기준에 따라 긴급지원이 적정한지를 조사하여야 한다. 긴급지원심의위원회는 시장·군수·구청장이 한 사후조사의 결과를 참고하여 긴급지원의 적정성을 심사한다. 긴급지원연장 결정, 긴급지원의 적정성 심사, 긴급지원의 중단 또는 지원비용의 환수 결정, 그 밖에 긴급지원심의위원회의 위원장이 회의에 부치는 사항을 심의·의결하기 위하여 시·군·구에 긴급지원심의위원회를 둔다. 시·군·구에 생활보장위원회가 있는 경우 그 위원회는 조례로 정하는 바에 따라 긴급지원심의위원회의 기능을 대신할 수 있다.

시장·군수·구청장은 심사결과에서 거짓이나 그 밖의 부정한 방법으로 지원을 받은 것으로 결정된 사람에게는 긴급지원심의위원회의 결정에 따라 지체 없이 지원을 중단하고 지원한 비용의 전부 또는 일부를 반환하게 하여야 한다. 또한 지원기준을 초과하여 지원받은 사람에게는 그 초과 지원 상당분을 반환하게 할 수 있다. 시장·군수·구청장은 반환명령에 따르지 아니하는 사람에게는 지방세 체납

처분의 예에 따라 징수한다. 시장 · 군수 · 구청장은 심사결과 긴급지원대상자에 대한 지원이 적정하지 아니한 것으로 결정된 경우에도 긴급지원담당공무원의 고의 또는 중대한 과실이 없으면 이를 이유로 긴급지원담당공무원에 대하여 불리한 처분이나 대우를 하여서는 아니된다.

지원 결정이나 반환명령에 이의가 있는 사람은 그 처분을 고지받은 날부터 30일 이내에 해당 시장 · 군수 · 구청장을 거쳐 특별시장 · 광역시장 · 도지사 · 특별자치도지사에게 서면으로 이의신청할 수 있다. 이 경우 시장 · 군수 · 구청장은 이의신청을 받은 날부터 10일 이내에 의견서와 관련 서류를 첨부하여 시 · 도지사에게 송부하여야 한다. 시 · 도지사는 송부를 받은 날부터 15일 이내에 이를 검토하고 처분이 위법 · 부당하다고 인정되는 때는 시정, 그 밖에 필요한 조치를 하여야 한다.

4) 재원

긴급복지지원의 재원은 국가와 지방자치단체의 세금으로 조달된다.

5) 신고의무자 교육

긴급복지는 도움이 필요한 당사자뿐 아니라 친족, 그 밖의 관계인이 구술 또는 서면 등으로 관할 시장 · 군수 · 구청장에게 「긴급복지지원법」에 따른 지원을 요청하여 이루어질 수 있다. 또한 누구든지 긴급지원대상자를 발견한 경우에는 관할 시장 · 군수 · 구청장에게 신고하여야 한다. 특히 의료기관 종사자, 유 · 초 · 중 · 고등 · 대학교 교직원

(강사 포함), 사회복지시설의 종사자, 공무원, 장애인 활동지원기관의 장 및 종사자와 활동지원 인력, 학원의 운영자 · 강사 · 직원, 교습소의 교습자 · 직원, 건강가정지원센터의 장과 종사자, 청소년시설과 청소년단체의 장과 종사자, 청소년 보호 · 재활센터의 장과 종사자, 평생교육기관의 장과 종사자, 그 밖에 긴급지원대상자를 발견할 수 있는 자로서 보건복지부령으로 정하는 자(이장과 통장, 별정우체국의 직원, 동 · 리의 새마을지도자 및 부녀회장)는 진료 · 상담 등 직무수행 과정에서 긴급지원대상자가 있음을 알게 된 경우에는 관할 시장 · 군수 · 구청장에게 이를 신고하고, 긴급지원대상자가 신속하게 지원을 받을 수 있도록 노력하여야 한다.

관계 중앙행정기관의 장은 신고의무자에 해당하는 사람의 자격취득 또는 보수교육 과정에 긴급지원사업의 신고와 관련된 교육 내용을 포함하도록 하여야 하며, 긴급복지 신고의무자가 소속된 기관 · 시설 등의 장은 소속 긴급복지 신고의무자에게 신고의무 교육을 실시하고, 그 결과를 관계 중앙행정기관의 장에게 제출하여야 한다.

5. 지방자치단체의 긴급복지지원

지방자치단체의 자체 긴급복지지원제도는 국가가 정한 지원기준에 해당되지 않아 위기를 겪고 있는 가정까지 지원하는 제도이다. 위기가구가 긴급복지를 신청하면 소득, 재산, 금융재산 등 세 가지 기준에 부합되는지 평가해야 하는데, 수도권과 광역시는 재산기준 등이 현실에 맞지 않는 경우가 많다. 작은 집이라도 소유하면 재산기준에 맞지 않고, 민간 보험에 가입하면 금융재산기준에 넘친다. 이에 지방자치단체는 국가 기준보다 관대한 기준을 만들어 지원하기도 한다. 국가의 긴급복지의 지원기간은 단기간인데, 지방자치단체는 위기가 종료되지 않는 가구의 사정을 고려하여 보호기간을 늘려 주기도 한다.

1) 서울형 긴급복지

서울형 긴급복지는 「서울시 저소득 주민의 생활안정지원에 관한 조례」에 근거하여 국가의 긴급복지 및 제도적 지원을 받지 못하는 저소득 위기가구를 지원한다. 소득기준은 기준 중위소득의 85%(국가 75%) 이하, 재산기준은 2억 5,700만 원(국가 1억 8,800만 원) 이하, 금융재산은 1천만 원(국가 500만 원, 주거지원 700만 원) 이하이다. 위기상황은 국가가 규정한 긴급복지 위기상황을 적용하되 동·구 사례회의를 통해 기준 초과자도 특별지원을 받을 수 있다.

지원내용은 위기가구에 필요한 맞춤형 물품 및 현금(지원항목 간 중복 지원 가능)을 지원한다. 생계비는 1인 가구 30만 원, 2인 가구 50만 원, 3인 가구는 70만 원, 4인 가구는 100만 원이고, 1회에 한해 추가 지원할 수 있다. 주거비는 가구원 수 구분 없이 최대 100만 원까지 1회이고, 의료비는 최대 100만 원까지 1회 추가지원이 가능하다. 사회복지시설 이용비는 돌봄SOS센터 돌봄서비스 이용(최대 152만 원), 일시재가(연 최대 60일), 단기시설(연 최대 14일), 이동지원(연 최대 36시간), 주거편의(연 최대 8시간), 식사지원(연 최대 30식) 등이다. 교육비 지원, 연료비, 해산비, 장제비 지원은 국가가 정한 액수와 같다.

* 서울특별시 https://www.seoul.go.kr

2) 경기도형 긴급복지

경기도형 긴급복지는 '무한돌봄 사업'으로 불린다. 긴급지원대상자 선정 시 소득, 재산기준은 국가의 기준보다 조금 높다. 소득은 기준 중위소득의 90% 이하이고, 재산기준은 시지역 2억 4,200만 원 이하와 군지역 1억 5,200만 원 이하이다.

긴급복지의 주급여는 생계지원, 의료지원, 주거지원, 사례관리지원이고, 부가급여는 교육지원, 연료비, 냉방비, 구직활동비, 해산비, 장제비, 전기요금 등이다. 국가의 긴급복지에 없는 사례관리지원이 추가된 것이 특징이다. 생계지원은 2020년에 1인 가구 월 454,900원, 2인 가구 774,700원, 3인 가구 1,002,400원, 4인 가구 1,230,000원 등이다. 의료지원은 간병비 포함 30만 원 이상 의료비는 지원 가능하고, 항암치료비 지원대상자는 소액의료비 지원 제한 없으며 500만 원까지이다. 간병비는 300만 원 범위 내에서 1회 지원하고, 의료지원 500만 원 범위 내에서 지원할 수 있다. 주거지원은 경매 및 화재, 월세 체납으로 강제퇴거 등에 매월 일정액을 지원받고 500만 원 한도이다. 사례관리지원은 업무담당자(사례관리사) 등의 현장 확인 결과 위기에 처하여 지원이 필요하다고 판단된 가정이 대상이다. 시장 · 군수는 주급여 이외에 추가로 지원할 수 있다. 연료비 월 98,000원, 냉방비 월 31,000원, 구직활동비 10만 원, 해산비 100만 원, 장제비 100만 원, 전기요금 50만 원 범위 내에서 지원한다. 그 밖에 심의위원회의 심의를 거쳐 시장 · 군수가 결정한 항목을 지원할 수 있다.

* 경기도 무한돌봄센터 https://www.gg.go.kr/gg_care

6. 긴급복지지원의 활용과 과제

긴급복지지원제도는 위기상황에 처한 시민이 생계지원, 의료지원, 주거지원, 교육지원 등을 통해 위기를 극복할 수 있는 복지제도이다. 2006년부터 시행되어 복지제도로 정착되고 있지만 다음 몇 가지가 보완되어야 한다.

첫째, 긴급복지제도를 널리 알려 위기가구가 지원을 받지 못하는 일이 생기지 않도록 해야 한다. 법률은 "국가 및 지방자치단체는 위기상황에 처한 사람을 찾아내어 최대한 신속하게 필요한 지원을 하도록 노력하여야 하며, 긴급지원의 지원대상 및 소득 또는 재산기준, 지원종류 · 내용 · 절차와 그 밖에 필요한 사항 등 긴급지원사업에 관하여 적극적으로 안내하여야 한다."라고 규정하고 있다. 하지만 다수 국민은 어떤 상황에서 긴급지원대상자가 될 수 있는지를 잘 몰라 신청조차 하지 않는다. 정부가 전체 국민을 대상으로 긴급복지 등 복지제도를 더 널리 홍보해야 한다.

둘째, 긴급복지제도는 당사자와 가족뿐만 아니라 다양한 관계인이 신청할 수 있으므로 신고의무자 교육을 실효성 있게 해야 한다. 법률은 사회복지사업의 종사자, 보건의료 종사자, 교직원 등을 신고의무자로 규정하고, 이들에게 긴급지원대상자 신고의무에 관한 법령, 긴급지원대상자 발견 시 신고 방법, 긴급지원대상자 보호 절차 등을 교육하도록 하고 있다. 하지만 현재 교육은 긴급복지의 개요만 알려 주고 실질적인 사례 교육이 미흡하다. 신고의무자는 많고 교육은 필수이기에 온라인교육이 형식적으로 이루어지는데 대면교육의 기회를 크게 늘려야 한다.

셋째, 긴급지원대상자의 신속한 발굴을 위해 복지공무원의 직권조사를 폭넓게 인정해야 한다. 긴급지원대상자로 선정될 가능성이 높은 시민은 상대적으로 복지정보가 어둡고 자신의 권리를 주장하기 어려운 경우가 많기에 공무원의 직권조사를 확대해야 한다. 현행 법률은 '금융정보 등의 제공동의서' 제출이 없이도 지원할 수 있는 경우로 의식불명인 경우, 정신적 장애 등으로 의사를 결정할 능력이 미약한 경우, 보호가 필요한 아동인 경우, 그 밖에 이에 준하는 경우로서 보건복지부장관이 정하는 사유에 해당하는 경우로 한정되어 있다. 위기에 처한 사람의 생명을 보호하는 것이 개인정보를 보호하는 것보다 중요할 수 있기에 복지공무원이 직권으로 개입할 수 있는 사유를 보다 폭넓게 규정해야 한다.

넷째, 긴급복지를 계기로 지속 가능한 복지로 연결해야 한다. 위기가구는 단기간의 긴급복지지원만으로 자립하기는 쉽지 않다. 긴급복지를 받은 사람은 한 달 혹은 1회 단위로 지원받고, 연장되어도 6개월 혹은 1년 이내만 받을 수 있다. 「헌법」상 규정된 인간다운 생활을 할 권리를 누릴 수 있도록 제도를 개정하고, 위기를 극복할 때까지 지원해야 한다.

다섯째, 긴급지원대상자의 선정기준을 국민 생활양식의 변화에 맞추어 높여야 한다. 긴급지원대상자는 소득, 재산, 금융재산기준의 세 가지 모두를 만족시킬 때 선정될 수 있다. 기초생활보장제도에서 소득평가액은 근로소득의 경우 30%를 공제하여 산정되는데, 긴급복지는 전액 산정된다는 점에서 불합리하다. 위기상황에서 벗어나려고 할 때 주거용 재산 등은 생계비에 큰 보탬이 되지 않는데도 일정액 이상이면 긴급복지를 전혀 받을 수 없는 것도 불합리하다. 시·군·구 지역사회보장협의체가 지원을 결정할 수 있도록 여지를 두지만, 그 기준을 높여 더 많은 가구가 도움을 받을 수 있어야 한다.

여섯째, 시 · 군 · 구는 위기가구에게 단순한 현금지원을 넘어 위기에서 벗어날 때까지 사례관리를 해야 한다. 위기가구는 소득자가 적고 소득액이 낮기에 지속 가능한 자립은 어렵다. 단기간 현금지원만으로 자립하기 어렵기에 국민기초생활보장제도, 대학생 국가장학금, 공공임대주택 등 다양한 공적 복지를 활용하여 자립할 때까지 보다 지속적으로 지원해야 한다. 위기가구에 대한 사례관리와 일정기간 동안의 사후지도를 제도화해야 한다.

단원 정리

긴급복지지원제도는 생계곤란 등의 위기상황에 처하여 도움이 필요한 사람을 신속하게 지원함으로써 이들이 위기상황에서 벗어나 건강하고 인간다운 생활을 하게 함을 목적으로 한 사회복지이다. 긴급복지를 받을 수 있는 위기사유는 주된 소득자의 사망 · 실직 · 구금시설 수용 등의 사유로 소득 상실, 부(副)소득자의 휴업 · 폐업과 실직, 가구 구성원의 중한 질병 또는 부상, 가구 구성원에 의한 방임 · 학대 · 성폭력 피해, 화재 등으로 인한 거주지에서의 생활 곤란, 기초생활보장 수급자 탈락, 단전 · 단수 · 건강보험료가 체납된 경우 등이다.

긴급지원대상자가 되려면 원칙적으로 긴급한 사유, 소득요건, 재산요건을 모두 갖추어야 한다. 소득요건은 가구원의 총소득이 기준 중위소득의 75% 이하여야 한다. 재산요건은 집, 전세금, 토지 등 재산의 평가액이 대도시는 1억 8,800만 원, 중소도시는 1억 1,800만 원, 농어촌은 1억 100만 원 이하이고, 그중 은행통장 등에 있는 금융재산이 500만 원 이하(주거지원은

700만 원 이하)인 가구만 지원을 받을 수 있다.

긴급복지지원의 종류는 금전 또는 현물 등의 직접 지원, 민간기관·단체와의 연계 등의 지원이 있다. 금전 또는 현물 등의 직접 지원은 생계지원, 의료지원, 주거지원, 사회복지시설의 이용 지원, 교육지원, 그 밖의 지원(연료비 등)이 있다.

위기상황으로 생계유지가 곤란한 사람은 국번 없이 129 보건복지상담센터에 전화로 신청하거나, 거주지 시·군·구청이나 읍·면·동 행정복지센터를 방문하여 신청하거나, 복지로 홈페이지에서 온라인 신청할 수 있다. 신고를 접수하면 시·군·구 담당 공무원은 48시간 이내에 현장을 확인하고 신속하게 지원을 결정해야 한다. 시·군·구청은 지원대상자의 소득과 재산 등을 조사하여 지원의 적정성을 심사하여 적정하면 계속 지원 여부를 결정하고, 적정하지 않으면 지원 중단한다. 긴급복지의 재원은 국가와 지방자치단체의 세금으로 조달된다.

긴급복지는 도움이 필요한 당사자뿐 아니라 친족, 그 밖의 관계인이 구술 또는 서면 등으로 관할 시장·군수·구청장에게 지원을 요청할 수 있다. 누구든지 긴급지원대상자를 발견한 경우에는 관할 시장·군수·구청장에게 신고하여야 한다. 특히 공무원, 학교교직원, 사회복지시설의 종사자와 같이 직무수행 중에 대상자를 만날 가능성이 높은 사람은 반드시 신고하고, 신속하게 지원을 받을 수 있도록 함께 노력해야 할 의무가 있다.

긴급복지제도는 복지제도로 정착되고 있지만, 다음 몇 가지가 보완되어야 한다. 긴급복지제도를 널리 알려 위기가구가 지원을 받지 못하는 일이 생기지 않도록 하고, 신고의무자 교육을 실효성 있게 하여야 한다. 긴급지원대상자의 신속한 발굴을 위해 복지공무원의 직권조사를 폭넓게 인정해야 한다. 긴급복지를 계기로 지속 가능한 복지로 연결해야 한다. 긴급지원대상자의 선정기준을 국민 생활양식의 변화에 맞추어 높이고, 시·군·구는 위기가구에게 단순한 현금지원을 넘어 위기에서 벗어날 때까지 사례관리를 해야 한다.

✱ 용어 정리

- **긴급복지지원제도**: 긴급복지지원제도는 생계곤란 등의 위기상황에 처하여 도움이 필요한 사람을 신속하게 지원함으로써 이들이 위기상황에서 벗어나 건강하고 인간다운 생활을 하게 함을 목적으로 한 사회복지제도이다.

- **긴급복지의 위기사유**: 긴급지원대상자가 되는 흔한 위기사유는 주된 소득자의 사망·실직·구금시설 수용 등의 사유로 소득 상실, 부(副)소득자의 휴업·폐업과 실직, 가구 구성원의 중한 질병 또는 부상, 가구 구성원에 의한 방임·학대·성폭력 피해, 화재 등으로 인한 거주지에서의 생활곤란, 기초생활보장 수급자 탈락, 단전·단수·건강보험료가 체납된 경우 등이다.

- **긴급지원대상자 선정기준**: 긴급지원대상자가 되려면 원칙적으로 긴급한 사유, 소득요건, 재산요건을 모두 갖추어야 한다. 소득요건은 가구원의 총소득이 기준 중위소득의 75% 이하이어야 한다. 재산요건은 집, 전세금, 토지 등 재산의 평가액이 2020년에 대도시는 1억 8,800만 원, 중소도시는 1억 1,800만 원, 농어촌은 1억 100만 원 이하이고, 금융재산이 500만 원(주거지원은 700만 원) 이하인 가구만 지원을 받을 수 있다.

- **생계지원**: 생계지원은 식료품비·의복비 등 생계유지에 필요한 비용 또는 현물 지원이다. 긴급복지의 지원내용은 필요한 최소한의 금액이다. 2020년 생계지원은 식료품비, 의복비 등 1개월 생계유지비로 1인 가구 454,900원, 2인 가구 774,700원, 3인 가구 1,002,400원, 4인 가구 1,230,000원 등이고, 6회까지 받을 수 있다.

- **의료지원**: 의료지원은 각종 검사 및 치료 등 의료서비스이다. 의료지원은 본인부담금과 비급여 항목을 포함하여 300만 원 이내이고, 필요한 경우에는 2회까지 지원받을 수 있다. 의료지원을 받기 위해서는 병원에 진료비를 지불하기 전에 신청해야 한다.

- **주거지원**: 주거지원은 임시거소 제공 또는 이에 해당하는 비용 지원이다. 주거지원은 국가 · 지방자치단체 소유 임시거소 제공 또는 타인 소유의 임시거소 제공, 제공자에게 거소사용 비용 지원이다. 주거지원 금액은 지역(대도시, 중소도시, 농어촌)과 가구원 수(1~2인 가구, 3~4인 가구, 5~6인 가구)로 나누어 지급되고, 12회까지 지원받을 수 있다.

- **교육지원**: 교육지원은 초 · 중 · 고등학생의 수업료, 입학금, 학교운영지원비 및 학용품비 등 필요한 비용 지원이다. 2020년 지원금액은 1인당 초등학생 221,600원, 중학생 352,700원, 고등학생 432,200원과 소정의 수업료 · 입학금이다. 지원은 2회가 원칙이지만 필요한 경우 4회까지 연장할 수 있다.

- **그 밖의 긴급복지지원**: 긴급지원대상자는 10월부터 3월까지 동절기에는 연료비를 월 98,000원씩 지원받을 수 있다. 자녀를 출산한 경우에는 해산비로 70만 원(쌍둥이 140만 원), 장례를 치룬 경우에는 장제비 80만 원, 전기요금이 체납된 경우 50만 원을 각각 1회씩 받을 수 있다. 전기요금의 지원에는 소전류 제한기 부설과 재공급 수수료가 포함된다.

- **긴급복지신청**: 긴급복지지원은 국가와 지방자치단체가 관리운영한다. 갑작스런 위기상황에 처한 저소득 위기가구라면 시 · 군 · 구청이나 보건복지상담센터(국번 없이 129)로 전화하여 긴급복지를 신청하면 지원받을 수 있다. 당사자나 가족이 신청하기 어려운 경우에는 친인척이나 이웃, 복지시설 · 기관 · 단체의 장이나 사회복지사 등도 신청할 수 있다.

- **긴급지원심의위원회**: 긴급지원연장 결정, 긴급지원의 적정성 심사, 긴급지원의 중단 또는 지원비용의 환수 결정, 그 밖에 긴급지원심의위원회의 위원장이 회의에 부치는 사항을 심의 · 의결하기 위하여 시 · 군 · 구에 긴급지원심의위원회를 둔다. 시 · 군 · 구에 생활보장위원회가 있는 경우 그 위원회는 조례로 정하는 바에 따라 긴급지원심의위원회의 기능을 대신할 수 있다.

제11장

사회수당

1. 사회수당의 정의와 종류

사회보장은 공공부조와 사회보험이 대표적이었지만, 많은 국가는 두 방식만으로 부족하여 현금급여인 사회수당을 발전시켰다. 사회수당은 세금으로 다수 국민에게 무기여로 제공하는 복지제도이다. 사회수당은 보험료를 낼 때 지급하는 사회보험과 달리 세금으로 제공하고, 대상자를 가난한 사람에게 한정하는 공공부조와 달리 보편적 지급을 지향한다. 사회수당은 나라마다 다르지만 아동수당, 가족수당, 기초연금, 장애인연금 등 지원이 필요한 인구집단에게 지급된다. 한국의 대표적인 사회수당은 아동수당, 기초연금, 장애인연금 등이다.

2. 아동이 받는 수당

1) 아동수당

아동수당은 아동에게 수당을 지급하여 아동 양육에 따른 경제적 부담을 경감하고 건강한 성장 환경을 조성함으로써 아동의 기본적 권리와 복지를 증진함을 목적으로 한 사회복지제도이다. 아동수당은 OECD 회원국 중 미국, 터키, 멕시코를 제외한 모든 국가가 아동의 권리와 복지 증진 그리고 부모의 양육부담을 줄이기 위해 시행한다. 프랑스는 1932년에 아동수당을 도입했고, 영국은 1945년, 일본은 1972년부터 시행하였는데, 한국은 2018년 9월부터 시행했다.

문재인 대통령은 대선공약으로 '만 5세 이하 모든 아동에게 월 10만 원의 아동수당 지급'을 약속했지만, 야당과 협의하여 2018년에 「아동수당법」을 제정하고 그해 9월부터 상위 10%를 제외한 아동에게 월 10만 원(일부 소득이 높은 가구는 조금씩 차감하여 월 2만 원)까지 지급했다. 하지만 상위 10%를 골라내는 행정비용이 많이 들고 실익이 크지 않다는 이유로 보편적 지급으로 개정하였다.

대한민국 국적을 가진 0세부터 만 7세 미만(0~83개월) 모든 아동은 월 10만 원씩 아동수당을 받을 수 있다. 「난민법」상 난민 인정을 받은 아동도 신청할 수 있다. 아동수당은 정부가 세금으로 조달하고 관리 운영한다.

보호자나 대리인이 '복지로' 홈페이지나 모바일 '복지로' 앱으로 아동수당을 신청하거나, 주소지 읍 · 면 · 동 행정복지센터에 방문하여 신청할 수도 있다. 신청한 날이 속하는 달을 기준으로 지급되므로 그

달 수당을 받으려면 월말까지 신청하면 된다. 한편, 출생신고 기간 등을 감안해 출생 후 60일 이내에 아동수당을 신청한 경우에 출생일이 포함된 달까지 소급하여 받을 수 있다. 온라인 신청은 아동의 보호자가 부모인 경우에만 가능하며, 그 외의 경우(위탁부모 등)에는 행정복지센터에 방문 신청해야 한다. 온라인 신청에서 신청인과 가구원 서명은 공인인증서로 가능하며, 접수일과 상관없이 신청을 완료한 날을 신청일로 본다.

아동수당을 신청할 때 필수제출(확인) 서류는 아동수당신청서이다. 가정양육수당 등 기타 복지사업과 함께 아동수당을 신청하는 경우에는 사회보장급여신청서와 금융정보 등의 제공동의서가 필요하다. 신청자는 주민등록증, 자동차운전면허증 등으로 신분을 확인받을 수 있고, 부모가 아닌 사람이 대리인으로 신청할 때에는 아동수당 관련 위임장과 아동의 보호자와 대리인 신분증이 필요하다.

* 아동수당 http://www.ihappy.or.kr

2) 가정양육수당

모든 아동이 어린이집, 유치원(특수학교를 포함), 종일제 아이돌봄서비스 등을 이용하지 않고 가정에서 양육되는 경우에 초등학교 취학 전(만 86개월 미만)까지 신청하면 가정양육수당을 받을 수 있다. 「주민등록법」 제6조 제1항 3호에 따라 주민등록번호를 발급받거나, 동법 제19조 제4항에 따라 재외국민으로 등록 · 관리되는 자 중 재외국민 출국자는 제외된다.

가정양육수당 금액은 생후 12개월 미만은 20만 원, 12~24개월 미만은 15만 원, 24~86개월 미만은 10만 원이다. 농어촌거주 아동은 생후 12개월 미만은 20만 원으로 같고, 12~24개월 미만은 175,000원, 24~36개월 미만은 156,000원, 36~48개월 미만은 129,000원으로 조금 많고, 48~86개월 미만은 10만 원이다. 장애아동은 거주지역에 상관없이 생후 36개월 미만은 20만 원이고, 36~86개월 미만은 10만 원이다.

3. 노인이 받는 수당-기초연금

기초연금은 노인에게 연금을 지급하여 안정적인 소득기반을 제공함으로써 노인의 생활안정을 지원하고 복지를 증진함을 목적으로 한 사회복지제도이다. 기초연금은 65세 이상 중 소득 하위 70%가 매월 일정한 액수의 연금을 받는 제도이다.

기초연금은 당사자의 기여 없이 국민 세금으로 소득 하위 70%에 속하는 노인이 받을 수 있다. 기초연금 수급자는 노인의 소득분포, 임금상승률, 지가(땅값), 신규 소득연계분 등을 종합적으로 반영한 선정기준액에 의해 결정된다.

2020년에 노인 단독가구는 월 소득인정액이 148만 원 이하, 부부는 2,368,000원 이하면 기초연금을 받을 수 있다. 단독가구는 자녀 등 가족과 함께 사는 경우에도 '배우자가 없는 노인'을 말한다. 소득인정액은 소득평가액에 재산의 월 소득환산액을 합친 금액이다. 소득평가액은 근로소득 중 일정액을 공제하고, 나머지 금액의 70%만 환산한 금액에 사업소득, 재산소득, 공적 이전소득, 무료 임차소득 등 기타소득을 모두 합친 금액이다. 근로소득은 96만 원을 공제하고 나머지도 30%를 공제받으므로 단독가구는 근로소득이 307만 원, 맞벌이가구는

530만 원인 경우도 큰 재산이 없으면 기초연금을 받을 수 있다. 소득이 별로 없어도 재산이 많으면 기초연금을 받지 못하는데, 재산을 소득으로 환산하는 방식이 복잡하기에 재산이 10억 원 이상이 아니라면 일단 신청하기 바란다.

기초연금은 65세 생일이 있는 달부터 복지로 홈페이지에서 온라인으로 혹은 읍·면·동 행정복지센터를 방문해 신청하면 된다. 거동이 불편한 사람은 국민연금공단 콜센터(1355)로 전화하면 '찾아뵙는 서비스'를 받을 수 있다. 생일이 속하는 달 1개월 전부터 신청을 받아 주고, 지나간 것을 소급해 주지는 않는다. 본인이나 배우자가 공무원연금, 군인연금, 사립학교교직원연금 등 공적 연금을 받으면 기초연금을 받을 수 없고, 국민연금을 받더라도 큰 액수가 아니라면 함께 받을 수 있다.

어떤 노인이 기초연금을 받을 수 있는지 여부와 그 액수는 선정기준액, 기준연금액, 소득인정액 산정 세부기준에 의해 결정된다. 이 기준은 매년 연말에 행정예고를 거쳐 새해 첫날부터 적용되고, 4월에 물가상승률을 고려하여 기준연금액이 재조정된다. 소득인정액이 선정기준액에 해당되는 노인이 복지로 홈페이지 혹은 읍·면·동 행정복지센터에 기초연금을 신청하면 받을 수 있다. 기준연금액은 소득인정액의 비율에 맞춰서 소득인정액이 낮으면 전액을 다 받고, 소득인정액이 일정액을 넘더라도 선정기준액에 미치지 못하면 최소 2만 원까지 받을 수 있다. 기초연금의 소득인정액을 산정할 때 해당 가구의 소득과 재산만 보고 자녀의 것을 보지 않는다.

기초연금액은 2020년에 소득 하위 40%는 30만 원(부부가구는 48만 원)까지, 소득수준이 40%를 넘고 70% 이하인 단독가구는 25만 4,760원까지, 부부가구는 40만 7,600원까지 받을 수 있고, 소득인정액이 많으면 조금씩 차감되어 최저 2만 원까지 받는다. 기초연금은 정부가 세금으로 조달하고 관리운영한다.

소득인정액이 수급 기준에 맞지 않은 사람도 향후 5년간 자료를 보관하여 기준이 바뀌어 수급대상이 되면 연락을 받을 수도 있다. 기초연금의 수급기준은 매년 상향되는 경향이 있기에 수급자가 되지 않더라도 다음에 될 가능성 있기에 신청하는 것이 좋다. 노인부부로 기초연금을 받지 못한 사람은 배우자가 사망한 직후에 신청하면 받을 수도 있다. 특히 배우자의 이름으로 재산이 등기된 사람은 그 재산을 자녀가 함께 상속받기에 자신의 지분만큼만 월 소득환산액으로 산정되어 수급자가 될 가능성이 매우 높다. 소득인정액은 '복지로'에서 모의계산을 할 수 있지만, 공무원연금, 군인연금, 사립학교교직원연금 등을 타는 노인이 아니라면 일단 기초연금을 신청하기 바란다. 신청한다고 모두 받는 것은 아니지만, 신청한 노인만 기초연금을 받을 수 있기 때문이다.

＊복지로 온라인 신청 http://online.bokjiro.go.kr

4. 장애인이 받는 수당

1) 장애인연금

장애인연금은 중증장애인의 근로능력 상실 또는 현저한 감소로 인하여 줄어드는 소득과 장애로 인한 추가 비용을 보전하기 위해 매월 일정액의 연금을 지급하는 사회보장제도이다. 장애인연금은 「장애인연금법」에 의해 보장되며, 물가상승률 등을 반영한 금액을 받을 수 있다. 장애인연금은 무기여식 공적부조로 기여식 사회보험인 국민연금과 최종 사회안전망인 국민기초생활보장제도의 사이에 있다.

장애인연금은 본인과 배우자의 경제적 수준을 평가하여 중증장애인을 가족과 국가가 함께 부양한다는 의미를 갖는다. 장애인연금의 수급 여부, 급여액 결정과 수급중지 등에 관한 사항은 법률로 규정되어 권리적인 성격이 강하다. 만 18세 이상의 중증 등록장애인(1급, 2급, 3급 중복장애인이고, 4급 장애가 두 가지 이상 있어서 3급으로 등급 상향이 이뤄진 자는 제외)으로 소득 하위 70%인 사람이 신청하면 매달 장애인연금을 받을 수 있다. 2020년에 소득인정액이 배우자가 없는 중증장애인의 경우 월 122만 원, 배우자가 있는 중증장애인의 경우 월 195.2만 원 이하일 때이다.

장애인연금은 기초급여와 부가급여로 구성된다. 기초급여는 근로능력의 상실 또는 현저한 감소로 인하여 줄어드는 소득을 보전해 주기 위하여 지급하는 급여로 소득보장 성격의 연금이다. 부가급여는 장애로 인하여 추가로 드는 비용의 전부 또는 일부를 보전해 주기 위하여 지급하는 급여로 추가 지출비용 보전성격의 연금이다.

장애인연금의 액수는 기초생활보장 수급자와 차상위계층, 그 이상의 소득자로 나뉘고, 연령에 따라서 차이가 있다. 부부가 모두 장애인이거나 소득인정액이 높아지면 차감된다. 2020년 장애인연금은 생계 · 의료 · 주거 · 교육급여 수급자와 차상위계층은 월 30만 원까지이고, 차상위 초과에서 소득 하위 70%까지는 254,760원까지이다. 연금액은 보건복지부장관이 그 전년도 기초급여액에 대통령령으로 정하는 바에 따라 전국소비자물가변동률을 반영하여 매년 고시하므로 인상되는 경향이 있다.

65세 이상 노인은 동일한 성격의 급여인 기초연금으로 전환하고 기초급여는 지급하지 않는데, 만 65세가 되는 달부터 기초연금을 별도로 신청할 수 있다. 단독가구와 부부(2인)가구의 생활비 차이를 감안, 부부가 모두 기초급여를 받는 경우에는 각각의 기초급여액에 20%를 감액한 48만 원(1인당 24만 원)을 지급한다. 생계 · 의료 · 주거 · 교육급여 수급자와 차상위계층 경우에는 약간의 소득인정액 차이로 기초급여를 받는 자와 못 받는 자의 소득역진 최소화를 위해 기초급여액의 일부를 단계별로 감액한다(최하 1인 2만 원, 2인 4만 원). 초과분 감액 대상자는 (소득인정액+기초급여액)≥선정기준액, 부부 2인 수급

〈표 11-1〉 장애인연금 급여 현황

<table>
<tr><th colspan="2">자격</th><th colspan="6">급여(기초급여+부가급여)</th></tr>
<tr><th rowspan="3">장애인연금 대상자 (기초급여)</th><th rowspan="3">부가급여 대상자</th><th rowspan="3">연령</th><th colspan="4">기초급여</th><th rowspan="3">부가급여</th></tr>
<tr><th rowspan="2">단독</th><th colspan="2">부부의 경우</th><th rowspan="2">초과분 감액 여부</th></tr>
<tr><th>1인 수급</th><th>2인 모두 수급(1인당)</th></tr>
<tr><td rowspan="2">장애인 연금</td><td rowspan="2">기초(재가)</td><td>18~64세</td><td colspan="2">30만 원</td><td>24만 원</td><td>×</td><td>8만 원</td></tr>
<tr><td>65세 이상</td><td colspan="2">-</td><td>-</td><td>-</td><td>38만 원</td></tr>
<tr><td rowspan="2">장애인 연금</td><td rowspan="2">기초(보장시설)
(보장시설 수급자 급여특례)*</td><td>18~64세</td><td colspan="2">30만 원</td><td>24만 원</td><td>×</td><td>-</td></tr>
<tr><td>65세 이상</td><td colspan="2">-</td><td>-</td><td>-</td><td>7만 원*</td></tr>
<tr><td rowspan="2">장애인 연금</td><td rowspan="2">차상위
(차상위계층 급여특례)**</td><td>18~64세</td><td colspan="2">30만 원</td><td>24만 원</td><td>○</td><td>7만 원</td></tr>
<tr><td>65세 이상</td><td colspan="2">-</td><td>-</td><td>-</td><td>7만 원
(14만 원)**</td></tr>
<tr><td rowspan="2">장애인 연금</td><td rowspan="2">차상위 초과</td><td>18~64세</td><td colspan="2">254,760원</td><td>203,800원</td><td>○</td><td>2만 원</td></tr>
<tr><td>65세 이상</td><td colspan="2">-</td><td>-</td><td>-</td><td>4만 원</td></tr>
</table>

* 보장시설 수급자 급여특례: 2010년 7월 1일 당시 만 65세 이상인 자(1945년 6월 30일 이전 출생자)이고 종전 장애수당(기초생활 수급자) 수급자로서 그 당시 보장시설 수급자

** 차상위계층 급여특례: 2010년 7월 1일 당시 차상위 계층이고, 종전 장애수당(차상위계층) 수급자로서 계속 차상위계층을 유지하다가 2017년 8월 8일까지 만 65세에 도래한 자(1952년 8월 8일 이전 출생자)

자의 경우 초과분 감액 대상자는 (소득인정액+부부감액한 기초급여액)≥선정기준액이다. 선정기준액과 가구 소득인정액의 차액에 따라 2만 원 단위로 절상하여 지급한다.

장애인연금을 받길 희망하는 중증장애인은 복지로 홈페이지나 읍·면·동 행정복지센터에 신청해야 한다. 본인이 신청할 경우 신청자의 신분증과 본인명의의 통장사본이 필요하며, 대리인이 신청하려면 대리인의 신분증과 중증장애인의 신분증 및 위임장이 필요하다. 시·군·구는 신청자의 소득과 재산을 중심으로 자산조사를 하고, 국민연금공단은 「장애인복지법」에 따라 장애정도를 심사하며, 시·군·구가 자격여부를 확정지어 수급자로 결정하면 수급자 통장으로 매달 20일에 연금을 지급한다.

* 보건복지부 장애인연금 http://www.bokjiro.go.kr/pension
* 국민연금공단 https://www.nps.or.kr

2) 장애수당

장애수당은 장애인연금처럼 만 18세 이상의 등록장애인에게 매월 지급한다는 점에서 같지만, 근거법령과 대상자 그리고 지급금액에서 차이가 있다. 장애인연금은 「장애인연금법」 제4조에 근거하는데, 장애수당은 「장애인복지법」 제49조에 근거하여 지급된다. 장애수당은 만 18세 이상 중증장애인이 아닌 자를 대상으로 월 4만 원[보장시설 수급자(생계·의료수급자)의 경우 월 2만 원]을 지급한다. 장애인연금과 장애수당은 한 사람이 동시에 받을 수 없는 구조이다.

지급금액이 크게 다른 이유는 장애인연금은 장애의 정도가 심한 장애인이 근로능력이 현저히 감소한 것에 따라 소득을 보전하고 장애로 인한 추가비용을 보전해 주기 위한 취지인데, 장애수당은 장애로 인한 추가비용 보전만을 목적으로 하기 때문이다. 생계·의료·주거·교육급여 수급자와 차상위계층(가구 소득인정액이 기준 중위소득의 50% 이하, 소득인정액 산정 시 부양의무자의 부양비를 포함하지 않음)이 복지로 홈페이지나 읍·면·동 행정복지센터에 장애수당을 신청하면 받을 수 있다.

3) 장애아동수당

장애아동수당은 만 18세 미만(초·중·고등학생은 20세 이하)의 등록 장애인이어야 하며, 중증, 경증 모두 신청이 가능하다. 수급자격은 생계·의료·주거·교육급여 수급자이거나 차상위계층(가구 소득인정액이 기준 중위소득의 50% 이하이고, 소득의 범위에서 사적 이전소득, 보장기관 확인소득, 부양의무자의 부양비를 포함하지 않음)에 속해야 한다.

급여액은 월 최저 2만 원에서 최대 20만 원까지 받는다. 중증장애인의 경우 생계·의료급여 수급자는 20만 원, 주거·교육급여 수급자는 15만 원, 보장기관에서 사는 생계·의료급여 수급자는 7만 원을 받는다. 경증장애인일 경우 생계·의료급여 수급자는 10만 원, 주거·교육급여 수급자와 차상위계층은 10만 원, 보장기관에서 사는 생계·의료급여 수급자는 2만 원을 받는다. 신청방법은 장애수당과 동일하다.

한편, 등록장애인은 다양한 감면제도가 있으니 활용할 수 있다. TV 수신료 전액 면제, 통신요금 30~50% 감면, 교통비, 문화활동비, 과태료 등의 감면이 있다. 등록장애인만 감면을 받을 수 있으므로 읍·면·동 행정복지센터에 장애인등록을 하여 장애인카드를 발급받고 이를 증빙해야 한다.

5. 사회수당의 활용과 과제

사회수당은 공공부조나 사회보험에 비교하여 늦게 도입되었지만, 당사자에게는 널리 알려진 복지제도이다. 아동수당은 만 7세 미만 모든 아동에게 지급되고, 기초연금은 65세 이상 노인 중 소득 하위 70%에게 지급되며, 장애인연금은 18세 이상 등록된 중증장애인으로 소득 하위 70%에게 지급된다. 세 가지 사회수당 이외에도 가정양육수당, 장애수당, 장애아동수당 등이 있기에 당사자와 가족이 활용하도록 지원하고 불합리한 제도를 개선해야 한다.

첫째, 모든 사회수당은 신청해야 받을 수 있다는 것을 널리 알려야 한다. 사회수당은 복지로 홈페이지나 휴대폰 복지로 앱에서 신청하는 것이 읍·면·동 행정복지센터를 방문하여 신청하는 것보다 손쉽다. 모든 국민이 복지로에 회원 가입을 할 때 공인인증서를 확인받고, 복지급여 신청 시 금융정보 등의 제공동의서에 일괄 동의하도록 하여 복지급여를 신청할 때마다 동의서를 내는 절차를 없애야 한다. 아동수당은 아동을 가진 부모, 기초연금은 65세 이상 노인, 장애인연금은 장애인과 가족에게 널리 알려 휴대폰으로 쉽게 서비스를 신청하고, 관련 서비스를 일괄하여 받을 수 있도록 해야 한다.

둘째, 수급자의 선정 여부를 결정짓는 소득인정액을 산정하는 방식이 다양하다는 것을 알려 주고 그 기준을 표준화시켜야 한다. 아동수당은 가구 소득인정액에 상관없이 지급되지만, 기초연금은 소득 하위 70%, 장애인연금도 소득 하위 70%에게 지급되기에 소득인정액 산정방식을 널리 알려야 한다. 그런데 소득인정액은 기초생활보장제도, 기초연금, 장애인연금 등 제도마다 계산 방식이 다르다. 기초연금의 경우 소득인정액은 근로소득의 96만 원을 공제하고, 나머지 소득의 70%만을 소득평가액으로 계산하여 실제 소득보다 낮다는 것을 널리 홍보해야 한다. 또한 정부는 복지급여 수급자를 선정할 때마다 달리 사용하는 선정기준을 표준화시켜 혼란을 줄여야 한다.

셋째, 사회수당의 수급자를 선정할 때 부양의무자 기준이 없다는 것을 널리 알려야 한다. 사회수당은 국민기초생활보장 생계 · 의료급여 수급자를 선정할 때 사용하는 부양의무자 기준이 없다. 그런데도 국민은 복지급여의 수급자를 선정할 때 부양의무자의 소득과 재산까지 본다는 선입견을 가지고 있다. 사회수당의 수급자 선정은 부양의무자 기준이 없다는 것을 널리 알려 해당되는 사람이 신청하도록 분위기를 조성해야 한다.

넷째, 아동수당의 대상자를 매년 한 살씩 상향시켜 18세 미만 모든 아동으로 확대시켜야 한다. 아동수당은 첫 도입 시에 6세 미만 아동에서 7세 미만 아동으로 확대시켰지만 영유아에 한정되어 있다. 많은 나라가 아동수당을 16세 미만 혹은 18세 미만에게 지급하므로 우리나라도 매년 1세씩 연장하여 지급해야 한다. 한국은 지구촌에서 가장 출산율이 낮고, 출산아동 수가 사망하는 사람 수보다 적어 인구감소 추세이다. 아동수당의 지급 연령을 점차 늘리고, 연령에 따른 지급액을 차등화시켜 양육비에 실질적으로 보탬이 되어야 한다.

다섯째, 가정양육수당의 액수를 '보육료와 유아학비 지원'과 형평성을 맞추어야 한다. 가정양육수당은 취학 전 영유아(만 86개월 미만)가 어린이집이나 유치원을 다니지 않을 때 받는 것으로 보육비와 유아학비의 지원과 대칭된다. 가정양육수당의 액수는 연령별 보육료와 균형이 맞아서 가정 양육과 시설 보육에 대한 차별이 없어져야 한다. 초저출산 사회에서 아이를 낳고 키우는 문화를 정착시키기 위해서도 꼭 필요하다.

여섯째, 이른바 '줬다 뺏는 기초연금'을 「헌법」과 「기초연금법」에 맞게 고쳐야 한다. 「기초연금법」은 기초생활보장 수급자에게 기초연금을 지급하도록 하지만, 「국민기초생활 보장법 시행령」으로 기초연금을 이전소득으로 간주하여 소득인정액에 포함시키고 있다. 이 때문에 기초생활보장 수급자가 기초연금 30만 원을 받으면 그다음 달에 생계급여에서 그만큼 덜 받고, 기초연금의 액수가 증액되어도 기초생활보장 수급자는 생계에 도움이 되지 않아 불만만 커진다. 이 문제를 피해가기 위해 장애인 연금은 기초급여와 부가급여로 구성되었는데, 65세 이상 노인은 '기초급여'가 전혀 없고 '부가급여'만 38만 원으로 구성되어 있다. '줬다 뺏는 기초연금'을 「기초연금법」에 맞게 개정하면 장애인연금의 기형적인 구조도 바꿀 수 있다.

일곱째, 장애수당과 장애아동수당의 액수가 적정한지를 검토하여 장애로 인한 추가적인 지원에 맞게 상향시켜야 한다. 장애인에 대한 수당은 등록장애인 중 중증과 경증, 18세 이상 여부, 소득수준 등을 고려하여, 18세 이상 중증장애인 중 소득 하위 70%는 장애인연금, 18세 이상 경증장애인 중 가구 소득인정액이 기준 중위소득의 50%는 장애수당, 18세 미만 장애아동 중 가구 소득인정액이 기준 중위소득 50% 이하는 장애아동수당을 받는다. 장애인연금, 장애수당, 장애아동수당의 액수가 법의 취지에 비춰 볼 때 적정한지에 대한 성찰이 필요하다. 세 가지 수당은 장애인의 소득보장을 지향하면서 장애로 인한 추가적인 지출을 지원하려는 취지에 미흡하다. 이 제도가 도입된 시기에 비교하여 국민의 생활양식과 수준이 바뀐 것을 고려하여 수당의 액수를 상향시켜야 한다.

단원 정리

사회보장은 공공부조와 사회보험이 대표적이었지만, 많은 국가는 두 방식만으로 부족하여 현금급여인 사회수당을 발전시켰다. 사회수당은 세금으로 다수 국민에게 무기여로 제공하는 복지제도이다. 한국의 대표적인 사회수당은 아동수당, 기초연금, 장애인연금 등이다.

아동수당은 아동에게 수당을 지급하여 아동 양육에 따른 경제적 부담을 경감하고 건강한 성장 환경을 조성함으로써 아동의 기본적 권리와 복지를 증진함을 목적으로 한 사회복지제도이다. 2018년 「아동수당법」을 제정하고 그해 9월부터 상위 10%를 제외한 6세 미만 아동에게 월 10만 원(최소 2만 원)까지 지급했지만, 행정비용의 과다로 보편적 지급으로 바꾸었다. 현재 만 7세 미만(0~83개월) 모든 아동이 신청하면 월 10만 원씩 아동수당을 받는다.

어린이집, 유치원, 종일제 아이돌봄서비스 등을 이용하지 않고 가정에서 양육되는 영유아로서 초등학교 취학 전(만 86개월 미만)까지 아동은 가정양육수당을 받을 수 있다. 금액은 생후 12개월 미만은 20만 원, 12~24개월 미만은 15만 원, 24~86개월 미만은 10만 원이다. 농어촌거주자와 장애인은 연령에 따라 조금 더 받는다.

기초연금은 65세 이상 노인 중 소득 하위 70%에게 연금을 지급하여 안정적인 소득기반을 제공함으로써 노인의 생활안정을 지원하고 복지를 증진함을 목적으로 한 사회복지제도이다. 2020년에 소득 하위 40%는 30만 원(부부가구는 48만 원)까지, 소득수준이 40%를 넘고 70% 이하인 단독가구는 254,760원까지, 부부가구는 407,600원까지 받을 수 있다. 가구 소득인정액이 많으면 조금씩 차감되어 2만 원까지 받는다.

장애인연금은 중증장애인의 근로능력 상실 또는 현저한 감소로 인하여 줄어드는 소득과 장애로 인한 추가 비용을 보전하기 위해 매월 일정액의 연금을 지급하는 사회보장제도이다. 장애인연금은 「장애인연금법」에 의해

보장되며, 만 18세 이상의 중증 등록장애인(1급, 2급, 3급 중복장애인)으로 소득 하위 70%인 사람이 신청하면 받을 수 있다. 생계 · 의료 · 주거 · 교육급여 수급자와 차상위계층은 30만 원까지이고, 차상위 초과에서 소득 하위 70%까지는 254,760원까지이다. 부부가 모두 기초급여를 받는 경우에는 20%를 감액한 48만 원(1인당 24만 원)을 받을 수 있다. 선정기준액과 소득인정액의 차액에 따라 2만 원 단위로 차감하여 받는다.

장애수당은 「장애인복지법」에 근거하여 만 18세 이상 중증장애인이 아닌 자 중 생계 · 의료 · 주거 · 교육급여 수급자와 차상위계층(가구 소득인정액이 기준 중위소득의 50% 이하)이 신청하여 월 4만 원[보장시설 수급자(생계 · 의료수급자)의 경우 월 2만 원]을 받을 수 있다. 장애인연금과 장애수당은 한 사람이 동시에 받을 수는 없다. 장애아동수당은 만 18세 미만(초 · 중 · 고등학생은 20세 이하)의 등록장애인이어야 신청이 가능하다. 생계 · 의료 · 주거 · 교육급여 수급자와 차상위계층에 속한 장애아동은 월 최저 2만 원에서 최대 20만 원까지 받을 수 있다.

사회복지사 등은 당사자와 가족이 사회수당을 적극 활용하도록 지원하고 불합리한 제도를 개선해야 한다. 모든 사회수당은 신청해야 받을 수 있고, 수급자 선정 시 소득인정액을 산정하는 방식이 다양하며, 부양의무자 기준이 없다는 것을 널리 알려야 한다. 아동수당의 대상자를 매년 한 살씩 상향시켜 18세 미만 모든 아동으로 확대시키고, 가정양육수당의 액수를 '보육료와 유아학비 지원'과 형평성을 맞추어야 한다. 이른바 '줬다 뺏는 기초연금'을 「헌법」과 「기초연금법」에 맞게 고치고, 장애인이 받는 수당 액수를 장애로 인한 추가적인 지원에 맞게 상향시켜야 한다.

✱ 용어 정리

- **사회수당**: 사회수당은 세금으로 다수 국민에게 무기여로 제공하는 복지제도이다. 사회수당은 보험료를 낼 때 지급하는 사회보험과 달리 세금으로 제공하고, 대상자를 가난한 사람에게 한정하는 공공부조와 달리 보편적 지급을 지향한다. 우리나라의 대표적인 사회수당은 아동수당, 기초연금, 장애인연금 등이다.

- **아동수당**: 아동수당은 아동에게 수당을 지급하여 아동 양육에 따른 경제적 부담을 경감하고 건강한 성장 환경을 조성함으로써 아동의 기본적 권리와 복지를 증진함을 목적으로 한 사회복지제도이다. 대한민국 국적을 가진 0세부터 만 7세 미만(0~83개월) 모든 아동이 월 10만 원씩 받는다. 「난민법」상 난민 인정을 받은 아동도 신청할 수 있다.

- **사회수당의 신청**: 아동수당, 기초연금, 장애인연금 등의 신청은 당사자(아동수당은 부모)가 복지로 홈페이지나 휴대폰 복지로 앱으로, 당사자 혹은 대리인이 주민등록이 등록된 읍 · 면 · 동 행정복지센터를 방문하여 신청할 수 있다. 온라인 신청에서 신청인과 가구원 서명은 공인인증서로 가능하며, 접수일과 상관없이 신청을 완료한 날을 신청일로 본다.

- **가정양육수당**: 어린이집, 유치원(특수학교를 포함), 종일제 아이돌봄서비스 등을 이용하지 않고 가정에서 양육되는 영유아로서 초등학교 취학 전(만 86개월 미만)까지 아동이 신청하면 가정양육수당을 받을 수 있다. 가정양육수당 금액은 생후 12개월 미만은 20만 원, 12~24개월 미만은 15만 원, 24~86개월 미만은 10만 원이다. 농어촌거주자와 장애인은 연령에 따라 조금 더 받는다.

- **기초연금**: 기초연금은 노인에게 연금을 지급하여 안정적인 소득기반을 제공함으로써 노인의 생활안정을 지원하고 복지를 증진함을 목적으로 한 사회복지제도이다. 기초연금은 65세 이상 노인 중 소득 하위 70%가 매

월 연금을 받는 제도이다. 2020년에 소득 하위 40%는 30만 원(부부가구는 48만 원)까지, 소득수준이 40%를 넘고 70% 이하인 단독가구는 254,760원까지, 부부가구는 407,600원까지 받을 수 있다. 가구 소득인정액이 많으면 조금씩 차감되어 최저 2만 원까지 받는다.

- **장애인연금**: 장애인연금은 중증장애인의 근로능력 상실 또는 현저한 감소로 인하여 줄어드는 소득과 장애로 인한 추가 비용을 보전하기 위해 매월 일정액의 연금을 지급하는 사회보장제도이다. 만 18세 이상의 중증등록장애인(1급, 2급, 3급 중복장애인)으로 소득 하위 70%인 사람이 신청하면 매달 장애인연금을 받을 수 있다. 장애인연금은 생계 · 의료 · 주거 · 교육급여 수급자와 차상위계층은 30만 원까지이고, 차상위 초과에서 소득 하위 70%까지는 254,760원까지이다. 부부가 모두 기초급여를 받는 경우에는 각각의 기초급여액에 20%를 감액한 48만 원(1인당 24만 원)을 지급하고, 선정기준액과 소득인정액의 차액에 따라 2만 원 단위로 차감하여 지급한다.

- **장애수당**: 장애수당은 「장애인복지법」 제49조에 근거하여 만 18세 이상 중증장애인이 아닌 자 중 생계 · 의료 · 주거 · 교육급여 수급자와 차상위계층(가구 소득인정액이 기준 중위소득의 50% 이하)에게 월 4만 원[보장시설 수급자(생계 · 의료수급자)의 경우 월 2만 원]을 지급한다. 장애인연금과 장애수당은 한 사람이 동시에 받을 수는 없다.

- **장애아동수당**: 장애아동수당은 만 18세 미만(초 · 중 · 고등학생은 20세 이하)의 등록장애인이 신청할 수 있다. 생계 · 의료 · 주거 · 교육급여 수급자와 차상위계층(가구 소득인정액이 기준 중위소득의 50% 이하)은 월 최저 2만 원에서 최대 20만 원까지 받는다.

제12장

사회보장과 사회복지사의 역할

기존 사회보장론 책은 사회보험과 공공부조 등을 소개하는 데 역점을 두고, 제도의 관리운영에서 사회복지사의 역할을 소홀히 다루었다. 초기 집필자들은 경제학, 경영학, 법학 등을 전공한 학자가 많아 사회보장제도를 알리는 데 집중하였다. 사회복지사가 사회보장론을 공부하는 이유는 관리운영기관에서 직원으로 일하거나 사회복지를 실천할 때 사회보장을 활용하기 위해서이다.

이 장은 사회보험 관리운영기관의 직원, 사회복지전담 공무원, 사회복지시설 직원으로서 사회복지사의 역할을 다룬다. 사회복지에 관한 전문지식과 실천기술을 가진 사회복지사는 주로 사회복지프로그램의 개발과 운영, 시설 이용자의 생활지도, 사회복지를 필요로 하는 사람에 대한 상담업무를 맡는다. 사회복지사는 어느 기관에서 일하든지 복지급여의 제공자, 상담자, 교육자, 옹호자, 프로그램 개발자 등 다양한 역할을 수행한다. 따라서 사회복지사는 사회보장을 체계적으로 이해하고 시민이 복지욕구를 충족하거나 문제 해결을 위해 사회보장을 활용하도록 안내하고 상담하며 제공하는 역할을 수행해야 한다.

1. 사회보험 관리운영기관 직원

사회보험은 국민연금, 건강보험, 노인장기요양보험, 고용보험, 산업재해보상보험 등 5대 보험이 있다. 국민연금은 국민연금공단, 건강보험과 노인장기요양보험은 국민건강보험공단이 관리운영하고 보건복지부가 지도감독하며, 고용보험과 산업재해보상보험은 고용노동부와 근로복지공단이 관리운영하고 고용노동부가 지도감독한다.

한편, 공무원연금은 공무원연금공단이 관리운영하고 인사혁신처가 지도감독하고, 군인연금은 국방부 군인연금과가 관리운영하고 국방부가 지도감독하며, 사립학교교직원연금은 사립학교교직원연금공단

〈표 12-1〉 사회보험제도와 관리운영기관

분류	사회보험제도	관리운영기관	감독기관
연금보험	국민연금	국민연금공단	보건복지부
	공무원연금	공무원연금공단	인사혁신처
	군인연금	국방부 군인연금과	국방부
	사립학교교직원연금	사립학교교직원연금공단	교육부
	별정우체국직원연금	별정우체국연금관리단	과학기술정보통신부
건강보험	건강보험	국민건강보험공단	보건복지부
요양보험	노인장기요양보험	국민건강보험공단	보건복지부
고용보험	고용보험	고용노동부	고용노동부
산재보험	산업재해보상보험	근로복지공단	고용노동부

이 관리운영하고 교육부가 지도감독하며, 별정우체국직원연금은 별정우체국연금관리단이 관리운영하고 과학기술정보통신부가 지도감독한다.

사회보험 관리운영기관은 법에 의해 설립되고, 업무수행에 필요한 조직과 인력 그리고 예산을 갖추고 있다. 국민연금공단은 창립 30주년을 맞이하여 경영방침을 '국민이 주인인 연금다운 연금'으로 세웠다. 이를 위해 국민연금공단은 "국민이 주인인 연금, 연금다운 연금, 지속 가능한 연금을 만들고, 사회적 가치의 실현, 지역에 기반하여 세계를 지향하겠다."라고 밝혔다.

＊국민연금공단 https://www.nps.or.kr/jsppage/intro/nps/ceo/ceo_01_03.jsp

국민건강보험공단은 미션, 비전, 전략목표 등을 담은 전략체계도를 공표했다. 건강보험공단은 '국민보건과 사회보장 증진으로 국민의 삶의 질 향상'을 미션으로, '평생건강, 국민행복, 글로벌 건강보장 리더'를 비전으로 제시했다. 전략목표는 건강보험 하나로 의료비를 해결하는 건강보장체계, 건강수명 향상을 위한 전 국민 맞춤형 건강관리, 노후 삶의 질 향상을 위한 품격 높은 장기요양보험, 보험자 역량강화로 글로벌 표준이 되는 제도, 자율과 혁신으로 생동감과 자긍심이 넘치는 공단이다.

＊국민건강보험공단 https://www.nhis.or.kr/menu/retriveMenuSet.xx?menuId=G1240

고용노동부는 본부조직으로 고용정책실을 두고 지방에 고용노동청(지청)과 근로복지공단이 있다. 고용보험에 관한 연구지원을 위해 한국노동연구원에 고용보험연구센터(현재는 노동보험연구센터)가 1995년부터 설치되어 활동하고 있다.

＊고용노동부 https://www.ei.go.kr

근로복지공단은 「산업재해보상보험법」에 따른 산업재해보상보험사업, 「고용보험 및 산업재해보상보험의 보험료징수 등에 관한 법률」에 따른 보험 적용 · 징수업무, 「근로복지기본법」에 따른 복지사업, 「고용정책 기본법」에 따른 실업대책사업, 「임금채권보장법」에 따른 임금채권보장사업, 「고용보험법」에 따른 창업촉진지원사업, 「진폐의 예방과 진폐근로자의 보호 등에 관한 법률」에 따른 진폐업무, 업무상 재해를 입은 노동자의 요양과 재활 및 산업보건사업 등을 행함으로써 산업재해노동자의 보건향상과 노동자의 복지증진에 기여한다.

* 근로복지공단 https://www.kcomwel.or.kr

사회보험 관리운영기관은 보험 적용대상자 선정과 관리, 보험급여의 신청 접수와 제공, 보험료의 징수와 관리, 인력과 시설의 관리 등을 수행한다. 고용노동부가 직접 하는 고용보험의 업무는 공무원이 수행하고, 나머지는 관련 공단 직원이 담당한다. 사회보험의 적용대상, 보험급여, 보험료 등에 대한 사항은 각 운영기관에서 확인할 수 있다. 건강보험공단이 5대 사회보험의 보험료를 통합 징수하기에 다른 기관들은 보험급여의 신청 접수와 제공에 집중하고 있다. 운영기관의 직원은 각 사회보험의 급여 내용, 수급조건 등이 다양하기에 이를 학습하고, 업무 처리 능력을 키워야 할 것이다.

사회보험 관리운영기관에서 일하고자 하는 사회복지사 등은 관련 법령을 공부하고, 주요 업무를 파악하여 입사를 준비해야 한다. '2020년 상반기 국민건강보험공단 신규직원 채용' 공고를 보면 공단에 취업하는 방법을 알 수 있다.

* 국민건강보험공단 https://www.nhis.or.kr/menu/retriveMenuSet.xx?menuId=D7200

채용인원 408명 중 일반전형이 393명이고 장애전형이 15명이다. 정부의 블라인드 채용 가이드라인에 따라 성별, 학력, 나이 등의 제한이 없다. 채용절차는 일반전형은 서류전형→ 필기시험(인성검사 포함)→ 면접시험→ 증빙등록심사→ 최종합격(수습임용)이고, 장애전형은 필기시험 대신에 인성검사(온라인)를 실시하고 다른 절차는 같다. 원서 접수는 접수기간 중 24시간 인터넷 접수이다.

일반전형의 채용 직급과 인원은 행정직 6급갑 일반 195명, 요양직 6급갑 일반 175명, 본부(원주)에서 일할 전산직 6급갑 전산 14명, 전국에서 일할 기술직 6급갑 기계 2명과 산업안전 7명이다. 각 직급별 자격요건을 보면 행정직은 공단 소속기관 중 한 곳에서 2년 이상 근무한 경력자, 공단 청년인턴으로 계약하여 합산한 근무 기간이 4개월 이상인 자, 공인영어어학성적 보유자 중 한 가지 이상을 갖춘 자이다. 요양직은 접수마감일 기준 간호사, 물리치료사, 작업치료사, 사회복지사(2급 이상) 면허증(자격증) 소지자이다. 전산직과 기술직도 관련 자격증 소지자이다.

건강보험공단에서 일하고 싶은 사회복지사는 행정직 6급갑이나 요양직 6급갑으로 지원할 수 있다. 행정직은 공인영어어학성적을 취득하고, 공단 청년인턴으로 4개월 이상 근무하면 합격 가능성이 높아진다. 과거에는 학력과 어학성적이 중요한 변수였는데, 현재는 어학성적과 인턴 경력이 중요하다. 요양직은 사회복지사 자격증을 취득해야 한다.

2. 사회복지전담 공무원

사회복지전담 공무원은 주로 보건복지부, 시 · 도청, 시 · 군 · 구청, 읍 · 면 · 동 행정복지센터에서 일한다. 그 밖에도 사회복지사인 공무원은 시 · 도교육청, 시 · 군 · 구교육지원청, 초 · 중 · 고등학교, 보건소와 국공립병원, 보호관찰소, 교정기관, 군대 등에서 일한다.

「국민기초생활 보장법」 제19조에 따르면 사회복지전담 공무원은 보장기관에서 일한다. "이 법에 따른 급여는 수급권자 또는 수급자의 거주지를 관할하는 시·도지사와 시장·군수·구청장(교육급여인 경우에는 특별시·광역시·특별자치시·도·특별자치도의 교육감을 말한다)이 실시한다."라고 규정하기 때문이다. "보장기관은 수급권자·수급자·차상위계층에 대한 조사와 수급자 결정 및 급여의 실시 등 이 법에 따른 보장업무를 수행하게 하기 위하여 「사회복지사업법」 제14조에 따른 사회복지전담 공무원을 배치하여야 한다." 복지공무원은 주로 읍·면·동 행정복지센터와 시·군·구청에서 수급자 결정과 급여의 제공을 담당하고, 필요한 경우에는 수급자를 각각 국가나 해당 지방자치단체가 경영하는 보장시설에 입소하게 하거나 다른 보장시설에 위탁하여 급여를 실시할 수 있다. 복지공무원은 국민기초생활보장 수급자의 선정과 복지급여의 제공, 긴급복지지원 대상자의 선정과 복지지원, 아동수당과 기초연금 등 사회수당의 수급자 선정과 제공, 사회복지법인 등이 운영하는 사회복지시설의 지원과 지도감독 등을 담당한다.

사회복지전담 공무원을 포함하여 사회복지사인 공무원에 대한 인기는 높다. 급여는 대기업 정규직보다는 조금 낮지만 직업의 안정성이 높기 때문이다. 공무원은 호봉과 승급이 체계적이고, 각종 수당이 많아 복지수준이 좋다. 주 5일 근무제가 정착되었고, 출산전후휴가와 육아휴직을 사용하는 데 장애가 별로 없어 장기 근속자가 많다.

사회복지사가 공무원이 되려면 행정고시(5급) 사회직, 행정직 7급, 사회복지직 9급, 보호직 9급 등에 합격하면 된다. 1987년에 사회복지전담 공무원이 도입될 때에는 별정직 7급으로 임용되었지만, 이후 별정직 8급으로 바뀌고 현재는 일반직인 사회복지직 9급으로 임용되고 있다.

사회복지직 9급의 시험과목은 당초 국어, 한국사, 영어, 사회복지학개론, 행정법총론이었다. 그런데 이명박 대통령 시절에 고등학교 졸업자에게도 공무원 시험의 응시기회를 주자는 취지로 사회, 과학, 수학을 포함시키고 시험 과목을 선택으로 풀었다. 이 때문에 사회복지학을 체계적으로 학습하지 않는 사회복지전담 공무원, 행정법을 모르는 공무원이 양산되었다. 이에 인사혁신처는 시험과목에서 사회, 과학, 수학 등을 폐지하고, 국어, 한국사, 영어, 사회복지학개론, 행정법총론을 필수로 개편하였다.

한편, 사회복지직은 사회복지사 자격증만 있으면 응시할 수 있기에 실무능력이 부족하다는 평가를 받기도 했다. 이에 서울특별시는 사회복지전담 공무원의 일부를 사회복지실천 경력이 3년 이상인 사회복지사로 채용하여 호평을 받았다. 민간영역에서 일한 경험을 가진 복지공무원은 업무수행과 소통 능력이 좋아 민관협력을 잘 수행하였다. 다른 시·도도 서울시의 사례를 활용할 것을 제안한다.

3. 사회복지시설 직원

기초생활보장 수급자와 긴급복지지원 대상자에게 복지급여를 제공하는 것은 읍·면·동 행정복지센터와 시·군·구청 사회복지전담 공무원이 담당하지만, 정부는 사회복지법인 등이 운영하는 '다른 보장시설에 위탁하여 급여를 실시'하기도 한다.

「사회복지사업법」 제2조에 따르면 '사회복지법인'이란 사회복지사업을 할 목적으로 설립된 법인이고, '사회복지시설'이란 사회복지사업을 할 목적으로 설치된 시설을 말한다. '사회복지사업'이란 「국민기초생활 보장법」 등 사회복지 관련 법률에 따른 보호 · 선도 또는 복지에 관한 사업과 사회복지상담, 직업지원, 무료 숙박, 지역사회복지, 의료복지, 재가복지, 사회복지관 운영, 정신질환자 및 한센병력자의 사회복귀에 관한 사업 등 각종 복지사업과 이와 관련된 자원봉사활동 및 복지시설의 운영 또는 지원을 목적으로 하는 사업을 말한다. 사회복지시설 직원의 역할은 이용자의 보호 · 선도 또는 복지에 관한 사업, 사회복지상담, 복지시설의 운영 또는 지원 등을 모두 포괄한다. 민간분야 사회복지사가 「사회복지사업법」과 관련 법령에 의한 사업을 수행하지만, 보완해야 할 점이 있다.

첫째, 사회서비스의 이용자가 전 국민으로 확장되었지만 보호자가 없거나 있어도 보호할 능력이 없는 '보호가 필요한 국민'에 한정하는 관행을 극복해야 한다. 기초생활보장제도에서 생계급여와 의료급여 수급자를 선정하는 소득인정액 산정방식이 다르고, 주거급여와 교육급여는 부양의무자 기준이 폐지되었지만 민간분야에서 일하는 다수 사회복지사가 소득인정액을 산정하는 방법을 정확히 모른다. 사회복지사는 '복지로'에서 소득인정액을 모의계산하고 복지급여를 신청하도록 안내하는 역할을 적극 수행해야 한다.

둘째, 복지급여 수급자 혹은 복지대상자의 선정기준이 복잡하여 다수 국민이 수급권자인지 여부를 알지 못하기에 시민 복지교육이 절실하다. 7세 미만 모든 아동이 받는 아동수당도 부모나 보호자가 신청할 때 받고, 소득인정액 기준 하위 70%인 노인이 받는 기초연금도 신청할 때 받을 수 있다. 시민이 시 · 군 · 구나 읍 · 면 · 동에 신청하면 받을 수 있는 복지급여가 360가지이기에 이를 생애주기별로 알리는 시민 복지교육을 실시해야 한다.

셋째, 사회복지시설은 고아원, 양로원, 재활원과 같이 보호자가 없거나 있어도 보호받을 수 없는 시민이 시설에 입소하는 방식으로 출발했다. 현재는 집에서 주로 낮 시간에 시설에 가서 서비스를 받거나 제공인력이 집으로 찾아와서 서비스를 주는 경우가 많다. 그럼에도 불구하고 사회복지시설과 인력이 서비스 양식을 좌우하고, 수급자 혹은 이용자의 욕구에 따른 서비스는 부족한 편이다. 이용자의 인권에 기반한 서비스 제공 방식에 대한 성찰이 필요하다.

넷째, 민간 사회복지시설의 사회복지사 등의 처우는 「사회복지사 등의 처우 및 지위 향상을 위한 법률」에 따라 사회복지전담 공무원의 수준에 맞추어야 한다. 국가와 지방자치단체의 공무원이 해야 할 일을 사회복지시설 직원이 하는 경우가 많은데, 낮은 처우를 받는 것은 부당하다. 보건복지부가 매년 '사회복지종사자 인건비 가이드라인'을 공표하는데, 이를 일부 시설에만 적용하고 공동생활가정 등에 별도 기준을 적용하는 것은 차별이다. 정부는 법령 위반과 차별을 시정하고 서비스 질 관리를 위해 민간 인력에 대한 임금과 근로조건을 개선해야 한다.

4. 사회보장에서 사회복지사의 과제

한국의 사회보장은 꾸준히 발전되었지만 모든 국민이 「헌법」상 규정된 '인간다운 생활을 할 권리'를 누릴 수 있는 수준에 이르지 못했다. 사회보장에서 사회복지사의 적극적 역할을 고려할 때 다음 몇 가지를 제안한다.

첫째, 사회복지전담 공무원은 모든 국민을 위한 공공복지에 역점을 두기 바란다. 복지공무원은 「헌법」 제34조에 맞게 직무를 수행해야 한다. 이 조항은 "① 모든 국민은 인간다운 생활을 할 권리를 가진다. ② 국가는 사회보장·사회복지의 증진에 노력할 의무를 진다." 등의 내용을 담고 있다. 그런데 복지공무원의 직무는 "⑤ 신체장애자 및 질병·노령, 기타의 사유로 생활능력이 없는 국민은 법률이 정하는 바에 의하여 국가의 보호를 받는다."에 편중되어 있다. 정부는 '생활능력이 없는 국민'을 포함하여 '모든 국민이 인간다운 생활을 할 권리'를 누리도록 복지행정의 패러다임을 바꾸어야 한다.

둘째, 사회복지전담 공무원, 사회보험 관리운영기관의 직원, 사회복지시설의 직원은 다른 분야에서 일하는 직원의 역할을 알고, 상호 협력해야 한다. 모든 국민이 인간다운 생활을 할 권리를 누리려면 공무원, 사회보험 관리운영기관의 직원, 사회복지시설의 직원이 상호 협력해야 하는데, 각자 자신의 일에만 집중하는 경향이 있다. 예컨대, 아동양육시설에서 산 18세 청년은 안정된 일자리가 없어도 만기 퇴소해야 한다. 만약 이 청년이 대학교에 입학하여 전문 직업역량을 키우고, 한국토지주택공사로부터 전세자금대출을 받거나 행복주택 등에 입주하면, 자립 기반을 닦을 수 있다. 아동양육시설(민간 사회복지사)이 시·군·구와 협력하여 기초생활보장 수급자로 보호하고(공무원), 안정된 직장에 취업할 수 있도록 협력하면(사회보험 관리운영기관의 직원) 자립능력을 키울 수 있다. 각 분야에서 일하는 사회복지사들이 자신의 직무와 유관 업무를 파악하고 서로 협력할 수 있는 방안을 체계적으로 모색해야 한다.

셋째, 사회서비스의 공공성을 위해 시·도 사회서비스원이 정착되어야 한다. 공공부조는 사회복지전담 공무원이 담당하고, 사회보험도 국민건강보험공단 등 공공 기관이 맡지만, 사회복지시설은 개인도 신고에 의해 시설운영을 할 수 있다. 이 때문에 사회복지사업을 비영리 사업이란 틀로 영리를 추구하는 경우가 적지 않다. 사회서비스의 공공성을 확보하고 공적 운영 비율을 높이기 위해 시설의 국공립화, 기존 국공립시설을 시·도 사회서비스원이 운영하려고 한다. 사회서비스원의 설립과 운영이 공공성의 확대와 시설의 투명한 운영에 기여하길 기대한다.

넷째, 코로나19 사태 이후 비대면 서비스를 보다 광범위하게 개발해야 한다. 사회보장의 신청과 접수, 상담, 교육, 급여 제공, 평가 등 제반 업무에서 비대면 서비스를 획기적으로 늘려야 한다. 예컨대, 거동이 불편한 만성질환자가 매달 병의원을 찾아가서 처방을 받아 약물을 복용하던 방식을 단골 병의원 의사와 영상 통화로 약을 처방받고 약국이 약을 택배로 보내 주는 방식으로 바꿀 수 있다. 비대면으로 할 수 있는 다양한 방법을 찾아 또 하나의 표준을 만들어야 한다.

다섯째, 복지급여를 신청하는 방식을 개별 신청방식에서 포괄신청으로 바꾸고 직권주의를 적극 활용해야 한다. 7세 미만 모든 아동에게 제공하는 아동수당조차 부모가 신청해야 받는데, 출생신고를 할 때 아동수당, 가정양육수당 등을 일괄 신청하는 방식으로 바꾸어야 한다. 기초연금도 65세 이상 노인이 신청하면 주는 방식이 아니라, 지방정부가 수급요건을 갖춘 노인에게 연금을 제공하는 방식으로 바꾸어야 한다.

단원 정리

기존 사회보장론 책은 사회보험과 공공부조 등 제도를 소개하는 데 역점을 두고, 제도의 관리운영에서 사회복지사의 역할을 소홀히 다루었다. 이 장은 사회보험 관리운영기관의 직원, 사회복지전담 공무원, 사회복지시설 직원으로서 사회복지사의 역할을 다루었다. 사회복지사는 사회보장을 체계적으로 이해하고 시민이 복지욕구를 충족하거나 문제 해결을 위해 사회보장을 활용하도록 안내하고 상담하며 제공하는 역할을 수행해야 한다.

사회보험 관리운영기관은 보험 적용대상자 선정과 관리, 보험급여의 신청 접수와 제공, 보험료의 징수와 관리, 인력과 시설의 관리 등을 수행한다. 고용노동부가 직접 하는 고용보험의 업무는 공무원이 수행하고, 나머지는 관련 공단 직원이 담당한다. 건강보험공단이 5대 사회보험의 보험료를 통합 징수하기에 다른 운영기관은 보험급여의 신청 접수와 제공에 집중하고 있다.

사회복지전담 공무원은 주로 보건복지부, 시 · 도청, 시 · 군 · 구청, 읍 · 면 · 동 행정복지센터 등에서 일한다. 그 밖에도 사회복지사인 공무원은 시 · 도교육청, 시 · 군 · 구교육지원청, 초 · 중 · 고등학교, 보건소와 국공립병원, 보호관찰소, 교정기관, 군대 등에서 일한다. 복지공무원은 주로 읍 · 면 · 동 행정복지센터와 시 · 군 · 구청에서 수급자 결정과 급여의 제공을 담당하고, 필요한 경우에는 수급자를 각각 국가나 해당 지방자치단체가 경영하는 보장시설에 입소하게 하거나 다른 보장시설에 위탁하여 급여를 실시할 수 있다. 복지공무원은 국민기초생활보장 수급자의 선정과 복지급여의 제공, 긴급복지지원 대상자의 선정과 복지지원, 아동수당과 기초연금 등 사회수당 수급자의 선정과 수당 제공, 사회복지법인 등이 운영하는 사회복지시설의 지원과 지도감독을 담당한다.

사회서비스는 주로 사회복지법인과 사회복지시설에서 맡고 있다. 사회복지사업이란 「국민기초생활 보장법」 등 사회복지 관련 법률에 따른 보호 · 선도 또는 복지에 관한 사업과 사회복지상담, 직업지원, 무료 숙박, 지역사회복지, 의료복지, 재가복지, 사회복지관 운영, 정신질환자 및 한센병력자의 사회복귀에 관한 사업 등 각종 복지사업과 이와 관련된 자원봉사활동 및 복지시설의 운영 또는 지원을 목적으로 하는 사업을 말한다.

한국의 사회보장은 꾸준히 발전되었지만, 모든 국민이 「헌법」상 규정된 '인간다운 생활을 할 권리'를 누릴 수 있도록 사회복지사의 적극적 역할을 기대한다. 사회복지전담 공무원은 모든 국민을 위한 공공복지에 역점을 두기 바란다. 복지공무원, 사회보험 관리운영기관의 직원, 사회복지시설의 직원은 상호 협력해야 한다. 사회서비스의 공공성을 위해 시 · 도 사회서비스원이 정착되어야 한다. 비대면 서비스를 보다 광범위하게 개발해야 한다. 복지급여를 신청하는 방식을 개별신청에서 포괄신청으로 바꾸고 직권주의를 적극 활용해야 한다.

✱ 용어 정리

- **사회복지사의 역할**: 사회복지에 관한 전문지식과 기술을 가진 사회복지사는 사회복지프로그램의 개발과 운영, 시설거주자와 이용자의 생활지도, 사회복지를 필요로 하는 사람에 대한 상담업무를 맡는다. 사회복지사는 어느 기관에서 일하든지 복지급여의 제공자, 상담자, 교육자, 옹호자, 프로그램 개발자 등 다양한 역할을 수행한다. 사회복지사는 사회보장을 체계적으로 이해하고 시민이 복지욕구를 충족하거나 문제 해결을 위해 사회보장을 활용하도록 안내하고 상담하며 제공하는 역할을 수행해야 한다.

- **사회보험 관리운영기관**: 국민연금은 국민연금공단, 건강보험과 노인장기요양보험은 국민건강보험공단, 고용보험은 고용노동부와 근로복지공단,

산업재해보상보험은 근로복지공단이 관리운영한다. 또한 공무원연금은 공무원연금공단, 군인연금은 국방부 군인연금과, 사립학교교직원연금은 사립학교교직원연금공단, 별정우체국직원연금은 별정우체국연금관리단이 관리운영한다.

- **국민연금공단의 경영방침**: 국민연금공단은 창립 30주년을 맞이하여 경영방침을 '국민이 주인인 연금다운 연금'으로 세웠다. 이를 위해 국민연금공단은 국민이 주인인 연금, 연금다운 연금, 지속 가능한 연금을 만들고, 사회적 가치의 실현, 지역에 기반하여 세계를 지향하고 있다.

- **국민건강보험공단의 전략체계**: 국민건강보험공단은 '국민보건과 사회보장 증진으로 국민의 삶의 질 향상'을 미션으로, '평생건강, 국민행복, 글로벌 건강보장 리더'를 비전으로 제시했다. 전략목표는 건강보험 하나로 의료비를 해결하는 건강보장체계, 건강수명 향상을 위한 전 국민 맞춤형 건강관리, 노후 삶의 질 향상을 위한 품격 높은 장기요양보험, 보험자 역량 강화로 글로벌 표준이 되는 제도, 자율과 혁신으로 생동감과 자긍심이 넘치는 공단이다.

- **고용보험의 관리운영**: 고용보험을 관리운영하는 고용노동부는 본부조직으로 고용정책실을 두고 지방에 고용노동청(지청)과 근로복지공단이 있다. 고용보험에 관한 연구지원을 위해 한국노동연구원에 고용보험연구센터(현재는 노동보험연구센터)가 1995년부터 설치되어 활동하고 있다.

- **근로복지공단**: 근로복지공단은 산업재해보상보험사업, 고용보험 및 산업재해보상보험의 보험료 적용 · 징수업무, 노동자복지사업, 실업대책사업, 임금채권보장사업, 창업촉진지원사업, 진폐업무, 산업재해노동자의 보건향상과 노동자의 복지증진에 기여한다.

- **사회보험 관리운영기관의 역할**: 사회보험 관리운영기관의 역할은 보험적용대상자 선정과 관리, 보험급여의 신청 접수와 제공, 보험료의 징수와 관리, 인력과 시설의 관리 등을 수행한다. 고용노동부가 직접 하는 고용보

험의 업무는 공무원이 수행하고, 나머지는 관련 공단 직원이 담당한다. 건강보험공단이 5대 사회보험의 보험료를 통합 징수하기에 다른 운영기관들은 보험급여의 신청 접수와 제공에 집중한다.

- **보장기관**: 「국민기초생활 보장법」에 따르면 사회복지전담 공무원은 보장기관에서 일한다. "이 법에 따른 급여는 수급권자 또는 수급자의 거주지를 관할하는 시 · 도지사와 시장 · 군수 · 구청장(교육급여인 경우에는 특별시 · 광역시 · 특별자치시 · 도 · 특별자치도의 교육감을 말한다)이 실시한다."라고 규정하기 때문이다. "보장기관은 수급권자 · 수급자 · 차상위계층에 대한 조사와 수급자 결정 및 급여의 실시 등 이 법에 따른 보장업무를 수행하게 하기 위하여 「사회복지사업법」 제14조에 따른 사회복지전담 공무원을 배치하여야 한다."

- **사회복지전담 공무원**: 사회복지전담 공무원은 주로 읍 · 면 · 동 행정복지센터와 시 · 군 · 구청에서 수급자 결정과 급여의 제공을 담당하고, 필요한 경우에는 수급자를 각각 국가나 해당 지방자치단체가 경영하는 보장시설에 입소하게 하거나 다른 보장시설에 위탁하여 급여를 실시할 수 있다. 복지공무원은 국민기초생활보장 수급자의 선정과 복지급여의 제공, 긴급복지지원 대상자의 선정과 복지지원, 아동수당과 기초연금 등 사회수당 수급자의 선정과 수당 제공, 사회복지법인 등이 운영하는 사회복지시설의 지원과 지도감독을 담당한다.

- **사회복지사업**: 「사회복지사업법」 제2조에 따르면 '사회복지사업'이란 「국민기초생활 보장법」 등 사회복지 관련 법률에 따른 보호 · 선도 또는 복지에 관한 사업과 사회복지상담, 직업지원, 무료 숙박, 지역사회복지, 의료복지, 재가복지, 사회복지관 운영, 정신질환자 및 한센병력자의 사회복귀에 관한 사업 등 각종 복지사업과 이와 관련된 자원봉사활동 및 복지시설의 운영 또는 지원을 목적으로 하는 사업을 말한다.

제13장

사회보장의 전망과 과제

저출산 · 고령화 사회의 도래로 새로운 사회적 위험이 커지고, 세계화 · 개방화 · 정보화와 함께 고용 없는 성장, 다문화가족의 증가, 제4차 산업혁명이 일어나는 경제 · 사회 변화 속에서 사회보장의 전망과 과제를 탐색한다.

1. 사회보장기본계획의 개요

사회보장에 관한 대표적인 계획은 사회보장기본계획이다. 「사회보장기본법」 제16조에 따르면 “보건복지부장관은 관계 중앙행정기관의 장과 협의하여 사회보장 증진을 위하여 사회보장에 관한 기본계획을 5년마다 수립하여야 한다.” 이 계획에는 국내외 사회보장환경의 변화와 전망, 사회보장의 기본목표 및 중장기 추진방향, 주요 추진과제 및 추진방법, 필요한 재원의 규모와 조달방안, 사회보장 관련 기금 운용방안, 사회보장 전달체계, 그 밖에 사회보장정책의 추진에 필요한 사항 등이 포함되어야 한다.

제1차 사회보장기본계획(2014~2018년)은 '더 나은 내일, 국민 모두가 행복한 사회'를 비전으로, 제2차 사회보장기본계획(2019~2023년)은 '국민 모두가 함께 잘사는 포용사회'를 비전으로 내세웠다. 정부 사회정책 슬로건인 '포용국가'를 포함하고, 기존 제도의 사각지대를 해소하여 보장성을 높이겠다는 뜻을 담았다. 제2차 사회보장계획은 어떤 내용이고 그 과제는 무엇인지를 논의한다.

1) 제1차 사회보장기본계획의 평가

보건복지부는 제1차 사회보장기본계획을 평가하고 발전방안을 모색했다. 2013년에 「사회보장기본법」이 전면 개정되어 수립된 1차 기본계획은 맞춤형 사회안전망 구축과 일을 통한 자립 지원에 초점을 두었다.

이 계획은 '더 나은 내일, 국민 모두가 행복한 사회'를 비전으로 공공부조, 사회보험 및 문화 · 환경 등 사회보장 영역을 총망라한 최초 계획으로 평가받았다. 당시 10개 부처가 211개 사회보장 사업에 316조원을 배정하기로 했다. 국가와 지방자치단체가 나름대로 노력하였지만 국민의 체감도는 높지 않았다.

이 계획은 예산 투입으로 달성할 수 있는 "투입지표는 대체로 개선효과가 뚜렷했지만, 그로 인해 국민의 삶이 얼마나 나아졌는지를 볼 수 있는 결과지표는 목표치에 미치지 못했다."라고 평가받았다. 청년, 신혼부부 등을 위한 공공주택인 행복주택은 당초 목표치가 14만 호이었지만 성과는 15만 6천 호였다. 실적을 위해 작은 집을 많이 지었다는 비판도 있었지만 행복주택은 대표적인 성과이다. 영유아 보육료 지원대상은 2018년까지 139만 명을 목표로 했지만 1년 앞당겨 145만 명으로 초과 달성했다. 이처럼 예산을 투입하면 성과를 거둘 수 있는 분야는 상당한 실적을 거두었다.

하지만 예산의 투입이 곧 성과로 이어지기 어려운 분야도 있었다. 2014년 청년 실업률 7.4%에서 2018년 6%로 줄이겠다는 계획은 9.5%로 악화되었다. 일자리 창출을 위한 예산을 투자해도 산업구조가 바뀌고 기계화로 고용을 줄이면서 청년 실업률은 높아졌다. 국민 의료비를 줄이기 위해 국민건강보험의 보장성을 강화시켰지만, 가계직접 부담비율은 2014년 35.2%에서 2015년 36.8%로 높아졌다. 고령화로 병의원을 찾는 횟수가 늘고 의료비가 증가되어 본인부담비율이 낮아지지 않았다. 평생학습에 대한 사회적 관심이 높아졌지만, 평생학습 참여율은 2014년 35.6%에서 2017년 35.8%로 거의 변화가 없었다. 이러한 지표는 시민의 생활양식이 변화될 때 달성될 수 있기 때문이다.

최근 10년간 한국은 OECD의 평균(5.3%)보다 2배 이상(11.0%) 빠른 속도로 사회복지 지출을 늘렸지만, 국내총생산(Gross Domestic Product: GDP) 대비 사회복지 지출 규모는 OECD 평균(19.0%)의 절반 수준(10.2%)이다. 사회복지 지출을 지속적으로 늘렸지만, 출발점이 다르기에 한국의 복지수준은 OECD 평균에 미치지 못했다. 건강보험, 국민연금 등 5대 사회보험의 연륜이 쌓이고, 국민기초생활보장제도에서 부양의무자 기준을 개선하는 등 복지제도가 성숙되면 점차 나아질 것이다.

2) 제2차 사회보장기본계획

제2차 기본계획은 복지 체감도를 높이고 정책의 성패를 확인할 수 있도록 정책영역별 목표를 명확하게 담았다. 1차 계획에서 목표치 없이 나열된 200여 개 과제를 절반 이상 줄이고, 2차 계획은 핵심과제 90개로 정했다. 이 계획은 중장기 목표부터 4대 핵심분야(고용·교육, 소득, 건강·의료, 사회서비스)까지 정책영역별로 성과 목표를 구체화했다. '국민 모두가 함께 잘사는 포용사회'란 비전을 실현하기 위해, 포용적 사회보장체계 구축, 사회보장제도의 연계·조정 강화, 지역사회 중심 서비스 이용체계 구축, 포용과 혁신의 상호보완체계 구축이란 추진 원칙 및 전략으로 국민 삶의 질 향상을 중장기 목표로 제시한다. 기본계획을 실현하면 2017년 38개 OECD 회원국 중 28위였던 '삶의 만족도 지수' 순위를 2023년 20위, 2040년 10위까지 향상시키기로 중장기(2040년) 목표를 설정했다.

4대 핵심 분야별 목표 및 중장기 방향은 저임금 노동자 비중 축소, 상대빈곤율 완화, 건강수명 연장, GDP 대비 사회서비스 투자 비율 확대 등 목표치를 명시하였다. 저임금 노동자 비중은 노동형태 다양화, 노동이동 증가에 대응하는 일자리 안전망 확충, 평생학습체계 구축 및 인적자원 역량 제고를 통해 2017년 22.3%에서 2040년 15.0%로 낮춘다. 상대빈곤율은 공공부조 역할 강화 및 청년층·장년층 등 근로연령층의 소득보장 확대, 초고령사회에 대응하여 1인 1연금 및 다층노후소득보장 체계 확충을 통해 2017년 17.4%에서 2040년 11.3%로 낮춘다. 건강수명은 건강보험 보장성 강화로 의료비 부담 경감, 의료이용체계의 효율화로 건강보장의 지속 가능성 제고를 통해 2016년 73세에서 2040년 78세로 높인다. GDP 대비 사회서비스 투자 비율은 생애주기별 · 대상별 다양한 사회서비스 확충, 지역사회에서 주거 · 돌봄 · 의료 등 통합 서비스를 제공하는 지역사회 통합돌봄 완성 및 질 높은 사회서비스 인력 양성을 통해 2015년 5.7%에서 2040년 10.7%로 높인다.

이를 위해 2023년까지 핵심 추진과제는 고용 · 교육, 소득, 건강, 사회서비스 분야별로 다음과 같다. 고용 · 교육과제는 인적자원의 역량 제고 및 차별 없는 출발선 제공, 일자리안전망 확충 및 적극적 노동시장 정책 강화, 노동시장 격차 완화 및 일 · 생활균형 달성이다. 소득과제는 취약계층의 인간다운 삶을 위한 공공부조제도의 역할 강화, 근로연령층 소득보장 확대, 노후소득보장체계 확충이다. 건강과제는 건강보험 보장성 강화 및 건강보장의 지속 가능성 제고, 필수의료 보장, 예방적 건강관리 체계 구축이다. 사회서비스과제는 생애주기별 · 대상별 사회서비스 확충, 지역사회 중심 서비스 보장체계 구축, 공급체계의 공공성 강화 및 신뢰성 제고이다. 이러한 계획을 효과적으로 추진하기 위한 기반은 사회투자 확대, 사회보장 이용체계의 연계 강화, 차세대 사회보장 정보시스템 구축 및 정책 분석의 과학화이다. 2차 계획에 5년간 투자될 예산은 332조 1천억 원으로 추계된다.

핵심분야는 영역별로 제도평가를 실시하고 기본계획에 대해선 2~3년 주기로 보완 · 환류 조치키로 했다. 한번 세운 계획을 5년간 쭉 이어 가기보다는 중간평가를 거쳐 수정 · 보완하려는 것이다. 또한 '맞춤형 고용 · 복지'를 핵심가치로 내건 채 추진원칙 · 전략이나 중장기 목표, 정책지표 등이 없이 연차별 시행계획 수립 · 평가를 해 왔던 1차 계획 때보다 정책 평가 부문이 한층 강화됐다. 예산 투입을 넘어 성과로 평가받겠다는 것은 계획의 실행 가능성을 높여 줄 것이다.

2차 기본계획이 구현되기 위해서는 매년 실행계획으로 이어지고,

시 · 도와 시 · 군 · 구 지역사회보장계획에 반영되어야 한다. 지방자치단체는 4년마다 지역사회보장계획을 수립하고 매년 실행계획을 세워 실천한다. 2018년에 시 · 군 · 구가 지역사회보장계획을 세울 때 전국적으로 통일된 지표에 근거하고, 지역 특수성을 반영한 지표를 추가했다.

2차 계획이 목표를 달성하기 위해서는 소득보장과 적극적 노동시장 정책, 사회서비스를 중심으로 GDP 대비 사회복지 지출 규모를 2018년 11.1%에서 OECD 평균치인 19.0%까지 중장기적으로 확대할 필요가 있다. 적정한 예산을 투자하지 않고 성과를 거두기는 어렵기 때문이다. 단기간에 예산을 늘리기 어려운 정부는 2019년에 수립할 '국가미래비전 2040'에 예산 증액을 위한 로드맵을 담기로 했다.

2차 계획이 비전으로 삼는 '국민 모두가 함께 잘사는 포용사회'를 열기 위해 국가, 지방자치단체, 국민건강보험공단 등 공적기구, 사회복지법인 등 민간이 혼연일체가 되어야 한다. 참여정부 시기에 많은 복지사업이 지방 이양되어 국가가 계획을 세워도 지방정부가 예산 부족을 이유로 실행하지 않으면 달성되기 어렵다. 재정자립도가 높은 수도권과 인구가 줄고 산업이 쇠퇴하는 지역 간의 복지격차가 커지고, 같은 시 · 도 내에서도 재정자립도가 다른 시 · 군 · 구 간 격차는 좁혀지기 어렵다.

일부 복지는 사각지대가 생기지만 일부는 서로 다른 부서가 중복적으로 사업을 수행한다. 예컨대, 전체 인구의 2%에 불과한 다문화가족을 위한 센터는 전국 모든 시 · 군 · 구에 있지만 전체 인구를 다루는 건강가정지원센터는 없는 지역이 많다. 2차 계획이 보다 잘 구현되기 위해서는 국가와 지방정부, 부처 간 사업에서 중복을 줄이고 누락을 최소화해 모든 국민이 「헌법」상 규정된 '인간다운 생활을 할 권리'를 누리도록 해야 한다.

2. 한국 사회보장의 전망과 과제

사회보장의 핵심은 소득보장과 건강보장이고, 이는 주로 사회보험과 공공부조, 사회서비스와 사회수당으로 구현되고 있다. 한국 사회보장의 전망과 과제는 국민연금, 건강보험 등 5대 사회보험, 국민기초생활보장제도 등 공공부조, 기초연금 등 사회수당, 생애주기별 인구집단을 주된 대상으로 한 사회서비스에서 모색될 수 있다. 사회보장기본계획이 잘 구현되면 사회보장의 전망은 밝겠지만, 현시점에서 필자는 다음과 같이 제시한다.

첫째, 지속 가능한 소득보장 대책을 어떻게 강구할 것인가? 한국은 지구촌에서 가장 빠르게 초저출산 · 초고령화를 경험하고 있다. 2020년에 태어나는 아동 수가 사망자 수보다 적기에 총인구가 감소한다. 중장기적으로 생산연령 인구가 줄고, 노년부양비가 크게 늘기에 적게 내고 많이 받는 국민연금 등 공적 연금제도가 위기이다. 더 많은 보험료를 내거나 더 적은 급여만을 받아야 하는데, 적은 연금으로 노후 소득보장을 할 수 없기에 보험료율을 높여야 한다. 60세에 도달하면 그치는 국민연금의 보험료 납입을 노령연금을 탈 때까지 연장하고, 평균수명이 늘어나면 노령연금의 개시도 늦추어야 한다. 노후 소득보장은 국민연금만한 것이 없기에 18세 이상 모든 국민이 하루라도 빨리 연금에 가입할 수 있도록 '생애 첫 국민연금 가입비를 국가가 지불'하는 제도를 도입해야 한다.

둘째, 건강 수명을 늘리고 건강보장제도를 어떻게 잘 구축할 것인가? 초고령화와 함께 노인 수진율이 높아져 매년 건강보험 보험료의 증가액이 물가상승율을 능가한다. 보험료율을 그대로 두어도 소득이 늘어나면 보험료 수입이 늘어나는데, 매년 보험료율을 인상하면 사업비가 훨씬 늘어난다. 보험료율을 고정시키면서 건강보장을 할 수 있도록 전달체계를 개편하여 의료의 오남용을 줄이는 정책을 강도 높게 시행해야 한다. 감기 등 가벼운 질병으로 상급종합병원에 가는 것을 규제하고, 응급상황이 아닐 때 일차 의료기관의 진료 의뢰서 없이 상급종합병원의 진료를 억제해야 한다. 의료 오남용이 심한 의료급여를 개선하여 진료일수를 초과한 환자는 1차적으로 경고하고 2차적으로 본인부담금을 높여 오남용을 억제하는 제도 개선이 필요하다.

셋째, 모든 국민이 생산적인 활동에 참여하고 고용위기를 어떻게 극복할 것인가? 산업과 노동시장이 바뀌면서 정규직은 점차 줄고 비정규직이 늘며, 플랫폼 노동자와 같은 새로운 고용 형태가 늘어나면서 고용보험에 가입하지 않는 사람이 늘고 있다. 이에 정부는 생산연령층에 있고 일할 의사가 있는 모든 사람이 고용보험에 가입할 수 있는 기초를 닦기로 했다. 기존 두루누리 지원사업의 적용범위를 확대시키고, 자영업자의 임의가입을 적극 지원해야 한다.

넷째, 노인이나 노인성 질환으로 자립하기 어려운 상황에서 어떻게 살 것인가? 노인장기요양보험을 지속적으로 발전시켜 적용대상을 늘리고, 시설급여에서 밥값을 수가로 처리하는 등 보험급여의 범위를 넓혀야 한다. 주거 조건을 개선하여 모든 노인이 자신이 살던 집에서 더 오랫동안 살고, 보호가 필요하면 공공실버주택 등에서 살 수 있도록 주거복지를 확충해야 한다. 공공실버주택은 공동주택의 저층부에는 실버복지관을 설치하고 상층부에는 고령자 맞춤형 주택을 건설해 주거와 복지 서비스를 함께 제공한다. 기초생활보장 수급자, 국가

유공자나 독거노인 등이 우선 입주하는데 원하는 모든 사람이 입주할 수 있을 때까지 지속적으로 공급량을 늘려야 한다.

다섯째, 경제적으로 어려운 사람들이 인간다운 생활을 어떻게 할 것인가? 부담능력이 있는 국민은 주로 사회보험으로 대책을 세우지만, 부담능력이 낮은 사람은 공공부조에 의존할 수밖에 없다. 중장기적으로 부양의무자 기준을 폐지하고, 단기적으로 부양비 산출 방식을 완화시켜야 한다. 최근 정부는 부양비를 기혼·미혼과 남·녀 차별 없이 10%로 낮추었는데, 이를 5%로 낮추면 부양의무자 기준을 완화시킬 수도 있다. 부양의무자의 가구 소득인정액이 기준 중위소득의 100%를 넘을 때 부양비를 산출하는데, 중위소득의 150%를 넘을 때로 조정하는 것도 한 방법이다.

여섯째, 자신이 살던 지역에서 오래 살 수 있도록 지역사회 통합돌봄체계를 어떻게 구축할 것인가? 지역사회 돌봄은 돌봄이 필요한 시민이 가급적 자신의 집에서 살 수 있도록 돌봄체계를 구축하는 것이다. 사회복지시설의 이용 요일과 시간대별로 활용도를 높이고, 사회적 돌봄이 필요한 노인(치매 노인), 장애인, 아동 등이 살던 집과 지역에서 자립적인 삶을 영위할 수 있도록 지역사회 돌봄을 실시해야 한다. 기존 공공임대아파트와 노인·장애인 거주자가 많은 지역에 인접한 요양(재활)병원, 장애인거주시설, 정신의료기관·정신요양시설 등이 다양한 사회복지시설과 연계하여 지역사회 돌봄을 실시해야 한다. 돌봄이 필요한 노인, 정신질환자, 장애인은 자신이 사는 집에서 간호·간병, 요양, 일상생활지원 등을 받아서 생활할 수 있는 기간을 최대한 늘려 삶의 질을 유지시켜야 한다.

일곱째, 사회보장 분야에서 양질의 서비스를 어떻게 담보할 수 있을 것인가? 사회보장을 구현할 때 주된 인력은 사회복지직 공무원, 사회보험 공단에 소속된 직원, 사회복지법인 · 사회복지시설 등에 소속된 사회복지사 등이다. 특히 사회서비스는 사람이 직접 제공하는 서비스가 많기에 인력의 전문성이 중요하다. 정부는 시 · 도에 사회서비스원을 설립하여 기존 민간에 위탁 운영을 맡겼던 국공립 복지시설을 통합 관리하려고 한다. 이를 통해 복지서비스의 질 향상과 관련 종사자들의 일자리 안정성 확보, 신규 일자리 창출 등의 효과를 도모한다는 계획이다. 정부는 보육부터 노인 장기요양, 장애인 활동지원까지 직접 맡아 돌봄서비스의 질을 한 단계 높인다는 구상인데 시급성과 서비스 체감도가 높은 분야부터 선도적으로 추진해야 한다. 민간분야에서 일하는 사회복지사 등도 전문성을 키우고 역량을 개발할 수 있도록 근로조건을 꾸준히 개선해야 한다.

여덟째, 소요 예산을 어떻게 적정하게 감당할 것인가? 사회보장을 지속하기 위한 핵심은 수입과 지출의 균형을 유지하고, 부담자와 수익자가 조화를 이루는 것이다. 국민연금은 보험료를 적게 낸 사람이 상대적으로 많이 받지만 많이 낸 사람도 기여한 것보다 연금을 더 타게 설계되어 있다. 재정은 당사자와 사용자의 보험료, 국가의 분담금, 국민의 세금 등으로 조성되기에 매년 증가되는 급여액을 감당할 수 있는 범위에서 재원 조달방식을 찾아야 한다. 급여의 적정한 수준을 유지하고, 오남용을 규제하며, 과소 급여에 대한 대안을 찾아야 한다.

아홉째, 온라인 서비스, 찾아가는 서비스를 어떻게 높일 것인가? 코로나19 사태로 비대면 서비스가 늘어나고 있다. 시민이 시 · 군 · 구나 읍 · 면 · 동에 신청하면 받을 수 있는 복지급여가 360가지인데 대부분 본인이나 가족이 행정복지센터에 신청하려면 절차가 복잡하고 관련 서류가 지나치게 많다. 시민의 소득 · 재산 관련 정보는 국가가 확보한 경우가 많기에 복지로 홈페이지나 휴대폰으로 복지로 앱을 내려받아 복지급여를 신청할 수 있도록 바꾸어야 한다. 각종 복지급여의 선정기준을 표준화시켜 한번 신청하면 관련 급여를 묶음으로 안내하여 손쉽게 신청할 수 있도록 해야 한다. 정부는 모든 국민에게 매년 1회 이상 바뀐 주요 복지제도를 안내하는 온·오프라인 교육을 제도화시켜야 한다. 특히 사회복지사, 보육교사, 요양보호사, 교사, 의사, 간호사 등 직무상 복지수급자를 만날 가능성이 높은 사람을 신고의무자로 지정하고, 이들은 1년에 1회 이상 의무교육을 받도록 지원해야 한다. 기존 긴급복지 신고의무자교육을 조금 더 보완하면 시민이 꼭 알아야 할 '복지상식'을 온·오프라인으로 제공할 수 있다.

3. 세계 사회보장의 전망과 과제

사회보장은 주로 개별 국가 차원에서 이루어지기에 세계적인 사회보장의 전망과 과제를 간략히 정리하기는 어렵다. 유럽 등 서구 선진국, 미국, 일본 등 한국에 영향을 주고받는 나라의 상황도 각기 다르기에 한 관점에서 보기는 어렵다. 이러한 제한점을 전제하면서 필자는 몇 가지 전망과 과제를 제기하고자 한다.

첫째, 코로나19와 같은 감염병이 전 세계를 강타하기에 생명을 보호하기 위해 의료의 공공성을 확보해야 한다. 감염병은 지구촌에서 일어나지만 적응능력은 나라마다 달랐다. 미국은 의료가 상업화되어 가난한 사람들은 감염병에 더 많이 노출되어 사망하였다. 공공의료가 비교적 잘 갖추어진 유럽의 경우에도 일시에 많은 환자가 발생하여 고령자 사망률이 증가했다. 한국은 전염병의 방역과 환자 관리에서 우수한 평가를 받았는데, 공중보건의를 환자 발생이 많은 지역에 집중 배치하고, 건강보험과 국고로 치료해 환자의 부담을 줄인 덕분이다. 의료의 공공성을 확보하기 위해 국공립병원을 증설하고, 감염병 전문병원과 연구기관을 증설하는 것이 과제이다. 국가와 지방자치단체 그리고 건강보험공단 등이 공공병원 등을 증설해야 한다.

둘째, 저출산이 광범위하게 일어나기에 아이를 낳고 키우기 좋은 사회를 만들어야 한다. 지속 가능한 사회보장은 적정한 인구가 출생하고 성장하며 생존하다 사망하는 흐름을 유지해야 한다. 유럽과 미국 등은 출생 아동 수가 사망자 수보다 줄어들어 인구 감축기에 들고, 아시아와 아프리카 많은 나라는 출생 아동 수가 훨씬 많다. 인구가 감소하는 지역은 아이를 낳고 키우기 좋은 사회를 만들기 위해 노력해야 한다. 유연근무제 등으로 노동시간을 단축시켜 자녀 양육과 노동을 조화시키는 문화를 조성하는 것이 매우 중요한 과제이다.

셋째, 평균수명이 증가하고 고령화가 빠르게 진행되기에 지속 가능한 연금을 유지·발전시켜야 한다. 많은 나라는 연금을 도입할 때 적게 걷고 많이 주는 구조로 시작했다가 점차 적정한 부담과 급여를 조화시키고 있다. 평균수명이 빠르게 증가하고 고령화도 진행되어 노년 부양비가 늘고 있기에 지속 가능한 연금을 위해 보험료율을 높이고, 최초 수급 연령을 늦추어야 한다.

넷째, 비정규직이 늘어나고 플랫폼 노동자 등 불완전한 고용이 늘기에 고용정책을 수정해야 한다. 고용보험은 다수 노동자가 사업장에 소속되어 사용자의 지도감독 속에서 일하는 구조에서 만들어졌지만, 플랫폼 노동자 등은 자영업자와 유사하다. 매달 받는 급여에서 보험료를 떼는 방식이 아닌 사업수익에서 보험료를 내는 방식으로 바꾸어야 할 것이다. 노동능력이 있고 노동할 의사 있는 모든 성인은 고용보험의 체계에 들어올 수 있도록 제도를 개선해야 한다.

다섯째, 지속적인 양성평등에도 불구하고 성차별이 상존하기에 사회보장에서 성차별을 줄이는 방안을 강구해야 한다. 사회보험은 주로 남성 노동자가 우위에 있을 때 만들어졌는데 점차 여성이 취업하면서 대상자의 범위가 가구에서 개인 단위로 바뀌고 있다. 성별 임금격차는 사회보험의 급여에서 성차별로 이어지고, 여성의 빈곤은 복지수급자의 여성화로 이어진다. 성차별을 줄이고 양성의 평등을 지향해야 궁극적으로 사회보장에서 성차별을 줄일 수 있다.

여섯째, 위험의 외주화가 지구촌 차원에서 이루어지는데 산업재해를 줄이기 위한 공동의 노력을 해야 한다. 위험한 산업을 저개발국가로 보내 위험을 외국으로 보내고, 국내에서 위험한 일자리는 외국인 노동자로 써서 위험을 외주화시키고 있다. 위험한 산업과 불안전한 노동은 인종과 피부색과 무관하게 모든 인간에게 영향을 주기에 산업안전보건과 안전관리에 집중해야 한다.

일곱째, 미등록 외국인, 이주민 등 기존 사회보장 체계에 들어오기 어려운 인구집단에 대한 대책을 강구해야 한다. 사회보험과 공공부조는 국적을 가진 사람을 중심으로 제공되기에 이주민, 미등록 외국인, 난민 등은 사회보장 체계에 들어오기 어렵거나 있더라도 급여 내용이 빈약하다. 외국인도 사회보험의 가입자가 될 수 있도록 국가 간 협정을 늘리고, 외국인의 사회보험 가입도 비자 유형별로 좀 더 확대시켜야 한다.

여덟째, 지식정보화사회에서 평생교육을 통해 노동생산성을 높이기 위해 지속적인 노력을 해야 한다. 기술이 빠르게 바뀌어서 한 사람이 평생 동안 같은 직업을 갖기 어렵기에 직무능력을 키울 수 있는 교육훈련의 기회를 늘려야 한다. 사양산업에서 근무하는 사람은 새로운 일자리로 전직할 수 있도록 전직교육을 확대해야 한다. 제4차 산업혁명 시대에 적응능력을 키울 수 있는 계기를 다양하게 주어서 평생 동안 몇 가지 직업에서 능력을 발휘할 수 있도록 해야 한다.

아홉째, 선진국은 공적개발원조를 통해 저개발국의 역량을 개발하고 국제개발협력을 통해 국제복지의 전기를 마련해야 한다. 선진국은 공적원조를 통해 저개발국의 아동 · 청소년 · 여성 교육에 더 집중하고, 이들이 새로운 산업 인력으로 성장하도록 지원해야 한다. 한국은 보건의료, 지식정보, 사회복지, 농업개발, 문화예술 등 비교 우위에 있는 분야를 중심으로 국제개발협력 사업을 실시하고, 수원국과 협력할 수 있는 계기를 마련해야 한다. 한국의 건강보험, 노인장기요양보험, 사회서비스, 원격교육 등을 저개발국가에 보급하고, 관리운영을 지원하는 것도 한 방법이다.

단원 정리

저출산 · 고령화 사회의 도래로 새로운 사회적 위험이 커지고, 세계화 · 개방화 · 정보화와 함께 고용 없는 성장, 다문화가족의 증가, 제4차 산업혁명이 일어나는 경제 · 사회 변화 속에서 사회보장의 전망과 과제를 탐색한다.

사회보장에 관한 한국의 대표적인 계획은 사회보장기본계획이다. 2013년에 「사회보장기본법」이 전면 개정되어 수립된 제1차 기본계획은 맞춤형 사회안전망 구축과 일을 통한 자립 지원에 초점을 두었다. 이 계획은 '더 나은 내일, 국민 모두가 행복한 사회'를 비전으로 공공부조, 사회보험 및 문화 · 환경 등 사회보장 영역을 총망라한 최초 계획으로 평가받았다. 당시 10개 부처가 211개 사회보장 사업에 316조 원을 배정하기로 했다. 정부가 노력하였지만 국민의 체감도는 높지 않았다고 평가받았다.

최근 10년간 한국은 OECD의 평균(5.3%)보다 2배 이상(11.0%) 빠른 속도로 사회복지 지출을 늘렸지만, GDP 대비 사회복지 지출 규모는 OECD 평균(19.0%)의 절반 수준(10.2%)이다. 사회복지 지출을 지속적으로 늘렸지만, 출발점이 다르기에 한국의 복지수준은 OECD 평균에 미치지 못했다.

제2차 기본계획은 복지 체감도를 높이고 정책의 성패를 확인할 수 있도록 정책영역별 목표를 명확하게 담았다. 중장기 목표부터 4대 핵심분야(고용·교육, 소득, 건강·의료, 사회서비스)까지 정책영역별로 성과 목표를 구체화했다. '국민 모두가 함께 잘사는 포용사회'란 비전을 실현하기 위해, 포용적 사회보장체계 구축, 사회보장제도의 연계·조정 강화, 지역사회 중심 서비스 이용체계 구축, 포용과 혁신의 상호보완체계 구축이란 추진 원칙 및 전략으로 국민 삶의 질 향상을 중장기 목표로 제시한다. 기본계획을 실현하면 2017년 38개 OECD 회원국 중 28위였던 '삶의 만족도 지수' 순위를 2023년 20위, 2040년 10위까지 향상시키기로 중장기(2040년) 목표를 설정했다.

사회보장기본계획이 잘 구현되면 대한민국 사회보장의 전망을 밝겠지만, 현시점에서 필자는 다음과 같이 제시한다. 지속 가능한 소득보장, 건강 수명을 늘리는 건강보장, 고용위기를 극복할 대책을 강구해야 한다. 노인이나 노인성 질환으로 자립하기 어려운 상황에서 자립 생활, 경제적으로 어려운 사람들의 인간다운 생활, 자신이 살던 지역에서 오래 살 수 있도록 지역사회 통합돌봄체계를 구축해야 한다. 사회보장 분야에서 양질의 서비스 제공, 소요 예산의 적정한 분담, 온라인 서비스와 찾아가는 서비스 등을 통해 서비스 접근성을 높여야 한다.

사회보장은 주로 개별 국가 차원에서 이루어지기에 세계적인 사회보장의 전망과 과제를 간략히 정리하기는 어렵지만, 필자는 다음과 같이 제기한다. 코로나19와 같은 감염병 사태에서 의료의 공공성 확보, 아이를 낳고 키우기 좋은 사회 만들기, 고령화가 빠르게 진행되기에 지속 가능한 연금을 유지·발전시켜야 한다. 플랫폼 노동자 등 불완전한 고용이 늘기에 고용정책의 수정, 성차별의 감축 방안, 위험의 외주화를 막기 위한 노력을 해야 한다. 이주민 등 기존 사회보장 체계에 들어오기 어려운 인구집단에 대한 대책, 지식정보화사회에 맞는 평생교육, 공적개발원조를 통해 저개발국의 역량을 개발해야 한다.

✱ 용어 정리

- **사회보장기본계획**: 「사회보장기본법」에 따르면 "보건복지부장관은 관계 중앙행정기관의 장과 협의하여 사회보장 증진을 위하여 사회보장에 관한 기본계획을 5년마다 수립하여야 한다." 기본계획에는 국내외 사회보장환경의 변화와 전망, 사회보장의 기본목표 및 중장기 추진방향, 주요 추진과제 및 추진방법, 필요한 재원의 규모와 조달방안, 사회보장 관련 기금 운용방안, 사회보장 전달체계, 그 밖에 사회보장정책의 추진에 필요한 사항 등이 포함되어야 한다.
- **제1차 사회보장기본계획**: 제1차 사회보장기본계획은 '더 나은 내일, 국민 모두가 행복한 사회'를 비전으로 공공부조, 사회보험 및 문화·환경 등 사회보장 영역을 총망라한 최초 계획으로 평가받았다. 당시 10개 부처가 211개 사회보장 사업에 316조 원을 배정하기로 했다. 정부가 나름대로 노력하였지만 국민의 체감도는 높지 않았다고 평가받았다.
- **GDP 대비 사회복지 지출**: 최근 10년간 한국은 OECD의 평균(5.3%)보다 2배 이상(11.0%) 빠른 속도로 사회복지 지출을 늘렸지만, GDP 대비 사회복지 지출 규모는 OECD 평균(19.0%)의 절반 수준(10.2%)이다. 출발점이 다르기에 한국의 복지수준은 OECD 평균에 미치지 못했다. 5대 사회보험

의 연륜이 쌓이고, 국민기초생활보장제도에서 부양의무자 기준을 개선하는 등 복지제도가 성숙되면 점차 나아질 것이다.

- **제2차 사회보장기본계획**: 제2차 사회보장기본계획은 '국민 모두가 함께 잘사는 포용사회'란 비전을 실현하기 위해, 포용적 사회보장체계 구축, 사회보장제도의 연계 · 조정 강화, 지역사회 중심 서비스 이용체계 구축, 포용과 혁신의 상호보완체계 구축이란 추진 원칙 및 전략으로 국민 삶의 질 향상을 중장기 목표로 제시한다. 중장기 목표부터 4대 핵심분야(고용 · 교육, 소득, 건강 · 의료, 사회서비스)까지 정책영역별로 성과 목표를 구체화했다. 이를 실현하면 2017년 38개 OECD 회원국 중 28위였던 '삶의 만족도 지수' 순위를 2023년 20위, 2040년 10위까지 향상시키기로 한 중장기(2040년) 목표를 달성할 것이다.

❑ 참고문헌

강주성(2015). 대한민국 병원 사용설명서(개정판). 서울: 행복한책읽기.
구인회, 손병돈, 안상훈(2010). 사회복지정책론. 경기: 나남.
김영모 편(2001). 현대사회보장론(개정판). 서울: 한국복지정책연구소출판부.
김조설(2017). 한국 복지정책 형성의 역사. 서울: 인간과복지.
김희성, 이재법(2020). 모든 국민이 상식으로 알아야 할 국민기초생활보장제도 2020년. 복지공동체.
박광준(2013). 한국사회복지역사론. 경기: 양서원.
박광준(2018). 조선왕조의 빈곤정책. 서울: 문사철.
박병현, 윤성호(2017). 사회보장론. 경기: 정민사.
보건복지부(2020a). 2020년 국민기초생활보장사업안내.
보건복지부(2020b). 2020년 노인보건복지사업 안내.
보건복지부(2020c). 2020년 희망복지지원단 업무안내.
신정완(2014). 복지국가의 철학. 서울: 인간과복지.
양재진(2020). 복지의 원리. 서울: 한겨레출판.
원석조(2002). 사회보장론. 서울: 양서원.
윤홍식(2019). 한국 복지국가의 기원과 궤적(전3권). 서울: 사회평론아카데미.
이용교(2017). 디지털 사회복지개론(제4판). 서울: 인간과복지.
이용교(2020a). 건강보험상식. 미발행.
이용교(2020b). 국민연금상식. 광주: 드림미디어.
이용교(2020c). 대한민국 복지상식. 광주: 드림미디어.
이용교(2020d). 알아야 챙기는 복지상식(2판). 서울: 인간과복지.
이용교(2020e). 활기찬 노년생활. 서울: 학지사.
이인재, 류진석, 권문일, 김진구(2002). 사회보장론(개정판). 서울: 나남출판.

이창곤(2014). 복지국가를 만든 사람들. 서울: 인간과복지.

조원탁, 김동원, 김형수, 박상하, 안진, 엄기욱, 오근식, 이용교, 이형하, 장현(2012). 사회보장론(3판). 서울: 학지사.

채구묵(2017). 사회보장론(제4판). 경기: 양서원.

Hudson, J., Kuhner, S., & Lowe, S. (2010). 복지국가를 향한 짧은 안내서(*Short Guide to Social Policy*). 김보영 역. 서울: 나눔의 집.

ILO(1984). *Introduction to Social Security*. Geneva: ILO.

❑ 참고 영화

• 소득보장

이보다 더 좋을 순 없다(James L. Brooks, 1997)

밤에 우리 영혼은(Ritesh Batra, 2017)

브루클린의 멋진 주말(Richard Loncraine, 2014)

어바웃 슈미트(Alexander Payne, 2002)

• 의료보장

패치 아담스(Tom Shadyac, 1998)

존 큐(Nick Cassavetes, 2002)

식코(Michael Moore, 2007)

시티 오브 조이(Roland Joffe, 1992)

• 노인장기요양

프라이드 그린 토마토(Jon Avnet, 1992)

그대를 사랑합니다(추창민, 2010)

장수상회(강제규, 2014)

엄마의 공책(김성호, 2017)

스틸 앨리스(Richard Glatzer & Wash Westmoreland, 2014)

아무르(Michael Haneke, 2012)

엔딩 노트(砂田麻美, 2011)

• 고용과 실업

아름다운 청년 전태일(박광수, 1995)

나, 다니엘 블레이크(Ken Loach, 2016)
노스 컨츄리(Niki Caro, 2005)
굿모닝 에브리원(Roger Michell, 2010)
로제타(Jean-Pierre Dardenne & Luc Dardenne, 1999)
인턴(Nancy Meyers, 2015)
풀 몬티(Peter Cattaneo, 1997)
카트(부지영, 2014)
송곳(드라마, 김석윤 연출, 2015)

• 산업재해
또 하나의 약속(김태윤, 2013)
히말라야(이석훈, 2015)
화씨 9/11(Michael Moore, 2004)

• 빈곤과 기초생활보장
기생충(봉준호, 2019)
분노의 포도(John Ford, 1940)
상계동 올림픽(김동원, 1988)

• 사회수당
아이 엠 샘(Jessie Nelson, 2001)
창문넘어 도망친 100세 노인(Felix Herngren, 2013)
어둠 속의 댄서(Lars Von Trier, 2000)

• 사회보장과 사회복지사의 역할
아름다운 세상을 위하여(Mimi Leder, 2000)
비밀과 거짓말(Mike Leigh, 1996)
다음 침공은 어디?(Michael Moore, 2015)
서서평, 천천히 평온하게(홍주연 · 홍현정, 2017)

❑ 참고 웹 사이트

건강보험심사평가원 http://www.hira.or.kr
경기도 무한돌봄센터 https://www.gg.go.kr/gg_care
고용노동부 http://www.moel.go.kr
공무원연금공단 https://www.geps.or.kr
광주고용복지플러스센터 http://www.work.go.kr/gwangju
광주드림 http://www.gjdream.com
국립중앙의료원 https://www.nmc.or.kr
국민건강보험 일산병원 https://www.nhimc.or.kr
국민건강보험공단 http://www.nhic.or.kr
국민건강보험공단 노인장기요양보험 http://www.longtermcare.or.kr
국민연금공단 https://www.nps.or.kr
군인연금 https://www.mps.mil.kr
근로복지공단 http://www.kcomwel.or.kr
노동건강연대 http://laborhealth.or.kr
두루누리 http://www.insurancesupport.or.kr
법제처 http://www.moleg.go.kr
베버리지 보고서 http://www.fordham.edu/halsall/mod/1942beveridge.html
별정우체국연금관리단 https://www.popa.or.kr
보건복지부 http://www.mohw.go.kr
보건복지부 보건복지상담센터 http://www.129.go.kr
보건복지부 장애인연금 http://www.bokjiro.go.kr/pension
복지로 http://www.bokjiro.go.kr
복지로 온라인신청 http://online.bokjiro.go.kr
빈곤사회연대 http://antipoverty.kr
사립학교교직원연금공단 http://www.ktpf.or.kr

사회보장위원회 http://www.ssc.go.kr
산재의료관리원 http://www.wamco.or.kr
서울특별시 https://www.seoul.go.kr
시민과 함께 꿈꾸는 복지공동체 http://cafe.daum.net/ewelfare
아동수당 http://www.ihappy.or.kr
여성가족부 http://www.mogef.go.kr
온라인경력개발센터-꿈날개 http://www.dream.go.kr
온라인청년센터 https://www.youthcenter.go.kr
워크넷 http://www.work.go.kr
이용교의 복지평론 http://blog.daum.net/lyg29
임신육아종합포털 http://www.childcare.go.kr
참여연대 http://www.peoplepower21.org
한겨레 경제사회연구원 http://heri.kr
한국노인복지중앙회 http://www.elder.or.kr
한국노인장기요양기관협회 http://hnh.or.kr
한국보건복지인력개발원 https://www.kohi.or.kr
한국보건사회연구원 https://www.kihasa.re.kr
한국사회보장정보원 http://www.ssis.or.kr
한국사회복지사협회 http://www.welfare.net
한국사회복지협의회 https://www.bokji.net
한국산업안전공단 http://www.kisco.or.kr
한국장학재단 https://kosaf.incruit.com
IFSW(국제사회복지사연맹) https://www.ifsw.org
ILO(국제노동기구) http://www.ilo.org
UN(국제연합) https://www.un.org
UNESCO(유네스코) https://en.unesco.org
USA(미국 사회보장청) https://www.usa.gov
WHO(세계보건기구) https://www.who.int
wish 공유복지 플랫폼 http://wish.welfare.seoul.kr

❑ 찾아보기

▌인명 ▌

▌내용 ▌

저자 소개

이용교(Lee Yong Gyo)

중앙대학교와 동 대학원에서 사회복지학을 전공하여 문학박사를 취득하였다. 한국복지정책연구소와 한국청소년정책연구원에서 연구위원으로 일하였으며, 현재 광주대학교 사회복지학부 교수로 재직하면서 한국복지교육원을 운영하고, 복지평론가로 활동하고 있다.

한국청소년복지학회 회장, 국제사회복지학회 회장, 글로벌청소년학회 회장, 한국지역사회학회 회장, 광주광역시사회복지사협회 회장을 역임하였고, 한국사회복지교육협의회 이사, 한국사회복지역사학회 부회장을 맡고 있다.

주요 저서로는 『한국청소년복지의 현실과 대안』(은평천사원출판부, 1993), 『한국청소년정책론』(인간과복지, 1995), 『재미있는 자원봉사 길라잡이』(공저, 서울미디어, 1996), 『청소년인권 보고서』(공저, 한국청소년개발원, 1996), 『복지는 생활이다』(인간과복지, 2001), 『디지털 복지시대』(인간과복지, 2004), 『디지털 청소년 복지』(제3판, 인간과복지, 2012), 『산티아고 가족여행』(공저, 인간과복지, 2012), 『한국 사회복지론』(한국학술정보, 2012), 『디지털 사회복지 개론』(제4판, 인간과복지, 2017), 『대한민국 복지상식』(드림미디어, 2020), 『알아야 챙기는 복지상식』(제2판, 인간과복지, 2020), 『활기찬 노년생활』(학지사, 2020) 등 50여 권이 있다.

이메일 ewelfare@hanmail.net
카페 http://cafe.daum.net/ewelfare

디지털 사회보장론

Social Security

2020년 9월 15일 1판 1쇄 인쇄
2020년 9월 25일 1판 1쇄 발행

지은이 • 이용교
펴낸이 • 김진환
펴낸곳 • (주) 학지사
04031 서울특별시 마포구 양화로 15길 20 마인드월드빌딩
대표전화 • 02)330-5114 팩스 • 02)324-2345
등록번호 • 제313-2006-000265호

홈페이지 • http://www.hakjisa.co.kr
페이스북 • https://www.facebook.com/hakjisa

ISBN 978-89-997-2207-3 93330

정가 18,000원

이 도서의 국립중앙도서관 출판시도서목록(CIP)은 서지정보유통지원시스템 홈페이지(http://seoji.nl.go.kr)와 국가자료공동목록시스템(http://www.nl.go.kr/kolisnet)에서 이용하실 수 있습니다.
(CIP 제어번호: CIP2020037552)

그리스와 한국의 경계에 서다

그리스와 한국의 경계에 서다

김진경 지음

안티쿠스
ANTIQUUS

백묘 (국화) 피지에 담채 20×35

원래 백묘(白描)란, 어느 한 부분도 놓치지 않고 그려내는 세밀한 공필(工筆)화의 밑그림이지만, 색을 올리지 않은 상태에서 작품을 완성시켜서 작가의 숙련된 솜씨를 볼 수 있는 것을 백묘화라 한다.

머리말

언젠가 책장을 정리하다가 낡은 신문지 한 뭉치를 발견한 일이 있다. 지난날 경북대학교 재학 시 어쩌다가 쓰게 된 글이 실린 신문들이었다. 어쩌다가라고 하는 것은 그 때는 글을 좀처럼 쓰려 하지 않았기 때문이다. 대단한 학자나 사상가도 아닌 주제에 잡문 따위를 쓰는 것은 경박한 잔재주에 불과하며, 하찮은 글이 활자화되는 것에 자기만족을 느끼는 것은 천박한 속물근성이 아니겠느냐? 하는 생각도 있었다. 반면에 도무지 글 같아 보이지 않은 남의 글 사이에 낀 내 글을 누가 읽고 알아 줄 것인가, 도시 글을 쓰는 것이 별 의미가 없는 공허한 독백에 불과한 것이 아닐까 하는 오기와 회의가 뒤섞인 감정도 있었다. 말하자면 자폐증적自閉症的 결벽성으로 다짐했기 때문이라고 할까.

그러나 〈경북대학보〉의 학생기자들의 청탁을 뿌리칠 수 없어 의무적으로 몇 편의 글을 쓴 일이 있었고, 그들이 후에 일간신문에 취직하여 청탁해오는 것을 마지못해 쓴 일이 있었으나 어느 시점에 가서는 그것도 딱 잘라 거절하였다. 상경한 후에도 잡지사의 청탁을 같은 경위를 거쳐 같은 방식으로 피해 버렸다.

그러나 이제 누렇게 변한 신문지에서 희미한 글을 주워 읽으니 그때의 오기와 치기, 그리고 약간의 재기에 고소를 금할 수 없게 되고, 잘 썼건 나에게 있어선 그래도 소중한 젊은 날의 족적이라는 생각이 들어 아련한 향수와 같은 것을 느끼게 된다. 그래서 이것을 책으로 묶어 볼까 하는 마귀의 유혹 같은 고약한 생각에 사로잡히고 만 것이다.

그러나 막상 책으로 꾸미려 하니 분량이 너무 적어 그때의 철없는 결벽증이 후회가 되고 그나마 쓴 글을 모아 두지 않았던 것을 자탄하기도 한다. 남아 있는 글을 모아 보니 성격이 다른 글이 뒤섞여 있어 체모를 갖추기 위해 1·2부로 나뉘어 1부에는 수필류를, 2부에는 다소 학술적인 글을 대체로 발표날짜 순으로 묶어 보았다.

수록된 글은 〈경북대학보〉와 〈성대신문〉 외에 〈대구매일〉, 〈의성신문〉, 《신동아》, 《여성동아》, 《스테레오 뮤직》, 《하이파이 저널》 등에 게재된 글이나 아무데도 게재되지 않았던 초고 몇 편이 있어 첨가하였다. 옛글이 중심이나 최근에 쓴 글도 실었으니 60년대 초에서 90년대 초에 걸친 글이 되었으며, 따라서 30년에 걸친 시대의 공기 흐름을 단편적으로나마 반영하고 있다고 할 수 있다. 물론 본격적인 시대비평이나 사회론이 아니며 그렇다고 깊이 있는 학문론도 아니다. 굳이 말한다면 1부는 시대의 회화적인 스케치요, 2부는 학문과 문화에 대한 가벼운 지적 안내라고 할까.

그리고 한 권의 책으로서 부족한 분량을 채우기 위해 '그리스사의 수수께끼'라는 제목 아래 몇 편의 글을 새로 써서 제3부로 묶었다. 역사는 과거의 수수께끼에 대한 도전이라 할 수 있다. 물론 근대나 현대의 역사에도 수수께끼가 많으나, 고대는 수수께끼의 보고寶庫라고 할 정도로 온갖 수수께끼로 가득 차 있으며, 더욱이 신화나 전설이 자료일 경우가 많기 때문에 그 속에 감추어진 진실을 찾는 일은 어려우면서도 흥미가 진진하다. 그리스사에서 핫 이슈라 할 몇 가지 수수께끼에 대하여 나름대로 해답을 제시하였다. 특히 맨 마지막 소크라테스 재판에 대해 쓸 때 그 재판에 이른 상황이 진행되고 있는 5·6공 수뇌들의 재판의 경우와 유사한 점이 많아 쓴웃음을 금할 수가 없었다.

원래 수필류를 보충하려 쓴 부분이 책 이름이 된 셈이어서 주객이 전도된 감이 없지 않다. 그러나 제3부는 보충으로 끝나는 것이 아니라 앞으로 쓰게 될 『서양고대문명사』라는 책의 시작이요 부분적으로 그 제1편에 해당되는 것이라 할 수 있다. 가벼운 필치 속에서 다음 책에 충실을 기할 것을 새삼 다짐하게 되는 것이다.

이 글을 교양신서로 받아들여 출판해 준 출판부의 배려에 고마움을 느끼며, 아울러 원고를 정리하느라 수고해 준 하경수 박사와 오홍식 박사에게 사의를 전한다.

1996년 9월

김진경

일러두기

1. 이 책은 『그리스 문화 연구여담』(성균관대출판부, 1996년 9월 30일 1판, 1997년 9월 12일 2판)의 개정판이다.
2. 저자의 유고를 모두 정리하여 빠진 글을 추가로 수록하였다.
3. 2판의 오자와 탈자를 바로 잡고, 가독성이 떨어지는 용어에 편집자주를 넣어 이해를 돕도록 하였다.
4. 각 글의 수록 연도와 출처는 모두 함께 목록으로 정리하였다.
5. 표지와 본문의 작품은 저자의 외동딸인 김혜정 씨의 것이다.
6. 저자의 30여 년간 제자인 최자영 교수의 글 '깨어있는 소크라테스를 연출하신 영원한 자유인, 김진경 교수님'의 글을 추가로 실었다.

차례

제1부 지적 낙서

(소리) bronze 27×14 ×11

투르게네프식 적선

'지방 간부 공무원'이라 하면 윗사람에게 비굴하고 아랫사람에게 오만한 축재蓄財의 명수를 연상하게 되는데, 그것은 지난 정권이 우리에게 남겨준 유산적인 교훈이었다. 하지만 그와는 색조가 전혀 다른 분이 없지 않은 것은 퍽 희한하고도 유쾌한 일이기도 하다. 내가 아는 Y 씨가 바로 그런 분이다. 위에 의젓하고 아래에 너그러운, 따라서 축재에 무능한 호인이려니와 독실한 불교신도 공무원이란 점이 한결 이색적이다. 스스로 재가在家, 대처帶妻, 파계승破戒僧을 자처하지만 속리에 혈안인 요즈음의 비구승보다는 한결 고결한 수도자이며, 거리의 걸인의 구걸에 외면한 적이 없는 자비로운 위인이기도 하다.

그날도 Y 씨는 여느 때와 같이 교외의 사무소에 출근하기 위해 역전 정류소에 서 있자니 물결치는 인파 속을 비틀거리며 누벼 다니는 한 걸인의 모습에 눈이 끌렸다. 충혈된 눈, 헝클어진 머리카락, 남루한 누더기, 이만해도 Y 씨의 애틋한 한숨을 자아내기 마련이었지만 걸인의 팔 속에 안겨진 갓난

아기의 모습이 민감한 누선涙腺을 결정적으로 자극하였다. 아기가 구걸의 가장 유효한 무기이리라는 야박한 추리는 Y 씨의 온후한 뇌리엔 떠오를 수 없는 것이다.

물론 Y 씨의 호주머니가 비어 있었던들 투르게네프가 〈산문시散文詩〉에서 그린 것과 같이 걸인의 두 손을 덥석 잡으며 "내겐 마침 가진 돈이 없어 이 악수밖에 줄 것이 없구려."라고 하여 걸인을 감읍感泣케 하는 시적인, 감동적인 적선을 베풀 수 있으려만 애석하게도 Y 씨에겐 차비 외에 약간의 여분이 있었던지라 산문적이나마 물질적인 적선을 베풀 양으로 걸인은 애걸-거절의 보람 없는 과정을 되풀이할 뿐 Y 씨에겐 좀처럼 다가오지 않는다. 참다못한 Y 씨가 걸인의 바로 앞에 다가섰어도 걸인은 일별一瞥조차 않는다. Y 씨의 호소를 오히려 걸인이 무시하는 것이다. 여기 야릇한 인생의 운명의 익살을 느끼며 Y 씨는 쓴웃음을 금치 못한다. 행운의 여신을 목전에 두고 덧없이 헤매는 것은 어쩌면 이 걸인뿐이 아닌 것이 아닐까. 소용돌이치는 이 군중 하나 하나가, 그리고 자기 자신도 어리석은 방황을 더듬고 있는 것이 아닐까.

마침내 Y 씨는 걸인을 잡고 빳빳한 10원짜리 지폐 서너 장을 손에 넣어 주었다. 이 불의의 행운에 놀란 걸인은 주위를 두리번거리더니 재빨리 지폐를 호주머니에 쑤셔 넣고는 총총히 사라져 버린다. 이때 한 청년이 불쑥 나타나 Y 씨의 소매를 잡는다. 그는 Y 씨를 으슥한 골목으로 데리고 가서 모 기관의 사찰원이라는 신분을 밝히고는 Y 씨의 신분을 심문을 한다. Y 씨의 시가를 초월한 적선이 간첩의 혐의를 받고 만 것이다. Y 씨의 흉중엔 앞서의 철학적 사념思念과는 또 다른 어지러운 감회가 스쳤다. 자기와 같은 범인凡人에게도 항시 못 박혀 있는 '국가'의 눈, 30~40원의 적선이 간첩의 혐의마저 받게 되는 이 각박한 현실, 신도의 막대한 헌금을 빨아 융성하는 교회, 사찰과 2~3편의 지폐에 경악하는 걸인의 모습. 이 순간 이 상황에 사는 모든 인간이 측은하고 가련하기만 하였다. 그러나 누구보다도 가련한 것은 하찮은 적선에까지 신경을 소모해야만 하는 지나치리 만큼 직분에 충실한 그 기관원이 아니었던가. 밝혀진 Y 씨의 어엿한 신분에 크게 실망의 빛을 보이며 돌아서는 기관원의 두 손을 덥석 잡으며 Y 씨는 정중하게 엄숙하게 말하였다. "퍽 수고를 하십니다." 이때야말로 Y 씨는 시적인 투르게네프식 적선을 한아름 베풀 수 있었다.

미꾸라지족 이태二態

경대생(慶大生 : 편집자주- 경북대생)이라 하면 성실하고 순박하고 과묵한, 말하자면 좋은 뜻에서의 포커스페이스를 연상하게 된다. 그러나 이따금씩 그러한 이미지를 산산이 깨어 버릴 엉뚱한 언동을 부리는 학생이 있어 "아서라!"라는 탄성을 토하게 한다. 경대라는 청정한 지당을 흐리게 하는 미꾸라지와 같은 존재이다. 다음 두 가지 취모멱자(吹毛覓疵 : 편집자주- 남의 약점을 찾아내려는 야박하고 가혹한 행동을 비유하는 말)격인 넋두리를 펴는 것은 그런 미꾸라지족에 대한 혐오감만에 의한 것이 아님은 물론이다.

제1화: 린자 초벨 여사 일행의 독일 모던발레 대구 공연 때의 일이다. 공연장인 K 고교 강당은 그 한 가운데에 친 밧줄로 A, B석으로 양분되어있고, 그 밧줄 앞에는 깡패차림의 파수꾼이 입장료가 싼 B석의 관객의 A석 침입을 막을세라 눈을 부라리는 것이 우선 '향토예술의 전당'다운 분위기가 아니었다. 개연 시간이 임박했음에도 관객이 그리 많지 않은 것이 한편 서운하기도 하고 한편 조용히 관람할 수 있다는 안도감을 주기도 하였다. 이윽고 개연, 단조로운 조명 속에 부출한 노랑 일색의 의상을 입은 초벨 여사의 신비적인 고요한 움직임, 모던 발레 속에 고대 그리스의 비극미마저 느끼며 황홀한 감동 속에 몰입되려는 순간, 돌연 우르르 쾅쾅하는 굉음이 터져 나왔다. 파수꾼의 눈을 틈탄 일군의 B석 관객들이 학생들을 선봉으로 밧줄을 뛰어넘고 혹은 그 밑을 빠지면서 사태를 이루어 A석 빈 자리로 돌진하는 것이다. 장내는 순식간에 관객과 파수꾼의 공방으로 아수라장이 되었다. 이 해프닝에 놀란 초벨 여사는 두 손을 절망적으로 허공에 휘젓고는 퇴장하고 말았다.

'정숙!'을 절규하는 확성기 소리가 장내를 한결 소란케 한다. 이윽고 광란의 물결이 지나고 나서 마침내 무용이 속연된다. 하지만 B석에 남은 불운한 관객들은 마치 밑진 장사를 치른 듯한 아쉬움에서인지 선구자들의 뒤를 따라 자꾸만 A석 돌진을 파상적으로 감행한다. 벽안碧眼의 무용가는 무대 아래에서 벌어지는 열광적(?)인 한국 팬들의 진기한 관람 태도에 이젠 절망도 흥미도 잃어버렸는지 초연하고 고독한 무용을 진행할 따름이다.

그러나 시간의 흐름에 따라 어느덧 무대 위와 아래의 호흡은 조정되어 장내엔 제법 예술적인 분위기가 감돈다. 그러나 여기에 또 한 가지 기이한 현상이 일어났다. 한 레파토리가 끝날 때마다 터져 나오는 천편일률적인 공허한 의례적 박수 외에 이례적인 갈채를 자아내는 무용가의 동작이 있었다. 그것은 선회이었다. 완만하건 다급하건 무용가가 맴돌기만 하면 관중들은 열광적인 갈채를 퍼붓는 것이다. 나는 마음이 어수선해지고 얼굴이 화끈거렸다. 무용가는 관중의 흥에 장단을 맞추어 필요 이상으로 선회를 되풀이하는 것 같고, 그 표정과 동작엔 적이 조소의 빛마저 서려 있는 듯한 것이다. 이것은 나의 무용에 대한 무식과 피해망상적인 시의심猜疑心의 탓이라 내 마음을 달랬다. 그러나 종연 후 귀로에 선 마음은 예술적 카타르시스보다도 조롱을 당한 듯한 불쾌감에 젖어 있음을 어찌할 수 없었다. 이때 "그 무용 최고다. 멋지게 돌데!" 하는 소박하고도 단정적인 탄성이 들려왔다. 돌아본즉 그 얼굴은 앞서 내 옆의 A석 한 자리를 어거지로 점령하고 회심의 웃음을 짓던 한 용감한 경대생의 얼굴임이 분명하였다.

제2화: 세말이면 화제에 궁한 연구실에 으레 도난의 얘기가 꽃피게 된다. 그러나 그런 예기가 나올 때면 나는 가벼운 냉소로써 외면해 버린다. 여태 도난을 당한 적이 없어 그따위 지저분한 화제는 나와 아무런 아랑곳이 없기 때문이었다. 그러나 바로 그 지저분한 사건이 각박한 세파를 타고 바로 내 연구실까지 침입했을 때 망연자실 어찌할 바를 몰랐다.

어느 날 연구실 책상 위에 둔 책이 분실된 것을 발견한 것이다. 옥스퍼드판 아이스킬로스의 아가멤논 주해서이다. 아가멤논은 그리스의 비극작가 아이스킬로스의 3부작 오레스테이아의 제1부인데, 트로이 전쟁 시 그리스군의 총지휘관이었던 아가멤논이 개선 후 아내 클리타임내스트라에 살해되는 사건을 다루고 있다. 이 책은 이 작품에 대한 상세한 주석을 부친 책이다. 나는 정가 50실링ceiling짜리의 그 책을 입수할 때까지의 고충을, 그리고 그 책을 통해 빚어 나올지도 모를 한 편의 논문을, 그리고 대주貸主에게 늘어놓아야할 변명과 적잖은 변상금을 생각해봤다(그 책은 내 소유가 아니었다). 쓰디쓴 헛구역이 솟구친다.

그러나 딱한 내 사정도 사정이려니와 훔쳐간 학생의 처지도 생각해줘야 할 일이었다. 경대생이란 이미지를 통한 그 학생의 모습은 단정한 차림의 향학심이 강한 애서가일 게다. 그 학생이 교수의 연구실에 침입했을 때의, 책을 손에 쥐었을 때의, 방을 빠져나올 때까지의 그 불안, 망설임, 초조,

그리고 책이 자기에게 아무런 소용이 없는 것임을 알았을 때의 그 실망과 허무감, 피해자는 내가 아니라 오히려 그 학생 자신이었던 것이다.

나는 애처로운 애서가에게 연민마저 느꼈다. 물론 그 연민에는 책을 반환해주리라는 타산적인 가냘픈 희망이 섞여 있긴 했다. 그러나 얼마 후 애서가는 내 이미지와는 전혀 다른 부류의 인물임을 알게 되었다. 영하 15도의 추위의 어느 날 시내 모 서점에 학생 두세 명이 나타나 예의 책을 팔려 들더라는 것이다. 그 학생이 인적이 드문 혹한을 택하여 서점에 나타났다는 점, 혀를 깨물 듯한 까다로운 서명을 퍽이나 유창하게 발음하면서 책값을 올리려 들었다는 점, 내 책 외에도 다른 책 몇 권을 함께 팔려했다는 점 등등으로 그들은 극히 지능적인 집단적 상습범임이 분명하였다.

그러나 미련한 나는 굴욕을 무릅쓰고 〈경대신문〉 광고란을 통해 그들에겐 필요도 없고 쉽사리 팔리지도 않을 그 책을 반환(반송)해줄 것을 정중하게 호소하였다. 물론 그들은 내 어리석음을 비웃기나 하듯 냉랭하게 묵살해버렸다. 그리하여 서점 주인의 권고에 따라 어리석음을 만면서도 서점가를 순례하는 것이 이젠 내 주기 행사가 되어버렸다. 그리하여 오늘도 나는 잃어버린 『아가멤논』을 찾아 자조와 굴욕을 되씹으면 시장골목 고서점가를 보람 없이 헤매었다. 남편을 살해한 간부 클리타임네스트라의 위선적인 외침이 아니라 진심에서 우러나오는 '아가멤논이여 돌아오라'라는 나의 의로운 호소가 그들의 양심의 한 구석에 닿을 수 있을 것인지 두고 봐야겠다.

자기망각自己忘却

'네 자신을 알라'라는 말이 있다. 그리스의 델피 신전의 정면의 액자額子이던 이 말은 여러 가지 뜻으로 해석되어 불멸의 교훈으로서 뜻있는 사람들의 심중에 아로새겨져 왔다. 하지만 이 말의 상식적인 해석 외에 퍽 음미할 만한 해석이 있다. 플라톤에 의하면 이 말은 아폴로 신이 인간에게 주는 '마음의 건강을 바란다'는 인사라는 것이다. 마음의 건강이란 자기를 잃지 않는 것, 정기正氣를 잃지 않는 것, 사려분별을 잃지 않는 것을 뜻한다. 건강 바로 뒤엔 질병이 있고, 권력 뒤엔 몰락이 있고, 영화 뒤엔 망신이 있다. 이것은 인간에 대한 신의 질투심에선 빚어진 하나의 철칙이다. 인간은 자기의 재능으로 권력과 명예를 누린 것이 아니라 신의 은총으로 그것을 누린 것이니 신에 감사하고 겸손일진대 결코 방종해서는 안 된다는 말이다. 하찮은 감투에 도취되어 존대해진 속물배에게 주는 차가운 경고이다.

물론 우리는 이 말을 상식적으로 '자기를 탐구하라'라는 뜻으로 해석해도 좋다. 하지만 자기탐구 외에 타에 대한 탐구를 잊어서는 안 된다는 저의를 간과할 수 없다. 그리스인은 일반적으로 배타적인 민족으로 알려져 있으며, 그들의 타국에 대한 '바르바로이barbaroi'라는 호칭은 퍽 경멸적이다. 그러나 그리스인만큼 타에 대한 탐구에 열중한 민족도 드물다. 우리는 그것을 아이스킬로스의 페르시아인과 아리스토텔레스의 정치학에서 알 수 있다. 전자는 역사상 최초의 동서의 충돌이란 전쟁의 와중에서 패배한 적장의 인간적 고뇌를 숭고하게 묘파描破한 기념비적 걸작이었으며, 후자는 158개의 자타의 국가 체제를 담담하게 기술한 비교정치학의 효시였다. 그리스인의 자긍심은 타에 대한 냉정한 검토 후에 얻어진 결론이었으며, 그 결론 이전의 탐구과정에 있어선 지극히 겸손하였다. 다시 말하면 그리스인은 신에게 겸손했을뿐더러 타에 대한 탐구에 있어서도 몹시도 겸손하고 알뜰하였으며, 그 결과 자신의 역량을 자부할 수 있는 민족이 될 수 있었던 것이다.

로마인의 경우 또한 그러하다. 세계를 제패한 로마의 장군들은 그 개선식凱旋式에 있어 노예로 하여금 "그대가 인간임을 잊지 말라"고 자기의 귓전에 외치도록 함으로써 신의 질투를 무마하려 애썼던 것이다. 로마의 장군의 눈부신 업적에 비할 길 없는 초라한 공에 도취한 이 땅의 참주僭主들은 이 성스러운 델피의 신탁의 교훈을 알지 못한다. 아폴로의 인사에 겸손한 반례返禮를 할 수 있는 자세를 가다듬는 것이 그들에게는 이때 만큼 필요한 때가 없을성싶다.

봉인된 자유는 현실도피이다

"백년 후……". 매력적인 캐치프레이즈이다. 그것이 1년 후, 10년 후가 아니라서 환상적 낭만적 꿈을 띠었고 그것이 천년 후 만년 후가 아니라서 현실성 가능성을 풍겼다. 그러나 백년 후 건 천년 후 건 요는, 내일을 뜻하며 내일을 위한 어떤 운동은 필경 오늘에 대한 어떤 행동이나 비판을 요구하는 것일 것이며 따라서 그것은 오늘을 위한 운동이라 할 것이다. 일기를 쓰는 심리가 막연히 후일後日을 위해 오늘을 메모하는데 있다기보다 오늘의 삶에 대한 반성과 비판을 위한데 있는 것이 아니겠는가.

말하자면 이 '운동'이 유머란 이름의 음담패설을 담은 낙서나 쓰다버릴 폐품의 수집 보존 작업이 아닐 바엔, 그것은 우선 오늘을 사는 학생들의 현실에 대한 생생한 감회와 분만憤懣과 비판을 위한 분출구를 마련하는데 그 의의가 있다할 것이다. 그러면 학생들의 '현실비판'을 봉인하며 그 비밀의 보장을 다짐하는 것은 무엇 때문일 것인가. 이 '숭고'한 의식에 한층 신비성을 풍기자는 것일까. 그렇지 않으면 언론의 자유를 최대한으로 보장한다는 뜻일까. 도시 현실적 비판을 받지 못한 '현실비판'이 오늘을 위해 무슨 뜻을 지닐 것이며 또한 내일을 위해 무슨 보람을 줄 것인가. 오늘에 암장暗葬된 현실비판은 어떠한 신비적인 주력呪力으로서도 다시는 소생할 수 없는 것이 아닐까. 공개적인 '현실비판'의 공동의 광장이라는 사명을 지닌 대학신문이 스스로 '봉인된 현실비판'을 부르짖는 것은 스스로의 사명에 불충실했음을 고백하는 것이 아닐까. 운동을 당해 대부분의 학생들은 당감當感하고 회피하고 무관심을 가장할 것이다. 오늘과 내일을 위한 발언에 군색할 정도의 무기력한 삶을 해왔기 때문이기도 할 것이며 봉인된 언론자유에 계면쩍음을 느끼기 때문이기도 할 것이다. 따라서 이 운동은 적어도 학생들의 자신의 삶에 대한 각성의 계기가 될 수 있을 것이다. 또한 대학 신문 사명의 재인식의 발판이 될 수도 있을 것이며 그러한 뜻에서 전혀 무의미한 운동은 아니었다할 수도 있을 것이다.

나의 학창시절, 모멸과 자학의 나날

"브람스를 좋아하세요?" 짧은 이 구절이 갑자기 폴에게 거창한 망각을 깨우쳐 주기나 하는 듯하였다. 이러한 질문을 받기를 폴은 고의로 회피해오지 않았던가.

-F. 사강-

J 군. 군은 나에게 나의 청춘시절을 예찬할 것을 강요한다. 계략이 아닐까. 청춘의 예찬에서 청춘의 상실을 깨닫게 하려는 수작이 날까. 5월에, 이 푸르름에, 군이 누리는 청춘의 아野에서 나를 추방하려는 속셈이 아닐까. 청춘의 상실을 망각하고 회피하려는 30대의 몽매蒙昧한 미련에 차디찬 냉수를 퍼부어 주려는 심사라고 할 수도 있겠지. 계략이라면 얄미운 계략이다. 하지만 군의 계략엔 오산이 있다. 군이 바라는 예찬할 만한 청춘이 내겐 없었기 때문이다. 내가 거닐던 5월의 캠퍼스. 훈훈한 라일락의 방향芳香, 신록으로 찬연한 느릅나무의 그루그루, 육중하게 자리잡은 다갈색 건물과 은은히 흘러나는 고명한 석학의 강의. 그곳엔 청춘이, 낭만이,

있어야 할 것이었다. 그러나 끝내 청춘을 갖지 못하였다. 청춘을 의식하지 못하고야만 것이다. 박제의 청춘이란 말이 있었던가. 그러한 것이었다. 나의 청춘은, 그리움도 없다. 아쉬움도 없다. 회한도 없다. 따라서 군이 노리는 '청춘의 상실'도 있을 수 없는 것이다.

하지만 군의 계략에 넘어가주기로 하자. 바로 지난 일요일 대학시절의 L 군을 맞았다. 둘이서 중앙통을 어슬렁하노라니 10년이란 세월이 제자리에서 맴돌고 있는 듯하였다. 그리하여 당돌하게 음악실을 찾은 것이다. 그 시절 숱한 음악실에 도사리던 낙백(落魄 : 편집자주- 넋을 잃음)의 30대가 지난 시절의 낙수落穗라도 찾을 듯 잊었던 고장에 찾아든 것이다. 그러나 그곳은 우리들의 고장이 아니었다. 귀에 익은 가락은 있었다. 그러나 낯익은 얼굴은 없다. 피부로 직감하던 산뜻한 냄새도 지적인 대화로 수놓은 아련한 현학적인 분위기도 거기엔 없었다. 젊은 남녀의 뭉클한 채취, 간지러운 핑크빛 대화와 치매적인 웃음의 교착交錯, 점점이 숨어서 고독을 달래는 소녀들의 한숨, 그곳은 뮤즈의 사당이 아니라 발정기의 짐승들이 도사리는 도시의 밀림이다. 귀 익은 가락이 있다 해도 즐기던 가락도 없다. 속되고 낡은 '고전음악'이 야수의 포효와도 같이 하염없이 우렁차게 메아리 칠 뿐이다.

"브람스(혹은 바하)를 좋아하세요?"라는 그들 20대의 속삭임이 없어도 우리는 그들과의 준열한 단층을 느낄 수 있었다. 하긴 이것이 그들의 청춘, 이곳이 정녕 청춘의 화원인지 모른다. 그러나 우리에겐 청춘은 없었다 해도 우리의 시절은 있었지 않았던가. 사라진 우리의 고장에서, 그들과의 현저한 위화감에서, 그 어느 때보다 우리는 우리의 시절을 생생하게 기억할 수 있었다.

그렇다. 분명 우리는 우리의 시절을 가졌었다. 모멸과 자학과 냉소의 시절, 그래도 그것은 우리의 시절이었다. 우리는 무엇보다 우선 나 자신을 멸시하였다. 살려야 할 티끌만한 가치도 없으려니와 죽어야 할 적극적인 이유도 갖지 못했던 나 자신, 그것을 우리는 멸시하기로 하였다. 그리고는 우리는 모든 인간을 냉소하기로 하였다. 어느 당파를 막론하고 우리를 지배하겠다고 나서는 정객들을 적시敵視하였다. 우리는 이른바 문화인을 멸시하였다. 그네들의 무식, 겁나(怯懦 : 편집자주- 겁 많고 나약함), 무사상을 타기(唾棄 : 편집자주- 업신여기거나 생각하여 돌아보지 않고 버림)하기에 족한 것이기 때문이었다. 우리는 학문보다 권위의식에 사는 교수를 외면하였다. 그들의 허세, 현학, 오기, 권태에 찬 두 시간의 강의보다 30분의 독서가 한결 소중했기 때문이다. 그러나 인간적인 교수들에겐 언제나 다정하였다. 그들의 강의 내용보다도 그들이 경주한 몇 시간의 강의 준비에 경의를 표해야 마땅한 일이었으며, 강의 후 다방으로 유인하여 차를 얻어 마시며 우애와 인간미 넘치는 지적 교류를 해야 할 것이었기 때문이다.

우리는 대부분의 여학생을 경원敬遠하였다. 그녀들의 저능, 허영, 자존심은 애써 고상미를 풍기려 드는 작부酌婦와도 같은 천덕스러운 면이 없지 않았기에. 우리는 선거운동에 날뛰는 학생 간부족을 사갈시(蛇蝎視:편집자주- 뱀이나 전갈을 보듯이 한다는 뜻으로, 어떤 것을 끔찍이 싫어함)하였다. 학생회비의 유용을 노리는 그들의 간계奸計보다는 차라리 깡패의 의리가 얼마나 떳떳한 것이었는가. 배지badge, 버클 등등 일체의 교휘校徽를 우리는 냉소하였다. 훈장도 견찰犬札도 아닌 그따위 값싼 철물은 가짜학생에게나 선사할 것이었다. XX절節이면 벌어지는 일체의 대외행사, 행렬을 거부하였다. 단상의 안락의자에 버티어 앉은 귀하신 속물들의 교태驕態에 살의殺意에 가까운 구역질을 느낀 것이었기에, 체육시간을 기피하였다. 아무리 훌륭한 체육조교라 할지라도 그의 반지성적인 사지의 율동은 필경 곡예사의 아크로밧트보다는 재미가 없기 때문이다. 그러나 교련시간을 몹시도 즐겼다. 잔디밭에 드러누

워 양떼같이 유순한 이과생理科生들을 몰아대는 교관의 동물적인 포효(호령)를 들음으로써 야만의 미에 황홀할 수 있었기 때문이다.

우리는 마리안 엔더슨을 무시하였다. 이 세기의 목청을 '보기' 위해 운집한 장안의 벼락 음악광들의 불안스러운 의례적 갈채에 어찌 참아낼 수 있을 것인가. 그러나 대만에서 초대되어 온 동작빈(董作賓 : 1895~1963)을 중시해야만 하였다. 이 불우不遇의 세계적인 갑골문의 권위에 대해 장안의 속물들은 얼마나 냉담했던가.

우리는 학장에서 과장에 이르는 장족長族들이 흥미 있었다(단, 우리는 총장의 얼굴은 끝내 분간하지 못했다). 심오한 학식을 자랑하던 석학이 점차로 관료적 거드름으로 옮아가는 카멜레온chameleon적 변태에 간지러운 흥분을 느낄 수 있었던 것이다. 그리하여 그들의 무게 있는 훈화訓話를 사랑하였다. 강의실에서 삼갔던 야유와 익살 섞인 박수를 터놓고 펴볼 수 있었기 때문이다.

속항俗巷에 떠도는 일체의 유행어 유행가를 거절하였다. 이곳은 한국 아카데미즘의 본산, 우리는 자랑스런 지성의 파수꾼이 아닌가. 이른바 회화파會話派를 냉소하였다. 그들의 식민지적 생리와 제스처에 필리핀의 혼혈족이나 상해의 매판상인을 연상하기 때문이다. 그리고는 우리 자신의 고독을 조소하였다. 고독처럼 속된 어휘를 찾을 수 있을 것인가.

폭발하는 격정도 없다. 스산한 국가폭력과 슬기로운 대결도, 감미로운 낭만도, 필사적인 학점에의 집념도 없었다. 페단틱(pedantic : 편집자주- 학자연하는)한 오기와 그에 따른 일체의 속물적인 것에 대한 반발, 그리고 역설적인 자조自嘲와 자학. J 군, 이것이 우리들의 시절이었다. 그리고 그것은 분명 이미 나의 시절은 아닌 것이다. 그리움도 없다. 아쉬움도 없다. 회한도 없다. 다만 모순과 치기稚氣에 찬 그때 모멸의 비말(飛沫 : 편집자주- 날아 흩어지는 물방울)이 십년이라는 시간과 공간을 넘어 교수가 된 나에게 어김없이 차근차근 되돌아오는 것을 때로는 초조하게, 때로는 허탈한 체념으로 바라보기만 할 뿐이다.

다방가의 쇼비니즘

일제 말엽 '적성어敵性語 추방'이란 것이 시행되어 상용하던 일체의 영·미·불어를 소탕하고 어색한 일어로 바꾼 적이 있었다. 심지어는 '세이프' '아웃'도 '요시(좋다)' '히께(물러가)'로 고쳐 불러 선수들을 어리둥절케 하더니 급기야는 야구 자체마저 적성운동이라 하여 금지해버렸다. 해방이 되자 이번엔 '한글 오로지 쓰기'인가 하는 배달식 적성어 추방운동이 일어나 '날틀' '배움집' 등 야릇한 신어가 횡행하여서 이화여대를 '배꽃 큰 계집 배움집'으로 고쳐 부르게 되었다고 하여, 이러다간 겨우 왜식 창씨에서 풀려난 내 이름이 다시 '금 서울 누르기'(편집자주- 진경鎭京)로 변하지 않을까 더럭 겁에 질린 일이 있었다. 하지만 공통어를 갖지 못한 독립 인도 국민이 "영국인 물러가라!"라는 구호를 영어로 외칠 수밖에 없었던 딱한 처지에 비한다면 그래도 한글을 가진 우리는 매우 다행스러운 국민이라 할만하다.

한데, 어느 때부터인가 우리네 다방가에 신판 적성어 추방이라 할 해괴한 일이 일어났다. '당국의 지시'에 의해 외래어로 된 다방 이름이 우리말로 둔갑을 하게 된 것이다. 하긴 신흥 캄보디아에선 외래어로 된 간판에 세금이 과해진다는 얘기였지만, 그러한 동남아적 주체성에서 뒤늦게 힌트를 얻은 것인지, 아니면 왜정교육밖에 못 받은 당국자의 복고조의 발상에서인지, 아무튼 그 덕에 재미있는 광경을 보게 되었다. '무랑 루즈'가 '호수'로 변한 것은 그래도 원래의 낭만미를 살렸고, '모카'가 '목화'로 화한 것은 약간의 위트가 있어 좋다고 하자. '루비'가 '누비'가 되고 '돌채'가 '도채'로 화한 것은 황당하기보다 원음에 집착하려는 상혼이 오히려 눈물겹다. 이럴 바엔 차라리 원명을 끝까지 고수하겠다는 '티파니' 같은 숭외파崇外派에서 오히려 당국에 대한 주체성을 느낄 수 있어 흐뭇한 것은 퍽 아이러니컬하다.

주체성, 좋다. 숭왜사상, 배격, 찬성이다. 하지만 이따위 방정맞고 옹졸한 쇼비니즘이 주체성이요 자주성으로 통하는 세상이라면 차라리 웅휘늠름雄揮凜凜한 척화비斥和碑가 총립叢立하던 대원군 시대가 한결 그리워진다.

상식

옛날의 한양 길에는 미투리(편집자주- 삼이나 노 따위로 짚신처럼 삼은 신)를 장만하였다. 오늘의 한양 길에는 기차의 암표를 사야만 한다. 이것은 상식이다. 오늘을 사는 선량한 시민의 한 사람인 필자도 한양 길에는 미상불(未嘗不 : 편집자주- 아닌게 아니라 과연) 암표를 사게 마련이다. 그러나 선량한 시민이라 해도 처음부터 선량치 못한 생각을 안 해보는 게 아니다. 비정상적인 루트를 통해 차표를 사려 애써 본다는 말이다. 그것이 불가능하자 부득이 암표를 삼으로써 선량해질 수밖에 없는 것이다. 말하자면 선량하다는 것이 무능, 무력을 뜻하는 이 땅의 상식을 새삼스레 깨닫게 된다는 말이다.

어떤 시민이 암표를 샀다고 하면 상식적인 얘기라 개가 사람을 문 한 예에 불과하니 문제될 것이 없다. 하지만 얄궂게도 그 시민이 권부權府의 일각에 낀 인사이고 보면 사람이 개를 문 사건으로 돌변한다. 청와대의 한 인사가 사무私務로 대구에 왔다가 암표를 사서 상경했다는 일전의 사건이 그 예이다. 우선 매스컴이 경천동지驚天動地의 대사건이 터진 듯이 떠든다. 역장 이하 대구역 간부들의 목이 날아가고 전국의 주요 역이 초비상 상태로 돌입한다…….

다 같은 이 땅의 시민이 산 다 같은 암표인데 그 반응이 이토록 다른 것, 이 또한 상식이다. 사람 위에 사람 없다던데 하고 따질 일이 아니다. 이건 도시 사람과 개의 차이가 아니냐 말이다. 다만 우리는 상식이 이제야 문제화된 것에 대한 안타까움과 이제야 암표를 살 만큼 상식과 먼 생활을 해온 세도층勢道層에 대한 부러움을 동시에 느낄 따름이다.

하지만 한 가지 간과해서는 안 될 상식이 있다. 암표팔이를 통해 산 표만이 암표가 아니라는 것이다. 따지자면 역의 매표구를 통하지 않은 일체의 차표는 암표이며, 따라서 세도층도 이제까지 내내 권력이라는 암표팔이를 통해 암표를 사왔던 것이다. 그리하여 이제 세도층이나 우리네 서민이나 다 같이 매표구를 통해 손쉽게 차표를 살 수 있는 날이 없을까 하는 지극히 몰상식한 생각을 하면서 손에 쥔 암표를 개찰구 역무원의 밝은 눈앞에 내민다.

장미꽃과 민주주의

"한국에 민주주의를 바라는 것은 쓰레기 속에 장미꽃을 바라는 것과 같다." 이 말은 윈스턴 처칠이 한 말로 전해진다. 처칠이 언제 어떤 이유로 이런 말을 했는지 알 길이 없으나, 한국과 인연이 없는 세계적인 대정치가가 비록 혹언酷言이기는 하나 우리에게 일편의 관심을 보여 준 것이 그나마 기특한 일이라 여겨야 할까. 한국을 '아세아의 등불'이라고 한 타골의 시구를 신탁처럼 모시는 처지인지라 기왕이면 처칠이 "한국의 민주주의 길은 쓰레기 속의 장미와 같이 어려운 일이다."라는 정도로 표현했던들 우리로서는 절망 속에 한 가닥 희망을 품을 수 있어 처칠의 말씀에 감읍했을지도 모를 일이다.

쓰레기 속의 장미나 한국의 민주주의는 다 같이 기적과 같이 바라기 어려운 것으로 생각되는 모양인데, 한국의 민주주의는 요원한 일일지 모르나 쓰레기 속에 피는 장미는 중앙통中央通에서 쉽게 목격할 수 있게 되었다.

40여 년 전 대구의 중심가로서 이 길이 개통되었을 때 '12

칸 도로'라고 하여 대구시민의 자랑일뿐더러 경북도민의 화젯거리였다. 그러나 구 80만 명이 넘는 현재에는 골목길이라 할 정도로 좁은 길에 불과하나 여전히 중심가이기 때문에 대구에서 가장 번잡하고 소란한, 매연과 먼지의 거리가 되어 있다. 처칠과 같은 서구인의 눈에는 짐짓 쓰레기 더미로 비유될 수밖에 없는 더러운 거리이지만 시 당국은 보도의 보석을 뜯어내고 장미를 심은 것이다.

'쓰레기 속의 장미'라고 했을 때 그 장미는 진흙탕 속에서 피어오르는 연꽃과 같은 청순하고 아름다운 꽃을 처칠은 생각했을 것이고, 중앙통에 장미를 가꾸기로 한 시 당국자의 발상도 같은 생각이었을 것이다. 그러나 실제로 피어난 중앙통의 장미는 쓰레기와 대조되는 장미가 아니라 먼지로 더럽혀진 초라한 몰골이어서 아무도 눈여겨 봐주지를 않는다.

국헌國憲이 민주주의라고 하지만 우리나라 꼴을 처칠이 아니더라도 아무도 민주주의라고 보는 사람이 없는 것과 같이 중앙통의 장미도 서구인의 눈에는 한낱 쓰레기 조각으로 보일지도 모른다. 그러나 민주주의가 반드시 서구식 민주주의이어야 하는 법이 없는 것 같이 장미원에서 피는 장미만이 장미라는 법이 없을 것이다. 따라서 아무도 감상해주지 않는다 하더라도 장미꽃을 심음으로써 도시미화를 달성했다는 당국의 갸륵한 업적에는 변함이 없는 것이다.

하지만 청소차도 없고 하수도 시설도 제대로 안 된 원시적인 이 거대한 마을에 있어서는 쓰레기 거리에 장미를 가꾸는 것보다 집집의 쓰레기를 치워주는 일이 보다 긴요한 일이 아닐까. 미화란 어설픈 겉치레보다 내실이 중요하기 때문이다.

각설. 우리의 쓰레기 같은 혼탁한 풍토에 진정한 민주주의가 장미꽃과 같이 피어날 날은 영영 없을 것인가.

장자莊子, 팝스, 계몽

경주에서 돌아오는 길이었다. 이날따라 3등 객차는 몹시도 붐빈다. 무더운 날씨, 사람들의 땀냄새, 너절하게 깔린 쓰레기, 변소에서 새는 지린내, 이런 것들이 섞여서 풍기는 지선 객차 특유의 쾌쾌한 고약한 냄새가 숨을 막히게 한다. 차내엔 20여 명의 학생품–혁대에 붙인 시내 모 대학의 배지badge가 학생임을 간신히 말해준다–의 남녀가 여기저기 뭉쳐서 도사리고 있다. 그러나 기차가 움직이자 일부가 벌떡 일어나 기타 하모니카도 요란하게 비좁은 통로를 누비면서 팝스의 향연을 펼치는 것이다. 내가 좌정坐定한 곳은 불행히도 그들의 일부, 더욱이 여학생이 섞인 곳이라 이 향연의 소용돌이의 중심이 되게 마련이었는데, 거기에다 악사들의 강요에 못이긴 여성女聲의 어색한 화창까지 곁들게 되었다. 그러자 옆자리의 학생이 읽던 책을 덮어 제치고 일어서는데, 서명을 흘겨본즉 놀랍게도 그것은 『장자』가 아닌가. 이 무덥고 소란한 차내에서 『장자』를 읽는 그 학생의 무신경, 그 고고성. 그러나 더욱 놀라운 것은 그후 학생의 태도이다. 소란한 무리에게 일갈을 가하는가 했더니 웬걸 소리 높이 힘차게 숨 가쁜 가락을 뽑아대는 것이다.

이들 남녀의 화창으로 팝스의 향연은 아연 활기를 띤다. 거침없이 흐르는 귀설은 신곡의 푸짐한 레퍼토리, 격정에 넘친 동물적인 몸부림, 깨끗하게 발음되는 양키식 원색의 가사, 그리고 장자에서 팝스에의 급격한 전환! 젊음이다. 우리의 이해를 용서치 않는 폭발적인 젊음의 발산. 이 광적인 젊음 앞엔 일체의 통속적인 예절과 논리와 상식이 완전히 빛을 잃고 만 것이다.

하지만 언제까지나 이 젊음에 경탄과 관망만 할 수는 없는 노릇이었다. 그들의 흥에 장단을 맞추기엔 이 30대의 정열은 너무나 고갈되어 있었고 그들의 흥겨운 제전도 예술적으로 따지면 삼류가수의 서투른 흉내에 불과했고 그리고 또한 내가 읽고 있었던 앰불러의 추리소설은 장자엔 비할 나위 없이 속악하고 팝스엔 겨눌 길 없는 녹슬은 감각에 찬 것이긴 하나 그런대로 속독할 만한 흥미는 지니고 있었기 때문이다. 그리하여 리더 격의 악사에게 조용해 주기를 제법 정중하게 요청을 하였다. “미안합니다!”란 비아냥거리는 말투에 이어 돌아서면서 내뱉는 말이 충격적이었다. “승객이 다 우리 음악을 좋아하는데 한 사람 때문에 제기랄 잡쳤네.

우린 농촌계몽대란 말이야!" 계몽대라는 그들의 신성한 특권을 미처 인식하지 못한 것이 내 불찰이었던 것이다. 그들의 노고를 치사한다는 뜻에서 박수를 보낼 망정 놀이를 잡치게 하다니!

하지만 대부분 농촌 출신인 듯한 이들이 농촌을 계몽할 만한 무엇을 가졌단 말인가. 유창한 팝스의 가사, 야릇한 몸짓, 설익힌(?) 장자철학, 비뚤어진 모럴. 이 모두가 농촌에 대해 해독 이외에 무엇을 줄 것인가. 아니다. 이 모두가 농촌에 대한 더없는 계몽이 될 것이다. 농촌의 막대한 희생이 빚어낸 이 참담한 결과, 농촌의 부질없는 교육열에 대한 이 이상의 계몽은 없는 것이 아닐까. 자리를 옮겨 속연되는 그들의 그 지극히 계몽적인 쇼에 나는 서글픈 박수를 치지 않을 수 없는 것이었다.

시와 꽃을 몰라도 그들은 젊은가……

- 5월의 축제에 부쳐

A 군 다시 5월이군.

초라하고 지저분한 시골도시 케임브리지에도 싱그러운 신록과 함께 꽃이, 아니 색의 영롱한 꽃무늬가 화사하게 만발했겠지. 교문에, 담벼락에, 폴크스바겐의 차체에, 어느 곳 없이 난무하는 꽃무늬를 두고 '플라워 파워'라 불렸던 일이 생각나는군. 그때 군은 짐짓 히피적인 말투로 중얼거렸지. "우리는 플라워 파워가 아니라 플라워 칠드런(꽃의 아이들)입니다. 우리의 마음은 꽃과 같이 아름답고 우리의 행동은 꽃과 같이 순수합니다. 우리는 미국의 문명에 행복을 얻지 못하며 미국이 저지르는 범죄를 저주합니다. 전쟁이 아니라 평화를, 증오가 아니라 사랑을 주고받으며 살려는 겁니다. 꽃과 같이 아름답게, 꽃과 같이 깨끗하게."

꽃의 선풍과 함께 다시 캠퍼스는 술렁댔겠지. 여느 때와 같이 "강의실에 시가 없기 때문에!"라는 구호와 함께 자네들은 일어서서 싸우고 있는가? 어처구니없이 순진한 이 구호는 자네들의 '운동'의 성격을 그대로 말해주는 것이었네. 반체제反體制, 반기술反技術, 반전反戰 등 숱한 슬로건이 월맹기越盟旗와 꽃무늬와 함께 펄럭이지만 자네들의 운동은 근원적으로 이데올로기가 모호하며 분명한 명분이나 구실이나 이론이 없이 터져나와버린 것이었다. 그렇다고 해서 자네들의 운동이 안이하고 무책임하고 무질서한 장난이라 비웃는 것이 아니지. 오히려 시적詩的인, 너무나도 시적인 발단에도 불구하고, 아니 그러한 시적인 발단으로 말미암아 운동은 순수하고 격렬한 로맨티시즘으로 승화될 수 있었다 할 것이었다. "이 야만이 곧 생의 본원적 욕구의 표현이며, 그것은 이데올로기의 형태로서가 아니라 시의 형태로서 곳곳에서 폭발할 것이다."라는 마르쿠제(Herbert Marcuse : 1898~1979)의 예언대로 야만적인 시성詩性은 이데올로기에 선행하여 그곳에서 그렇게 폭발했던 것이다.

하지만 자네들의 울굴鬱屈과 낭만성, 그 진지성眞摯性과 비창감(悲愴感 : 편집자주- 슬프고 마음 아픔)에도 불구하고 운동은 어딘지 명랑하고 유머러스해서 어쩌면 부잣집 아이들의 어리광과 같은 느낌을 씻을 수 없었다. 그것은 처절하고 절박한 한국 학생들의 운동과 너무나도 대조적이기 때문이기도 하였다. 가난하고 메마른 사회를 배경으로 하고 스산한 국가폭력과 정면으로 대결하는 한국의 학생들, 그들은 한낱 철부지 아이들이 아니라 조국의 지적 엘리트의 전위前衛이며 단순한 반사회적 불만의 무리가 아니라 민족의 양심, 민족주의의 집약적 표현이었다. 메시아적 사명감에 불타면서도 언제나 신중하며 납득할 만한 분명한 이유, 묵과할 수 없는 극한 상황에서야 비로소 일어서서 일단 궐기하면 맹렬한 행동성으로 민중을 분기시키고 정권마저 타도했던 것이다. 그들의 행동에 천진성과 유머humer는 없어도 살기 어린 긴장감, 박진의 생명감이 넘쳤으며, 요컨대 그들은 남성이었고 영웅이었으며 청춘의 격렬한 실체이었다.

그러나 내가 자랑하던, 그리고 군이 선망하던 한국의 청춘상青春像도 이젠 신화와 같이 옛이야기가 되어 버렸다. 싱싱하던 야성적 기개는 사라지고 여성적, 아니 중성적인 스마트하나 무기력한 근대화된 청춘으로 변해버린 것이다. 지적 대화로 수놓인 아련한 현학적인 분위기는 사라지고 천박한 주간지 문화가 주는 안이한 소시민적 분위기에 젖어들고 있다. 패티김인가 하는 야릇한 이름의 TV 가수의 치매적인 가락이 반체제 가수 죠안 바에즈 이상의 애창을 받으며, 5·16으로 집권한 후 부패 타락한 권력의 제2인자의 위장된 풍운아적 술수에 대해 쿠바혁명을 성공시킨 후 스스로 권좌를

마다하고 볼리비아의 반군 게릴라에 투신하여 장렬하게 전사하지 않았던가.

젊음이 가장 극적인 형식으로 분출되어야 할 데모에 있어서도 그들은 이미 영웅이 아니라 한낱 어릿광대에 불과하다. 행동에 있어서의 겁나怯懦와 무기력, 준순(逡巡 : 편집자주-우물쭈물함. 결단하여 단행하지 못함)과 부결단, 열의 없는 구호와 체면치레와도 같은 무성의한 행렬의 반복, 이윽고 간부족幹部族은 '어른들'의 교활한 회유에 야합하여 교외校外 관광호텔로 며칠간 유학遊學함으로써 어처구니없이 치졸한 소극笑劇은 맥없이 끝나버린다.

그들은 사회의 부정부패에 강렬한 의분을 느낀다면서도 학생간부 선거에 있어서의 술잔치를 당연지사로 양해한다. 자유민주주의가 한국에 적합하지 않는다고 '어른'답게 생각하면서도 그 자유민주주의를 내걸고 신경질적으로 시비를 부린다. 트위스트나 고고를 즐기면서도 국가민족에 둔감하지 않으며, 황금만능주의에 생리적인 혐오를 느끼면서도 일확천금을 남성적인 것이라 동경한다. 지역감정에 반대를 하면서도 향우회니 동창회니 하는 토속미가 짙은 모임에 빠지지 않는다.

그들은 보수주의도 아니며 혁신주의도 아니며, 요컨대 전래의 가치관을 완전히 버리지도 못하고 새로운 가치관을 수립하지도 못한데서 오는 모순과 갈등에 자기분열을 일으키고 있는 것이다.

그러나 그러한 모순과 갈등이 문제가 아니라 모순과 체제의 끈질긴 압력에 절망하여 젊음이 폐쇄적이 되고 자기 방어가 되어 무기력하고 무감각 연체동물화軟體動物化하는 경향이 농후한 것이 문제인 것이다.

이제 못난 이 땅에서도 5월이 왔군. 벌레 먹어 시들한 이 땅의 대학에도 제법 푸른 꿈이 신기루처럼 무지개 친다. 청춘과 낭만을 구가한다는 캐치프레이즈와 함께 온갖 화려한 축제의 프로가 펼쳐진다. 시도 꽃도 광기도 격정도 디오니소스적인 일체의 것을 잃은 오늘의 젊은이들은 새로 익힌 스마트한 감각으로 지극히 비非 5월적인 이 축제를 어느 때보다도 깔끔하게 스마트하게 치러 나갈 것이다.

멀리 운동장에선 체육경기가 한창인 듯 젊은이들의 함성이 이따금씩 솟아오르곤 하는군……. 그 정돈된 함성이 울속의 사자의 비명과도 같이 들려 가슴이 무겁다.

취미

자기 자신을 남에게(지상을 통해서나마) 소개한다는 것은 매우 쑥스러운 일이다. 자랑할 만한 화려한 경력이나 놀라운 업적이 없거니와 설혹 그런 것이 있다 해도 남에게 내세운다는 것은 계면쩍은 노릇이기 때문이다. 그러니 자신의 취미 따위를 늘어놓는 것이 가장 무난하고 안이한 방편인 것 같은데, 정작 내 취미가 뭐일까 따진다면 이 또한 당혹한 노릇이 아닐 수 없다.

취미란 미상불 특기나 여기餘技를 뜻하는 듯한데 내겐 이렇다 할 잔재주가 없으며, 기껏 야구나 음악을 좋아하는 편이긴 하나 그런 따위는 평범한 생활의 일부에 불과한지라 취미라 내세우는 것도 우스꽝스러워 자신의 무재주 무취미의 멋없는 생활을 새삼 통감할 뿐이다.

무취미의 생활이긴 하나 이따금씩 하찮은 것에 미친 듯이 열중해버리는 버릇은 있다. 야구의 경우 뉴욕 양키즈의 스트렛드마이어 투수에게 주책없이 열을 올린 것이 한 예이다. 체미 시滯美時 보스톤에 살면서도 보스톤 레드삭스의 선수를 제처두고 라이벌인 양키즈의 선수를 편애하게 된 것은 TV화면에 클로즈업된 그 선수의 살기에 찬 칼날 같은 표정에 매료되었기 때문이다. 그리하여 그 선수의 등판이 예고되는 날이면 언제나 펜웨이 구장의 3류 구석에 자리잡아 그 선수가 보스톤의 맹타진에 난타 당하는 것에 가슴이 찢기면서도 비싼 입장료를 아까워한 일이 없었다.

음악의 경우에도 놀랍지도 않은 한 장의 디스크에 곧잘 열광해 버린다. 시벨리우스의 교향악 제5번이 한 예이다. 이 곡은 시벨리우스의 작품 가운데서도 두 번이나 〈핀란디아〉 같이 유명하지도 않으며, 더욱이 내가 갖는 디스크는 블롬필드 지휘, 로체스타 교향악단이라는 대단찮은 콤비에 의한 에베레스트 사의 싸구려판에 불과하다. 그러나 제2악장의 오보에를 중심으로 하여 바이올린이 뒤따르는 단조로운 가락에 홀린 것이다. 그리하여 한두 달 노상 이 곡에만 얽매어 살다가는 조금 잠이 깨긴 했으나 아직도 이따금씩 이 곡에 귀를 기울여 일종의 노스탤지어nostalgia에 잠기곤 한다.

한때는 칸쏘네에 열중했었다. 산모레 가요제 입상곡집(1964년도)의 한 무명가수의 목청에, 때로는 천사와 같이 속삭이고 때로는 악마와 같이 절규하는 그 목청에 반해버린 것이 기연奇緣이었다.

어떤 점에서는 칸쏘네와 비슷한 점이 없지도 않은 판소리에 신들리기도 하였다. 물론 칸쏘네에는 정열적인 이탈리아인의 기분을 살린 유행가에 불과하지만 판소리는 박진의 생명감에 넘치는 민중의 소리다. 땅속에서 솟구쳐 터지는 듯한 그 창唱, 역감에 넘치는 그 율동적인 장단, 그것은 가난과 억압에 시달린 이 땅의 백성들이 쌓인 분과 한을 땅을 치면서 토해내는 단장의 가락이다. 귀족적인 아악雅樂의 청아한 가락과 정녕 대조를 이루는 이 강력한 리듬은 최고의 동양음악이며 서양음악에서 이와 비견할 만한 것은 바하밖에 없다는 내 신념은 아직도 열병 중임을 말하는 것일까.

바하에 미치게 된 것은 다행스럽게도 바하 중의 최고, 서양음악의 지고봉至高峰이라할 〈마테〉 수난곡 때문이다. 이 곡을 처음 들었을 때의 감격을 잊을 수 없다. 그것은 새로운 우즈를 안겨주는 것이었다. 준엄에서 신비로운 황홀에 이르는, 순일무잡純一無雜한 환희에서 끝없는 비극에 다면한 비애에 이르는, 아니 알파에서 오메가에 이르는 거대한 우주성을 반영하는 것이었다. 클렘펠러 지휘의 이 〈아리아〉 발췌곡에 심취한 열광의 몇 주가 지난 후 암스텔담-콘체르트헤보우 연주의 전곡을 대금을 털어 구입치 않을 수 없었다. 암스텔담-콘체르트헤보우의 연주는 정평대로 전아선결(典雅鮮潔 :

편집자주- 사물의 준칙에 맞고 아담하고 깔끔하다)하고 견실 치밀하나 지상의 나를 단숨에 천상으로 끌어 올려주는 클렘펠러의 충격적인 역감이 없는 것이 아쉬웠으며 그후에 얻은 성음의 라이선스판도 그러했다.

베토벤은 말하기를 "바하는 바하(냇물)가 아니라 메에르(대해)다!"라고 했지만 30여 매밖에 되지 않는 내 초라한 바하 컬렉션으로써는 대 바하의 맛을 알았다고 할 수 없다. 그러나 낙심할 일은 아닐 게다. 괴테도 말하지 않았던가. "바하의 맛을 모르는 사람은 행복하다. 왜냐하면 그에겐 바하를 안다는 인생의 지복至福이 남아있기 때문이다"라고.

일본대사관의 적선

필자가 지난해까지 근무하던 경북대학의 도서관 장서에는 상당수의 기증도서가 포함되어 있다. 대부분이 성조기 밑에 두 손이 악수하는, 미국의 원조를 나타내는 딱지가 붙은 것인데, 그 가운데는 제법 값지고 호화로운 책이 적지 않다. 〈롭 클래시컬 라이브러리〉 총서가 한 예이다. 이 총서는 그리스 로마의 고전을 총망라한 근 5백 권에 달하는 방대한 것으로, 각 권마다 원전과 영역이 대역對譯으로 수록되어 있는 것이 특징이다. 6·25동란 이후 미국인은 우리에게 헌 옷이나 캔디만 던져준 것이 아니라 정신적인 자양미滋養味가 푸짐한 이러한 문화적인 구호물자도 베풀어줄 줄 알았다니 기특한 일이 아닐 수 없다.

공공도서관뿐 아니라 개인에게도 미국인은 곧잘 시혜施惠를 하였다. 십여 년 전의 일이다. 미국의 어느 원조기관이 대구교육위원회의 강당을 빌려 수천 권의 책을 쌓아 두고선 각급 학교 교사에게 필요한 책 열 권을 마음대로 골라 가라고 공고한 일이 있었다. 정시에 밀어닥친 수백 명의 교사들로 강당은 일시에 수라장이 되었는데, 서로들 "공짜 좋아하네."라고 비아냥대면서도 필요한 책을 한아름씩 안고 돌아갈 땐 모두들 득의得意에 찬 기분을 감출 수 없었다. 지금도 내 서가에 다소곳이 자리 잡은 『그리스 시화집詩畵集』은 그때 정시에 훨씬 늦으면서도 인산서해人山書海를 누벼 다닌 끝에 요행히 얻을 수 있었던 전과의 하나이다.

하긴 공짜를 좋아하는 것은 우리네 뿐이 아니다. 우리 눈에는 모두가 백만장자로 보이는 미국인들도 공짜나 싸구려에는 오히려 우리보다 집념이 강하다. 지적知的 귀족령貴族領이라 할 하버드의 귀공자들도 예외가 아니었다. 그곳 도서관은 한 해에 한두 번씩 낡은 책을 처분하는데, 그 처분방법이 매우 흥미롭다. 전시장에 쌓아둔 각종 서적은 첫날 오전에는 모두가 2달러 균일이나, 오후가 되면 1달러 균일로 값이 떨어진다. 그리곤 이튿날 오전엔 50센트 균일, 오후에는 공짜가 된다. 따라서 첫날 개장시와 이튿날 오후엔 살벌한 광경이 벌어지게 마련이다.

왈칵 밀어닥친 신사 숙녀들은 평소에 몸에 익힌 신사도를 폐리弊履와 같이 팽개치고 개척시대의 난폭한 프론티어 정신으로 되돌아간다. 광야에 말을 달려 다투어 말뚝을 던져 박듯 양서를 찾아 혈안이 되어 밀치고 떨치고 이리저리 날

뛴다. 자기가 차지한 책을 남이 넘본다는 쌀랑한 시비가 일어나는가 하면, 여느 때면 눈 덮인 공원에서 얼싸안고 뒹굴었을지도 모를 러브 스토리의 남녀 주인공들이 한 권의 책을 두고 서로 내 것이라고 우기며 원시적인 삿대질로 응수하기도 한다. 좋게 말해서 그들은 공짜에 비굴하지 않고 당당하고 적극적이다.

언젠가는 텔레비전에서 아나운서가 보스톤 시내 어느 고서점이 타 도시로 옮기게 되어 재고의 대부분을 공짜로 처분하게 되었다고 소개하며 화면에 공짜를 찾는 군중들이 서점 내를 날뛰는 모습을 보여주다가 갑자기 자기 자신도 이러고 있을 때가 아니라고 외치고는 옆에 있는 책을 한아름 안고 사라지고 마는 것이었다. 그 서점은 필자가 해몬드의 『그리스사』를 싸게 구입한 곳이어서 찾아보면 주옥이 숨어 있음직도 한데 이미 때가 늦은 것이 여간 억울하지 않았었다.

각설. 지난해 봄이었던가, 도서관의 서고를 헤매던 중 이색적인 일서日書 신간 세 권이 가지런히 서가에 꽂혀 있는 것이 눈에 띄었다. 『포효하라! 타이거즈』, 『이겨라! 자이언츠』, 『불타라! 드래곤즈』라는 무시무시한 서명書名이나, 그것이 일본 프로야구에 관한 책임을 야구팬인 필자로서는 당장에 알아차릴 수 있었다. 내용을 훑어본즉 일본의 대표적인 세 개 야구단의 구단 야사라 할 것으로서, 서명이 사뭇 활극조인데 비해 얘기가 엉성하고 재미없기 이를 데가 없다. 아무리 야구왕국인 이본이라 해도 누구하나 거들떠보지 않을 이러한 책이 어떻게 출판이 될 수 있었으며, 그것이 어떻게 우리나라에까지 수입될 수 있었을까. 더욱이 그것이 어떻게 대학도서관에, 그 바늘구멍 같은 예산의 관문을 뚫고 어엿이 자리를 차지할 수 있었단 말인가. 호기심을 넘어서 불쾌감이 치밀어 직원에게 따져 물었더니 뜻밖에도 그것은 일본대사관의 기증도서라고 하는 것이 아닌가.

그것이 교수의 추천이나 직원과 서점 간의 시담示談의 결과가 아닌 것이 그나마 다행이라 하겠으나, 허구한 일서 가운데 하필이면 폐지나 진배없는 이런 것을 대학에 기증을 하다니 어처구니없는 노릇이 아닐 수 없다. 더욱이 지난 해 직장을 옮긴 직후 이쪽 도서관의 서고를 살펴본즉 여기에도 다량의 〈롭 클래시컬 라이브러리〉 총서가 소장되어 있는가 하면 예의 세 권의 일서日書도 떳떳이 끼어 있는 것이다. 미국인이 전국 대학에 귀중한 〈롭〉 총서를 푸짐하게 기증한데 대해 일인들은 〈포효하라!……〉 따위를 골고루 풀어놓은 것이다.

하긴 일인들은 그동안 경제협력이란 이름 아래 온갖 구보전久保田식 혜택을 우리에게 베풀어왔다. 말썽 많은 지하철이 그러하고, 언젠가 폐선 처분이 그러하고, 낡은 기술의 불하가 그러하며, 남해의 공해공장의 건설이 그러하다…….

따라서 대사관이 처음으로 베푼 이 '문화협력'도 그네들로선 폐지처분과 한국 대학에 대한 야유라는 이중효과를 거둔 회심의 협력이란 점에서 그동안의 경제협력 이상의 쾌거라 자랑할 만한 것이었는지도 모른다.

하지만 그네들의 몰염치를 나무랄 일이 아닐 것이다. 이러한 모욕적인 적선을 딱 잘라 뿌리칠 줄 몰랐던 우리네의 한결같은 비굴한 공짜근성, 그 고질화된 근성에서 우러난 무신경 무식견이 문제가 아니겠는가. 죄는 결국 가해자의 몰염치에 있는 것이 아니라 피해자의 몰염치에 있었음을 자탄할 수밖에 없는 노릇이다. 비단 책 두세 권에 한한 문제가 아님은 물론이다.

현대를 사는 지적 여성상

매리 트레치너 양을 만나게 된 것은 지난여름 설악산 산중의 밤길에서였다. 그날 나는 비선대 입구에서 식당을 경영하는 동향선배 K 씨를 찾았었다. 이 분은 시내 어느 은행의 간부로 재직하다가 정년퇴직 후 이곳에 운치 있는 팔각정을 지어 유유자적悠悠自適의 우아한 노후생활을 즐기고 있다-라고 하면 심산유곡深山幽谷의 백발 선인仙人을 연상하게 되나 실은 왕년에 테니스계에 군림하던 스포츠맨이라 날렵하고 단단한 몸매를 그대로 지닌 초로의 미장부美丈夫이다.

이십 년 만의 해후라 갖가지 이야기의 꽃을 피우다가 저녁 대접을 받고 설악동 입구에 있는 누님의 집을 향해 그곳을 나섰을 때엔 이미 대청봉은 어둠에 싸여 기괴한 실루엣을 이루고 있었다. 컴컴한 숲길을 더듬어 설악 입구에 이르자 저편에서 한 그림자가 서서히 다가오더니 뜻밖에도 영어로 신흥사까지 얼마나 되느냐고 묻는 것이 아닌가.

그 모습을 자세히 살펴본즉 한 이국 아가씨임이 분명한데 그 행색이 말이 아니다. 헝클어진 머리카락, 초췌하고 꾀죄

죄한 얼굴, 남루한 옷차림, 거기에다 큼직한 두 개의 짐을 하나는 등에 하나는 가슴에 안고 있는 꼴이 무전여행 중의 히피임을 일목요연하게 말해주고 있다. 산중에서 만난 이 거지꼴의 이국소녀, 그것이 메리 트레치너 양이었다.

무료 숙박을 위해 신흥사를 찾아간다는 그녀에게 그곳에선 여자의 숙박이 어려울 터인즉 집으로 데려가자는 누님의 뜻을 전한즉 공짜라면 기꺼이 가겠다고 선뜻 응한다. 집에 당도하여 사연을 들어본즉 뉴질랜드의 성공회 목사의 딸인 그녀는 영국에서 의학을 공부하고 있으며 방학을 맞아 아르바이트로 모은 돈으로 고향을 향해 여행 중이라는 것이다. 4개월 전에 영국을 떠나 그동안 이디오피아, 싱가포르, 필리핀, 홍콩, 대만을 거쳐 부산에 상륙한 것이 한 달 전, 해인사 불국사를 찾은 후 서울에 올라왔으며(서울에선 1박 9백 원짜리 변두리 하숙집에만 묵었다고 한다), 설악산을 살핀 후엔 일본을 거쳐 고향으로 돌아갈 계획이라 한다.

최초의 인상과는 달리 촛불 아래 비친 그녀의 용모는 의외로 단정하였으며 더욱이 그동안의 경험을 담담하게 이야기하는 그녀의 태도엔 산골 숫처녀와 같은 수줍음과 상냥함이 있고 그러면서도 해박한 지식과 높은 교양을 은근히 비쳐주기도 한다. 숙소를 찾아 이국의 산 속을 헤매는 이 대담한 소녀의 누추한 외모 속에 간직된 이 티 없는 마음씨와 영롱한 지성知性! 이튿날 그녀는 이 초라한 누옥陋屋에 의미심장한 교훈의 촛불을 켜주고는 다시 남루한 누더기를 걸치고 여행길을 떠나는 것이었다.

조안나 케츠 양은 래드클리프 여대를 갓 졸업한 유태계의 아름다운 재원이다. 유태계이긴 하나 미국 태생의 그녀는 히브리어도 할 줄 모르며 유태교 신자도 아니다. 이스라엘에 가본 것은 단 한 번, 대학의 고고조사반考古調査班의 일원으로서이다. 그때의 활동을 담은 슬라이드를 본즉 그녀는 염천炎天 하에 남자단원과 함께 한 개의 토편土片을 찾아 가슴까지 미치는 흙탕물 속을 허우적거리고 있는 것이다. 부호의 자제들이 우글거리는 비즈니스 스쿨이나 의과 대학에서 보이 헌트를 왜 안 했느냐?는 농담에 대해서 그녀는 입을 비죽거리면서 래드클리프의 여느 여대생과 똑 같은 대답을 내뱉는다. 상과나 의과를 공부하는 치들은 시詩와 꽃과 인생을 외면한 황금지향형黃金指向型의 냉혈동물이라 상대를 안 한다는 것이다. 그녀에겐 두 가지 꿈이 있다. 취직을 하여 약혼자의 박사학위 취득을 돕는 것. 또 하나는 다시 고고반考古班에 끼어 사해死海의 흙탕물 속을 헤매는 것이 그것이다.

영국의 트레치너 양과 미국의 케츠 양. 비록 생활환경은 다르나 그들은 오늘의 서구의 지적知的 여성에게 공통된 한 가지 유형을 나타낸다. 명랑하고 솔직한 성품, 악착같은 호기심과 모험심, 줄기찬 지식욕과 로맨틱한 꿈, 순간순간을 뜻있게 살려는 진지함과 소탈하고 소박한 매너. 이러한 유형의 여성을 우리의 주변에선 찾아보기 힘든 것은 어째서일까.

해방 후 이 나라에 일어난 여러 가지 변화 가운데 가장 뚜렷한 것은 대학의 대중화라 할 것이다. 대학이란 원래 반사회적인 지적 귀족령貴族領임은 물론이었다. 그러나 현대에 이르러 학문이 실용화되고 대규모화하고 기업화함에 따라 대학은 상아탑에서 대중교육의 기관으로 전환하게 되었다. 그리하여 대학은 고급문화를 담당하는 기능을 부분적으로 유지하면서 대중문화를 생산하고 또한 그것을 향유하는 계급을 대량으로 배출하게 되었는데, 그 가운데엔 법적으로 동등권을 획득한 여성이 상당한 부분을 차지하게 되는 것은 당연한 일이라 할 것이다. 하지만 한국의 경우와 같이 아직도 전근대적인 관습과 여건과 분위기가 잔존하는 곳에 그토록 대량의 여성이 대학으로 몰리게 된 것은 경이적이라 아니할 수 없는 일이었다.

이러한 한국적인 기현상의 원인이나 공과功過는 제쳐두고 여기서 지적되어야 할 것은 대학이라는 지적 풍토에서 호흡했다고 해서 그녀들이 곧 '하이 브로우' 한 교양인이나 지식인이 되는 것이 아니라는 사실이다. 물론 그녀들은 각기 전공분야에서 어느 정도의 지식을, 노력 여하에 따라서는 상당한 지식을 얻을 수 있다. 그러나 대개의 경우 지식을 자기의 것으로 소화하는 것이 아니라 지적 분위기 속에서 싸늘한 지적 향내를 뿜는 마취제에 도취될 뿐인 것이다. 문제는 이 마취의 과정에 있다. 사실인즉 그것은 매우 안이하고 감미로운 것이다. 대학에서의 이성異性들, 남학생이거나 교수이거나 그들은 한결같이 여학생에겐 친절하고 관대하다. 강의는 대체로 지루하나 참을 만하며 과제의 부담은 적고 학점취득도 비교적 용이하다. 시험기간에는 긴장이 되나 시험이 끝나면 긴장을 깡그리 잊어버린다. 그리고는 기나긴 방학이다.

따라서 그녀들의 주요한 관심은 학업보다 푸짐한 여가의 선용에 있다. 미팅과 데이트에 그녀들은 열중한다. 데이트의 인기 있는 대상은 의과나 법상계法商系의 학생들이다. 그들은 안락한 생활을 보장해줄 수 있을 것이기 때문이다. 등산과 테니스가 유행하는 것도 그것이 일종의 야외미팅이기 때문이다. 따라서 몸의 단련보다 스타일이 중요한 만큼 요란한 복장을 차려야 하며 테니스 코트에 나설 때면 외국 브랜드의 라켓에 에버트와 같은 맵시 있는 차림을 갖추어야 하는 것이다.

4년간 마취 기간에서 깨어나면 얻은 지식이 별로 없음을 깨닫게 되지만 중요한 것은 지식의 취득이 아니라 마취의 경험에 있는 것이다. 그것은 애정이나 가정을 값지게 매입買入하는 밑천이나 흥정거리로 지참금이기도 하며 한평생 몸에 지닐 가장 값비싼 폐물幣物이기도 하기 때문이다.

마취과정을 여과함으로써 별다른 지식의 습득은 없으나 다음과 같은 유형이 형성되기는 한다.

첫째는 자기과시형이라 할까 자기가 지녔다고 생각하는 교양과 지식을 되도록 노출하려는 타입이다. 그녀는 자기가 실제로 느끼지 않은 일을 감동적으로 말하여, 충분히 이해하지 못하는 일에 대해서도 곧잘 비평을 가한다. 그녀는 유행이란 유행에 매우 민감하다. 국내외의 최신 모드에 대한 골똘한 관심으로 약간의 센스 있는 옷맵시를 지녔다고 해서 그것이 자기의 교양의 표시인양 착각하여 지극히 만족한다.

모든 화제에 통효(通曉 : 편집자주- 환하게 깨달아서 앎)하며 모든 문제에 대해 이해를 보이고는 그것에 대해 부정과 약간의 비판을 가하는 것을 잊지 않는다. 정치, 경제, 철학과 같은 딱딱한 문제에 대해선 적당히 무관심을 나타내며 음악이나 영화(특히 애정영화)에 대해 피상적인 감상을 말할 때 더없이 행복한 것이다.

그녀는 계나 동창회와 같은 모임을 좋아한다. 친구를 만나는 기쁨보다 친구의 생활정도를 가늠하는 자극적인 순간이기 때문이다. 그리하여 모임이 끝났을 땐 한두 가지 살림이 늘거나 실내장식이 바뀌게 마련인 것이다. 때로는 인생의 허무와 사랑의 불모不毛와 죽음에 대하여 우울한 영탄詠嘆을 읊조리지만 그것 때문에 우울증에 걸리거나 수면제를 먹지는 않는다. 그것은 그녀가 지닌 장신구와 같은 그녀의 교태에 불과하기 때문이다.

그녀의 경박함과 허영심이 크게 보아 이 나라의 사치와 부패의 원인이 될 수 있다고 해도 그녀를 규탄할 일은 아닐 것이다. 요컨대 그녀는 단순하고 악의 없는 천진난만파이기 때문이다.

둘째는 보다 음성적인 타입이다. 그녀는 얄팍한 지식이나 교양을 값싸게 과시하느니보다 그것을 은폐함으로써 한결 그것을 돋보이게 하려는 노회老獪한 기교파이다. 말하자면 그녀는 모든 일에 겸손을 가장함으로써 자신을 보호할뿐 아니라 겸손의 연막 속에서 이따금씩 여성 특유의 감각에서 비롯하는 기발한 촌언寸言을 얄름얄름 내밈으로써 상대를 감동시키려 든다.

이러한 타입은 전문분야에서 어느 정도 입신한 부류에서 흔히 볼 수 있는데, 그녀는 자기과시형의 여성들의 무교양을 비웃을뿐 아니라 신경이 무딘 남성까지도 함부로 멸시하려드는 이른바 여성 상위주의자이다. 실인즉 그녀는 남녀동등 대신 여성상위라는 부박浮薄한 용어를 즐겨 쓰는데(여성 상위란 원래 성서性書의 외잡한 남녀의 체위體位의 표현임을 그녀는 알지 못하는 것일까), 그러면서도 자신의 직함 위에 붙은 여류니 규수니 하는 형용사가 남녀평등을 말해주는 남성의 편견이라 생각하지 않고 오히려 그것을 최대한으로 이용하는 얌체이기도 하다. 그녀가 어느 정도 출세한 부류인 만큼 그녀의 언동은 전자보다 한결 고약한 냄새를 사회에 뿌리고 있다 할 것이다.

페리클레스라는 고대 그리스의 정치가는 "여자의 최대 명예는 자연이 부여한 지위를 지키는데 있으며, 가장 훌륭한 여성이란 칭찬이건 비난이건 남자들의 화제에 오르지 않는 사람"이라 하여 여성의 미덕과 운명에 대해 고전적인 정의를 내렸지만, 아담과 이브 이래 여성이란 언제나 남성의 소유물이며 좋게 말해서 가정의 천사요 남자의 상처를 달래거나 살벌한 남성세계를 부드럽게 하는 요정이나 노리개에 불과하였다.

그러나 오늘날 교육의 보편화, 대학의 개방에 따라 사태는 일변하였다. 수많은 여성들이 여학사라는 패물을 지니게 된 것이다. "여자를 찾으라, 사건 뒤엔 여자가 있다"라는 말이 있다. 여자를 요물 시妖物視하는 남성의 비뚤어진 편견에서 나온 말이다. 그러나 이젠 굳이 여자를 찾을 필요가 없게 되었다. 여자는 어디에서나 모습을 나타내고 있는 것이다. 사건의 정면에, 법정에, 실험실에, 무대에, 아뜰리에에, 강단에, 전선이나 의정단상에까지.

그러나 이러한 여학사의 홍수에도 불구하고 이 나라의 문화에는 물론 여성문제 자체에 있어서 그녀들의 기여는 보잘것이 없다. 그런 뜻에서 여성은 여전히 가정에서나 직장에서나 한낱 요정이나 액세서리에 불과하며(물론 예외적인 존재는 없지 않지만) 그런 뜻에서 여성의 고전적인 지위나 역할에는 변함이 없다 할 것이다.

우리는 역사 속에서 가끔 구원의 여성을 보게 된다. 그러나 구원의 여성이란 남성의 영원적인 사모에서 생긴 관념상觀念像에 불과하다. 모나리자의 미소는 다빈치의 열정에서 영원적인 것이 되었으며, 롯데의 순정은 괴테의 낭만적인 감상에서 성화聖化되었다. 따라서 구원의 여성이란 현실의 여성이라기보다 각 시대를 대표하는 가장 여성적인 이상상像이라 할 것이다.

각 시대를 여성상으로 나타낸다면 우리의 시대는 어떠한 여성이 선출되어야 하는가. 그녀는 춘향春香과 같은 정절의 화신도 베아트리체와 같은 환상미幻想美를 지닌 여신도 신사임당(申師任堂 : 1504~1551)과 같은 초지성파超知性派도 아닐 것이다. 그녀는 무엇보다도 액세서리나 요정으로서 만족하지 않는 자립적인 인간일 것이다. 그러기 위해서 자기에게 주어진 교육의 기회를 탐욕스러울 정도로 철저히 이용할 것이다.

그녀는 의상에 있어서나 타인과의 교제에 있어서나 모든 점에서 '자연'스러울 것이다. 화장이나 옷치장으로 이성에게 아첨하지 않으며 자기의 취미를 만족시킬 정도의 차림에만 유의할 것이다. 그녀의 말씨에는 과장이나 교태나 현학미衒學美나 시적인 감상이나 애써 짜내는 기지機智도 없을 것이다. 솔직하고 사무적인 산문적인 표현을 즐기며, 그녀는 도시 감정의 낭비를 싫어하는 것이다.

그녀는 폭넓은 상식을 갖는 동시에 꽤 전문적인 지적 취미를 지니며 그것은 사교의 도구가 아니라 평생을 두고 가꾸어 가는 생활의 일부인 것이다. 그렇다고 그녀가 비여성적인 무미한 전도부인 형은 물론 아니다. 그녀는 어린이의 천진한 웃음을 짓밟고 별을 보고 영원을 생각하며 그리고 또한 사랑을 할 땐 가장 여성적인 여성이 되기도 한다.

말하자면 현대가 주는 온갖 이점을 철저히 이용하여 하나의 '인간'으로서 자신을 풍부하고 떳떳하게 형성시키는 일면 여성의 본래적인 아름다움을 상실하지 않는 여성, 이것이야말로 오늘을 사는 영원의 여성일 것이다.

환영幻影의 학생

C 군, 자네의 졸업을 축하하네.

4년 전 자네가 입학했을 때 나는 자네에 대해 각별한 관심을 가졌었네. 그것은 물론 내가 자네의 특기인 야구의 상당한 팬이었기 때문이었네. 하지만 특기생으로 우리 과에 입학했어도 자네를 만날 기회는 좀처럼 오지 않았네. 2년이 지난 후 드디어 내 강의의 수강신청 카드 속에 자네의 이름을 발견하게 되었을 때 반가운 마음을 억누를 수 없었다네. 자네와 만나서 야구에 대한 여러 가지 얘기를 나눌 기회가 마침내 온 것이라 생각을 한 것일세.

그러나 그것은 쉬운 일이 아니었네. 자네는 전혀 출석을 하지 않았기 때문이었네. 다른 학생을 통해서 여러 번 만나고 싶다는 의사를 전했건만 자네는 막무가네이었네. 물론 시험에도 나타나지 않았네. 지난 2년간 내가 학과장 일을 맡는 동안에도 그리고 일 년간 자네의 지도교수를 담당했는데도 자네의 태도는 매한가지였네. 그리하여 이제 졸업식. 자네는 내 간절한 소망을 묵살하고 나라는 존재에 일별조차 않은 채 홀연히 학교를 떠나게 되었네. 말하자면 자네는 내게 있어서 아무리 보고 싶어도 끝내 볼 수 없었던 환영과도 같은 학생이었던 것일세.

환영의 학생이라 해서 나는 자네를 나무라거나 빈정대려는 것은 아닐세. 어쩌면 자네는 누구 못지않게 충실한 학창생활을 희구했을지도 모를 일일세. 여느 학생과 같이 함께 담소하기도 하고 여학생들과 짜릿한 교제를 즐기기도 하고 물결치는 데모 대열 속에 끼여들기도 하고 밤늦도록 도서관에 파묻히기도 하고…….

자네의 희망과는 달리 캠퍼스의 쌀랑한 지적 분위기 속에서 자네는 위화감과 낙후감을 느낄 뿐 도저히 성실한 학생이 될 수 없음을 깨닫고 캠퍼스에의 발길을 끊었는지도 모를 일일세. 그렇다면 자네는 어떤 장학금으로도 보상받을 수 없는 피해자요 희생자라 할 수 있네.

자네가 피해자요 희생자라 해서 반드시 억울하게만 생각할 일은 아닐세. 4년간의 프로적인 생활에서 자네는 나름대로 값진 것을 얻었기 때문일세. 그것은 엄격한 규율과 가혹한 훈련을 통해 함양된 강인한 체력과 정신력이며 이러한 것은 어떠한 사회활동에 있어서나 중요한 자본이 될 수 있기 때문이지.

자네도 아는 그리스의 유명한 격언에서 "건전한 신체에 건전한 정신이 깃든다."는 말이 있지 그리스인은 육체를 정신의 거울이라 하여 훌륭한 육체를 선하고 아름다운 것이라 생각했네. 그들은 행복에 대해서도 각별한 관념을 가졌었네. 역사가 헤로도토스가 전하는 바에 의하면 무진장한 황금을 소유한 리디아 왕이 그리스의 현인 솔론에게 이 세상에서 가장 행복한 자가 누구냐고 물었다는 것일세. 솔론이 대답하기를 황금과 권력을 소유한 왕이 아니라 훌륭한 체격을 가진 자손을 수많이 거느리고 스스로는 조국을 위해 전사한 델로스가 첫째요 다음이 올림픽에서 우승한 효자 크레오피스 형제라 했다고 하네.

그렇다고 그리스인은 육체만을 예찬한 것이 아니었으며 그들은 김나지움에서 육체를 단련하는 한편 아카데미아나 리케이온 같은 학원에서 지혜를 연마하였다네. 말하자면 건전한 신체 속에 지혜롭고 슬기로운 정신이 깃드는 것을 이상 시 했다는 말일세. 따라서 자네와 같이 육체만을 단련하는 자를 기형 시 했으며 더욱이 지혜를 연마하는 장소인 아카데미아에서 육체만을 단련하는 자를 상상할 수 없는 일이었으며, 따라서 그리스적 관념에서도 자네와 같은 존재는 실재할 수 없는 그야말로 환영의 학생에 불과하다 하겠네.

이제 자네는 우리의 아카데미아를 떠나게 되었네. 자네의 앞길이 어떠하든 자네는 나에게 있어서나 우리의 아카데미아에 있어서나 다시는 있어서는 안 될 마지막 환영의 학생이길 바랄 뿐이네.

과례

과례過禮는 결례缺禮라고 한다. 예禮는 적절해야지 지나치면 예가 되지 못한다는 말이다. 그러나 과례는 실례가 될뿐만 아니라 때로는 비굴이 되고 아부가 되어 되레 망신과 손해를 보는 경우가 흔하다.

우리가 동방예의지국이라 일컬어진 연유를 잘 알 수 없지만 어쩌면 그것은 중국인에 대해 지나친 예 때문이 아닌가 하는 생각이 든다. 하버드 대학의 동양학의 권위자인 페어뱅크 교수의 말인즉, 역대 중국의 조정에 조공朝貢한 주변국가의 조공사절의 빈도를 조사해보니 한국의 내공來貢이 가장 많더라고 한다.

우리는 조공에만 분망奔忙했을뿐 아니라 중국 사신의 대접에도 열중하였다. 왕이 모화문慕化門에 나가 사신을 맞이하고 융숭한 잔치를 베풀고 온갖 예물을 바치고 그들의 일거일동에 조야가 전전긍긍하다가 그들을 떠나보내고서야 숨을 돌리곤 하였다.

이러한 시대적 과례는 약소국가의 어쩔 수 없는 자위책이었다 할 것이지만, 그것이 전통이 되어 버렸는지 오늘날에도 외빈에 대한 대접이 지나치게 융숭하여 옛 그대로의 종송적인 국가라는 인상을 주는 경우가 있다. 강대국의 원수인 경우 온 장안이 양국기와 청사초롱으로 뒤덮이게 되고 고층빌딩마다 꼭대기에서부터 땅까지 닿는 장대한 양 국기를 늘어뜨리고 여기저기에 양국 원수의 초대형 초상화를 걸어 붙인다.

특히 가관인 것은 비록 콘크리트로 재건된 것이긴 하나 그래도 어엿한 사적인 유서 깊은 광화문에다가 영문으로 된 거대한 환영 플래카드를 달아 놓은 꼴이다. 일제 시 헐렸던 광화문은 광복 후 제자리를 찾음으로써 오히려 새로운 엉뚱한 수난을 겪게 된 것이다. 지난번 중국민항기가 납치범에 의해 김포공항에 착륙했을 경우, 특수한 경우이긴 하지만 매스컴은 광적인 법석을 떨고 국빈도 아닌 피랍민이건만 일류 호텔에 호화판 식사와 누드 쇼, 그래도 미흡할 세라 꽃다발과 박수와 푸짐한 선물로 그들을 돌려보냈다.

외빈에 대한 전통적인 과례의 영향 때문은 아니겠지만, 아무튼 우리의 생활에는 무지각한 과례가 체질이 되다시피 스며들어 있다. 사모님, 선생님, 사장님 같은 경어의 남발이나 존댓말의 남용이 한 예이다. TV를 보면 40대의 아나운서가 열 살짜리 꼬마에게 깍듯이 존댓말을 쓰는가 하면 주부, 간호원, 의원으로 족할 것을 주부님, 간호원님, 의원님이라 치켜 부른다. 복덕방이나 구멍가게 주인도 이 땅에서는 사장님으로 통하는가 하면 상점 점원은 아예 모든 남자 손님은 사장님, 여자 손님은 사모님으로 통일해버렸다.

스포츠의 경우 선수들은 심판에게 "잘 봐줍쇼."라고나 하듯이 턱없이 비굴하다. 야구선수는 타석에 들 때마다 굽실거리고 투수는 공을 받을 때마다 굽실거리고 배구선수는 공을 서브할 때마다 굽실거린다.

물론 이런 류의 과례는 관리들의 상전에 대한 과잉충성과 같은 비열하고 추악한 과례에 비한다면, 매우 애교 있는 유머러스하다고도 할 것이다. 그러나 천진하고 애교 있는 과례라 할지라도 때로는 본의 아니게 폭행이 되는 수도 있다. 학군단 학생들이 경례할 때 지르는 고함소리가 그러하다.

어느 날 하교 길에 바로 뒤에서 벽력같은 고함소리가 터졌다. 깜짝 놀라 뒤돌아본즉 한 학생이 거수경례의 자세인데 살펴보니 수십 미터 앞을 지나가는 상급생에 대해 경례를 보내고 있는 것이다. 더욱이 그 고함이 '명예!'라고 하니 분반(噴飯 : 편집자주- 입 안의 밥을 내뿜는다는 뜻으로, '웃음을 참을 수가 없음'을 이르는 말)할 일이 아닐 수 없다. 그들의 씩씩한 기백은 귀엽고 상쾌하지만 교수를 졸도시키면서까지 상급생에 다하는 예가 결코 '명예'가 될 수는 없는 것이 아니겠는가.

일부 과격한 학생들이 교수에 대해 삿대질하는 무례와 교수를 놀라게 하는 학군단의 과례, 둘 다 새봄의 훈풍과 함께 사라졌으면 하는 바람뿐이다.

프로와 아마, 야스트르젬스키 선수의 경우

스포츠에서 프로와 아마의 구별이 사실상 사라진 것은 오래된 일이다. 프로는 돈 때문에, 아마는 순수한 스포츠를 위해, 라고 했지만 오늘날 돈이 걸리지 않은 경기가 없어졌기 때문이다. 아마 스포츠의 신성한 제전이라던 올림픽에서도 우승자에게 상금이나 연금이 주어지며 마침내 프로 선수에게도 그 문호가 개방되기에 이르렀다.

이러한 일은 오늘날에만 나타나는 현상이 아니다. 고대 올림픽에서도 사정은 마찬가지였다. 우승자에게는 야생의 올리브 화관이 머리에 쓰일뿐이었으나 이 상징적인 상을 상쇄하는 것으로서 그의 폴리스에서는 막대한 상금이 나오고, 동상을 세우는 등 대단한 명예가 주어진다. 아테네의 경우 연금이라 할 국영 식당에서의 국비식사가 제공되고, 당시 돈으로 500드라크마의 상금이 수여되었다. 기원전 6세기부터 올림픽에 준하는 이른바 4대 경기와 그 밖에 지방 경기가 여러 곳에서 개최되자 선수유치를 위해 상금이 걸리게 되고, 상금을 노려 각 경기를 떠돌아다니는 프로 선수도 등장하였었다.

한데 우리나라에서는 아직도 프로와 아마를 형식상 구별한다. 실업팀과 학생팀은 아마라는 것이다. 그러나 예컨대 대학의 야구부 선수는 엄격히 말해서 학생이라 하기 어렵다. 그들은 공부를 안 하며 안 해도 졸업할 수 있기 때문이다. 말하자면 그들은 대학에서 고용한 용병과 같은 존재이다. 내가 속해 있는 과에 야구선수 하나가 입학한 일이 있었다. 야구팬인 필자로서는 반가워 그를 몹시 만나고 싶어 했으나 그는 끝내 내 앞에 나타나지 않았다. 그는 내 앞에 나타나지 않았다. 그는 내 강의뿐만 아니라 일체의 강의에 한 번도 참석하지 않고도 졸업할 수 있었던 것이다.

말하자면 우리나라에서는 프로와 아마를 구별하면서도 실은즉 양자의 차이는 없다 할 것이며, 따라서 프로 같은 아마선수, 아마 같은 프로선수만 득실거릴 뿐 진정한 프로도, 진정한 아마도 없는 상태이다.

미국의 경우는 어떠한가, 명문 보스톤 레드삭스 팀에 '야즈'라 애칭되던 칼 야스트르젬스키라는 대선수가 있었다. 그는 고교를 졸업하자 프로에 입단하여 83년 만 44세로 은퇴할 때까지 이 팀에서 20시즌 동안 3,000안타, 400홈런을 쳤고, 아메리칸 리그의 수위타자 세 번에 67년엔 3관왕에 빛났으며, 작년에는 마침내 '명예의 전당'에 들어가는 영광을 얻었다고 한다. 그러나 대학을 거치지 않았던 그는 선수생활을 하면서 뒤늦게 노스 엔도버 대학에 입학하였으며, 오픈 시즌에 강의를 듣고 학점을 따서 7년이 걸려서 마침내 졸업장을 손에 쥘 수 있었다. 경영학을 전공한 그는 현재 팀의 경영진에 참가하여 대학에서 배운 학문을 충분히 활용하고 있다고 한다.

그는 캠퍼스와 필드(야구장)를 엄격히 구별하여 캠퍼스에서는 충실하게 학문을, 필드에서는 철저하게 야구를 하였으며 그런 뜻에서 진정한 프로였던 것이다. 4번 타자로서는 왜소한 체구의 그가 거대해 보인 것은 그 때문이기도 하였다.

우리의 대학 출신의 선수들. 그들의 대부분은 고교 이래 프로적인 생활을 했으며, 따라서 프로에 입단한 후에도 의식이나 생활태도에 전환을 겪을 수 없었던 것이 사실이다. 진정 학생생활, 진정한 프로선수이길 기대할 수 있을 것인가. 우리 프로선수들이 아직도 어쩐지 학생선수나 꼬마로만 보이는 것은 그들의 왜소한 체구 때문만이 아니다.

목계木鷄와 람바다춤

실구멍 108개, 표피表皮의 폭 약 23센티미터, 무게 약 160그램, 이 조그만 야구공을 던지고 치고 잡는데 멀쩡하고 건장한 사내들이 반평생을 보낸다. 어쩌면 천진하고 바보스러운 일로 보일 수도 있다. 그러나 무슨 일이든 한 가지에 철저하면 도통하고 달인이 되고 명인이 된다. 옛날 아테네에서는 한 가지 기술에 능통하면 현인賢人으로 인정되었다. 소크라테스는 그런 인물들에게 토론으로 도전하여 논파함으로써 그들이 반드시 현명하지 않음을 입증했다. 하지만 소크라테스 같은 무적의 논객에게 당했다 해서 그들이 현명하지 않은 것은 아니다. 논쟁에 승리한 소크라테스가 그런 논쟁 때문에 결국 죽음을 당했으니 어느 쪽이 보다 현명했는지 알 수 없는 일이었기 때문이다. 도시 지혜라 번역되는 소피아라는 말은 원래 기술의 완숙을 뜻하였다.

아무튼 한 가지 기나 예에 통달하려면 거기에 구도적求道的 노력과 자세가 필요하며, 도인의 경지에 이르면 품격과 교양과 예지가 저절로 스며나게 마련이다. 미국이나 일본의

'명예의 전당'인이 쓰고 말하는 것을 접하면 야구 얘기를 통해 인생에 대한 깊이 있는 성찰과 교훈을 느끼게 한다. 우리의 체육인의 입에서 그런 무게 있는 말씀을 들을 수 없는 것은 스포츠의 역사가 일천해서 어쩔 수 없는 일이라 하겠으나 때로는 어처구니없는 말을 들어 아연해지는 경우가 있다.

야구 아닌 씨름꾼의 일이긴 하지만 얼마 전 텔레비전에서 한때 씨름판을 군림하던 장사가 해설자로 등장한 일을 보았다. 씨름에 이긴 한 선수가 좋을시라 엉덩이를 외잡(猥雜 : 편집자주- 음탕하고 난잡)하게 흔들어 대서 관중의 폭소를 자아내자 그는 말하기를 이건 람바다 춤이라 하는데 앞으로 선수들은 이런 인기 있는 동작을 많이 개발해야 한다는 것이다. 그리고는 승리한 선수가 두 손을 치켜들며 포효咆哮하는 제스처를 처음 시작한 것은 자기였으며 그것이 이젠 일반화되었다고 자랑하는 것이었다.

일본 씨름은 우리 씨름과 다른 점이 많지만 선수의 동작에도 한 가지 특색이 있다. 그들은 승리해도 절대로 포효 같은 기쁨을 뽐내는 제스처를 부리지 않는다. 그것은 승자는 패자의 심정을 헤아려야 한다는 무사도 정신에서 나온 것일 게다. 그들은 이기나 지나 승패에 희로를 애써 나타내지 않고 담담하게 태연하게 그것을 받아들일 뿐이다.

일본 씨름계에 후타바야마라는 전설적인 장사가 있었다. 그는 69연승이라는 전인미답前人未踏의 대기록을 세웠지만 70승을 건 시합에서 불의의 패배를 당하고는 친지에게 다음과 같은 전문을 보냈다. "아직 목계가 되지는 못했다."

목계木鷄란 『장자莊子』 「달생편達生篇」 고사에 나오는 말인데, 제齊나라 왕이 싸움닭을 기르는 명수에게 싸움닭을 한 마리 주면서 빨리 훈련시킬 것을 명령한다. 열흘이 지난 후 이젠 싸울 수 있겠느냐고 왕이 물은즉 그 명수는 아직 허세를 부리니 안 된다고 대답한다. 다시 열흘 후 왕이 물으니 그는 대답하기를 이젠 힘이 세졌으나 흥분하기 때문에 아직 안 된다고 한다. 다시 열흘 후에는 아직 적을 깔보니까 안 된다고 하고 다시 열흘 후에서야 비로소 이젠 목각木刻의 닭과 같이 무심無心과 부동의 경지에 이르렀으니 싸울 수 있다고 했다. 과연 그 닭이 투계장에 나타나자 다른 닭을 싸우기 전에 도망하더라고 한다.

그 씨름꾼은 초등학교밖에 다니지 못했지만 자신의 미숙함을 중국고사의 명구로서 표현할 줄 아는 교양과 품격을 갖추고 있었다. 그는 타계했지만 그의 도장에는 오늘날에도 '목계'라 쓰여진 큰 액자가 걸려 있어 후진들에게 무언無言의 교육을 하고 있다고 한다.

대학과 대학원을 거쳐 현재 대학에서 가르친다는 우리 장사의 람바다춤을 찬양하는 그 철없고 수다스런 발언과 초등학교 출신의 일본 씨름꾼의 무게 있는 자성自省의 한 마디, 매우 아이로니컬한 대조가 아닐 수 없다. 교양과 예지는 허울 좋은 대학 간판에서 얻어지는 것이 아니라 엄숙한 인간 수양의 결과이다.

출석부의 일본식 이름

해방이 된 지 40여 년. 그러나 일정日政이 남긴 흔적은 여전히 여러 가지로 뚜렷하게 남아 있지만 말이나 글에 있어서도 일본말이 우리말이 되다시피 흔히들 사용되고 있다. 일본말이 우리말이 되다시피 흔히들 사용되고 있다. 특히 신문용어, 행정용어, 학술용어는 완전한 우리말이 된 일본식 표현이 허다하며 일상용어에 있어서도 그러한 경우가 적지 않다. 그렇기는 하나 아무래도 신경에 거슬리고 어쩌면 창피한 생각이 드는 것이 일본식 이름이다.

일제 말엽 창씨개명創氏改名이 강요되었을 때 성을 바꾸는 것이 조상을 뵐 면목이 없는 짓이라 하여 자결하고만 경우도 없지 않지만 대부분의 사람들은 어쩔 수 없이 일본식으로 창씨를 하지 않을 수가 없었다. 그러나 창씨개명이라 하지만 성을 바꾸는 창씨는 강요되었지만 이름을 바꾸는 개명까지 강요된 것은 아니었다. 해서 대부분의 사람들은 일본 성姓은 갖되 이름은 원래의 조선 이름을 그대로 지녔었다. 그러나 일부 과잉충성적인 친일 인사들은 이름마저 일본 이름으로 바꾸어 완전한 일본인 행세를 하였다.

해방이 되자 그들은 원래의 성으로 고치지 않을 수 없었으나 이름은 일본 이름을 그대로 유지하였다. 그러나 문제는 해방 후에도 의식적이건 무의식적이건 출생한 아이들의 이름을 여전히 일본식으로 작명을 한데 있다. 그리하여 기형아나 혼혈아도 같은 야릇한 어감의 이름이 횡행하게 되었다. 이건개李建介, 윤방부尹邦夫, 박삼태랑朴三太郎, 박길웅朴吉雄 따위가 그 예이다.

물론 여자 이름에 자子를 붙이는 것은 생활화되다시피 보급하여 별로 어색하지 않게 사용되고 있으나 그래도 지각있는 사람이 가질 이름이라 할 수는 없다. 도시 이름이란 사람 하나하나를 구별하기 위해 붙이는 것이니 만큼 되도록 독자적이고 개성적이어야 한다. 그러나 많은 사람이 자子 자를 공유하면은 그만큼 독자성을 나타낼 기회가 줄게 된다. 일본인은 성이 두 자이어서 성에 변화가 많아 이름 한 자를 자子로 통일하더라도 다른 한 자로 어느 정도 독자적인 이름을 지을 수가 있으나 우리는 성이 김 가 아니면 이 가라 이름마저 자子를 공유하면 독자적인 이름을 짓는 것이 매우 어렵다. 그래서 수많은 동명이인이 나오게 마련인데 같은 이름을 갖는다는 것은 그것이 희귀할 때는 서로 친근감을 느낄 수도 있으나 많을 때는 그보다 당혹스러운 일이 없는 것이다. 따라서 자子 자는 일본식이란 점을 떠나 작명술상으로도 피하여야 할 어리석은 이름이라 할 수밖에 없다.

대통령 영부인도 그런 이름을 가진 분이 있었는데 국가원수의 배필의 이름으로서는 떳떳했다고 할 수 없다. 그 대통령이 방일訪日할 때 부인을 동반하지 않았던 것으로 기억하는데, 그 까닭을 알 수 없으나 그 일본식 이름으로 봐서 동행하지 않는 것이 그나마 다행이었다 할 것이다.

언젠가 강의시간에 출석부의 이름을 호명할 때의 일이다. 남학생의 이름에는 일본식 이름이 눈에 띄지 않으나 여학생의 이름에는 자子 자가 더러 있었다. 그래서 자가 붙은 이름을 호명하면서 아직도 일본 이름을 가지고 있으니 성적을 20점 감점할 것이라 선언하니, 내 말을 곧이들은 그 순진한 여학생은 '제 잘못이 아니지 않습니까?'라고 정색을 하고 항의한다. 그래서 '자네 잘못이 아니라 아버지 잘못이니 자네 아버지한테 항의해라. 성적을 내는 학기말까지 개명을 하면 감점을 하지 않겠다'라고 대답하니 강의실은 웃음바다가 되었다. 그 이름을 부른 뒤 곧 홍순애라는 재일교포의 이름이 나왔다. '이 학생은 재일교포인데도 이렇게 아름다운 순수한 우리 이름을 가졌으니 20점 플러스'라고 말하자 다시 한

번 웃음이 터져 나왔다.

그러나 문제는 일본식 이름에 구애되는 것은 일정시대를 겪은 우리 세대일 뿐 젊은 세대는 전혀 그렇지 않은 데에 있다. 그들은 자子니 웅雄이니 하는 이름이 어떤 한자인지 알 필요가 없는 한글세대이며, 따라서 그것이 일본식 이름인 줄 알지 못하며 안들 전혀 상관하지 않은 것이다. 뿐 아니라 KENZO, MIDORI 등 로마자의 일본 이름이 붙은 셔츠를 보란 듯이 입고 다닌다. 물론 거기엔 일본에 대한 선망의식이 약간 작용하고 있겠으나 그 글자가 일본말이건 아니건 유행하는 패션에 불과하다는 생각일 것이다. 이러한 현상을 국제화라 한다면 일본화를 국제화로 착각하는 경망한 짓이라 개탄하는 것 또한 묵은 세대의 부질없는 트집이라 할지 모른다.

우리는 한 때 반일교육에 철저했을 때가 있었고 아직도 일본의 대중문화를 막고 있는 터임에도 시대의 흐름이라 할까, 일본화의 물결이 이토록 침투해버린 것이다. 그러나 반일反日이니 극일克日이니 하는 구호가 있을 때마다 강조되기는 했지만 막상 일본식 이름에 대해서는 반일 무드의 사각지대라고 할까 한 번도 반성의 소리가 없었던 것은 기이한 일이 아닐 수 없다.

물론 한 때는 영부인을 비롯해 권력층에 일본식 이름을 가진 자가 있어서 그러한 소리가 나오지 못할 수도 있었을 것이다. 그러나 이제는 그러한 시대는 지났으며 더욱이 일본식 이름에 대한 감각이 완전히 마비되다시피 한 세태라 이런 때일수록 우리 이름 찾기 운동을 한 번 벌일 필요가 있는 것이 아닐까. 구 총독부 건물을 허느니 마느니 하는 논의가 일고 있는 요즈음 외형적인 것을 없애기에 앞서 우리 안에 있는 것에 반성해 볼 필요가 있는 것이 아닐까. 그리하여 정겨운 우리 이름만이 볼 필요가 있는 것이 아닐까. 그리하여 정겨운 우리 이름만이 다소곳이 담긴 출석부를 가질 수는 없는 것일까. 아직도 텔레비전이나 신문지상에 횡행하는 일본식 이름을 보면서 부질없는 푸념을 해본다.

동화 속의 내 고향

경북 의성읍 중리동 789번지. 이 주소는 내가 태어나서 어린 시절을 보낸 본적지이다. 이력서 같은 서류를 꾸밀 때 수백 번 되풀이했지만 이 주소를 쓸 때마다 짜릿한 감회가 스치고 어릴 때의 기억이 조각조각 되살아나곤 한다. 생가生家는 6·25때 불타버렸지만 그것이 사라졌음으로써 환상 속에 생생하게, 한결 크고 아름다운 모습으로 살아있는 것이다. 환상 속에 살아있는 것은 어찌 내 생가뿐이겠는가.

생가 앞에는 아싯거렁의 맑은 물이 흐르고 거렁(개천)을 따라 동산이 동서로 길게 뻗어 있다. 동산은 그야말로 에덴동산과 같은 아름다운 낙원이다. 동쪽 끝녘 백로 떼가 나뭇가지에 수많은 둥우리를 친 숲은 너무나 깊고 울창하여 아무도 감히 숲 속에 들어설 용기를 갖지 못하였다. 그러나 가을이면 숲은 붉게 물들어 현란한 원색의 향연을 펼친다. 5월의 동산 또한 얼마나 아름다운가. 우리가 기어오르던 오솔길 따라 숲 속에 들어서면, 신록은 맑은 햇살을 받아 빛 부시게 싱싱하고 갖가지 들꽃이 화사한 봄의 융단을 이루며

선경과 같은 아름다움을 꾸민다.

동산 위에 올라서면 의성이 한 눈에 내려다보인다. 읍내 한가운데에는 자그마한 우체국 건물이 보인다. 흰 벽에 붉은색 지붕의 보석상자와 같이 예쁜 집이다. 그 뒤에는 문조루聞詔樓의 이끼 낀 지중이 높이 솟아 있고 그 서쪽에는 아담하고 산뜻한 세무서 건물이 두 채 ㄱ 자로 자리하고 있다. 시선을 북쪽으로 옮기면 멀리 절의 포교당이 보이고 경내에 가득 찬 겹벚꽃이 분홍색 구름을 깐 듯하다.

동산 위 남쪽은 완만한 경사를 이루고 있다. 숲은 없으나 크고 작은 꿀밤(도토리)나무가 빽빽이 서 있고 굵은 나무에는 언제나 소나 염소가 몇 마리씩 묶여 있다. 향교 뒤는 활을 쏘는 궁터. 기생들과 한량들이 술상을 차려놓고 활솜씨를 겨루는 것을 얼마나 선망하면서 재미있게 구경했던가. 광풍루光風樓 옆 넓은 잔디밭은 우리의 놀이터이다. 여기 저기 쇠똥이 깔린 것을 아랑곳하지 않고 찐볼놀이(簡易 : 야구)를 하면서 종일토록 뒹군다. 이윽고 구봉의 능선을 너머로 해가 기울어지면 집집마다 정지(부엌)에서 흰 연기가 피어오르고 창문에는 전깃불 호롱불이 초롱 마냥 점점이 켜지기 시작한다. 집에 갈 시간이 늦었지만 산길을 내리면서 집에서 야단맞을 일을 누구하나 두려워하지 않는다.

그러나 현재의 의성은 동화 속의 내 고장, 환상 속의 고향은 아니다. 700평이 넘는 생가의 집터에는 허름한 집이 서너 채 들어서 있으며 동산에는 나무 몇 그루가 앙상하게 남아 있을 뿐이다. 큰 길에는 높은 건물이 즐비하고 골목마다 콘크리트가 깔린 낯선 새마을이 되어버린 것이다.

하지만 아련한 목가적인 냄새가 가시긴 했으나 그래도 의성이 내 고향이 아닌 것은 아니며 그립지 않은 것은 아니다. 그것은 내가 멀리 떨어져 살기 때문, 나이가 들었기 때문이기도 할 것이다. 더욱이 산천은 변했으되 이름들은 옛 그대로 남아있지 않은가. 동산東山 바름산嵐山 구봉九峰 육곡수六曲水 등등의 산수의 이름하며 도동道東 중리中里 상리上里 후죽帿竹 같은 동洞 이름들, 이보다 운치 있고 고상한 이름이 어느 고장에 있을 것인가.

그래서 언젠가는 고향에 가서 살고 싶은 심정을 저버릴 수 없는 것이다. 이젠 생가가 있던 본적지에서 다시 살 꿈이 이루어질 수 없어도 좋다. 어릴 때 동무들이 하나도 남아있지 않아도 좋다. 천하게 분칠한 낯선 거리이어도 좋다. 고려가사의 시인이 읊조린 것처럼 "머루랑 다래랑 따 먹을" 수 없은들 어떠하겠는가. 그래도 "살으리 살으리랐다"라고 부르고 싶은 것은 그곳이 어쩔 수 없는 내 고향이기 때문이다.

젊은 날에 심취했던 명곡 · 명반

내가 음반을 모으기 시작한 것은 1968년 미국에 갔을 때부터이지만 비교적 짧은 사이에 1,000매 이상의 LP가 쌓였다. 그러나 그 가운데 대부분은 한 번 듣고 말았으며 CD로 수집을 바꾼 후에도 그 버릇에는 변함이 없다. 그러나 대단찮은 곡을 넋을 잃어 몇 날 몇 달을 그 곡에만 몰입하는 경우가 있어서 지금 그런 곡을 들을 때면 그 시절이 회고되어 야릇한 웃음을 혼자 머금게 되는 것이다. 음악 만치 지난 기억을 생생하게 되살려주는 것이 없는 까닭이다.

베토벤 교향곡 〈제5번 '운명'〉

요즈음은 초등학생도 다 아는 이 곡을 내가 처음 알게 된 것은 중학교 5학년 때이었다. (그 때는 중학 6년제) 당시 경기중학이 자랑하는 두 가지 특기가 있었다. 야구와 브라스 밴드인데 여기에는 각기 강력한 라이벌이 있었다. 야구의 라이벌인 경남중학은 라이벌이기보다 도저히 넘을 수 없는 벽이었다. 브라스 밴드의 라이벌은 사대부중인데 해마다 열리는 콩쿠르에서 판판이 우리가 패배를 맛보기는 하나 야구와 같이 스코어로 우열이 판명되는 것이 아니기 때문에 언제나 억울하다는 한이 남았다. 그 해의 콩쿠르에 경기가 내세운 곡이 '운명'이었다. 어쩌면 이 곡에 우리 밴드의 운명을 걸었다고나 할까. 콩쿠르가 다가오자 밴드실에는 종일토록 '타타타 타아……' 하는 소리가 울려 퍼졌다. 무슨 뜻인지 알쏭달쏭한 "운명이 문을 두드린다"는 표현도 그 때에는 하늘의 계시 마냥 고상하고 근사하게만 여겨져 모두가 이 곡에 잔뜩 들뜨게 되었다.

드디어 콩쿠르의 날이다. '운명'의 연주가 끝났을 때 나는 흥분과 감동으로 눈시울이 뜨거워졌었다. 부중의 연주도 훌륭했지만 경기의 우승을 추호도 우리는 의심하지 않았다. 그러나 결과는 2등. 하지만 그 후 어떤 교향악단의 연주도 내게 있어서는 그 때 들은 '운명'이 준 감동을 결코 능가하지는 않았다.

베토벤 교향곡 〈제6번 '전원'〉

대학에 입학하자마자 6·25사변이 일어나버려 정작 내 대학 시절은 대구의 전시 연합대학에서 시작되었다. 옛 도청 앞 가교사에서 수업이 끝나면 우리 일당(현재 서강대 교수인 김용권,

독일 본 대학의 구기성, 고인이 된 숭실대 교수 이경식)이 찾아가는 곳은 한촌동 뒷골목의 '르네상스'이었다. 그곳은 당시 대구에서 피난살이를 하는 소위 문화인들이 모여 웅크리는 장소였다. 더욱이 벽에는 "전란의 거리에도 음악은 울려 퍼진다"라는 제목의 일본 아사히신문 특파원이 이 다방을 르포한 기사가 붙어 있어 그것이 초라한 이 다방이 국제적인 명소임을 자랑하고 있었다. 우리는 음악보다도 이 다방이 풍기는 스노비슈하고 페단틱한 분위기에 끌려 드나들었지만 자연히 많은 음악을 듣게 마련이었다. 그 가운데에서 내가 열중한 곡이 〈전원〉이었으며 이 곡을 들으면서 어쩔 수 없는 젊음의 괴로움에 한숨짓고 서양에 대한 애틋한 동경을 달래곤 하였던 것이다.

지금은 베토벤 하면 현악 4중주나 첼로 혹은 피아노 소나타만 듣고 있지만 손님이 오면 LD나 비데오로 번스타인의 5번이나 6번을 보여 주면서 나 자신도 그 시절에 대한 아련한 노스탤지어에 잠기곤 한다.

바하 〈마태 수난곡〉 아리아 발훼 O. 클렘펠러(cond.) **필 하모니아 관현악단**(Angels 36163)

미국 유학시절 레코드점에서 우연히 산 신보가 이 곡이었는데, 그것이 바하와 극적인 최초의 만남이었다. 이 곡을 처음 들었을 때의 감동은 지금도 생생하다. 깊은 땅속에서 솟구치는 듯한 코러스의 힘찬 울림, 거대한 파도와도 같은 소프라노 슈바르츠코프의 맑고 맑고 오묘한 목청의 떨림…… 좀 거창하게 말해 그것은 새로운 우주를 안겨주는 것이었다. 준엄峻嚴에서 비애悲哀에 이르는, 아니 알파에서 오메가에 이르는 거대한 우주성을 반영하고 있다.

귀국한 후 클렘펠러의 이 판을 서강대의 이보형 교수에게 선물로 드렸으나 몇 년 후 실례를 무릅쓰고 다른 곡의 CD를 드리면서 그것을 되찾고 말았다. 그동안에 구입한 리히터의 뮌헨 바하 오케스트라를 비롯한 몇 가지 〈마태〉가 하나도 마음에 흡족하지 않았기 때문이었다.

그러나 몇 년 전에 클렘펠러의 〈마태〉 전곡全曲이 CD로 나왔기에 구입하여 요즈음도 가끔 애청하지만 그래도 한 장으로 된 아리아 발췌판이 CD로 나오게 되기를 학수고대하고 있다. 아리아 발췌곡에도 여러 가지가 있으나 클렘펠러의 것이 단연 돋보인다. 아리아와 오케스트라의 조화가 완벽하기 때문이다.

비발디 〈사계〉 L. 스트코프스키(cond.) 뉴필하모니 관현악단

(London SOC21015)

한국인이 제일 좋아하는 곡은 비발디의 〈사계〉라고 한다. 바로 그 이유 때문에 역설적으로 경원 시되는 경향이 있지만 한때 나는 이 곡에 미쳐있었다. 그것은 오로지 스트코스키 때문이었다. 스트코프스키가 뉴필하모니아 오케스트라를 지휘하여 울리는 〈사계〉는 아무지치 실내악단이 엮어내는 아기자기한 이태리의 사계가 아니라 미국대륙의 대자연의 사계이다. 봄은 애팔래치아 산맥의 화사한 신록을, 여름은 광활한 서부의 대평원을, 겨울은 캐나다의 은색의 대설원을 연상케 하는 호쾌한 연주이다.

카라얀도 이 곡을 오케스트라로 울렸지만 미국을 모르는 그의 사계는 아기자기하지도 호쾌하지도 않으며, 어쩌면 사계의 변화가 선명치 않은 백림이라는 대도시의 사계라고나 할 어정쩡한 연주라는 느낌이다.

스트코프스키의 판은 이젠 험투성이가 되어 차마 들을 수 없는 지경이고 폐판廢板이 되었는지 〈슈완 카탈로그〉에도 볼 수가 없어 퍽 아쉬워했었다. 그러나 다행히 최근에 CD로 나왔다는 소식을 들어 미국 가는 친구에게 부탁을 했는데, 2월 말로 예정된 그의 귀국이 마냥 기다려지는 요즈음이다.

그 친구가 보고 싶어서가 아니라 그가 가져올 CD를 통해 지난날의 열정을 추억하기 위해서임은 물론이다.

바하 외(브렌델) **주제와 변주 1, A. 브렌델**(p)(Philips 426272-2)

바야흐로 CD시대. 이런 때엔 아날로그를 고집하는 것이 좀 더 애호가다운 멋인 모양이다. 그러나 음악을 조용히 깊이 들을 여유가 없는 처지라 요즘 자주 듣는 것이 조작이 간편한 CD뿐이다.

이 CD는 비교적 최근에 구입한 것인데 모차르트와 리스트도 수록되어 있으나 브람스나 바하의 연주가 더 흥미를 끈다.

브람스 곡은 비교적 잘 알려진 〈현악6중주 1번 B장조 작품 18〉을 브렌델이 연주한 것이다. 몇 달 전에 아마데우스와 알반베르그 두 4중주단이 합동연주한 EMI판을 역사상에 남을 명연주라는 요란한 광고문에 이끌려 샀다. 이 음반에 수록된 1번 제2악장을 듣고는 브렌델 특유의 애절하고 감상적인 곡의 무드가 한결 절실하게 표현되었음을 느꼈다. 쇼팽을 완전히 묵살할 정도로 진지하고 엄격한 브렌델이지만 어쩌면 쇼팽적이라 할 수 있는 애틋함을 이따금씩 보여 주기도 하는 것이다.

브렌델은 쇼팽뿐 아니라 협주곡을 제외하곤 모차르트도 외면하고 있지만 미뉴에트를 맑은 톤으로 즐겁게 들려준다.

가장 브렌델다운 연주는 바하의 곡에서다. 칸타타 〈울고 비탄하고 근심하고 BWV12〉의 제2곡을 변주한 것인데 먼지에 쌓인 원곡 LP를 먼저 들은 다음 편곡된 이곡을 들어보았다. 당연한 일이지만 칸타타와 전혀 다른 음악이라는 느낌에 신선한 감동을 받았다. 이 곡의 침통한 무드를 나타내는 그의 중후하고도 열정적인 솜씨가 충분히 보여 주고 있다. 브렌델이 새삼 마음에 든다.

담배는 꿈속에서

술 담배도 안 하면서 무슨 재미로 사느냐고 말하는 사람이 더러 있다. 그럴 때면 술 담배를 안 하니 살맛이 없는 것이 사실이나 술 담배를 한들 별로 재미있는 것도 아니더라고 대답한다. 실인즉 담배를 끊고 나니 남이 피우는 담배가 그토록 맛있어 보이는데, 담배를 피울 때는 미각이 마비될 정도로 많이 피워 맛을 제대로 느끼지 못했었다.

내가 언제 어떻게 담배를 시작했는지 잘 기억이 나지 않는다. 대학에 다니는 동안 자연스레 피우게 되지 않았나 생각되나, 늦게 배운 도적이 밤샐 줄 모른다는 농을 들었으니 여느 학생보다는 좀 늦었던 것으로 보인다. 그러나 담배를 시작하자 곧 골초가 되어버렸다. 새벽에 일어나자 너댓 개비를 피우고, 낮에도 궐련을 피우는 사이사이에 노상 파이프를 물고 있었으니 궐련만으로 계산하면 하루에 족히 서너 갑은 피웠을 것이다.

줄담배를 피우니 자연히 순한 담배, 가능하면 양담배를 찾게 마련이다. 양담배 단속이 심할 때 파이프를 문 채 명동을 어슬렁거리다가 단속반에 잡힌 일이 있었다. 전매청 직원을 자칭하는 단속반은 전매청이나 파출소가 아니라 엉뚱하게도 으슥한 골목으로 끌고 가는 것이 수상쩍었다. 몇 푼을 집어주니 쉽게 풀어주는 것으로 보아 애연가를 등쳐먹는 가짜 단속반임을 깨닫게 되었으나 만시지탄晩時之歎이었다.

경북대학 재학 시 계명대학에 강사로 출강할 때의 일이다. 지금은 일반 종합대학교가 되었지만 그 때는 계명기독대학이라는 단과대학으로서 기독이라는 이름이 붙은 엄격하고 보수적인 미션mission 스쿨이었다. 따라서 교내에서는 금연이라 담배를 피우는 교수나 학생들은 화장실이나 건물 밖에서 몰래 피울 수밖에 없었다. 그러나 금연이 교시教示라 할지라도 그것은 타교에서 온 손님까지 강요하는 것은 천부당이라 생각하여 강의 중에 태연히 담배를 불었다. 학생 가운데는 목사직을 갖는 자도 더러 있었다. 그들은 방약무도傍若無道한 강사를 묵과할 수 없어 학장에게 몰려가서 항의를 하고, 학장은 사학과 교수들을 불러 경위를 따졌다. 그러나 교수들은 김모는 담배를 피우지 않으면 강의를 할 수 없는 위인이라고 변명을 하여 학장도 어쩔 수 없이 묵과하기로 했다고 한다. 물론 나는 이 일을 그 학기가 지난 후에야 교수로부터 들었지만 만약 학기 중에 알았던들 단연코 강의를 중단하고 말았을 것이다.

이 일이 있었기 때문인지 그 후 교수실에도 재떨이가 놓이게 되고 교내에서의 흡연도 묵인하게 되었다고 한다. 그래서 계명기독대학이 계명대학으로 교명이 바뀐 데에는 나의 담배도 작으나마 한 몫을 한 것이 아닐까 엉뚱한 자부를 해보기도 한다.

미국에 처음 갔을 때 여러 가지 문화쇼크를 겪었지만 가장 놀라운 것은 담배 상점이었다. 대학 앞 담뱃가게에 들어서니 속이 깊숙한 반 2층의 널찍한 점포 양쪽 벽면에는 궐련, 시가cigar, 파이프담배 등 세계의 온갖 브랜드의 담배가 꽉 차 있는 것이다. 미국에 온 행운을 일순에 통감케 하는 감동적인 광경이었다. 이때 흑인 점원이 다가와 웃으면서 어디서 왔느냐고 말을 건넨다. 맞춰 보라고 하자 그는 하와이에서 시작하여 일본, 필리핀, 대만, 중동, 하다못해 남미의 나라 이름까지 들었으나 모두 아니라고 하자 어깨를 으쓱이며 포기하고 만다. 당시 지리 지식이 그 정도밖에 안 되냐고 비아냥대고는 한국이라고 말해주자 그는 깜짝 놀라면서 우리말로 "안녕하십니까?"라고 한다. 이번에는 내가 놀라서 어떻게 우리말을 아느냐고 묻자 군대에 있을 때 인천에 주둔했었다고 털어놓는다. 그는 신바람이 나서 나를 2층에서 사무를 보는 백인 주인에게 데리고 가서 소개를 하고는 담배 한 갑을 선물이라고 공짜로 준다. 나도 주머니에 지닌 한국 동전 몇 닢을 주었다.

이것이 기연奇緣이 되어 그 후 2년간 그 집의 단골이 되어 여러 가지 브랜드를 즐겼으나 그것이 오히려 담배를 끊게 하고 말았다. 흡연이 지나쳐 목이 아프도록 가래가 끓고 담배 맛을 잃을 정도로 혀가 따가워 견딜 수 없게 되었기 때문이다. 담배를 끊은 것은 대단한 의지력이라 흔히 말하지만 만약 내가 즐겼지 결코 끊지는 않았을 것이다. 의지력이 약하기 때문에 끊지 않을 수 없었던 것이다.

더욱이 담배를 끊었는데도 꿈속에서는 노상 담배를 피우고 있으니 끊었다는 실감이 별로 없다. 어떤 때는 담배를 피우면서 담배를 끊었던 것 같은데 언제 다시 피우게 되었나, 자탄을 하다가 깨어 보면 꿈이고, 잠이 얕게 들었을 때는 끊었다는 의식이 살아 있어 꿈속이니 괜찮겠지 하면서 담배불을 붙이기도 한다. 끊은 지 20년이 지난 오늘에도 변함이 없으니 담배에 대한 집념이 얼마나 강한가를 새삼 깨닫게 된다. 그렇다고 담배 생각이 나는 것은 아니나 담배 연기가 싫은 것도 아니다.

하기야 끊었다는 실감도 없거니와 영영 끊을 자신도 없

다. 애당초 폐암 같은 병이 두려워 끊은 것이 아니고 더욱이 담배를 마약 시 하고 흡연을 범죄 시 하는 요즈음의 풍조에 대한 반발로 다시 피우지 않는다고 어찌 장담할 수 있겠는가. 그러나 한 대만 물면 순식간에 옛날로 되돌아갈 것이 명약관화明若觀火한 일이며, 그러면 다시 목이 타고 가래가 끓고 혀가 따갑고……. 그래서 세대에 대한 울분을 애써 삼키고 담배는 꿈속에서만 즐기기를 다짐하는 요즈음이다.

하와이의 한국인들

1902년 12월 22일. 노동자 54명, 가족 46명, 통역 2명으로 구성된 최초의 한국인 이민을 태운 배가 호놀룰루에 입항하였다. 그때부터 1905년 4월, 일본정부의 방해로 종결되기까지 2년 반 동안 7,800여 명의 한국인이 이곳에 이민하였다. 사탕수수 농장의 일꾼으로 들어온 이들이 하와이 이민 1세들이다.

그러나 이 숫자는 일본인 노동자의 수와는 비교가 되지 않는다. 하와이 사탕수수 농업이 본격화 한 것은 1850년대이었으며 노동력은 주로 중국인에 의존했으나 1882년에 미국에서 통과된 중국인 이민금지법이 하와이에서도 적용된 이래 일본인이 독점하다시피 하여 1924년까지 20만 명 가까운 인구가 도래하였다. 현재에도 110만 명의 인구 가운데 일본계가 40퍼센트, 다음은 백인이 23퍼센트, 원주민이 17퍼센트, 필리핀인, 중국인의 순이며 한국인 2~3퍼센트에 불과하다.

일본계는 수적으로 우세할뿐 아니라 정치적, 경제적으로

하와이를 지배한다 해도 과언이 아니다. 주지사는 원주민계이나 상원의원을 비롯한 요직은 일본계가 차지하고 경제권도 그들이 장악하고 있다. 더욱이 일본의 경제력의 신장에 따라 호놀룰루의 대부분의 요지와 대형 백화점, 호텔 등이 일본기업의 소유 하에 있다.

지상의 낙원이라는 이곳에는 연간 600만 명 이상의 관광객이 몰려오나 그 30퍼센트가 일본인이다. 물론 근자에는 한국인도 증가하고 있으나 그들의 대부분이 중년층 이상의 단체관광인데 비해 일본인은 10대, 20대가 대부분이다. 그들은 관광코스의 메뉴를 바보처럼 충실히 따르고 있다. 와이키키 해변의 북적거리는 모래사장에서 등을 굽고 하나우마 만에서는 수경을 끼고 잠수하여 바다고기를 보고, 코닥 노천극장에서 훌라춤을 춘다. 그러나 호놀룰루 관광의 하이라이트라 할 진주만에는 일본인의 모습은 볼 수가 없다.

진주만에서는 침몰한 아리조나 호를 관람하기 전에 영화관에서 진주만 전투의 기록영화를 상영하는데, 상영에 앞서 해군사관이 스크린 앞에 나와 진주만 공격의 배경을 간략하게 설명한다. 그 내용인즉 중일전쟁 후 연합군이 일본에 대하여 석유, 고무 등 일본으로서는 치명적인 물자를 금수禁輸하는 경제봉쇄를 단행함으로써 일본은 전쟁으로 나아가게 되었다는 다분히 친일적인 동정론이다.

그 사관은 자기 나름으로 객관적이고도 공평한 입장을 취한 것이라 생각하고 있겠으나 그가 모르거나 알고도 간과하고 있는 사실이 있다. 1928년 일본이 켈로그-브리앙 부전조약不戰條約에 가입했다는 사실이다. 이 국제조약에 가입함으로써 일본은 선전포고를 할 수 없게 되었다. 따라서 일본은 만주와 중국을 침공하고도 그것이 전쟁이 아니라 사변事變이라 불렀다.

미국은 부전조약을 위배한 나라에 대해서는 전략물자를 공급하지 않는다는 정책이었기 때문에 미국의 일본에 대한 경제봉쇄는 당연한 조치였다. 전후의 동경재판의 법률적 근거도 바로 일본의 부전조약 위반이었던 것이다. "진주만을 잊지 말라"라는 외침은 아득한 옛날 일. 이젠 미국 군인도 일본의 공격을 '이해'할 만큼 영합적이며 모든 미국인은 단순한 호기심으로 치욕의 현장을 담담하게 구경할 뿐이다.

일본인이 활개를 치는데 비해 이곳에서도 한국인은 소수민족의 설움에서 완전히 벗어나지 못한 것 같다. 물론 한국계 가운데는 검찰총장이 될 만큼 출세한 사람도 없지 않으나 대체로 사회적 활동이 미미한 듯하다.

한국계라 하지만 이민 1세대의 후예 외에 6·25 이후의 후기 이민이 상당수인데 이들 가운데는 교수, 의사, 사업가 등 비교적 성공한 계층도 적지 않다. 보건학의 석학 정진식 교수도 그 예라 할 수 있다. 그는 학회 참석차 하와이에 와서 이곳의 기후와 풍토에 매료되어 본토의 대학에서 하와이 대학으로 자리를 옮겼으며, 70세에 가까운 고령인데도 종일토록 연구에 몰두하다가 저녁이면 바다와 야자수의 행렬이 내려다보이는 언덕바지의 아담한 저택에서 하와이 만灣의 일몰의 장관을 즐기는 우아한 나날을 보내고 있다. 하와이 대학에는 정 교수 외에도 한국사를 가르치는 최영호 교수를 비롯해 한국학 센터를 중심으로 10명 정도의 한국인 학자가 있다.

이들과 같은 선택받은 계층을 제외한 많은 전후파 이민의 생활은 부러워할 미국생활은 아닌 듯하다. 와이키키 해안 상가의 노천시장에서 싸구려 액세서리를 파는 수많은 잡상인들, 3~4평의 좁은 공간에서 불고기를 굽는 식당주인들, 판잣집 같은 허름한 가옥 한 칸을 세내어 교회를 꾸미고 있는 목사들(호놀룰루에만 10수 개의 한인교회가 있다 한다), 술집에서 일한다는 적지 않은 수의 아가씨들……. 그들에게는 이곳이 결코 지상의 낙원이 아닐 것이다. 그러나 낙원의 생활을 즐기건 아니건 전후파 이민들의 의식 속에 침전되어 있는 것은 두고 온 산하에 대한 상념일 것인데 그 조국에 대한 의식에 문제가 없지 않은 것 같다.

신문에 SAMSUNG이라는 전자제품 상점의 전면광고가 난 것을 본 일이 있었다. 삼성전자의 대리점이리라 짐작하여 국산 소형 텔레비전을 사기 위해 찾아갔더니 이름만 삼성일뿐, 한국의 삼성전자와는 관계가 없음을 알게 된다. 그러나 놀라운 것은 삼성의 대리점이건 아니건 한국인이 경영하는 큰 규모의 상점의 상품이 일본제 일색이며 한국제製는 하나도 없다는 사실이었다. 왜 한국제가 없느냐고 한국인 점원에 물은즉, "찾는 사람이 없는데 뭣 때문에 둡니까!"라고 쌀랑하게 쏘아붙이고는 다른 손님한테 가버린다. 전날 쇼핑센터에서 한국제 텔레비전을 찾았을 때 한국제가 없어 죄송하다고 진심으로 미안해하는 동양계 점원의 공손한 태도와 너무나 대조적인 것이 충격적이었다.

필자가 머물던 아파트 바로 뒤에는 이승만 박사가 세운 한인교회가 있는데 뜰에는 한국에서는 볼 수 없게 된 이 박사의 커다란 동상이 서 있다. 한식 2층으로 된 교회 건물 정면이 좀 낡아 보이는데, 게시판에는 개축계획이 추진 중에 있으며 본국 교회로부터의 지원도 요청하였다 하고 교회에서 모금한 액수가 기록되어 있었다.

그런데 일요예배가 진행되는 동안 넓은 주차장을 가득 메운 교인들의 승용차의 차종을 주차정리를 하는 젊은 교인들의 독기 어린 눈총을 받아가며 점검을 해보니 62대 중 일본차가 30대요, 20대가 미국차, 나머지 12대가 독일차이며 한국차는 한 대도 보이지 않는다.

일본차를 애용한다고 해서 그들이 각별히 친일적이라 할 수 없음은 물론이다. 그들은 단지 고장이 적다는 통설에 따라 일본차를 쓰고 있을뿐이며, 그들의 그러한 실제적인 생활방식도 하나의 생활의 지혜라 나무랄 일이 못된다. 다만 문제가 되는 것은 자신은 실제적인 생활을 즐기면서 한국으로부터의 지원금을 기대한다는 데에 있다. 한국의 달러란 무엇인가. 자동차가 주종인 한국의 상품을 주로 미국 시장에서 팔아서 얻은 것이다. 스스로는 한국상품을 외면하면서 한국으로부터의 달러를 바란다는 것은 자기모순이라 하겠는데 이 교회의 교인들은 그것을 전혀 의식하지 못하는 것 같다.

자기가 세운 교회의 주차장에 넘치는 일본차를 바라보고 지하의, 아니 하늘나라의 이 박사는 어떠한 심정에 있을까. 뜰에 서 있는 이 박사의 동상의 표정이 어쩐지 씁쓸해 보이는 것은 비에 젖은 탓만은 아닐 것 같다.

두계 선생님이 주신 0점

두계 이병도(斗溪 李丙燾 : 1896~1989) 선생님을 처음 뵈온 것은 대학 입시를 칠 때였다. 무슨 과목인지 기억이 나지 않으나 시험 감독으로 회색 두루마기를 입은 노인(으로 보였다)이 들어오셨는데, 키는 작고 안색은 마른 흙색이라 할까 핏기가 전혀 없었으나, 두상과 코가 유난히 길며 자세가 꼿꼿하고 의젓해서 일견 대인다운 풍모였다. 시험 직전의 긴장된 분위기 속에서 모든 수험생들이 숨을 죽이면서 지켜보는 가운데, 이 분이 시험지를 한 장 한 장 손가락에 침을 발라 세어서 나누어주는 모습이 마치 대배우가 무언극을 연기하는 것 같기도 하고, 제관祭官이 엄숙한 제사를 치르는 것 같기도 했다. 40여 년 전의 일을 생생하게 기억하는 것은 중학생이 처음으로 접한 대학자의 풍모에 문화 쇼크라 할 정도의 강한 인상을 받았기 때문이었을 것이다. 나중에 안 일이지만 이 분이 두계 선생님이었다.

선생님을 마지막으로 뵈온 것은 정신문화연구원의 허흥식 교수의 결혼식에서였다. 만혼인 허 교수 결혼식의 주례를 맡으신 선생님은 80세의 고령이라 기억력이 감퇴한 탓인지 신랑의 이름을 박홍식이라 잘못 불러 실소를 자아내게 했지만, 안색이 한결 좋아져 화색이 도는 것 외에는 옛날의 첫 인상과 전혀 변함이 없었다. 그 동안 선생님의 강의를 듣고 사석에서도 담담하기보다 고담高談스러운 태도, 티끌만치도 허세나 현기衒氣나 꾸밈이 없으면서도 남을 숙연케 하는 의젓한 자세, 약간 비음鼻音이 섞인 잔잔한 독특한 음성…… 지금 생각하니 웃음이나 노기를 띤 모습을 본 일이 없는데, 그렇다고 희로애락이 없는 가면과 같은 얼굴이 아니라 무표정하면서도 매우 풍부한 표정이 있는 듯한 느낌이었다.

한 마디로 말해서 가장 학자다운 모습, 학자로서는 최고의 얼굴이라 하겠는데, 이러한 인상은 외국인에게도 매한가지인 듯하다. 경북대 재직 시 대구에 온 미국 역사학회지AHR의 편집장인 윙클러 교수를 만났을 때, 그는 느닷없이 두계 선생님의 이야기를 꺼내고는 그 인상과 학덕을 극구 칭찬하는 것이었다. 선생님의 대학자다운 풍모에 크게 감명을 받았기 때문인 듯했다.

이 대학자에는 나는 학생으로서 평생 씻을 수 없는 실수를 범하고 말았다. 부산 피난 대학시절, 천막 하나를 지붕으로 덮고 반으로 칸막이를 한 판잣집 강의실에서 공부를 하던 때의 일이다. 선생님이 담당하신 고려시대사의 기말시험을 보기 위해 시험기간에 임박해서 강의실에 들어서니, 포장마차 같이 다 차지해버린지라 부득이 맨 앞의 남은 자리에 앉을 수밖에 없었다.

임석하신 선생님은 흑판에 문제 하나만을 크게 쓰시는데, 문제를 보고는 기가 막힐 수밖에 없었다. 도참圖讖사상에 관한 그 문제는 마지막 강의시간에 강의를 하신 것인데, 그날 출석하지 못한 나는 미처 노트를 하지 못했던 것이다. 출제를 하신 선생님은 바로 내 옆에 나와 나란히 자리를 하시고는 책을 읽고 계시니 뒷자리에 앉은 행운아들은 노트를 돌려가면서 터놓고 베껴 쓰고 있으나 나는 꼼짝할 수가 없었다. 어림짐작으로 쓸 수 있는 문제도 아니어서 백지나 진배없는 답안지를 제출하니 선생님은 "벌써 다 썼어?"라고 한마디 하시고는 책에서 눈을 떼시지 않는다.

나중에 학적부를 보니 고려시대사 성적란에는 동그라미 하나, 0점이 기재되어 있었다. 아무리 못쓴 답안이라도 40~50점은 주는 법인데 0점이라니! 이것은 나의 불성실한 학습태도에 대해 선생님 따끔한 교훈의 일침을 가한 것이라 하면 그럴듯한 이야기가 될지 모른다. 그러나 선생님은 다만 백지나 다름없으니 0점을 주셨을 뿐이고 나는 나대로 그것을 교훈으로 반성하기는커녕 학점을 경시하는 당시의 풍조를 등에 업고 오히려 그것을 자랑(?)삼아 이야기하곤 하였다.

대학원에 진학하여 서양사 전공이면서도 다시 선생님의 강의를 신청한 것도 학부 때의 실수를 만회하겠다는 각오에서가 아니라 다만 선생님의 성해聲咳를 다시 접하고 싶었기 때문이었다. 그러나 놀란 것은 강의 텍스트가 한문이 아니라 영문이었으며, 더욱 놀라운 것은 한학자이신 선생님의 영문 독해력이 대단하다는 사실이었다.

강의가 마지막 단계에 이른 어느 날 선생님은 나에게 "내 『국사대관』을 자네가 영역해보지 않겠나?" 하시는 것이었다. 깜짝 놀란 나는 물론 그런 능력이 없다고 사양했지만 '선생님이 내 실력을 인정하셨구나' 해서 내심 약간 우쭐한 것이 사실이며 따라서 학점도 당연히 A를 기대했었다. 그러나 학점은 의외로 B+에 그친 것을 보니 선생님은 내 실력을 결코 과대평가하신 것이 아니었으며, 다만 『국사대관』을 번역할만한 사람을 도저히 찾을 수 없었을 뿐이었던 것이다. 사실 역사하는 사람치고 그 대작을 번역할 사람은 있을 수 없고 그렇다고 영문학을 하는 어느 누구가 그런 딱딱하고 무미건조한 국사책을 번역하려 하겠는가. 오죽하면 대학원 학생에게 그런 말씀을 하셨을까. 선생님의 심중을 헤아리니 안타깝고 답답할 뿐이었다.

끝내 A학점을 주시지는 않았지만 그래도 선생님은 냉담하지 않았다. 취직을 위해 추천을 부탁드렸을 때의 일이다. 흔쾌히 수락하시고 추천서를 쓰시다가 나의 호칭을 써야할 때, 학자라고 할 수 없고 그렇다고 학생이라 부를 수도 없었던지 잠깐 멈칫하시다가 쓴 호칭이 학인學人이었다. 나는 이 호칭이 퍽 마음에 들었다. 그러나 이 훌륭한 호칭과 과분한 추천사에도 불구하고 취직은 이루어지지 않았다. 그러내 내 취직의 성부成否보다도 선생님의 권위에 누를 끼친 것 같아 죄송한 마음 뿐이었다.

이제 선생님은 가셨지만 『국사대관』은 끝내 영역되지 않았다. 영역은커녕 요즈음 책사(册肆 : 편집자주- 서점)에서는 그 책이 완전히 자취를 감추고 말았다. 나는 국사 전공자가 아니고 그렇다고 그 책을 정독한 것도 아니어서 그 책의 가치를 가늠할 수는 없다. 그러나 선생님의 심혈을 기울인 유명했던 그 저술이 이제는 수십 권의 유서(類書 : 편집자주- 백과사전)가 가지런히 꽂혀 있는 국사코너에서 찾아볼 수 없다는 것은 내 책을 책사에서 볼 수 없는 것 이상으로 섭섭한 일이 아닐 수 없다. 그 책이 영역되는 기적이 일어남으로써 왕년의 명성을 되찾게 될 수는 없을 것인가. 장탄식을 하면서 책사를 나서는 발걸음이 무겁기만 하다.

종교음악과 나

산은 높고 물은 맑은 의성 꽃동산
아름다운 우리 땅은 주님의 선물
동산 끝에 우뚝 솟은 우리 교회의
유년주일학교 만세!

이 노래를 나는 〈푸른하늘 은하수〉나 일본 동요인 〈뽀뽀뽀하도 뽀뽀〉보다 먼저 불렀으니 아마도 내가 배운 최초의 노래가 아닌가 싶다. 어머니가 독실한 기독교 신자이기 때문에 나는 어려서부터 교회에 다녔다. 일요일이면 유년주일학교에 나가 찬송가를 부르고 기도를 드리고 다윗과 골리앗 같은 성서이야기를 듣고 끝으로 이 노래를 부르고 마지막 "만세!"를 일제히 크게 외치고는 교회문을 박차고 밖으로 뛰쳐나가곤 했다.

그러나 중학생이 된 후 내가 신앙심이 전혀 없다는 사실을 깨닫고는 심한 고민에 빠진다. 믿음이 없으면서도 신자 행세하는 위선적인 나 자신. 일요일이면 종소리에 이끌려 교회로 가는 몽유병자와 같은 나 자신. 이런 나 자신에게 견딜 수 없는 혐오감을 느꼈다. 그래서 어느 날 예배 때 기도 인도를 하라는 목사의 지명을 받자 사뭇 진지하게 신앙고백을 했다. "주여, 나는 주를 아무리 찾아도 주는 내 앞에 나타나지 않습니다. 주여 어찌하면 좋겠습니까……."

기도를 마치자 한참동안 무거운 침묵이 흘렀다. 의외의 신앙고백에 모두가 놀랐기 때문이었을 것이다. 나도 가슴이 답답했다. 그러나 목사는 뜻밖에 "김진경 군이 아주 훌륭한 기도를 했다"라고 칭찬을 하시는 것이었다. 나는 가슴이 조금 풀렸으나 그렇다고 번민과 고뇌가 사라진 것은 아니었다. 그러나 오랫동안 병석에 계시는 어머니를 위해서라도 교회에 나가지 않을 수 없었다.

어머니가 작고하신 후 오랜 주박呪縛에서 풀려난 듯이 어느새 교회를 멀리하게 되었다. 배교背敎니 기교棄敎와 같은 자책은 티끌만치도 없었다. 오랜 체증이 풀린 것 같은 상쾌함뿐이었다. 이루 20여 년간 나는 종교를 모르는 채 살아왔다.

하버드에서 공부할 때의 일이다. 그때 나는 칸초네에 한창 젖어 있었다. 경쾌하면서도 어딘가 퇴폐적이고 니힐nihil한 가락에 지중해의 유혹을 강하게 느껴 주책없이 흘리고만 것이다. 그런 어느 날 레코드점에서 신보 코너에 전시된 디스크 한 장을 샀다. 갓 출시된 신보이고 재킷jacket의 그림이 특이해서 산 것에 불과한데, 그것이 클럼펠러 지휘, 바하의 마테 수난곡 아리아 발췌곡이었다. 이 곡을 들었을 때 감동, 흥분이라기보다 조금 과장해서 말해 실신할 것 같은 충격을 느꼈다. 소프라노 슈바르츠코프의 오열하는 듯한 오묘한 비브라토(58곡, 61곡), 코랄(군중)의 예수를 비난할 때의 박력이 넘치는 절규(42곡, 59곡, 62곡), 예수가 숨진 후의 코랄의 비장한 영탄(63곡), 사이사이 거대한 파도와 같이 출렁이는 오케스트라의 웅장한 울림.

신이 나타난 것이다. 한 때 몹시도 찾았던 신이 숭고한 리듬으로, 천상의 맑고 낭랑한 나팔소리로, 마침내 내 앞에 홀연히 나타난 것이다. 신이 존재하지 않고서 어떻게 이러한 음악이 나타날 수 있을 것인가. 아니 이것은 신이 바하를 통해서 인간에게, 그리고 나에게 전하는 메시지가 아니겠는가.

나중에 안 일이지만 바하가 교회음악을 작곡한 것은 반드시 경건하고 강렬한 신앙의 힘에 의해서가 아니었다. 어려서 고아가 되어 어렵게 성장한 바하는 두 번의 결혼에서 20명의 자녀를 얻었으며, 이 큰 식솔들을 부양하기 위해 필사적이었다. 교회나 왕궁의 악장이 되었지만 교회는 그에게는 신앙과 예배의 장소가 아니라 살기 위한 생활의 수단이자 투쟁의 장소였다. 한 푼이라도 수입이 많은 곳을 찾아 이곳저곳의 교회와 왕궁을 전전하였으며 장례식이나 카페에서도 오르건 연주를 해서 부수입을 올렸다.

그는 수난곡, 미사곡, 칸타타 등 교회음악 외에도 심포니아, 협주곡, 무곡, 합창곡, 실내 소나타, 여러 가지 푸가 등, 오페라를 제외한 모든 종류의 음악 1100곡을 작곡했다. 그러나 생활에 쫓겨 미친 듯이 써 제긴 방대한 곡 가운데 한곡도 졸작이 없을뿐더러 최고의 서양음악이라 할 마테수난곡 외에도 주옥같은 걸작을 수없이 창조했으니 신의神意의 작용없이 이러한 기적은 있을 수 없을 것 같다.

클렘펠러의 아리아 발췌곡이 계기가 되어 이젠 완전히 종교음악의 길로 몰입하게 된다. 그리하여 요훔이 지휘한 암스테르담 콘체르트헤부의 마테수난곡 전곡, 그밖에 요한수난곡, 매니피카트, 미사 B단조, 여러 개의 칸타타를 차례로 사서 듣는다. 클렘펠러의 아리아 발췌곡이 주는 충격적인 감동에는 미흡하나 깊은 감명을 주는 데는 한결 같았다.

바하뿐 아니라 다른 작곡가의 종교음악에도 자연히 손을 뻗는다. 슛츠의 매니피카트에서부터 현대의 브라이언의 고딕 교향곡에 이르는 여러 시대의 음악을 섭렵하나 결국 종교음악의 진수는 그 원점이라 할 그레고리오 성가임을 확신하게 된다.

그레고리오 성가가 각별히 감명 깊었던 것은 박 대통령 영부인 육영수 여사 장례식 때였다. 중앙청 옆 광장에서 거행된 장례식에는 불교, 개신교, 가톨릭, 세 종교의 예배가 차례로 행해졌다. 먼저 불교의 승려 여러 명이 나와 목탁을 두들기며 염불을 시작한다. 꽤 오랫동안 유장悠長하게 계속되던 염불은 마지막 승려들이 일제히 "악!" 하는 기합 같은 고함소리로 끝난다. 텔레비전을 보는 내가 소리에 깜짝 놀랐으니 식에 참석한 사람들은 더했을 것이다. 그 기합소리는 선禪에서 행해지는 갈喝이며 할로 통하는 것이 아닌가 싶다.

다음은 개신교 예배, 영락교회의 한경직 목사의 기도에 이어 수십 명으로 구성된 대혼성합창단이 부르는 찬송가가 우렁차게 울려 퍼졌다. 끝으로 가톨릭의 차례. 개신교의 합창단과는 대조적으로 5~6명의 수녀들이 나와 그레고리오 성가를 불렀다. 이 음악은 수도원의 수도승들이 부르는 노래여서 처음 듣는 여성女聲이라 한결 감동적이다. 속삭이듯 가냘프게 시작하여 잔잔하게 흐르는 냇물과 같이 조용히 흔들리는 영롱한 음색. 그러면서도 강한 호소력을 지닌 신비적인 리듬. 육 여사의 영혼이 승천했다면 그것은 승려들의 악! 하는 일갈에 의해서도 아니요, 영락교회 대합창단의 우렁찬 합창에 의해서도 아닐 것이다. 수녀들의 천사 같은 고운 목소리에 실려 흐느적흐느적 하늘나라로 날아 올라갔을 것을 나는 의심치 않았다.

바하의 음악에서도 종교음악에만 탐닉한 것은 물론 아니며, 현재는 오히려 바이올린 소나타나 무반주 첼로 곡을 거의 매일같이 애청하고 있다. 하지만 그래도 바하의 원점이요 본령은 어디까지나 종교음악에 있다.

그런데 교회에서 부르는 찬송가에는 헨델, 하이든 등 거장들의 곡이 많이 들어 있으나 바하의 칸타타도 여러 곡이 들어 있으며 칸타타 80번 〈내 주는 강한 성〉이 그대로 찬송가로 불리는 것이 그 한 예이다. 그러나 아무런 감흥을 느끼지 못한 찬송가와는 달리 디스크의 칸타타에는 깊은 감동을 느끼게 된다. 찬송가는 시골교회 촌사람들이 타령조로 부르고 나 자신도 신심 없이 건성으로 불렀는데 반해 디스크는 최고의 가수와 오케스트라의 음악이기 때문일 게다. 그러나 그것만은 아닌 것 같다.

내가 바하나 그레고리오에 도취하고 있을 때 성당에 나가는 집사람은 오히려 덤덤한데, 성당 코러스의 생음악을 통해 식상이 나도록 듣던 곡에 새삼스레 감흥을 느낄 수 없을 것이다. 물론 성당 코러스가 슈투트가르트 바하콜레기움 합주단과는 비교할 수 없는 수준이긴 하겠지만, 그러나 대체로 신자들은 귀에 익은 종교음악보다도 오히려 세속음악을 선호하는 경향이 있다. 그에 반해 우리 같은 비신자가 음악을 통해 종교적 엑스터시에 빠지게 되니 척이나 아이러니컬하다.

말하자면 내가 바하를 통해서 신을 보는 것은 역설적으로 내가 신을 잃었기 때문이며 신을 잃음으로써 신을 알게 되었다고 할 수 있다. 그러나 신은 언제나 내 앞에 있는 것이 아니다. 바하를 들을 때 신은 방 안에 충만하다. 그러나 음악이 끝나면 신은 사라지고 만다. 신은 여전히 나에게는 가깝고도 머나 먼 존재이다.

제2부 학로學路에의 안내

(흐름) ston 설치작품

지방대학 문화의 방향 : 경북대학교의 경우

문화란 매우 편리한 말이다. 그 개념이 애매하면서도 어쩐지 세련된 도시적인 뉘앙스를 풍겨 누구나 아무데에나 붙여 사용하려 한다. 문화기구, 문화주택, 문화생활 등 물질적인 면에서부터 대중문화, 청년문화, 심지어는 문화병 따위 정신적인 면에 이르기까지 이 말처럼 다양하게 이용되는 말도 드물어 일종의 개념의 혼란을 빚고 있기도 하다.

문화와 비슷한 뜻으로 문명이란 말이 있는데 C. 도슨은 양자를 구별하여 문명이 연쇄적連鎖的, 누적적累積的, 전파적傳播的인데 대해 문화는 연속적連續的, 보수적保守的, 개성적個性的인 성격을 갖는 것이라 정의한다. 말하자면 만년필이나 자동차 같이 세계적으로 보급되는 것은 문명의 소산이요 고려자기 같이 독자적인 것은 문화의 소산이란 것이다. 복현문화(伏賢文化 경북대학교는 대구시 복현동伏賢洞에 소재한다)란 말이 언제부터 사용되었는지는 모르겠으나, 도슨의 정의에 따라 그것이 경대慶大 특유의 개성적인 성격을 뜻하는 것이라 하면 유행어치고는 제법 '문화적'인 말이라 할만하다.

한데 형식적인 뜻에서 이른바 '복현문화'가 탄생한 것은 1952년 5월. "달구벌 복현원야伏賢原野에서 진원震源한 탄생의 소리는 우렁찼다. 영원히 맥박 칠 생명, 이 나라 이 겨레의 운명을 등에 업고 세계를 향해 가슴 펼 대 경북대학교 탄생의 소리이기에 더욱 그러하다"라고 『경대 20년사』는 대시대적인 표현으로 자랑하고 있지만 실인즉 전쟁 중의 불안과 혼란 속에 급조된(따라서 교사校舍도 허름한 바라크baraque〈편집자주-판잣집, 가건물〉일 수밖에 없었다) 간판만 큼직한 이름만의 대학이었을 것이다.

문교부의 지역문화 육성책의 일환으로 1도 1국립대의 원칙에 따라 설립을 보게 된 것이겠지만, 그리고 지방유지의 열의에 의한 7년간의 진통 끝의 난산이라고는 하지만, 전란의 소용돌이 속에서 종합대학이 홀연히 출현하게 되었다는 것은 매우 기이한 일이 아닐 수 없었다. 하긴 전란의 와중이었으므로 오히려 대학설립이 가능했다 할 수도 있을 것이다. 왜냐하면 피난살이를 온 서울의 유수대학이 그야말로 간판과 천막 몇 장으로 어엿이 대학의 문을 열 수 있었기 때문이다.

설립된 대학의 구성도 착잡했을 것이다. 사범師範, 의전醫專, 고농高農 등 실무를 주체로 하는 종래의 전문학교와 신설된 법정대, 거기에다 기초학문연구를 목적으로 하는 문리대 등 잡다한 성격의 학교가 기계적으로 집합한, 학문의 연구 소장도 실무자의 양성소도 아닌, 애매 무성격의 모자이크 대학이었기 때문이다. 교수진도 구전문출신, 사범출신, 국사립대출신 등 서로 학문의 배경이 다른 옥석혼효玉石混淆의 외인부대와도 같은 것이었을 것이며, 그들에게 공통점이 있다면 창교創校의 사명감과 그와 상반되는 '휴강이 명강' 따위 구제대학의 이지러진 전설을 아울러 신봉하고 있는 점이었을 것이다.

고매한 창교의 취지와 거리가 있는 이러한 무성격성은 복현만이 갖던 난점이 아니라 전국의 모든 신설대학이 갖던 공통적인 결함이었으며, 그러한 무성격성은 전 대학의 획일화를 낳게 하고 그것은 법적, 제도적 조건으로 한층 조장되었다 할 것이다.

약 10년 전 필자가 복현에 부임할 무렵 은사나 주위의 경대에 대한 의견은 퍽 고무적이었다. 옥스퍼드에 대한 케임브리지, 동경대에 대한 경도대의 카운터 파트를 지향하는 전국 제2의 국립대학이란 것이었으며, 따라서 학문적인 정열이 소용돌이치는 연학硏學의 센터를 생각했었다. 그러나 실제의 경대는 적이 실망적이었다. 창교의 열의는 사그라졌고 뚜렷한 이념도 방향도 없이 '한강이남 제1'이란 촌스러운 신화만이 신기루처럼 떠 있을 뿐이었다. 말하자면 식민지적 植民地的 열등감과 한수이남식漢水以南式의 자오自傲, 대시대적인 감각과 산골샌님적인 파쟁심과 배타성이 뒤섞인 활기 없는 폐쇄사회였으며 이러한 면은 오늘에 이르면서도 말끔히 가셨다고는 할 수 없을뿐더러 부분적으로 보다 조장된 느낌이 없지 않다.

이제 탄생한 지도 22년. 진정한 뜻에서 복현문화가 형성되어야 할 시기가 된 듯하다. 새로이 형성될 복현문화, 그것은 우선 개성적인 문화이어야 할 것이다. 그러기 위해서 지역사회와 보다 밀접한 학문연구가 필요하며 명실상부한 지역문화의 센터가 되어야 할 것이다. 그러나 지방에 철저하는 것만이 개성화를 나타내는 것은 아니다. 대학이 갖는 또 하나의 중요한 기능은 보편적인 학문의 연구를 소홀히 할 수는 없다. 이 점에 있어 경대는 각별한 문제를 안고 있다 할 것이다. 대학이 학문연구의 장소라 할 때 그 중심이 되는 것은 말할 것도 없이 문리대와 대학원이다. 전자는 보편적인 기초학문의 장소요 후자는 전문화 심화를 위한 연구기관인 것은 물론이나 경대의 경우 이 두 가지가 가장 애매한 존재가 되어 버렸다. 문리대는 기초학문연구의 중심이라기보다 2급 교사양성소와 같은 것이 되어 버렸으며, 대학원은 학문연구와는 무관한 학위수여사무실(특히 사회인을 상대로 한)이 되어 버린 느낌이다. 현 대학원의 폐단으로 흔히들 전임교수의 전무를 들고 있다. 그러나 강의를 맡은 학부 교수가 강의만 충실히 한다면 굳이 전임교수를 따로 둘 필요가 없다는 것이 필자의 의견이다. (하버드의 경우도 그러하다.) 문제는 어떻게 강의를 충실히 하느냐에 있다. 현재의 석사과정, 특히 문과계의 경우 재적생의 대다수가 전임직을 갖는 중등교사이며 주간 출석이 불가능한 이들 사회인에게 대학원 교육을 행한다는 것은 난센스라 하겠다. 따라서 학부와 같이 일절 직장을 갖지 않은, 학부교육을 계속할 수 있는 자만을 선발해야 할 것이며 그것을 뒷받침하기 위해 학부에 편중되어 있는 장학금제도를 구미식으로 대학원 중심으로 전환해야 할 것이다.

그리고 문리대와 대학원을 직결하되 궁극적으로 외이내동外異內同의 사대와 문리대를 기초연구를 위한 기관으로 단일화하여 그것을 기반으로 한 대학원과 교육대학원의 이원제를 확립해야 할 것이다.

복현문화가 개성적인 문화이어야 한다고 해서 그것이 편협한 배타적인 문화를 뜻한다는 것이 아니다. 작년부터 경대는 버팔로 대학과 자매관계를 맺어 양교의 교류가 이제부터 본격화될 것 같은데, 우리가 그들에게 배울 것은 시설이나 기구보다도 학문연구에 있어서의 개방정신에 있다 할 것이다. 예컨대 버팔로 대학의 〈불리틴〉에 의하면 필자의 전공인 고전학과의 경우 17명의 교수 전원이 비非 버팔로대 출신자로 구성되어 있다. 고전학과의 경우는 극단적인 예일지 모르나 타대 출신에 대한 이러한 개방적 태도는 버팔로에 국한된 것이 아님은 물론이다. '이데아 폴리스'(지식의 수도)라 불리우는 하버드의 경우 교수의 3분의 2 이상이 비 하버드 출신이며 심지어는 서류심사(시험이 아닌)를 통해 선발하는 8000명의 대학원 재적자 등 전국의 수재를 자부하는 하버드 출신 20퍼센트 미만에 불과한 것이다. 미국과 한국의 약간의 사정의 차이를 감안하더라도 이것은 놀라운 일이 아닐 수 없으며, 이러한 학문연구에 있어서의 개방성이야말로 대학과 학문의 발전의 결정적 요건임을 새삼 깨닫게 한다. 요즈음 국내의 일부대학에서 교수채용에 있어 공모제를 실행하고 있는데 그것도 물론 좋은 방편이긴 하나 요는 채용결정에 있어 공정성을 보장하기 위한 개방적 정신과 객관적 기구의 확립이 문제일 것이다.

복현문화는 '아카데미아'의 문화이어야 한다. 아카데미아는 연구와 교육의 장소를 뜻한다. 따라서 아카데미아에 있어서는 연구하고 교육하는 교수가 주체이며 교수 이상의 권위도 없다. 만약 아카데미아에 교수 이외의 권위가 득실거리게 되면 그것은 이미 아카데미아가 아니라 한낱 '아고라'(광장, 시장)에 불과한 것이다. 따라서 아카데미아는 자율적인 사회를 뜻한다. 자율은 남에게 부여받는 것이 아니라 스스로의 노력과 용기에 의하여 획득되는 것이다. 자율을 위한 노력과 용기를 방기한다는 것은 문화를 방기하는 것을 뜻하는 것이다.

아카데미아가 연구와 교육의 장소인 이상 연구와 교육을 위한 시설이 무엇보다도 우선 되어야 할 것이다. 본교를 찾는 외부인은 먼저 넓고 아름다운 캠퍼스에 감탄할 것이며 본관에 들어서면 말끔히 단장되고 깨끗하게 청소된 복도와 사무실에 다시 한 번 감탄할 것이다. 그러나 뜻있는 인사가 발을 뻗어 4층 연구실이나 혹은 인문관 강의실에 들어서면 깊은 충격을 덮인 천정과 벽, 부듯가 창고와도 같은 허름한 시설. 대학의 핵심인 연구실과 강의실이 대학에서 가장 천대를 받고 있는 이 사실보다 아이러니컬한 일은 없을 것이다.

복현문화는 젊은 문화이어야 한다. 젊은 문화이기 위해서 복현인은 항상 젊어야 한다. 젊음은 맹렬한 실체이다. 무기력하게 굳어버린 어른에게는 청춘은 감미로운 추억이나 회한悔恨으로서 감상의 대상일 뿐이다. 그들은 '철없는 젊은이' 따위의 표현으로 그것을 부동浮動의 상태, 꿈, 희망이라 넘겨버린다. 잘못이다. 그것은 혼탁하고 애매한대로 팔방으로 통하는 길이다. 그것은 세계의 육체이며 에너지원이다. 생생하게 살고 있는 인간, 격렬하게 현실에 도전하는 인간의 마음에는 언제나 젊은 정열이 순간순간 솟아오르는 것이다.

오늘과 같은 암울한 객관적인 상황 속에 울굴감鬱屈感 저항감에 지쳐 젊음이 폐쇄적이 되어 자기방기가 되는 것이 두렵다. 그 울굴과 저항감을 고고 댄스로 육체적으로 발산해버리는 통기타, 청바지족도 있다. 그러나 오늘과 같은 상황이므로 오히려 진정한 뜻에서의 젊음을 일으키고 싶은 것이다. 그것은 순간순간에 재현되는 부패와 통제에 대해 전위로서, 영웅으로서, 결코 절망적이 될 수 없는 격렬한 일종의 로맨티시즘일 것이다. 젊음을 불러일으키고 싶다. 그럼으로써 영원히 젊은 진정한 뜻에서의 문화를 가질 수 있을 것이기 때문이다.

좋은 행위, 좋지 않은 행위

교수가 정년을 맞을 때 흔히 벌어지는 행사가 있다. 정년기념논문집 봉정식이라는 것이 그것이다. 나는 그런 자리에 참석할 때마다 자신은 결코 이런 잔치판을 벌리지 않을 것을 다짐했다. 노병은 조용히 사라질 일이지 공연히 제자와 후학들을 물심양면으로 괴롭혀서 되겠느냐 하는 생각에서였다. 사실 논문집을 내려면 제자들이 상당한 금액을 갹출해야 하고, 논문을 쓰는데 막대한 시간과 노력을 경주해야 하는데 논문을 읽어주는 사람은 거의 없다. 더욱이 부피가 두꺼우면 당사자는 자신의 학덕이 높아 기고자가 많은 것이라 자랑을 느낄지 모르나 책을 받는 사람은 운반하기 힘들고 처치하기 곤란해 일종의 공해가 되어버린다. 식장에서 당사자는 의례히 본인은 '극구 사양'을 했는데 제자들의 강요에 못 이겨 '마지못해' 논문집을 받게 되었다고 위선적인 변명을 늘어놓는 것도 보기 좋은 꼴이 아니었다. 해서 나에게도 후학들로부터 그런 얘기가 나왔을 때 당연히 딱 잘라 거절했다. 그러나 몇 달이 지난 후 몇 가지 조건을 제시해왔다. 즉 논문집을 출판사에서 출판하며 기고자에게는 인세가 지불된다. 논문집이라기보다 일종의 서양고대사개론을 꾸미며 따라서 집필자는 고대사 전공자 10명으로 한정하고 각자가 쓸 제목도 미리 정한다. 서양고대사 책이 없는 실정이라 상당한 부수의 판매가 예상되며 인세는 특히 전임이 아닌 집필자에게 혜택이 될 것이다. 말하자면 나 자신을 포함한 10명의 고대사 전공자들이 일종의 고대사개론을 공동집필하자는 것이다.

그리하여 결국 나의 경우도 여느 선배들과 다를 바 없이 '극구 사양'과 '마지못해'의 과정을 거쳐 논문집 『서양고대사강의』가 출판되기에 이른 것이다.

그뿐이 아니었다.

집필자들이 모인 자리에서 나는 그들에게 수고를 끼친데 대해 사의와 사죄의 뜻을 표하고 플라톤의 고사를 빌어 자기변명을 늘어놓은 것이다. 즉 플라톤의 대화편 「힛피아스」에서 소크라테스는 다음과 같이 말했다. 고의로 좋지 않은 행위를 한 자는 고의 없이 좋지 않은 행위를 한 자보다 낫고 훌륭하다. 즉 알면서 나쁜 짓을 한 자가 보다 악질이라는 일반적인 통념과 반대된다.

그러나 모르고 나쁜 짓을 하는 자, 즉 자기가 행하는 일이

나쁜 줄도 모르고 오히려 그것이 좋은 일이라 생각하는 자는 독선가, 독재가라 할 것이며, 그들이 사회에 끼치는 해는 알면서 나쁜 짓을 하는 자보다 크다고 할 수 있다. 따라서 소크라테스의 말은 옳다 할 것이다. 논문집을 내는 것은 폐습이요, 좋지 않은 행위이다. 그러나 그래도 나는 그것이 좋지 않은 행위라 생각하는 자보다는 낫다고 할 수 있다. 하지만 그것이 좋은 행위인지 좋지 않은 행위인지는 두고 봐야 한다. 그것이 일과성 해프닝으로 끝나면 좋지 않은 행위임이 분명하지만 책이 널리 보급되어 많은 사람에게 읽히게 되면 좋은 행위가 될 것이다. 운운.

말하자면 나는 여느 정년자와 같이 논문집을 냄으로써 집필자들을 괴롭혔을뿐 아니라 한술 더 떠서 그들에게 책을 많이 팔도록 판촉까지 한 것이다. 그렇다면 나는 고의로 좋지 않을 행위를 했을뿐 아니라 좋지 않은 행위가 좋은 행위가 된다고 우겼으니 고의 없이 좋지 않은 행위를 한 자보다 더 좋은 인간인가 좋지 않은 인간인가. 아마도 소크라테스의 범주에 들지 않는 논외의 행위를 한 자일지 모른다.

현대사학의 이해

가. 플롤로그

학생: 어떤 의미에선 요즈음은 국사 붐이라 할 수 있을 것 같아요. 각급 학교에서 국사교육이 강화되고 출판 영화 TV에서 역사물이 유행하고…… 이에 편승하여 역사일반에 대한 일반인의 관심이 퍽 커진 것 같습니다.

교수: 그것은 급변하는 국제정세, 당국에서 주도하는 내셔널리즘nationalism의 앙양 등등의 결과라 하겠는데 아무튼 그에 따라 대학의 사학과 지방생의 수도 크게 늘어난 것은 나쁜 현상이라 할 수 없지. 하지만 학생들의 사학과 지망 동기나 목적이 좀 석연치 않은 것 같더군……. 자네의 경우는 어떠한가?

학생: 글쎄요……. 역사에 취미가 있고 역사를 알고 배우고 싶어서이겠지요.

교수: 대부분의 학생의 경우가 그러하지. 처음부터 역사가가 되겠다고 나서는 학생이 거의 없어. 역사가란 원래 역사를 읽는 사람, 역사에 대해 해박한 지식을 갖는 사람이라

기보다 역사를 쓰는 사람을 뜻하지. 역사를 쓰려는 사람이 적단 말이야.

학생: 하지만 역사를 쓰려면 역사가 뭐인지 먼저 알아야 하지 않을까요? 도시 선생님들은 역사를 쓰고 가르치는 역사가이면서도 역사가 무엇인지 모르는 분이 없지 않은 것 같아요. 역사 이론이나 방법론을 아예 외면하는 경향이거든요.

교수: 반격이 꽤 신랄하군. 하긴 역사를 이해하는 것이 역사서술의 중요한 조건임은 물론이지. 금세기 초에 널리 읽힌 베른하임E. Bernheim의 『역사란 무엇인가』라는 책이 있지. 그것은 역사를 쓰는 방법, 주로 사료 비판에 관한 기술적 이론을 설명한 책이야. 그러나 올바른 사료를 발견했다 해서 역사가 쓰여질 수 없는 것이지. 사료의 비판이 곧 역사의 비판, 역사의 올바른 인식이 될 수는 없다는 말일세.

학생: 같은 제목인데 요즈음엔 E. H. 카(Edward Hallet Carr : 1892~1982)의 『역사란 무엇인가』란 책이 많이 읽힙니다만은…….

교수: 베른하임의 책이 역사기술歷史記述의 기술론技術論이라 한다면 카의 책은 역사의 이론학이라 할 수 있지. 역사를 하는 사람이 다 같이 읽어야 할 명저이지. 기술과 인식, 이

양자가 겸비되어야 역사에 대한 올바른 이해와 기술이 가능하다는 말일세. 따라서 역서서술의 경향이나 문제점에 언제나 민감한 필요가 있지.

학생: 그런 뜻에서 우선 현대 역사연구의 경향에 대한 일반적인 지식의 필요를 느끼게 되는군요.

나. 뉴히스토리

학생: 좀 막연한 말입니다만 현대 역사학의 기본적인 특색이라 하면 무엇이겠습니까.

교수: 19세기 사학의 특색을 단적으로 랑케사학이라 한다면 현세기의 특색은 랑케사학의 극복이라 표현할 수 있을 거야. 학문치고 객관성을 존중하지 않는 학문은 없지만 역사학은 특히 객관적 구체성이나 역사사실을 존중하는 학문이지. 랑케(Leopold von Ranke : 1795~1886) 이래의 19세기의 역사가는 역사적 사실이 과거에 엄연히 존재하며 또한 사실은 사료를 통해서 후세에 전달되므로 사료를 허심虛心히 읽으면 과거의 사실이 되살아오는 것이라 확신했지. 그리하여 사가는 사실을 우러러 보는 마음으로 "원래 있었던 그대로 기술하면 된다"(랑케)라든지 "과거의 사실을 완전 복원한다"(미슐레)라든지 "자기를 없애고 사실만 말끔하게끔 해야한다"

(랑케)고 주장했지. 그러나 현대의 사가는 "역사적 사실은 사가가 만들 때까지 존재하지 않는다"(베이커)든지 "사가가 현재 중요하다고 하는 것이 역사이다"(듀이)라든지 혹은 "사실을 보기에 앞서 사가를 보라"(카) 등등 역사가의 주관성을 극단적으로 강조하기에 이르렀다.

학생: 그러나 지난 세기의 사가들의 사실주의 내지 사료중심주의는 소박한대로 납득성이 있는 것 같아요.

학생; 그러나 지난 세기의 사가들의 사실주의 내지 사료중심주의는 소박한대로 납득성이 있는 것 같아요.

역사학은 주로 사료에 의존하는 학문이고 사료에는 사실을 왜곡한 위서僞書나 날조가 많을 것이므로 역사서술에는 엄밀한 사료비판 작업이 있어야 하지 않을까요.

교수: 그렇기는 하지. 하지만 올바른 사료만 있으면 역사를 쓸 수 있다고 생각한 것은 인식부족이지. 사료는 스스로 말을 하지 못하지. 사료는 악기와 같은 것이어서 누군가 연주를 해주지 않으면 소리가 나지 않는 거여. 어떤 소리를 내느냐 하는 것은 역사가의 솜씨에 달려 있지. 그런 뜻에서 역사가는 예술가라 할 수도 있다.

학생: 그러나 "자기를 없애라" 운운의 랑케의 말은 공평한 객관적 태도의 중요성을 강조한 교훈이라 할 수 있겠지요.

편파적인 역사가란 가지가 없는 것이고 역사학이 과학화 한다는 것은 결국 객관적인 인식에 입각하여 일반적으로 승인될 지식에 도달하는 것을 의미하는 것이 아니겠어요.

교수: 하지만 어떤 역사가도 자기의 입장과 이해와 신념을 떠나 절대적으로 공평한 판단을 내릴 수는 없고 완전히 객관적일 수도 없지. 랑케 자신도 왕조주의자, 프러시아주의자, 서구중심주의자, 나아가서는 자신도 "19세기에 있어서의 가장 당파적인 사가"라는 비난을 받기도 했지. 아무튼 역사의 객관성에 관한 논의는 이른바 '뉴 히스토리'파에 의해 집약적으로 표현되어 있다고 할 걸세. 1930년대에 미국의 T. E. 스미스는 랑케의 태도를 "역사의 객관적 진리를 얻으려는 노력"이라 하고 그것을 '고귀한 꿈'이라 높이 평가한데 대해 찰즈 베어드 등 이른바 '뉴히스토리'의 입장에선 사가들은 그것을 한낱 '환상'에 불과하다고 일소一笑에 붙인 것이 발단이었지.

학생: 베어드가 그것을 환상이라 한 까닭은 무엇이었습니까?

교수: 첫째로 역사는 눈앞의 사물을 있는 그대로 보는 것이 아니라 과거의 사건을 현재의 역사가의 머릿속에서 재현하는 것이므로 주관적이 될 수밖에 없다. 둘째 사료는 역사가가 취급할 사건의 일부만이 포함되며 전全 사료를 모은다

해도 역사가는 그 일부만을 읽을 수밖에 없다. 따라서 모든 사실은 어떠한 역사가도 알 수 없으며 있던 그대로의 역사는 알 수 없는 것이다. 그리고 역사가가 사실을 보려 할 때 자기의 선택과 해석이 개입되지 않는 일은 없으며 아무리 객관적으로 중립적으로 보려 해도 주관을 배제할 수가 없다. 요컨대 그의 생각은 역사가가 보는 대로가 모두 진眞이라는 것이며 따라서 이는 역사의 상대주의라 할 수 있지.

학생: 역사의 사실은 본대로가 모두 진이라면 역사에 진정한 사실이 없다는 말입니까. 그것이 존재한다 해도 그것에 도달하는 것이 전혀 불가능하다는 말입니까?

교수: 진정한 역사적 사실에 도달하는 것은 불가능한 것은 아니라고 보지. 크로체(Benedetto Croce : 1866~1952)는 "모든 역사는 현재의 역사"라 했지만 역사는 현재의 역사가가 과거에 대해 생각해서 그리는 '이미지'이므로 그것이 주관적인 경향을 띠게 되는 것은 불가피한 일이지. 그러나 역사가의 냉정한 이성판단에 의해 자기의 선입관을 자각하고 시대에 일반적으로 승인되고 있는 과학적 가설 내지 이론을 올바르게 선택하여 추리하면 객관적인 진리에 접근할 수 있다고 생각하네. 아무튼 19세기의 사료숭배 일변도에 대하여 현대의 사가들이 인식(사상)을 강조한 것은 중요한 발전인 것

은 틀림이 없지. 따라서 콜링우드(Robin George Collingwood : 1889~1943)의 "모든 역사는 사상의 역사"라고 한 말이나 호퍼의 "역사가는 있는 것을 쓰는Geschichtsschereliber 동시에 있는 것의 뜻을 밝히는Geschicht Denker 사람이어야 한다"는 말은 그런 뜻에서 이해되어야 할 걸세.

다. 구조사냐? 사건사냐?

학생: 현대의 역사서술에 있어 방법론적으로 새로운 경향이라면 무엇이라 하겠습니까?

교수: 예컨대 구조사적 경향과 지성사적 어프로치를 들 수 있지. 우선 구조사에 대하여. 지난 세기의 사가들은 개인이나 사건의 흐름을 좇는 것, 즉 언제 누가 무엇을 어떻게 했느냐를 밝히는 것이 역사기술이라 생각했지. 그러나 현대는 기술공업 시대로서 미증유의 구조변화가 전개되고 있는 때이므로 오늘의 사학도 이 구조변화에 초점을 맞추어야 한다는 것이지. 즉 사회과학의 성과에 의해 사회구조를 분석, 거기에서 단계나 법칙 등 여러 가지 모델을 발견하여 역사의 형型을 그리는 방법이지. 따라서 구조사학의 관심은 역사적 개인이 아니라 '사회'에 있지. 사건사가 표면적 현상을 그리는데 대해 구조사는 사회의 내부구성, 인간결합의 구조,

집단현사상, 경제적 생활과정의 중요성을 강조하는 것일세.

학생: 그것이 시작된 것은 언제쯤이었습니까?

교수: 구조사가 제창된 것은 19세기말의 문화사가 람프레히트에 비롯한 것이나 이것이 사학계에 문제화된 것은 2차대전 후의 일이지. 프랑스의 사회경제사학자의 그룹인 '아날학파年報派'에 대하여 현 독일사학계의 원로인 G 릿터가 비판을 가한 것이 발단이었다. 그러나 릿터의 뒤를 이은 봐그너, 콘체, 사이더 등 현재의 독일사학의 중심인물은 랑케적 사건사에 만족하지 않고 고전사학의 전통을 타파하여 자연과학과 사회과학에 연결되는 새로운 역사학을 수립하려하기에 이르렀어.

학생: 물론 역사연구에 있어 사회구조를 분석하는 것은 중요한 일이지만 구조사만으로는 논리적 필연밖에 그릴 수 없는 것이 아니겠어요. 결국 역사를 움직이는 것은 인간이며 구조에만 치중한다면 개인을 말살할 우려가 있지 않을까요. 역사에 있어 개인의 역할을 무시할 수는 없는 것이 아니겠습니까.

교수: 그렇기는 하지. 역사서술에 있어 개인의 행동이나 사건과 같은 정치현상에 주목할 것이냐 혹은 유형적이거나 구조적인 면에 주안을 둘 것이냐에 대해서는 여러 가지로

선택할 수 있는 일이겠지. 그러나 이 양자는 상호 배타적이라기보다 상호보족적인 것이어야 할 거야. 이것은 시이더의 생각이기도 하지만 이 양자는 하나의 전체로서 역사에 어프로치 하기 위한 다 같이 중시해야 할 두 가지 시점視點이라 할 수 있지. 릿터는 "세계사의 드라마는 내적 제 관련에 있어서의 사회상태의 구조분석 없이는 이해불가능한 일이다. 허나 구조분석은 역사서술의 궁극적 목표라기보다 보조수단"이라고 하여 사건사를 두둔하기는 하지만, 사건사와 구조사의 어느 쪽에 비중을 두느냐에 차이가 있을 뿐 양자의 종합을 꾀하라는 뜻에서 릿터나 시이더 사이에 근본적인 견해의 차이는 없다고 할 수 있지.

학생: 비단 구조사뿐 아니라 역사학과 여타 과학 특히 사회과학과의 관련이나 협조가 강조되고 있는 것이 요즈음 추세 같더군요.

교수: 예컨대 문화인류학의 경우를 들어보세. 문화인류학은 사학의 힘이 미치지 못하는 지역이나 시대, 예컨대 아메리칸 인디언이나 중남미의 고대문명 혹은 미개민족의 문화에 대한 설명에 크게 기여했지. 그리고 사학은 어디까지나 문헌중심의 학문이며 또한 그 주류는 정치 · 사회 · 경제사이며 문화사 연구에 있어서도 엘리트의 상층문화정신에 치

중하고 사회의 공동체 조직연구나 서민의 생활사를 등한시해 왔거든, 그리고 또한 그 문헌도 소수자에 의해 작성되었으며 소수자의 눈에 비치고 의식에 떠오른 것만이 기록되었으며 또한 정치 · 경제적 권리나 문화 · 종교적 가치가 있는 것만이 보존되어 왔지. 이러한 편향성을 문화인류학은 구두전승口頭傳乘이나 무형문화재 혹은 현재의 사회구조의 연구에 의해 보족해주는 것이었지.

학생: 그리고 고대사 연구에는 고고학이 결정적인 역할을 하지 않습니까?

교수: 특히 문헌자료가 제한되어 있는 고대사연구는 고고학의 성과에 의존할 수밖에 없다는 뜻에서 고대사와 고고학은 별개의 학문이라 할 수 없지.

라. 〈인텔렉추얼 히스토리〉

학생: 요즈음 특히 주목할 것은 역사에 작용하는 경제적 제력經濟的 諸力에 대한 관심이 고조된 이래 경제사가 차지하는 비중이 굉장히 커진 현상이라 하겠습니다.

교수: 오히려 경제나 경제사에 대한 지나친 관심에 대한 반성이 요즈음의 추세라고도 할 수가 있지. 현재 미국사학의 주류가 되다시피 한 인텔렉추얼 히스토리(지성사)도 말하

자면 경제적 요인의 지나친 강조에 대한 일종의 반작용으로 나타난 역사태도라 할 걸세.

학생: 지성사가 새로운 역사적 접근방법이라 일컬어지는 이유는 무엇일까요. 그것이 종래의 철학사 내지 사상사의 방법과 다르다 할 특색은 무엇이겠습니까?

교수: 단적으로 말해 그것은 사상이 역사의 과정에 미치는 영향을 적극 인정할뿐더러 사상은 다른 역사사실과 같이 연구되어야 할 역사사실이라 취급하는 거지. 말하자면 사상과 사건의 관련을 취급하는 것이 지성사가의 태도란 말일세.

학생: 사상과 역사의 관련에 대한 고찰은 새로운 것이라 할 수 없는 것이 아니겠어요.

교수: 뿐 아니라 플라톤에서 헤겔에 이르는 모든 철학자의 관심이 바로 그것이었다 할 수 있지. 다시 말하면 이 문제는 철학자의 관심사이지 역사가의 관심사는 아니었다는 말일세. 역사가는 그 관련이 어떠한 성질인가를 논리적으로 비판적으로 추구하지 않고 철학자에게 일임했던 거지. 그리고 철학자들은 초월적인 힘 즉 헤겔이 말하는 세계정신과 같이 '숨겨져' 있으면서 신비적인 양태로 사건에 영향을 주는 절대적인 것이라 생각을 한 거지. 자네도 알다시피 헤겔

의 관념론은 19세기의 사상계를 지배했으나 역사가에 대한 영향은 없었다 할 수 있어. 뿐더러 관념적인 세계관이나 사상의 역사, 나아가선 사상이란 말 자체가 헤겔적인 함축성을 갖는 것이라 하여 역사가가 경원敬遠하는 바가 되었고, 헤겔에 대한 반작용으로 사상은 현실세계의 역사에 별로 영향력을 갖지 않을 것이라는 생각이 지배적이 되어 버렸네.

학생: 그러한 반작용의 급선봉急先鋒이 마르크스의 변증법적 유물론이겠군요.

교수: 그렇다네. 헤겔이 물질적 제력은 사상의 지배에 따른다고 한데 대해 마르크스는 반대로 인간의 일체의 사상은 인간의 물질적 행위의 직접 발로이며 "생활을 결정하는 것이 의식이 아니라 의식을 결정하는 것이 생활이다"라고 주장하는 것이지. 마르크스가 역사가에 준 영향은 절대적이어서 대부분의 역사가는 역사에 대한 사상사적 어프로치를 거부하고 역사의 여러 가지 원인과 물질적인 것에서 해명하려 노력하게 되었지. 그리하여 미국의 사학계에도 경제적 동기 내지 관심이 사건을 해명하는 열쇠라 생각하는 일군의 역사가가 나타났네. 찰즈 베어드는 〈합중국 헌법의 경제적 고찰〉(1913)이란 저서로 1787년의 헌법제정의회의 경과를 제주 대표諸州代表의 정치철학이란 면에서가 아니라 경제적 이해 및 태

도라는 면에서 고찰하여 큰 센세이션을 일으켰으며, 한편 터어너는 이른바 '프론티어' 이론에서 경제사상經濟事象 그 자체보다 원초적인 힘, 즉 지상地相, 기후, 자연환경일반이란 힘에 의해 결정된다고 주장하면서 프론티어 생활의 여러 가지 조건에서 미국의 사상이 형성되었다고 강조하였던 걸세.

학생: 말하자면 역사의 진상을 경제적 · 지리적 사상事象에서 찾으려는 이러한 태도에 대해 사상思想이나 의식의 중요성을 환기시킨 것이 지성사가이겠군요.

교수: 브린튼, A. 라브죠이로 대표되는 지성사가들은, 사상이 역사를 형성하는 초월적인 힘이라는 관념론에 대해 터어나나 베어드가 유익한 교정 작용을 한 것은 인정하지만 일면 경제적 힘의 절대성 역시 거부하는 입장에 선 것이지. 그들은 생각하기를 사상은 역사적 배경의 영향을 받지만 그 대신 사상도 역사에 대해 어느 정도의 임팩트를 마친다. 환언하면 사상은 일정한 역사적 힘이며 다른 역사사상事象과 함께 역사연구의 대상이 된다는 것일세.

학생: 지성사가 사상과 역사의 관련을 중시한다면 구체적으로 어떤 점에 초점을 두는 것입니까?

교수: 말하자면 위대한 사상가의 사상이 일반인의 사고와 행동에 미치는 영향, 즉 철학자 지성인 사상가의 사상과 문

명의 과업을 담당하는 수백만인 현실적 생활양식 사이의 관계를 다루는 것이지, 환언하면 추상적인 철학의 제 개념에서 일반인의 구체적인 행동에 이르는 시대의 모든 자료를 알기 쉬운 하나의 전체로 유기적으로 집대성하는 것이라 할 수 있지.

학생: 그렇다면 지성사에의 접근방법은 퍽 다양한 것이 되겠군요. 여러 가지 학문분야에서 그것을 다룰 수 있는 것이니까요.

교수: 환언하면 지성사의 성립장소는 여러 가지 학문분야가 중첩된 경제지대에 있다 할 수 있지. 그것은 그 명칭이 말하듯이 부분적으로 역사학의 영역에도 속하며 부분적으로 철학에도 속하며 또한 문학이 사상의 가장 효과적인 전달방법이라는 점에서 문학의 영역에도 속하지. 말하자면 그것은 주로 역사가 철학자 문학자에 의해서 이루어지는 작업의 종합이라 할 수 있네.

학생: 예컨대 소크라테스와 그 시대를 알기 위해서는 플라톤의 작품뿐 아니라 투키디데스나 플루타르코스 같은 역사가의 저작과 아리스토파네스의 〈구름〉과 같은 희극도 연구를 해야만 한다는 얘기가 되겠군요.

교수: 특히 아리스토텔레스와 같은 문학작품은 그것이 경

제적 사실을 정확히 반영하건 안 하건 시대의 관념이나 감정을 하나의 이미지로 나타내는 것이며, 그 이미지가 때로는 실제문제에 결정적인 영향을 미치는 경우가 많다는 점에서 각별한 의의를 가졌다 할 수 있지. 그리고 역사와 문학의 접연接緣은 역사의 표현이라는 역사의 표현이라는 문제와도 연관된다고 생각되네.

마. 역사의 표현

학생: 표현의 얘기가 나왔으니 말입니다마는 역사학과 역사서술이 아무리 발달하고 과학화 한다 해도 궁극적으로 아무리 발달하고 과학화한다 해도 궁극적으로 역사작품의 우열을 결정하는 것은 결국 표현 여하에 달려있는 것이 아니겠습니까?

교수: 훌륭한 역사를 위해서는 참신한 직관력과 구상력, 정확한 사료의 선택과 면밀한 과학적 고증이 필요하지. 그러나 이에 못지않게 중요한 것은 표현력이라 할 수 있네. 물론 표현이라 해서 의식적으로 미적 효과를 노리는 것을 의미하는 것은 아니지. 그런 것은 진실을 위하는 문학적 유희遊戲에 불과한 것이니까.

학생: 선생님들은 툭하면 학생들의 문장력의 부족을 개탄

합니다만 오히려 교수님들의 표현력의 부족에 놀라는 일이 많습니다. 교수님들의 문장을 보면 그 내용 평가는 물론 불가능합니다마는 대시대적大時代的인 어조나 미사여구美辭麗句와 의식적인 난삽한 용어로 가득 차 있어 도시 세련된 맛이 없습니다. 헤로도토스의 작품이 고전인 까닭이 그의 뛰어난 표현력에 의한 흥미에 있는 것이 아니겠습니까.

교수: 역사를 어떻게 표현하느냐 하는 문제는 이해의 문제, 평가의 문제와도 관련된다고 하겠네. 역사사실에 대한 이해의 심천深淺, 흥미의 역점, 평가의 대소는 표현의 교졸巧拙과 관련이 있다는 말이지. 당唐의 유지기(劉知幾 : 661~721)란 학자는 역사가에 필요한 세 가지 자격을 '학學, 식識, 재才'라고 했어. 학이란 박학博學, 즉 널리 사료에 통하는 온축蘊蓄을 말하며 식이란 견식見識, 즉 깊은 이해와 정확한 평가를 내릴 수 있는 통찰력이며 재란 문재文才 즉 말하고자 하는 바를 충분히 서술할 수 있는 표현력을 말하는 것이지.

학생: 그것은 바로 헤로도토스를 두고 하는 말 같기도 합니다. 그런 뜻에서 헤로도토스의 설화성說話性은 여전히 귀중한 것으로 살려야만 할 것 같습니다.

교수: 전통적인 역사서술의 정신은 현대에도 여전히 가치와 생명을 지니고 있다는 말일세.

하버드 통신

하버드와 M.I.T가 있는 케임브리지 일대를 이곳에서는 흔히 들 미국 두뇌의 보고니 Idea Polis(지식의 수도)라고 부른다. 외관상 초라하고 지저분한 한 시골도시라는 점에서 결코 Idea Polis(이상도시)라고 할 수는 없지만 역사적으로나 학문적으로는 가장 오랜 전통을 가지고 현재에 있어서도 지적인 면에서 가장 큰 영향력을 가진다는 점에서 Metro Polis에 대비되는 Idea Polis라 할 만하다 할 것이다.

그러나 이 지식의 수도에서도 근래 미국 대학에 보편적으로 나타나는 현상, 즉 이른바 양적 확대, 실과면實科面의 중시에 따른 학문상의 중점의 변화, 연방정부와의 밀접한 연관 등등 일련의 새로운 경향이 현저하다. 일종의 지적인 귀족령이라 할 하버드도 그 예외가 아니다. 순수이론을 고집하던 이학부에 있어서의 응용과학의 도입 발달, 사회과학분야에 있어서의 행동과학의 발달 등은 그러한 현상의 한두 가지 예에 불과하지만, 요컨대 그것은 구라파적인 전통에서 벗어나 미국적인 대학과 학문의 형성을 노력하는 현상이라 할 수도 있을 것이다. 물론 완전히 미국적인 대학의 형성은 장래의 일일지 모르나 가장 구라파적인 전통이 강한 하버드에 그런 변화가 하나의 경향이 되었다는 것은 주목할 일일 것이다. 하지만 거의 모든 분야에 나타나는 그러한 변화에도 불구하고 예외적이라 할 분야가 있다면 그것은 고전학이라 할 것이다. 이곳에는 역사학에서 주류가 되다시피 한 지성사의 영향도 거의 없고 사회과학 일반에서 유행하는 공동연구도 없다. 이른바 양적 확대에 따른 고민도 없고 연방정부와의 유대의 강화, 즉 정부의 각별한 재정적 보조나 학자의 징용徵用도 있을 수 없다. 초연하고 고립적이라 할 인상을 주는 환경에서 중세적인 직인적職人的인 연구가 영영(營營 : 편집자주- 분주히 왕래하거나 열심히 노력)히 계속될 따름이다. 구라파의 학자는 여전히 극히 존중된다. 그들의 학문적 성과는 즉시에 전달된다. 어느 분야보다도 구라파와의 학문적 교류가 성한 곳도 이곳이다. 이곳 Smyth Classical Library의 장서의 태반을 차지하는 그쪽 서적이나 이곳을 거친 그쪽 학자들의 벽에 걸린 초상들을 보면 이곳이 구라파의 어느 대학인 듯한 느낌조차 준다.

하지만 여기에도 변화가 없는 것이 아니다. 강한 구라파적인 영향하에서 구라파적인 것을 존중하면서도 구라파적인 것에 대한 변화가 있는 것이다. 그것은 말하자면 구라파의 에피고넨의 위치에 만족하지 않으려는 움직임이라 할 것이다, 물론 이곳을 세계고전학연구의 중심지로 만든다든가 하는 거창한 슬로우건을 들추어 내세우지는 않는다. "구라파에 대한 하버드 고전학의 특색이나 위치는?" 하는 따위의 '자랑'을 기대한 필자의 촌스러운 우문에 대해 Dow와 같은 노교수나 필자가 학생으로 오인한 Cooper와 같은 앳된 소장교수나 그 대답은 한결같다. "글쎄요, 난 그런 것을 생각해 본 일이 없는데." 하지만 실제로 그들이 생각해보지 않은 것은 아니다. 그들은 항상 그것을 의식하고 때로는 필요 이상으로 의식한다. 그것을 우리는 그들의 왕성하고 의욕적인 연구 활동에서는 물론, 강의 중에 토로되는 구라파학설에 대한 통명스러운 비판에서, 사석에서 교환되는 짜릿한 익살에서 느낄 수 있다.

이러한 구라파에 대한 의식이 하버드의 고전학 발전의 하나의 지주가 되어 있지만, 그들이 가지는 풍부한 재원, 우수한 인재, 강한 경쟁의식과 활동력으로서 구라파를 묵살할 정도는 아닐지라도 그것을 그리 의식하지 않게 될 날이 머지않을 것 같다. 사실인즉 고전학의 어떤 분야에 있어선 이미 구라파를 훨씬 능가해서 그야말로 '세계의 수도'가 되어 있기도 한 것이다.

하버드에 고전학이 비공식적으로 발족한 것은 1875년이며 그것이 과로서 제도화된 것은 1890년이다. 초기에 있어선 독일학풍의 영향 아래 문법연구에 치우쳤으며 그러한 경향은 20세기 초엽까지 계속되었었다. 고전어에 이해가 적던 Harvar University의 초대총장 C. W. Eliot(Harvard College의 발족은 1636년이다)가 사어死語란 의미에서 그리스어를 필수과목에서 제거했을 때(그 후 라틴어도 제거되었다) 고전연구도 상대적으로 어느 정도의 영향을 입었었다. 그러나 Henry Adams가 불을 지른 광범한 중세열의 여파로 고전학에 대한 관심도 고조되고 따라서 고전학과 자체도 강화되었다. 고문서학의 E. K. Rand, 문법학의 W. W. Goodwin, 방언연구의 권위 H. W. Smyth, 명저 『Hellenistic Athens』의 W. S. Ferguson 등이 1930년대까지의 하버드의 고전학을 발전시킨 석학들이다.

그러나 획기적이라 할 단계는 지난 세대 동안이었다. 많은 미국 태생의 학자 외에 세계적인 구라파의 학자들이 이곳에서 활약한 것이 이 시기이었던 것이다. M. Rostovtzeff가 하버드 최초의 University Professor(일정한 소속 보직이 없는 최고의 대우를 받는 연구교수) 취임을 거절하고 물러난 후 그 자리에 임명된 W.W. Jaeger는 특히 그리스 교부敎父에 관한 많은 업적을 이곳에서 남겼다. A.D. Nock가 그리스 종교에 관한 세계적 권위 J. Whatmough도 이곳에 왔으며 호머의 서사시가 기술적으로 구송시口誦詩임을 발견한 M. Parry도 그 세기적인 발견을 이곳에서 남긴 후 요절하였다.

이들 구라파 학자들이 남긴 유산은 모두가 미국 태생인 현세대에 의해 한층 발전되고 있다. 아테네 중심의 고고학적 연구, 라틴학에서 결실을 본 고문서학 내지 문헌학의 연구 등은 그 현저한 예이지만 특히 구송시 연구에서는 이곳이 명실 공히 세계적 중심지가 되어 있다.

기구적으로도 고전학연구는 한층 정비되었다. 전공분야는 크게는 그리스학과 라틴학으로 대별되나 그것은 다시 어학 및 문학, 철학, 고고미술학, 역사 및 중세 라틴어 전공으로 갈라진다. 하지만 10개 분야를 전공하는 전임교수가 27명이라면 하버드에선 가장 작은 세대의 하나일 것이다.

연전에 은퇴한 W. Green 교수의 뒤를 이어 고전학과의 원로가 된 그리스사의 Sterling Dow 교수의 공식 칭호는 John F. Hudson Professor of Archaeology이다. 이 분의 7년간에 걸친 아테네에서의 고고학적 연구의 업적은 대저 『Prytaneis』에 담겨 있지만 고고학적 뒷받침이 없이는 고대

사연구가 성립될 수 없다는 의미에서 이 분에게 있어선 고고학과 역사학이 별개의 학문이 아니다. 그러나 이 분의 관심은 그것에만 국한하지 않는다. 학위취득 후인 1930년부터 현재에 이르기까지 발표한 그의 100여 편의 논문은 고전학의 전부분에 미치고 있는 것이다. 작년말 토론토에서 있었던 북미고전학회에서는 일반발표에서 소장 학자들 틈에 끼어 〈Aristophanes에 나타난 Athenai인〉이란 문학미 넘치는 논문을 발표하기도 하였다.

1925년 하버드를 졸업한 후 1년간의 케임브리지 대학의 Trinity College, 4년간의 아테네의 American School 생활을 제외하고는 그는 이곳 고전학과와 함께 살아온 고전과학의 산 역사이다. 그동안 미국고고학회AIA, 미국고전학연합회ACL, 뉴잉글랜드고전학회CANE의 회장 및 부회장을 지냈으며 현재에도 고전학의 권위지 〈Journal of Hellenic Studies〉를 발행하는 영국의 '고전학촉진회'의 명예회원으로 임명되어 있는 미국을 대표하는 고전학자이다. 사석에선 지극히 단순한 호인 할아버지이지만 강의실에선 딴사람이 된 듯한 엄격한 학자이며 토요일, 일요일, 인적이 없는 와이드나 도서관내의 연구실을 여느 때나 다름없이 홀로 지키고 있는 놀랄 만치 정력적인 독학자篤學者이기도 하다.

『City State and World State』(1952), 『The Antonine Monarchy』(1959), 『Aeneas to Augustus』(1962) 등 일련의 저서로 이름이 알려진 로마사의 Mason Hammond 교수는 Dow 교수와 같은 해(1903)에 같은 뉴잉글랜드에서(Hammond는 Boston 토박이다) 태어나 함께 하버드를 나온 후 현재까지 비슷한 경력을 거쳐 온 이곳 고전학의 쌍벽이라 할 존재이다. 즉 Dow가 케임브리지, 아테네의 코스를 밟은 데 대해 이 분은 전공에 따라 옥스퍼드와 로마의 'American Sch ool at Rome'에 유학한 후 하버드를 지켜왔으며, Dow가 전략작전본부의 참모본부로 잠시 워싱턴과 카이로에서 일한 데 대해 이분은 공군장교로서 이탈리아와 독일의 군정에 참여했었다. 두 분은 함께 고전학과와 사학과의 교수를 겸하고 있으며 격년씩 교대로 대학원과 학부의 고대사를 나누어 담당한다. 즉 금년에는 Hammond가 학부의 로마사, Dow가 대학원의 그리스사 연습을, 명년에는 Dow가 학부의 그리스사, Hammond가 대학원의 로마사 연습을 담당하게 마련이다. 로마정치사 특히 공화정책에 뛰어난 업적을 남겼으며 현재 로마사 외에 라틴문학사 강의를 담당하는 비상한 기억력을 가진 박학의 능변가이다.

이 밖에 라틴문헌학의 대가 W. Elder 라틴문학의 Z.

Stewart와 G. P. Good, 그리스문학의 J. Finley, C. H. Whitman, 그리스에서 중세 초에 이르는 역사문학, 문헌학 등을 광범위하게 다루는 H. Bloch, 성서학의 K. Stendal, 고고미술사의 D. G. Mitten 등 쟁쟁한 학자들이 있으며 별격적別格的인 존재로 러시아 태생의 노老고고학자 G. M. A. Haufman이 있다.

시설에 있어서 하버드는 세계 어느 대학보다도 충실하다. 중앙도서관인 Widener 도서관의 Classic Section에는 35,000권의 고대사를 포함한 고전학 관계서적과 800여 종의 잡지가 소장되어 있으며 그중 11,000권은 고 Smyth Classical Library에 비치되어 있다. 동 도서실 각과마다 마련된 과 도서실의 하나로 전공학생들을 위한 공동연구실이기도 하다. 그 밖에 Widener D 연습실과 Widener와 연결되어 있는 Houghton 도서관에는 방대한 필사본의 컬렉션이 있으며, 미술품과 관계 서적은 Fogg 미술관에 소장되어 있다.

발표 기관으로서 고전학과에서는 〈Harvard Studies in Classical Philogy〉를 연간으로 발행한다. 동지는 1856년도 졸업생들이 모금한 6,000달러의 기금으로 출발해서 현재까지 72권을 발행하였다. 소장학자들의 논문이 중심이나 교내외를 막론한 기성 대가들의 논문도 적이 끼어 있는 수준 높은 전문 학술지이다.

하버드 출판부에서 발행하는 〈Loeb Classical Library〉는 그리스, 로마의 저술가들의 원전과 영역의 대조판으로 국내외의 저명학자들을 다수 동원하여 수행하고 있는 대사업이며 현재까지 400권을 출판했으며 앞으로도 계속 출판될 것이라 한다. 동 출판부에서는 그 밖에도 많은 고전학관계 단행본을 출간했으며 그 가운데에는 매년 Oberlin College에서 개설되는 〈Martin Classical Lecture〉 21권도 포함되어 있다.

하버드가 주관하는 발굴사업은 1930년 이래 주로 아테네 주변에서 실시되어 왔으며, 가장 큰 규모로 실시되어 가장 큰 수확을 얻은 Sardis 발굴의 마지막 보고서가 현재 출판 단계에 있다.

워싱턴 D.C.에 설치된 Center for Hellenic Studies는 하버드의 또 하나의 중요한 사업인데, 거기에는 현재 그리스 문학의 B. Knox 교수가 소장으로 가 있으며 매년 수명의 소장학자가 1년 기한으로 병설 도서관에서 타 대학에서 파견된 학자와 함께 연구에 전념하고 있다.

하버드의 고전학의 다음 세대를 이을 고전학 전공학생은

현재 학부에 40명, 대학원에 70명이 재직하고 있다. 하버드의 학부인 HARVARD College와 Radcliff여대는 형식적으로는 분리되었으나 실질적으론 통합이 되어 있는데(완전한 통합이 혀내 검토되고 있다) 여기에서 2년간 일반교양 과정을 마친 후 4~5년간을 같은 교수 아래 연구를 계속하게 된다. 학부 강의에 있어서는 1학기에 3~4회, 이른바 Section Mettting이 있는 것이 특색이다. 교수가 과한 토픽에 관한 페이퍼를 사전에 제출한 후 담당교수와 조교 및 대학원 학생 주재 아래 몇 개의 그룹으로 반을 갈라 한 시간을 토론으로 보내는 제도이며, 페이퍼를 제출하지 않으면 기말시험을 치러도 학점을 얻을 수 없게 마련이다.

여학생 23명을 포함한 대학원 등록 학생 70명 중 Harvard College 출신은 불과 20퍼센트, 대부분이 다른 대학 출신인데 이 기이하다고 할 현상에 대해 학생들은 이동하는 경향이 있다는 말 이외에 아무도 만족할 해답을 주지 못하고 있다. 대학원 과정에 있어선 M.A.과정을 포함한(M.A.과정은 Ph.D의 준비단계에 불과하다) 2년간의 과정이 끝난 단계에 general exam.이 있다.

고대사 전공의 경우는 독獨, 불佛, 희랍希, 라틴羅 네 가지 어학에 만족할 만한 학점을 얻은 후 고대사, 중세사, 근세사,

현대사의 네 개 분야에 관한 두 시간 반의 구두시험이 실시되며, 기타 분야의 전공의 경우는 세 시간에 걸친 그리스어 및 라틴어의 번역과 그리스, 로마의 역사 문학에 관한 한 시간 반의 구두시험이 실시된다. general exam. 즉 두 시간에 걸친 구두시험에 합격함으로써 학위를 취득하게 된다.

학부에서 대학원에 이르기까지(이미 고교에서 그리스어나 라틴어의 기초를 터득한 학생도 많다) 어학 일변도의 교육이라 할 수도 있으나 전공분야 이외의 어학에 관한 가혹한 요구에 대한 불만을 토로하는 학생도 적지 않다. 연전에 Whitman 교수 아래 일인日人 학생 한 명이 학위를 얻었을뿐 현재 동양계 학생이 한 명도 없는 것도 어학의 난관 때문일 것이다.

고전학과에서 실시하는 가장 인상적인 향사호러 Monday Classical Lucheons라는 것이 있다. 이것은 매주 월요일 점심시간에 식당 한 곳을 빌려 식사를 나눈 후 약 30분간 예정된 발표자의 고전학에 관한 발표와 이에 따른 질의 토론이 행해지는 비공식적인 집회이다. 참석이나 발표에 아무런 의무나 제한이 없으며, 노교수에서 학부학생에 이르기까지 고전학에 관심을 가진 자는 아무나 참석할 수 있고 발표할 수 있다. 그러나 대체로 대학원 학생과 강사들, 소장들이 중심이 되어 있으며, 그들의 연구 활동이 교수에 의해 평가되는 기회인 만큼 분위기는 퍽이나 진지하다. 여기에서 발표된 논문은 대개가 〈Harvard Studies Classical Philology〉에 게재되게 마련이다. 타교 교수들의 출석도 점점 많아지며 작년에는 11명의 타교 교수들의 발표가 있었고 금년 상반기에는 객원교수를 포함한 6명의 외래자의 발표자가 예정되어 있다.

원래는 1948년 이곳에 있던 불란서의 고전학자 Bowra 교수를 중심으로 점심시간에 고전학에 관해 환담한 것이 기연이 되어 동교수가 떠난 익년부터 제도화된 것으로 Dow 교수 주재 아래 공휴일을 제외하고는 방학기期를 포함하여 한 번도 빠짐없이 계속되고 있다. 자칫하면 용두사미로 끝나기 쉬운 이러한 집회가 이렇듯 꾸준히 계속되고 있다는 것은 Dow 교수의 영도력과 그것을 뒷받침하는 그 분의 노력과 학문적 업적에 있다 할 것이다.

하버드 고전학 연구의 새로운 경향과 같은 것을 단적으로 또렷이 지적하기는 어려울 것이다. 굳이 말한다면 지난날의 구라파적 유산을 물려받아 미국 태생의 현세대에 의해 그것을 정리하고, 충실히 하고, 발전시키고 있는 것이라 할 것이다. 전기 한 바 문헌학의 발달, 〈Harvard Studies〉의 질량에 있어서의 뚜렷한 진전, 발굴사업의 추진 등은 그것을 의미하는 몇 가지 현상이다.

하지만 그것으로 아무도 만족하고 있지는 않다. 고전학의 광맥은 탕진된 것이 아니며 아직도 허다한 문제들을 남기고 있다. 그러한 문제들에 대해 치밀하고도 다각적(종합적)인 공동적인 연구의 계속과 그것에 의해 뚜렷이 이루어질 한 학파의 형성, 이른바 '하버드 학파'의 형성이야말로 오늘과 내일의 세대가 당면한 과제일 것이다.

민족문화와 아메리카니즘

한 문화는 9할의 모방과 1할의 독창으로 형성된다는 말이 있다. 고유성과 독창성만을 고집하는 국수적인 강변에 대한 역설적인 익살과도 같은 울림이 없지 않으나 실인즉 문화란 그런 것이다. 하긴 C. 도슨과 같이 문화를 문명과 엄격히 구별하여 그것을 토착적인 것, 고유적인 것이라 한정할 땐 뜻이 달라지겠으나, 문명을 문화의 개념에 포함 내지 동의적인 것으로 사용할 때 문화는 본질적으로 모방적인 성격을 지니는 것이며, 모방과 영향과 교류 없이는 진정한 의미에서의 독창이 있을 수 없을뿐 아니라 문화의 성립자체가 불가능하다 할 수 있을 것이다.

물론 문화에 따라 그 형성에 있어 모방의 다과多寡는 있을 것이다. 그러나 문제는 모방의 다과에 있는 것이 아니라 모방의 자세와 성격에 있다. 소극적이고 비개성적인 타의적 모방에 시종할 때 문화는 문화로서의 존재가치를 상실한다. 반대로 적극적이고 주체적인 비판적인 모방이 행해질 때 거기엔 독창이 움트게 마련이며 문화는 고유문화 민족문화로서의 생명을 갖게 되어 문화적 전통이 형성된다.

서구문화의 전통이 근원적으로 비서구적인 헬레니즘과 히브류이즘으로서 형성된 것과 같이 우리의 문화 역시 외래적인 유교와 불교로 대표되는 한문화漢文化의 영향과 모방에서 자라왔다. 서구의 각 민족이 동일한 전통에서 배양되었으면서도 주로 각기의 언어를 통해 각기의 독자적 민족문화를 시현示顯한 것과 같이 유교와 불교로 이룩된 동일한 전통에서 자란 우리와 일본 등 동양의 제 민족은 제각기 한국문화 일본문화 등등의 민족문화를 형성할 수 있었다.

일본과는 물론 동양의 어느 민족과도 비할 나위 없을 처절한 외세의 소용돌이에 휩싸여 왔던 우리의 정치적 조건하에 우리가 끈기 있게 민족문화를 지녀왔다는 것은 짐짓 '기적적'이라 할 것이기는 하나 그것은 어떠한 정치적 여건 하에서도 최소한의 주체성과 적극성과 독창성을 잃지 않았음을 증거하는 것이라 할 것이다. 신라의 불교문화가 귀족지배의 도구로 화했다고는 하나 우리의 적극적인 모방을 통해 불교와 유교는 우리의 것으로 체질화되어 민족문화의 주류를 이루게끔 된 것이었다. 그러나 일제의 지배는 우리의 경우에선 우리의 정치적 생명의 말살을 의미하는 것이었을뿐더러 민족문화의 파산을 의미하는 것이기도 하였다. 물론 정치생명의 단절이 반드시 민족문화의 파산을 뜻하는 것은 아니다.

그러나 숭고한 종교적 체험을 통해 비운의 민족의 의식을 극적으로 결집시킨 히브리의 선지자와 같은 강렬한 정신적 지도자를 우리는 갖지 못했으며, 근대화의 관문에 선 우리에게는 전통적인 불교와 유교는 민족의 신앙의 중핵이 되기엔 너무나도 생명력이 고갈되어 있었다. 그리하여 전통과의 단절, 미와 사상의 부재 속에 이른바 우리의 근대화가 시작되었다.

우리는 사상의 황무지에서 새로운 외래문화를 맞이하게 되었으며, 새로운 것을 자기의 것으로 육체화 하는 주체적 수용이 허락되지 않았고, 적극적인 모방과 거기에서 움틀 최소한의 독창마저 바랄 수 없게 된 것이었다. 정신적 실향병과 예속문화의 열등감에 멍들은 채 지난 생에 망집(妄執:편집자주- 망상을 버리지 못하고 집착함)하는 망령과도 같이 불모의 황야를 방황한 지 30여 년, 해방을 맞았다. 그러나 해방이라는 획기적인 정치적, 정신적 풍토가 그대로 민족문화의 재생을 약속하는 것은 아니었다. 그것은 문화적 형성의 기반이 될 건전한 정치적 조건의 구축의 실패로 말미암은 것이었으며, 그 실패의 책임은 일차적으로 강대국에 의한 국토의 분단, 이데올로기의 대립 및 그 취약聚約적 비극인 6·25 동란에 있겠으나 2차적으론 숱하게 준동한 소위 위정자들에게 있다 할 것이다. 그들의 파당, 시기와 분쟁, 부패, 무능, 배신, 혼란 등등 아무런 퍼스펙티브persfective 없는 찰나적 실리추구에 비롯한 타기할 추태는 부질없는 일련의 정권교체 쇼를 펼쳤을 뿐이었다. 궁정적宮廷的 전제정치에서부터 군국주의의 공포정치, 모호한 이상주의적 민주정치에 이르는 세계사상의 온갖 정치형태가 20년이란 짧은 역사의 와중에 전개되었다는 것은 차라리 경탄할만한 일인지도 모른다.

이러한 정치적 혼란과 그에 따른 경제적 파탄에서 민족적 긍지가 솟을 수 없고, 긍지 없는 곳에 민족적 주체성이 형성될 수 없으며, 주체성 없는 곳에 민족문화의 생육을 기대할 수는 없는 것이었다. 이렇듯 민족문화의 기틀이 잡히지 못한 공허한 터전에서 아메리카니즘의 거센 물결은 도도히 흘렀다.

해방과 함께 맞이한 미국인과 그들의 생활방식은 우리에겐 경이驚異 바로 그것이었다. 일제의 잔혹성과 너무나도 대조적인 그들 카키색의 거인의 일거일동에 우리는 감격적인 위압감을 느꼈다. 무질서하다 할 만한 그들의 자유와 평등의식, 압도적인 부와 기동력, 그들이 웃으면 우리는 그들이 천진한 낙천적 박애정신을 느꼈고, 그들이 우울하면 우리는 그들의 음영 짙은 사상을 느꼈다. 그들의 매끈한 차림엔 그들의 부에 대한 소박한 선망을 느꼈고, 그들이 허술한 차림이면 그런대로 그들의 근검한 품격을 느껴 자신을 부끄러워하였다. 사실인즉 그들은 자유로웠고 평등하였고 우애와 선의에 넘쳐 있었으며(정신적으로나 물질적으로나) 근면하고 관대하였으며, 요컨대 이상주의적 정신에 불타 있었다. 그러나 그들의 이상주의, 지나치게 순진하고 너무나도 훌륭한 이상주의가 한국에 있어서의 그들의 실패의 원인이었다. 안정하고 풍족한 사회, 민중생활에 근거한 민주주의에 대한 신앙과도 같은 확신 등등 그들이 지닌 사회적 정신적 제 조건은 그들의 역사적 현실적 일체의 행위를 절대적인 선이라 믿어 의심치 않게 하였으며, 그러한 독선적인 관념은 타인 특히 우리와 같은 후진약소민족의 고민을 이해할 수 없게 하는 것이었다. 우리가 겪은 처절한 역사적 경험, 오랜 전제지배와 제국주의적 압제와 전쟁으로 받은 뼈저린 상처를 그들은 이해하지 못하며 이상과 현실의 괴리에 고민하는 우리의 심리를 이해할 줄 몰랐다. 부호가 걸인의 미묘한 심리와 처지를 이해하지 못하는 것과 같이 가난한 우리의 이지러진 심성 역시 그들의 모든 것을 진정으로 이해하질 못하였다. 그들의 이상주의가 뉴잉글랜드의 민주적 신권정치 이래의 줄기찬 개척정신과 고매한 윤리의식의 전통의 소산임을 이해하지 못했으며, 민주주의의 미덕이 평등정신과 개인주의 정신의 평균 위에 존재한다는 그 기본원리를 이해하질 못하였다.

이러한 심리적 교류의 단절은 그들로 하여금 고독하게 하고 오만하게 하고 우리를 소외 경원케 하여 급기야는 미군정을 실패케 하고 나아가서는 이 땅의 민주주의의 건전한 성장을 저해케 하는 원인의 중요한 부분을 조성하고야 말았다.

개척정신, 합리주의적, 낙관주의, 진보주의, 자유주의, 민주주의, 우애정신, 도덕적 정치적 이상주의 등등 선한 의미로서의 아메리카니즘이 우리의 풍토에 뿌리를 박을 수 없었던 것과 같이 악한 의미로서의 아메리카니즘 역시 그러하였다. 현대 미국사회가 빚어낸 여러 가지 속성, 즉 황금만능주의, 공리주의, 출세주의, 성공철학, 과도의 기계화와 그에 따른 획일주의, 표준화, 개인의 조직에 대한 예속화, 백치白癡적 감각적 낙천주의 등등 말하자면 D. 리스먼이 말하는 이른바 '타인지향성' 사회의 전형적인 제 현상은 부분적으로 부패하고 경박한 속물배輩에 영합되기는 하였으나 그것이 대중에 널리 침투될 수는 없었다. 전근대적인 우리의 사회적 현실과 생활이념 앞에 돌연히 출현한 너무나도 이질적인 거대한 '현실'의 난무에 우리는 오히려 위축과 경련으로 문화적 임포텐트를 일으킨 것이다.

하지만 60년대에 접어들어 메마른 우리의 문화적 사회적 풍토에 가위 이변적이라 할 놀라운 현상이 일어났다. 그것은 한일협상의 무드를 타서 대두한 이른바 일본식 문화의 점진적이면서도 가속적인 광범위한 침입이라는 현상이다. 애상적인 회고조의 가락과 활기찬 커머셜 송을 앞장세운 전후 일본의 선정적 관능문화는 도취와 반발의 엇갈린 반응 속에 어느덧 도시의 대중을 마취시키고 마침내 우리의 도시 문화 자체를 성격화하게끔 되어 버린 것이다.

그러나 이러한 속악한 일본식 문화는 실인즉 아메리카니즘의 이지러진, 왜화倭化된 문화란 것이 그 정체라 할 것이다. 전근대적인 한국사회보다 한결 용이하게 메커나이즈 mechanize할 수 있었던 전후 일본의 사회구조는 필연적으로 아메리카니즘의 타인지향적 제속성에 용이하게 동화되었으며, 거기에 일본조의 섬세하고 간교한 야릇한 무드가 얽혀서 표현된 것이 이른바 일본의 감각문화의 정체이었던 것이다.

말하자면 그것은 왜식으로 여과되고 당의唐衣된 일본판 아메리카니즘이었으며, 그것은 또한 아직도 식민지문화의 여운이 뿌리째 가시지 않은 이 땅의 문화적 생리에겐 생경한 오리지널한 아메리카니즘보다 한결 구미에 호적好適한 것이기도 하였다. 직수입에 성공치 못했던 아메리카니즘이 중수입重輸入을 통해 그 열매를 맺게 된 것이다.

그리하여 새로운 의상을 걸친 이 야릇한 아메리카니즘은 마치 마약과도 같이 만연되었으며 그 마약의 보급의 책임은 그 중수입에 앞장선, 식민지 문화의 타성에 젖은 기성세대는 물론 이를 맹목적으로 영합한 젊은 세대도 다 같이 져야만 할 것이었다. 작가는 창작 대신 일본판의 번역과 표절에 몰두하였으며 저널리스트는 왜화된 외래적 유행어를 보급시키고 교육자는 왜화된 미식美式 교육제의 적용에 급급하고 흥행계는 깡그리 왜식 재롱으로 일변해버렸다. 대학생에서 여공에 이르는 광범위한 젊은 층은 해적판 청춘영화에 애틋한 한숨을 토하고 일본에서 히트판 팝스만을 즐겨 부른다.

그러나 이러한 세기말적인 퇴폐적 문화현상을 우리의 문화의 근대화라 착각하여 언제까지 방관 방임할 것이다. 황폐한 우리의 문화적 풍토에 무성하기만 하는 온갖 독초를 일소하고 식민지적 문화에 기형적으로 뻗기만 하는 도장기徒長技적 요소를 절단하여 싱싱한 민족문화의 재생과 성장을 기능케 할 수는 없는 것일까? 하긴 정치적 경제적 자주성의 확립이 없는 곳에 민족문화를 운운하는 것은 한낮 몽상에 불과한 일인지 모를 일이다.

그러나 정치적 경제적 자주성 없이도, 라고 말하기보다 정치적 경제적 자립에 정신적 활력을 주기 위해서라도 민족문화의 재생再生에 경주해야 하는 것이 우리의 현실인 것이다. 그러기 위해서는 무엇보다 먼저 양식과 지성을 회복해야 하며, 민족의 고유의 전통을 충실화하는 한편 사대주의적 타성인 안이한 모방에서 탈피하여 적극적인 주체적인 비판적인 모방의 자세를 되찾아야 할 것이다.

새로운 생명을 얻은 우리의 민족문화, 그것은 9할이 아닌 9할 9푼의 모방으로 이루어져도 좋다. 다만 그 모방이 주체적인 것일 때에 필연적으로 솟아날 1분의 독창에 민족문화의 밝은 장래를 걸 수 있기 때문이다.

그리스의 민주화와 한국의 민주화

그리스는 민주주의의 발생지로 알려져 있다. 고대 그리스의 민주주의는 민회를 중심으로 한 직접 민주정, 관리의 추첨제 등 여러 가지 특징을 지니고 있으나 그 근본이 되는 것은 엘레우테리아(자유) 및 이와 표리表裏를 이루는 노모스(법)라 할 것이다.

아이스킬로스는 〈페르시아인〉이라는 비극에서 "아테네인은 누구의 부하도 종도 아니다"라고 자랑했고 한편 헤로도토스는 페르시아왕의 물음에 답하는 한 스파르타인의 입을 통해 다음과 같이 말하였다. "그리스인은 자유라고 하나 모든 면에서 자유인 것은 아니다. 그들은 노모스(법)라는 군주를 모시고 있으며, 그들이 그것을 무서워하는 것은 폐하의 신하들이 폐하를 두려워하는 것에 비할 바가 아니다."

엘레우테리아란 아무에게도 예속되지 않은 것을 의미하며 노모스란 법이라 하기보다 전통적인 관습, 질서를 뜻한다. 그리스인은 개인의 자유와 그것에 의해 지켜지는 인격의 존엄성에 확고한 신념을 가진 동시 자율과 전통과 질서와 공공정신을 지극히 존중했던 것이다.

이것은 고대의 경우인데 현재의 그리스는 어떠한가. 1970년대 필자가 아테네에 갔을 때 그때의 아테네의 공기는 서울과 다를 바가 없었다. 양쪽 다 군사정권이 군림하고 있던 때라 묵직하고 억압적인 분위기가 공통적이었다. 자유와 법은 없고 포보스(공포)만이 가득 차 있었던 것이다. 단 아테네에는 썩은 냄새가 없었다. 우리의 군인들은 집권을 하자 억만장자가 되어 도둑 촌의 주인이 되었지만 혁명의 리더 파파조플로스 대령은 집권 후에도 이전의 조그만 아파트에 그대로 살고 있다는 것이다.

작년에 필자가 다시 아테네를 찾았을 때 아테네의 공기는 서울과 판이하였다. 한국은 그동안 파란을 겪었으나 결과적으로 아무런 변화가 없는 상태인데 반해 그리스에는 그동안 군사정권이 무너지고(그 수뇌들은 체포되어 사형에서 감형, 아직도 복역중이라 한다) 일원제 내각책임제의 민주정이 실시된 지 십 수 년이 지난 것이다. 서울의 거리는 곳곳마다 전경과 사복이 진을 치는 살벌한 분위기이나 아테네의 거리에는 군인과 경찰의 모습이 보이지 않는다. 어쩌다가 스마트한 차림의 교통순경이 있으나 '점심값'을 뜯어낼세라 티끌만한 교통위반도 용서치 않는 우리네 순경과는 달리 그들은 한가로이 길을 묻는 차나 사람에게 길을 가르쳐 주고 있을 뿐이다.

그러나 이러한 자유롭고 평화스런 외견과는 달리 그리스는 매우 어려운 형편에 있음을 이내 알 수 있었다. 82년 이래 집권하고 있는 사회당 정부는 처음에 내세웠던 주요 산업의 국유화, 나토 탈퇴 등 좌경적인 정책은 하나도 실천할 수 없었고 어정쩡한 경제정책도 실패하여 전 사회가 연일 계속되는 피업으로 마비상태에 있는 것이다. 그래서 거리에는 파업한 데모대가 날마다 파도친다. 어제는 항공사, 오늘은 버스 운전사, 우체부가 파업하고 은행이 파업하고 심지어 의사 변호사가 파업하고 거기에다 이따금씩 반대당의 데모가 곁들인다. 시민들은 향락적이고 근로의욕이 없다.

예컨대 상점은 12시에서 4~5시까지 낮잠을 자기 위한 시에스타로 문을 닫고(이때엔 모든 기관과 학교의 도서실까지 문을 닫는다) 월, 수, 토요일 오후에도 문을 닫는다. 자동차에서 칫솔에 이르는 모든 공산품은 수입품 일색이며 그리스 상품이라곤 식료품밖엔 없을 지경이다. 뭣보다 한심한 것은 공중도덕이 무너져 있다는 사실이다. 시민들은 극단적으로 이기화利己化하여 교통신호를 지키지 않으며 공공시설을 아끼는 마음이 없고 버스 안에서도 젊은이가 노인이나 임산부에 자리를 양보하지 않는다. 자유는 있으되 자율과 질서와 공공정신이 퇴색한 것이다.

하지만 이러한 그리스 병에 시달리면서도 사회보장이 되어있는 탓인지 시민들의 표정은 밝기만 하다. 심각한 적자 경제이기는 하나 인구는 적고 농산물이 풍부한데다 막대한 관광수입이 있고 거기에다 중립적인 곡예외교를 통해 미러 양측으로부터 원조를 뜯어내고 EC로부터도 적지 않은 원조가 있기 때문이다. 따라서 그들은 한결같이 군사정권시대를 악몽으로 여기고 있으며 앞으로 어떠한 경우에도 군사독재가 재현될 가망은 없는 것이다.

한데 우리의 경우는 어떠한가. 민주화가 채 시작도 되기 전에 과격한 파업이 범류凡類와 같이 쏟아져 전 산업에 파급되고 있다. 우리에겐 관광자원도 해외의 원조도 없고 먹을 것도 별로 없다. 따라서 혼란이 계속되고 산업이 마비되어 살림이 파탄지경이 되면 민주화도 수포화될 것이 명약관화하다. 압제자가 민주화의 기수로 돌변할 수 있었다면 때가 오면 다시 압제자로 변신하는 것은 어려운 일이 아닐 것이기 때문이다. 정작 지금의 우리에게 긴요한 것이 엘레우테리아요, 노모스이다.

테미스토클레스와 아리스테이데스

요즈음 텔레비전이나 라디오에서 유행하는 한 가지 토픽이 있다. 역사상의 '라이벌'이란 것이 그것이다. 과연 역사상에는 무수한 라이벌이 있으며 그들의 라이벌 관계가 시대의 정치와 사회에 큰 영향을 준 경우가 허다하다. 그 가운데 전형적이라 할까 모범적이라 할까 어쩌면 이례적이라 할 라이벌 관계는 테미스토클레스와 아리스테이스스의 경우일 것이다. 그들의 흥미로운 관계를 플루타르코스가 전하는 바에 따라 간략하게 살펴보기로 한다.

기원전 5세기 초 고대 그리스는 커다란 시련을 맞이하게 된다. 오리엔트의 대제국 페르시아가 침공한 것이다. 그 동안 그리스인은 민주정을 발달시키고 특이한 문명을 창조할 수 있었는데, 그것은 주변에 그리스를 삼킬 만한 강대한 국가가 없었기 때문이었다. 그러나 이제 오리엔트를 통일한 세계제국이 출현해 그리스를 병합하여 그 지배 영역을 유럽에까지 뻗으려 하는 것이다.

당시의 그리스는 폴리스라는 조그마한 도사국가로 수없

이 갈라져 서로 싸우는 만성적인 전쟁상태에 있었다. 그러나 외적의 침략이라는 국난에 부딪치자 하나로 뭉쳐 그리스 연합이라는 동맹을 결성했다. 이 동맹은 스파르타가 리더격이었으나 페르시아를 무찌르는 데 있어서 가장 큰 역할을 한 것은 아테네였다.

그때 아테네엔 뛰어난 두 정치가가 있었다. 테미스토클레스와 아리스테이스이다. 두 사람은 어릴 때부터 함께 자라고 같은 교사 밑에서 교육을 받은 사이였다. 그러나 둘 다 정치가 지망이라는 점만 같을뿐 두 사람의 성격은 아주 달랐다. 테미스토클레스는 영리하고 용감하며 그는 예능과 같은 교양과목엔 관심이 없고 오직 실제적인 지식의 습득에만 노력했다. 그래서 아이들이 놀이를 할 때에도 끼어들지 않고 혼자 연설문을 작성해 읽고 외우곤 했다. 한편 아리스테이스는 온화하고 성실하면서도 강직했으며 놀이를 할 때도 술수를 부리지 않는 정직하고 공평한 성격이었다.

자라서 둘은 다른 정파로, 테미스토클레스는 민주파로 아리스테이데스는 보수파로 갈라져 대조적인 스타일의 정치가가 되었다. 테미스토클레스는 통찰력과 결단력이 뛰어났으며 걸출한 변론가이기도 했다. 그러면서도 금전욕, 명예욕, 권세욕이 강한 야심가였으며, 권모술수에 능하고 화려한 행동을 좋아했다. 좋게 말해서 청탁淸濁을 가리지 않는 폭넓은 정치가였다. 그에 반해 아리스테이스는 신중하고 인내심이 강했으며 청렴결백하고 공평무사한 대쪽같이 강직한 정치가이어서 '정의의 사나이'라는 평판이 자자했다.

둘은 정치적으로 사사건건이 대립하여 서로 상대를 공격했으나 충돌의 클라이맥스는 기원전 482년에 일어난다. 그 전해인 기원전 483년에 아테네 남쪽에 있는 라우레에온 광산에 새로운 광맥이 발견되어 많은 은이 산출됐다. 시민들은 그것을 골고루 나누어 갖기를 원했으나 테미스토클레스는 이를 막았다. 그는, 7년 전에 침공한 페르시아군이 마라톤에서 패배하여 일단 물러갔으나 머지않아 다시 쳐들어올 것이고 이에 대비하기 위해 은의 수입으로 군함을 건조해야 한다고 생각한 것이다. 테미스토클레스의 이러한 해상전에 입각한 계획을 강력하게 반대한 게 육상전의 입장에 있던 아리스테이스였다.

그리하여 테미스토클레스는 자기의 계획을 강행하기 위해 아리스테이데스를 오스트라키스모스(도편추방제도)라는 기묘한 제도를 통하여 추방하는데 성공한다. 이 제도는 유력한 인사가 대중적 인기를 이용하여 참주(옳지 않은 수단에 의한 독재자)가 되는 것을 방지하기 위해 만들어진 것이었다. 그러나 반역죄 같은 범죄에 대한 처벌이 아니라 아무런 증거나 변론도 없이 시민의 투표에 의해 사람을 해외로 10년간 추방하기 때문에 정적을 제거하는데 이용되기 마련이었다.

최대의 정적인 아리스테이데스를 공작에 의해 제거한 후 테미스토클레스는 전성기를 누린다. 그는 은광銀鑛에서 얻은 수입으로 200척의 군함을 건조했고 이것은 그후 살라미스 해전에서 승리의 원동력이 된다.

페르시아의 대군이 아테네로 육박해오자 테미스토클레스는 두 가지 획기적 조치를 단행한다. 하나는 추방된 사람들을 소환하여 구국전선에 참가하는 것을 허용하는 법안을 통과시킨 것이다. 그것은 숙적 아리스테이데스를 귀국시켜 함께 싸우기 위한 조치였다.

둘째는 아테네의 노인과 부녀자를 트로이젠이란 나라로 피난시키고 모든 남자는 군함을 타고 살라미스 만에 집결토록 한 것이다. 그는 살라미스의 바다에서 그리스의 운명을 건 것이다.

그리하여 아테네를 비롯한 그리스의 연합 함대가 좁은 살라미스 만에 집결하자 페르시아의 함대는 멀리서 살라미스를 포위 봉쇄하게 된다. 그때까지 페르시아군에게 봉쇄된 것을 모르던 그리스 진영에서는 격론이 벌어진다. 스파르타

측이 살라미스에서 함대를 철수시켜야 한다고 주장하고 나선 것이다. 이때 포위망을 뚫고 살라미스에 도착한 아리스테이데스는 테미스토클레스를 만나 다음과 같이 말한다.

"이때까지 우리는 대립을 했으나 이제는 누가 조국을 위해 보다 훌륭한 일을 하는가로 경쟁해야 할 것이오. 스파르타는 살라미스에서 퇴거하려 하거나 이미 퇴로가 페르시아군에 의해 봉쇄된 것을 내각 목격했으니 이젠 이곳에서 싸울 수밖에 없음을 스파르타인에게 말하시오." 테미스토클레스는 이 말에 감동하여 "경이 준 정보와 권고는 더없이 귀중한 것이오. 그러나 이 작전은 내가 꾸민 것이므로 내가 이 정보를 말하면 스파르타인이 믿지 않을 것이므로 경이 말해 주기를 바라오."라고 말한다. 이래서 아리스테이데스는 스파르타인을 설득, 그들도 살라미스에서 싸우기로 결심하게 한다. 이 싸움에서 그리스 함대는 테미스토클레스의 탁월한 지휘로 페르시아군을 섬멸하였으며, 크세르크세스는 정복의 꿈을 버리고 회군하게 된다. 그런 뜻에서 이 싸움은 정녕 세계사의 흐름을 바꾸어 놓은 사건이었다.

페르시아 전쟁의 승리는 두 사람의 협력에 힘입은 바가 크지만 전승 후 두 사람에게는 한결 같이 비극적인 숙명이 기다리고 있었다. 테미스토클레스는 추방되어 각지를 전전하다가 마침내 페르시아로 가서 숙적 페르시아 왕의 신하가 되어 그곳에서 생애를 마쳤고, 청렴하던 아리스테이데스도 뇌물수수의 모함을 받아 이오니아로 망명하여 그곳에서 사망했다고 전해진다. 전쟁의 영웅도 전후의 세계에서는 빛을 잃고 만 것이다. 그런 뜻에서 두 사람은 윈스턴 처칠의 말년을 방불케 한다.

그리스 비극에의 초대

가. 비극의 계절

그리스의 겨울은 길고 춥다. 호우가 쏟아지고 삭풍이 휘몰아친다. 그리스어의 겨울cheima는 폭풍cheimon과 동의어이다. 겨울 추위를 서사시인 헤시오도스는 다음과 같이 묘사한다.

삭풍이 불면 대지 전면에 차디찬 얼음이 깔린다/ 삭풍은 트라키아를 넘어 광대한 바다에 험한 파도를 일으키며 대지와 숲은 신음한다/ 산골짝 높은 가지를 뻗은 참나무와 줄기가 굵은 전나무에 덮쳐 땅위에 넘어뜨리면/끝없이 펼쳐진 숲은 일제히 포효한다.

짐승들은 몸을 떨며, 가슴털이 두터운 가죽을 얼음과 같은 찬바람이 뚫는다/사람들은 허리를 꾸부리고 머리를 움츠린채 뿌리는 백설을 피하여 이리저리 방황한다…….

겨울에는 모든 활동이 금지되며 전쟁도 휴전한다. 그러나

3월이 되면 아직도 날씨가 고르지 않고 바다는 여전히 사나우나 당에는 분명히 봄기운이 완연하다. 수분을 듬뿍 품은 검은 지면은 돋아나는 풀잎의 초록색과 아네모나 양귀비꽃의 진홍색으로 화사하게 채색된다.

우계의 계절은 끝나고 수분으로 부드러워진 흙을 갈아야 할 춘경春耕의 시기가 온 것이며, 격렬한 노동을 앞두고 아테네인들은 3월 말에서 4월 초에 걸쳐 봄의 제전을 벌인다. 디오니소스 신에게 바치는 축제, 대大디오니소스제이다.

사람들은 먼저 행렬을 꾸며 디오니소스 신의 제단 앞으로 나아간다. 과자와 칼이 담긴 바구니를 머리에 인 아름다운 아가씨가 행렬의 선두에 서고 그 뒤를 따라 사람들이 포도와 무화과를 들고 혹은 생명과 번식을 상징하는 남근의 형상을 높이 들고 행진한다. 제단에서 한 마리의 양을 희생으로 바치고 새 포도주의 마개를 딴다. 새 술의 강한 냄새와 꽃향기와 피비린내가 섞여 퍼지는 속에 사람들은 오랑캐꽃 면류관을 쓰고 꽃가지를 손에 들고 디오니소스의 새로운 탄생을 축하하는 봄노래를 부르면서 춤을 춘다.

그러나 이 축제의 메인이벤트는 비극의 상연이다. 원래 봄의 축제는 꽃의 축제Anthesteria라 불렸으며 중요한 행사는 술병 따기phitoogia였으나 그것이 디오니소스의 제례Dionysia

가 되고 비극이 중요한 행사가 된다. 보의 축제는 연극제가 되고 포도주의 신 디오니소스는 연극의 신을 겸하게 된 것이다.

아테네에서만 상연되던 비극은 아테네를 중심으로 아티카attica 지방 각지에서도 상연된다. 아테네에서 개최되는 대 디오니시아를 '도시의 디오니시아'라고도 부르는데 대하여 지방의 것을 '시골의 디오니시아'라고 불렀다. 그러나 그것은 봄이 아니라 한겨울인 포세이돈의 달(12월 중순에서 1월 초순)에 개최되는 것이 특색이다. 한편 신작新作된 비극만을 상연하는 대 디오니시아에 대해 주로 희극을 상연하는 레나이아제祭가 창설되는데 이것은 결혼의 달 가메리온(1월 중순에서 2월 초순)에 개최된다.

노천극장에서 상연되는 연극, 특히 희극이 어찌하여 추운 한겨울에 공연되었을까. 차디 찬 돌 좌석에 앉아서 추위에 떨면서 희극의 공연에 폭소와 야유를 터뜨리는 아테네인들. 그들은 가혹하고 무료한 겨울 생활에서 일시적으로나마 밝은 웃음으로 겨울을 잊으려 했던 것일까. 아니면 유쾌한 웃음으로 하루 빨리 봄의 신神을 부르려 했던 것일까.

그러나 연극의 본령은 어디까지나 대 디오니시아, 봄의 제전에 있었다. 봄의 연극, 비극이 상연되는 극장을 찾아가기로 하자.

나. 극장과 상연

비극과 희극은 아테네에서 발생하여 발달한, 말하자면 아테네의 특산물이었다. 그러나 그것이 점차로 확대 전파되어 그리스 각지에 극장이 건설되고 나아가서는 그리스인이 진출한 식민시마다 건설되었다. 현재 그리스에는 80여 개의 극장의 유적이 남아 있으며 식민시의 극장을 합하면 200개 이상을 헤아릴 수 있다.

필자는 지난 1986년에 반 년간의 아테네 생활을 마친 후 지중해 각지에 산재하는 그리스인의 식민시를 섭렵한 일이 있었다(졸저 『지중해 문명산책』). 그러나 대부분의 식민시에 남아 있는 유적은 극장뿐이어서 결국 극장 순례를 한 셈이었다. 그리스인들은 그들이 자리한 곳에는 어디에나 극장을 건설하였으며 그런 뜻에서 극장은 그리스 문화의 상징이었다. 그러나 지난날 수많은 군중이 뒤끓던 극장은 풀 덤이나 흙 속에 파묻혀 그 원형을 알아보기 힘들 정도로 황폐한 것이 대부분이었다.

물론 원형을 고스란히 유지하고 있는 것도 없지 않다. 단정한 아름다움을 간직한 로도스의 소극장, 의술의 신 아스클레피오스 신전에 있는 에피다우로스 대극장, 해상교통의 요지 파트라스의 극장 등은 현재에도 여름이면 고대극이 상연되는 '살아있는 유적'들이다.

아테네의 아크로폴리스 산록에 있는 헤로데스 아티쿠스 음악당은 2세기의 부호 헤로데스가 사랑하는 아내 레길라의 죽음을 기념하여 새운 극장인데 보존이 완전하여 현재에는 콘서트, 발레, 오페라, 무용, 연극 등 모든 예술분야의 공연이 개최되는 여름 예술제의 중심이다. 얼마 전에 텔레비전에서 소개된 〈야니의 아크로폴리스 콘서트〉가 공연된 곳도 이곳이었다. 그러나 그 옆에 있는 디오니소스 극장은 기원전 6세기에 세워진 그리스 극장의 원점이라 할 곳으로서 지금은 폐허로 남아 있지만 고대인들이 비극을 즐기던 장소는 바로 이곳이었다.

그 극장의 중심은 극장의 바닥이 되어 있는 오르케스트라이다. 오르케스트라는 춤춘다orchesthai에서 유래한 춤추는 장소이다. 이 극장의 경우는 반원형이지만 대부분의 극장은 원형인데, 축제 때 농민들은 디오니소스 찬가를 부르면서 이곳에서 춤을 추었으며 그 한 가운데에 제단이 있었다. 그러나 어느 때 춤에 지친 군둥들은 오르케스트라 둘레의 언덕으로 옮겨 자리하게 된다. 오르케스트라에는 배우두세 명과 무창단舞唱團인 코로스만이 남게 되며 군중은 그들이 펼치는 연극을 구경한다. 이 행동(춤)에서 관망에의 전환이야말로 축제에서부터 예술이 탄생하는 순간이었다.

군중들이 자리한 곳, 곧 관람석theatron의 앞 줄 한 가운데에 대리석의 신관석神官席이 있다. 로얄 복스라 할 이 좌석이 최고 행정관의 자리가 아니라 신관석이라는 것은 연극이 디오니소스 신의 제례라는 종교행사임을 말해주는 것이라 하겠다.

영·불어의 극장theatre의 어원이 된 테아트론은 원래 '본다, 구경한다theasthai'는 동사에서 생겼다. 즉 극장은 보는 장소, 구경하는 장소이며, 과연 그리스의 극장은 어느 좌석에 앉던 무대라 할 오르케스트라와 그 뒤에 마련된 자그마한 무대를 잘 볼 수가 있다. 그것은 관람석이 3방方에서 원형무대를 둘러싼 원추형圓錐形을 이루고 있기 때문이다. 현대의 극장은 무대와 관람석이 양분되어 관람석의 양단兩端에서는 무대가 잘 보이지 않으며 중앙에 갈수록 잘 보이게 마련인데 중앙의 중심점에 위치한 것이 로얄복스이다. 따라서 현대의 극장은 국왕을 중심으로 하는 중앙집권적 사회의 산물이라 한다면 그리스의 극장은 지극히 민주적인 민중의 극장이라 할 수 있다. 실인즉 비극은 기원전 6세기 참주 페이시스트라토스가 민중을 위한 일련의 문화정책의 일환으로 시작되었으며, 그후 미주정의 수립과 더불어 본격적으로 발달했을뿐 아니라 전 시민이 참가한다는 의미에서 민중의 예술이었다. 하긴 아테네의 민회는 아크로폴리스 맞은편 프닉스 언덕에서 개최되었지만 이곳 디오니소스 극장에서 개최되는 경우도 많았으니 극장은 정녕 민주정의 터전이었던 셈이다.

극장의 입장료도 처음에는 무료이던 것이 나중에는 약간의 금액을 받게 되었으나 마침내는 일당에 해당하는 액수의 관극수당, 테오리콘을 국가가 지불하기에 이른다. 그것은 국가행사 참여에 대해 일당을 지급하는 것이 국가의 의무라는 관념에서 나왔는데, 아무튼 민주사회의 일종의 복지정책이라 할 수 있다.

비극의 상연에 앞서서 먼저 세 명의 작가가 선정되고 상연의 비용을 담당할 코레고스가 지정된다. 코레고스는 코로스와 디오니소스 찬가를 부를 합창단의 비용을 부담하는데 이것은 부자에게 과하는 일종의 부유세이었다. 단 배우(보통 3명이다)의 비용(사례, 의상비, 상금)은 국가가 부담한다.

비극의 상연은 경연의 형식을 취한다. 심사원은 아테네의 10개 부족의 후보자 약간 명의 명단이 든 10개의 항아리 속에서 최고행정관인 아르콘이 각 항아리에서 한 사람의 명단을 집어내어 10명으로 구성한다.

이윽고 개연의 날이다. 일출과 함께 2만 명에 가까운 시민들이 몰려들어 극장을 메운다. 여자들은 시민이 아니나 법률적인 문제가 생길 때 준시민으로 간주되기 때문에 참가할 수 있었던 것으로 보이며 외국의 빈객도 참여가 허용되었다.

개연에 앞서 돼지새끼 한 마리가 희생으로 바쳐지고 디오니소스 신상神像에 대한 헌주獻酒가 있은 후 낭랑한 나팔소리를 신호로 한 작가의 비극 3편과 사틸로스 극笑劇 한 편이 종일토록 상연된다. 세 작가의 작품이 삼 일간 상연된 후 심사원 10명이 각기 세 작가의 순위를 적은 투표를 항아리 속에 넣으면 아르콘이 그중 5표를 뽑아 그것으로 순위를 결정한다. 이러한 결정은 아테네 민주정의 특징인 추첨을 따른 것임은 물론이다.

다. 아이스킬로스의 〈오레스테이아〉: 피의 법칙과 국가의 법

비극은 과거의 신화나 전설을 테마로 한다는 원칙적인 약속이 있는데, 전설 가운데 가장 인기 있는 레퍼토리는 트로이 전쟁을 배경으로 한 미케네의 아트레우스 왕가의 잔혹한 연속 살인 사건이다. 3대 비극작가를 비롯한 여러 작가들이 이 전설을 다루었으나 그 가운데 가장 유명하며 또한 가장 완전히 남아 있는 것이 아이스킬로스의 〈오레스테이아〉 3부작이다.

사건은 그리스군의 트로이 원정에서 시작된다. 트로이의 왕자 파리스가 스파르타 왕 메넬라오스의 형인 미케네 왕 아가멤논을 총사령관으로 하여 전 그리스가 원정군을 형성한다.

원정군은 아테네 근방 아울리스 항구에 집결하였으나 아르테미스가 보내는 역품으로 말미암아 함대는 출범이 저지된다. 항구 안에 갇힌 그리스 함대의 배는 파손되고 병사들은 굶주림으로 기진맥진한다. 예언자 칼카스는 이 역풍을 진정시키기 위해 아가멤논의 장녀 이피게니아를 희생으로 바쳐야 한다는 전율할 신탁을 내린다. 아가멤논은 마침내 딸을 희생으로 바친 후 출범한다.

그러나 아가멤논의 아내 클리타임네스트라는 딸을 죽인 남편을 증오하며 더욱이 10년만에 개선한 왕이 카산드라라는 애첩까지 데려온 것에 격분한다. 복수심과 질투심에 불탄 그녀는 정부情夫와 공모하여 왕을 욕실로 유인하여 알몸이 된 왕을 도끼로 쳐서 살해한다.

딸 엘렉트라는 사랑하고 존경하는 아버지가 어머니와 정부에 의해 살해된 것을 용서하지 않는다. 그녀는 외국에서 성장하여 돌아온 동생 오레스테스를 부추겨 어머니와 정부를 살해하게 한다. 아버지의 원수를 갚음으로써 어머니를 살해한 그를 범하게 된 오레스테스는 복수의 여신들에 쫓겨 방황하던 끝에 아테네에 당도하여 아테네의 살인재판소인 아레오파고스 회의의 재판에 회부된 결과 무죄로 방면된다.

이러한 사건은 다소 이례적으로 엽기적이기는 하나 어느 시대, 어느 곳에서도 있을 수 있으며 오늘날의 신문 3면을 장식함직도 하다. 월남전에 출정한 남편이 월남 아가씨와 사귀는 사이 아내는 외간 남자와 정을 통하여 남편이 귀국하자 정부와 공모하여 살해하여 암매장한다. 그것을 알게된 남매는 어머니와 정부를 살해 한다…….

그러나 현대는 신이 없는 시대이다. 따라서 비극과 유사한 비근한 사건은 내면적 양식樣式과 심각성이 없는 한낱 고립적인 범죄로 존재할 뿐이다. 그러나 비극은 신과 불가분의 관계에 있으며 신의 영역 속에 숨 쉰다. 신 없이는 보편성이 없는 개별적인 범죄도 비극에서는 심각한 종교적 의의를 띤다.

실인즉 이 작품에는 신의 두 가지 정의가 대립한다. 아가멤논의 트로이 원정은 제우스의 명령에 다른 것이다. 이 제우스의 정의에 대하여 정면으로 대립하는 것이 무익한 학살을 저지하려는 아르테미스 여신의 정의이며, 그것은 이피게니아의 죽음에 대해 복수하려는 클리타임네스트라, 나아사 거는 오레스테스를 쫓는 복수의 여신들의 정의로 연계된다.

여기에는 또한 남자의 세계와 여자의 세계의 대립, 가문의 핏줄기의 법칙과 국가의 법의 대립, 부부의 관계와 모자母子라는 핏줄기의 관계의 대립이 있다. 그러나 무엇보다 중요한 것은 신과 인간의 정의의 문제도 결국 인간의 형법의 법정인 아레오파고스에서 해결된다는 사실, 환언하면 피에는 피라는 사적인 전통적 복수의 법칙은 결국 국가의 공적 기관에 의해 지양된다는 사실이다. 이것은 기원전 461년에 시행된 이피알데스의 민주적인 개혁, 즉 종전의 귀족회의인 아레오파고스 회의를 살인사건을 다루는 형사 법정으로 전환시킨 조치를 나타낸 것이라 일번적으로 해석된다. 그렇다면 심각한 신과 새의 문제를 다룬 이 작품도 결국 정치적 현실을 반영하고 전치적인 메시지를 나타내는 정치적인 극이라 할 수 있을 것이다.

라. 소포클레스의 〈오이디푸스 왕〉: 자신의 정체를 찾는 추리극

비극작가들은 매우 정력적이어서 한 작가가 100편 내외의 많은 작품을 썼으나 오늘날 남아 있는 것은 3대 작가의 작품 33편 뿐이다(아이스킬로스 7편, 소포클레스 7편, 에우리피데스 19편). 이 가운데서 대표적인 작품이라 하면 극작의 완성도에 있어서나 내용의 처절함에 있어서나 단연 소포클레스의 〈오이디푸스 왕〉일 것이다. 이 작품은 현재 세계에서 가장 많이 상연되는 그리스 비극이며, 서울 올림픽 예술제에서도 아테네 국립극장 극단이 이 작품을 상연하여 강렬한 인상을 준 것이 아직도 기억이 생생하다.

이야기는 테베 왕가의 오이디푸스 왕이 자신의 출생의 비밀을 찾는 데에서 빚어지는 비극이다. 테베 왕 라이오스는 아들을 얻으면 자신을 살해할 것이라는 예언을 피하기 위해 얻은 아들을 없애기로 한다. 명령을 받은 신하는 왕자를 죽일 수 없어 이웃 코린트의 양지기에게 넘긴다. 코린트의 왕자로 자란 오이디수스는 자신의 숙명을 피하기 위해 코린트를 떠나 테베로 가던 중 세 갈래 길에서 수레를 탄 노인을 죽게 한다. 오이디푸스는 자기가 모르는 사이 아버지 라이오스 왕을 죽인 것이다.

테베에 당도한 오이디푸스는 수수께끼를 던져 사람들을

괴롭히는 스핑크스를 퇴치함으로써 영웅이 되어 공위 중인 왕으로 추대되고 왕비 이오카스테와 결혼한다. 자신도 모르는 사이 생모와 결혼하게 된 것이다.

오이디푸스가 즉위하자 왕국에 재앙이 발생한다. 왕은 그 원인을 추구하다가 예언자로부터 왕국 내에 아버지를 살해하고 어머니를 아내로 삼은 자가 있기 때문이라는 끔찍한 말을 듣게 된다. 왕은 패륜아를 찾을 것을 명령하나 마침내 그 자가 자기 자신임을 알게 된다. 어머니는 자결하고 왕은 자기 자신을 보지 못한 두 눈을 찔러 실명한 후 황망히 왕국을 떠나야만 한다.

너무나 유명한 음산한 이야기는 자신의 정체를 찾는 추리극으로서도 흥미와 긴박감이 넘치는 걸작이라 하겠으나 이 작품이 말해주는 의미에 대해서는 구구한 해석이 있다. 이 작품은 오이디푸스의 성격의 결함에서 비롯한 성격비극이라는 견해가 한 예이다. 그것은 아리스토텔레스의 비극론이라 할 수 있는 『시학』에서 "비극의 주인공은 악이나 부정에 의해서가 아니라 과오Hamartia에 의해 불행해지며 그 예가 오이디푸스이다"라고 언급한 데서 비롯한다. 그 과오는 도덕적 혹은 지적 판단의 과오가 아니라 성급한 성격에서 비롯한 과오라는 말인데, 이 비극이 특별히 오이디푸스의 성격의 결함을 강조했다고 보기 힘들다. 물론 오이디푸스가 예언자와 대화할 때 격한 성격이 나타나긴 하나 그것은 어디까지나 국가의 위급을 구하려는 충정에서 나온 것이며 그것은 인간적으로나 군주로서나 훌륭했다고 할 수 있다.

운명극이라는 해석도 있다. 운명에서 벗어날 수 없는 인간의 비극을 그렸다는 것이다. 그렇다면 오이디푸스뿐 아니라 모든 인간은 운명에서 벗어날 수 없다는 뜻에서 모든 비극은 운명극이라 할 수 있을 것이다. 그러나 이 작품은 운명의 노리개로서의 오이디푸스의 비참함을 그렸다기보다 오히려 운명에 도전하는 모습이 강하다고 할 수 있지 않을까.

프로이드 정신분석으로 이 작품을 다루어 오이디푸스가 아버지를 죽이고 어머니를 아내로 삼은 것은 우리의 유년시대에 무의식적으로 잠재하는 원망 충족을 나타낸 것이라 하고 아버지를 미워하고 어머니를 사모하는 잠재의식을 오이디푸스 콤플렉스라 이름지었다.

최근에는 프랑스의 구조주의 철학자 클로드 레비-스트로스(Claude Lévi-strauss : 1908~2009)는 오이디푸스 전설을 구조적으로 분석하여 아이가 어머니에게서 태어났다는 현실적인 진실에 못지않게 인간이 대지에서 태어난다는 신앙적 진실도 진실일 수 있음을 나타낸 것이라 주장하였다.

한 가지 부언할 것은 이 작품은 또한 추방의 의식儀式을 나타내고 있다는 점이다. 그리스의 날씨는 매우 건조하다. 대리석의 건물 바닥 위에서 살인이 벌어지면 흘린 피는 순식간에 건조하여 돌 위에 응고하여 검은 흔적이 된다. 피는 오점이오 오욕이요 더러움이다. 이 더러움은 피를 흘리게 한 자를 추방함으로써 정화되어야 한다. 따라서 유덕한 군주라 할 오이디푸스도 본의 아니게 흘린 피의 대가로 추방될 수밖에 없다. 이것은 오레스테스의 경우도 매한가지이다. 단 오레스테스의 경우는 추방되었다가 다시 화해함으로써 더러움이 정화되기는 하지만.

이러한 추방의 의식은 아테네 형법에 있어서 미고의살인未故意殺人에 대해서 가해지는 추방이라는 형벌과 연관되며 또한 아테네에서 실시되었던 도편추방과도 연관된다. 아테네에서는 비합법적 수단에 의해 정권을 잡는 참주를 예방하기 위해 참주가 될 위험이 있는 자를 민회에서 투표하여 10년간 국외로 추방하였다. 그가 비록 살인을 범하지 않았다 해도 민주사회에 있어서는 독재자는 살인자와 다름없는 더러움으로 간주한 것이다. 그렇다면 순수한 생의 심각한 문제를 다루었다는 이 작품 역시 민주사회의 정치이념을 역연歷然하게 반영하고 있다고 할 것이다.

마. 반전작가 에우리피데스

페르시아 전쟁이 발발했을 때 아이스킬로스는 마라톤의 싸움에 직접 참전했으며, 소포클레스는 소년합창단원으로서 전송가를 불렀다고 한다. 그러나 에우리피데스는 그리스인의 위대한 영광의 전쟁과는 무관한 전후파에 속해 있었다. 따라서 아프레 게르적 심정에 있던 그는 비극에 있어 전통적 형식에 얽매이지 않고 여러 가지 새로운 시도를 하게 된다.

예컨대 비극의 무대에는 영웅이 등장한다는 약속을 깨고 남루한 옷을 입은 서민이나 노예를 등장시켜 무대를 리얼하게 꾸미려 하기도 하고 내용에 있어서도 시류를 반영하여 신화 전설에 새로운 해석을 과감히 시도하기도 한다. 그리하여 그에게는 소피스트적 계몽사상가, 합리주의자, 비합리주의자, 신비가, 이상주의자, 사실주의자, 반신론자 등 여러 가지 호칭이 부여되었다. 심지어는 그가 비극의 약속을 무시했다고 해서 비극의 파괴자라는 비난도 있다.

그가 여러 가지 새로운 시도를 한 것은 비극의 개념이나 테두리에서 벗어난 '인간의 극'을 꾸미려 한 것이라 볼 수 있는데, 그것은 특히 그가 여성의 심리의 갈등을 그릴 때 효과적으로 발휘된다. 그는 〈메데이아〉에서 남자와 여자 사이의 어쩔 수 없는 격렬한 애욕과 증오의 갈등을 리얼한 분위기 속에서 묘사했으며, 〈히폴리토스〉에서는 파이드라의 의붓아들에 대한 굴절된 애증의 심리가 여실히 그려진다. 〈알케스테스〉에서는 알케스테스의 남편 헤라클레스에 대한 헌신적인 순수한 사랑을, 그리고 〈헬레네〉에서는 파리스를 진정한 헬레네는 이집트에 피신하여 남편에 대한 정절을 지켰다는 기상천외한 설정으로 헬레네의 정숙성을 강조한다.

그러나 에우리피데스의 중요한 관심은 인간의 심리나 신의 문제가 아니라 오히려 정치적 현실에 있었다. 그는 조국을 사랑하고 아테네 민주정을 예찬하고 또한 조국이 저지른 만행과 전쟁을 증오한다. 그는 〈구원을 청하는 여인들〉에서 아테네 민주정의 자유와 평화를 다음과 같이 구가한다.

> 국가에 있어서 전제군주정 이상 가는 적은 없다/ 그러한 나라에서는 법은 한 사람이 독점하여 지배한다/여기에 평등이 있을 수 없다/이에 비해 법이 성문화되어 있는 경우에는 약자도 부유한 자에 대해 평등한 권리를 가질 수 있다/ 즉 약자도 공격을 당했을 때는 강자에 대해 논박할 수 있는 것이다/ 정의에 입각하는 한 약자도 강자도 승리할 수 있다/ 자유란 민회의 개회선언에 나타나 있는 바와 같다/ 누가 국가를 위하여 유익한 의견을 말할 자는 없는가/

그러나 그는 사랑하는 조국이 전쟁을 일으키고 폭행을 감행한 데에 환멸을 느껴 간접적이긴 하나 통렬한 비난을 가한다.

기원전 416년 아테네는 스파르타와의 싸움에서 중립을 지키는 멜로스를 침공한다. 멜로스는 경제적으로나 군사적으로나 보잘 것 없는 섬나라이나 아테네는 막대한 공세貢稅를 요구하여 그것이 거절되자 30척의 군선軍船을 동원하여 섬을 점령하고는 멜로스의 모든 남자를 학살하고 부녀자를 노예로 삼아 끌고 가는 아테네인 500명을 이주시킨다. 이 사건은 아테네 식자층에 강한 충격을 준 듯 역사가 투키디데스는 그의 저서 『역사』에서 36장에 걸쳐 이례적으로 길게 이 사건을 다루고 있으며, 특히 그리스 군의 공격에 앞서 그리스의 사절과 멜로스의 대표 사이에 벌어진 이른바 '멜로스 대담'에서 강대국의 약소국에 대한 횡포를 신랄하게 규탄하고 있다.

멜로스 사건이 있었던 이듬해인 415년에 에우리피데스의 〈트로이의 여인〉이 상연된다. 그 줄거리는 대충 다음과 같다. 트로이 성이 함락된 후 남편을 잃고 그리스로 포로로 끌려가게 된 헤카베 왕비를 비롯한 트로이의 여인들이 한 자리에 모여 자신들의 신세와 앞으로 닥칠 운명을 비탄한다.

이때 그리스 군의 연락장교가 나타나 여인들의 처우를 알린다. 헤카베는 오딧세우스의 노예로, 트로이의 영웅 헥토르의 아내 안드로마케는 아킬레우스의 아들의 소유물로, 예언녀 카산드라는 아가멤논의 첩으로 각각 결정되었다는 것이다.

헤카베는 헥토르와 안드로마케 사이의 소생인 손자의 조명助命을 탄원하나 그리스 군 장교는 그 아이를 성벽에서 떨어뜨려 죽이기로 결정되었다고 하여 아이를 빼앗아 간다. 그리스 군이 트로이 성에 불을 지른다. 헤카베는 불길 속에 몸을 던지려 하나 제지되어 그리스 군 진영으로 끌려간다…….

트로이전쟁은 그리스인이 자랑하는 영광의 전쟁이었다. 그러나 멸망한 트로이인의 눈으로 보면 그것은 강대국이 까닭 없이 약소국을 침공하여 자행한 잔인하고 파렴치한 학살 외에 아무 것도 아니었으며 에우리피데스는 트로이의 여인의 입을 통해 그것을 고발할 것이다.

이 작품에는 물론 멜로스 사건에 대한 직접적인 언급은 없다. 그러나 대사의 표현에 있어 투키디데스의 멜로스 대담을 방불케 하는 구절이 있음은 물론 전체적인 톤이 트로이 전쟁을 가탁하여 멜로스 학살을 규탄한 것이라 일반적으로 이해된다. 그러나 이 작품은 전쟁의 잔인성을 규탄한 통속적인 반전극反戰劇이 아니라 보다 심각하고 절망적인 의미를 담고 있다. 그것은 전쟁의 어리석음과 허무함을 그리는 동시에 승자와 패자에게 다 같이 닥치는 피할 길 없는 숙명, 어쩌면 패자보다 더한 승자의 비참함을 그리고 있기 때문이다.

실인즉 패배한 트로이인은 적어도 조국과 가족을 위해 쓰러진 명예를 가졌지만 승리한 그리스인은 아무 것도 가진 것이 없을뿐더러 보다 비참한 운명을 맞게 된다. 총사령관인 아가멤논은 귀국하여 아내에게 살육된 후 장례식도 치루지 못한 채 밤에 몰래 매장된다. 그리스의 이상적인 영웅상인 오딧세우스는 트로이인의 눈으로는 '독사와 같은 간사한 무법자'이었으며, 까닭에 그는 귀국 길에 10년간 방황하여 숱한 고초를 겪은 가까스로 혼자 귀국한 후에도 아내의 구혼자들과 사투를 벌여야 한다. 그 밖의 그리스인들도 한결같이 신의 벌을 면할 수가 없다. 승리는 오만(히브리스)을 낳고 오만은 까닭 없는 폭행을 자행케 하여 마침내 자신의 파멸(네메시스)을 초래하고 만다.

이 작품이 상연되기 직전에 시실리에 원정간 아테네 함대가 전멸했다는 슬픈 소식이 전해져 모든 아테네인들이 의기소침한 상태였다. 따라서 이 작품도 민중으로부터 외면 당해 경연에서 패배한다. 에우리피데스 자신에게는 비애국적인 반전작가라는 작인이 찍히고 무신론자 또는 반신론자라고 비난받는다. 그는 전쟁을 싫어하고 조국을 싫어하며 인간 자체를 싫어하게 된다. 그리하여 살라미스 섬의 동굴 속에서 은거를 하다가 마침내 조국을 떠나 마케토니아로 가서 그곳에서 생애를 마친다. 비극의 파괴자가 맞은 비극적인 종말이었다.

비극은 신화 전설을 소재로 하여 심각한 생의 문제를 제시한다. 그러나 거기에는 시인의 정치이념과 정치현실이 여실히 반영된다. 그러나 본격적인 정치론을 개진한 소크라테스, 플라톤, 아리스토텔레스 같은 철학작들이 한결같이 아테네 민주정에 대해 비판적인데 반해 비극시인들은 대체로 민주정에 대한 지지를 나타낸다. 비극은 민주정과 더불어 성장 발달하고 민주정과 더불어 쇠퇴한다. 비극은 고매하고 심각한 생의 문제를 담고 있으나 그것은 필경 민중의 예술이었던 것이다.

헤로도토스와 투키디데스

1

역사에 있어 기본적인 논쟁거리의 하나는 역사의 객관성이 주主냐 설화성이 주냐 하는 문제이다. 역사를 엄격히 사실대로 쓰는데 일관해야 하느냐 아니면 역사는 우선 재미있는 이야기이어야 하느냐 하는 문제인데, 이것은 '역사의 아버지'라 일컬어지는 헤로도토스와 구 후계자이자 라이벌이라 할 투키디데스가 제시한 문제이기도 하며, 따라서 역사의 시작에서부터 오늘에 이르는 과제라 할 것이다.

헤로도토스는 기원전 484년 그리스의 식민시 할리카르나소스(현재는 터키의 보드룸)에서 출생하였는데 명문출신이었기 때문에 도시의 당쟁에 휘말려 사모스로 망명하였다가 귀국 후 다시 아테네로 망명했다고 한다. 그동안에 그는 유럽, 아시아, 이집트에 걸친 대 여행을 하였으며 이 여행을 통해 세계적인 넓은 시야를 갖게 된 것으로 보인다.

그는 아테네에 꽤 오랫동안 체류했는데, 그때는 대정치가 페리클레스가 집권하던 시기였던 시기였으며 페리클레스의 범 그리스정책의 일환으로 남 이탈리아의 투리오이에 새 식민시를 건설할 때 헤로도토스도 참가하여 그곳에서 생애를 마쳤다고 한다. 일설에 의하면 아테네로 돌아와서 활동하다가 기원전 425년 아테네에서 사망했다고도 한다.

헤로도토스가 탄생할 무렵 그리스 세계는 페르시아 제국과 대립, 항쟁하는 상황에 있었다. 비교적 단시일에 전 오리엔트를 지배하게 된 페르시아는 마침내 기원전 5세기 초에 그리스를 침공한 것인데 수많은 폴리스로 갈라져 있던 그리스인은 단결하여 이를 격퇴한다. 이 전쟁은 그리스 역사에 있어 획기적인 대사건이었으며 이때부터 그리스인은 민족의 동질성을 의식하여 정치, 문화에 있어서 비약적인 발전을 하게 된다.

쟈코비Felix Jacoby라는 학자에 의하면 역사가로서 헤로도토스는 세 가지 단계로 이루어졌다고 한다. 그는 우선 지리학자로 출발하여 아시아 각지를 여행한 결과 각기 독립된 이야기를 지술하였으며, 다음에는 그것을 집성하여 역사를 꾸밈으로써 페르시아 사가가 되었으며, 끝으로 그리스인과 페르시아인의 전쟁의 역사를 기술함으로써 비로소 역사가가 되었다는 것이다.

헤로도토스의 『역사Historiai』는 페르시아 전쟁을 다루고 있으나 단순한 전쟁 기록이 아니라 뚜렷한 목적의식을 갖고 서술한 역사임을 서두에서 밝힌 다음과 같은 말로써 알 수 있다. 즉 "인간이 행한 일이 시간의 흐름과 더불어 잊혀지지 않게 하기 위해, 또한 위대하고 경탄할 업적이 소멸되지 않게 하기 위해, 특히 그리스와 페르시아 두 민족이 싸운 원인을 밝히기 위해 페르시아 전쟁이라는 대사건의 역사적 의의를 높이 평가하여 그 업적을 영구히 보존하고 또한 전쟁의 원인을 구명하기 위해 이 책을 썼다는 것이다.

『역사』는 전 9권으로 구성된 방대한 책이나 그 역사기술의 특색을 다음과 같이 지적할 수 있을 것이다. 첫째로는 전쟁이라는 본줄기에서 벗어나서 각 지역의 지리와 문화를 푸짐하게 다루고 있는 점이다. 예컨대 페르시아뿐 아니라 이집트, 스키타이, 트리키아 등의 기후, 풍토, 풍습, 종교, 동물, 인정, 역사를 자세하게 그리고 있다. 따라서 이 책은 전쟁사라기보다 일종의 세계문화사라고 할 만하며 더욱이 다방면에 걸친 여러 가지 개별적인 자료를 유려한 문장으로 하나의 길고 흥미 있는 놀라운 이야기로 꾸미고 있다. 이것은 호머의 시의 영향이며 『역사』가 '산문으로 된 서사시'라 일컬어지는 까닭이기도 하다. 이 실화성이야말로 역사가 지닌 본래적인 요소인데, 더욱이 그는 과거의 자료를 맹신하지 않고 그 가치를 따지려 노력했으며 그러한 의미에서 최초의 비판적인 역사가로서 역사학의 기초를 닦았다고 할 수 있다.

둘째로 그리스 민족과 아시아의 여러 민족의 역사를 기술하면서도 두 지역의 민족의 특성을 종합적으로 파악하고 있는 점이다. 즉 아시아인은 한 사람의 군주에 예속하는 노예인데 반해 그리스인은 오직 법에만 종속하는 자유인인 것이 특색이라 강조한다. 이렇게 자유와 독재라는 대립되는 관념으로 동과서의 차이를 파악하는 것은 그리스인의 자부심을 나타내는 일종의 중화사상이며 이것은 페르시아 전쟁에서의 승리에서 나온 새로운 의식이라 할 것이다.

셋째로는 신화적이라 할까, 인간세계의 사건은 신의 뜻에 의해 움직인다는 신념에서 역사를 쓰고 있는 점이다. 실제로 그는 꿈이나 전조를 믿고 각지의 성역을 두루 찾아다니는 경건한 신앙인이기도 하였다. 이것은 합리주의 정신에 철저하여 인간의 일에 신이 개입하는 것을 배제했다는 투키디데스와 뚜렷이 대조되는 것으로서 일반적으로 헤로도토스의 큰 약점으로 지적되기도 한다. 그러나 그의 종교성도 그것을 통해 인간이 알 수 없는 필연必然의 이법理法이 역사를 지배한다는 통찰을 갖게 했고 또한 국가나 시대의 한계를 넘어서 공평하고 정직한 입장에서 역사를 바라볼 수 있게 했다고도 할 수 있다.

그러나 『역사』의 주제는 서두에서 밝혔듯이 전쟁의 원인의 구명에 있으며 여기에서 그의 진면목이라 할까 그의 특징이 가장 잘 나타나 있다고 할 수 있다. 헤로도토스는 전쟁이 여러 가지 상이한 요소가 내적으로 연관하여 일어나게 된다는 것을 알고 있었다. 페르시아 지배에 대한 이오니아인의 반란, 이에 대한 원병의 파견을 결의한 아테네 민회의 역할, 아테네인들의 사르디스 공략 등 일련의 사건이 전쟁에 연결되는 요인임을 명백히 지적하고 있다. 그러나 그의 관심의 초점은 어디까지나 개인과 그 행동에 있었다.

일반적으로 고대의 역사가는 역사의 과정에 있어서 외적인 요건보다 개인의 행동을 결정적으로 중시한다. 헤로도토스도 그러하다. 그에게 있어 역사를 결정하는 것은 어디까지나 개인의 행동이며 따라서 개인의 결정적 행위에 이르는 과정과 그것이 내포하는 의미가 세밀히 검토된다.

이 전쟁에서 주역이라 할 인물은 페르시아의 크세르크세스 왕이다. 그이 헬레스포스 해협의 도강(해협에 배로 다리를 만들어 건넌다는 뜻에서 도강渡江이라기보다 도해渡海라 하는 것이 정확할 것이다)과 그 결정에 이르는 일련의 사건의 드라마틱한 전개는

『역사』에서 인간행위가 가장 결정적으로 그려진 대목이라 할 수 있다. 그것은 리디아 왕 크로이소스의 할리스 강 도강(신탁에 따라 도강함으로써 리디아가 멸망한다), 알렉산더 대왕의 동방 원정을 위한 할레스폰토스 도강, 시이저의 루비콘 도강과 같이 전쟁의 발단과 운명을 나타내는 중요한 의미를 지니고 있다.

『역사』에는 도강이라는 결정적 행동에 앞서서 세 가지 장면이 전개된다. 즉 페르시아 왕궁의 중심회의에서의 왕과 아르타바노스의 대화, 크세르크세스의 꿈, 그리고 도강에 즈음한 왕과 아르타바노스의 두 번의 대화이다.

크세르크세스는 즉위 후 반란진입을 위해 이집트 원정을 단행했으며 그때 왕은 원정에 매우 적극적이었는데 그것은 원정이 부왕父王 다레이오스가 이룩한 제국의 영역을 유지하기 위해 필요불가결한 조치이었기 때문이다. 그러나 그리스 원정에 대해서는 매우 소극적이었다. 그런데 그의 종제從弟 마르도니오스, 테살리아 왕의 사절, 아테네에서 온 페이시스트라토스 가문의 망명객, 이 세 사람의 각기 상이한 이해에 입각한 주장에 설득되어 마침내 원정을 결심하게 된다. 일단 결심한 이상 자신의 의지가 강함을 과시하는 동시에 종신들의 의견을 청취하기 위하여 중신회의를 소집한다.

이 회의석상에서 그는 두 번에 걸친 연설을 통해 원정의 두 가지 이유를 천명한다. 첫째는 그리스 특히 아테네에 대한 보복이다. 즉 아테네인들은 이오니아 반란 시 이오니아에게 원병을 파견하여 반란에 가세하였으며 또한 마라톤 패배의 치욕을 아직 설욕하지 못하고 있기 때문이다. 그의 두 번째 이유는 세계제국에의 야망이라 할 수 있다. 정복은 페르시아 제국에 있어서 하나의 노모스(법, 전통)이며 이 노모스를 통해 페르시아는 부강과 번영을 누려왔던 것이다. 그는 말하기를 "나는 새로운 노모스를 만들려는 것이 아니라 그것을 계승하여 수행하려는 것이다. 우리가 그리스를 평정하면 페르시아의 영역은 제우스의 하늘(전 세계를 뜻한다)과 접하게 되고, 태양이 비치는 모든 땅은 남김없이 우리의 경계 안으로 포함될 것이다." 크세르크세스의 이러한 비이성적인 오만과 표명이 있은 후 마르도니우스의 노골적인 아첨이 담긴 지지발언이 따르고, 그다음에 왕의 숙부 아르타바노스의 반대가 제기된다. 그는 페르시아의 실패의 역사를 예거하여 거기서 교훈을 얻을 것을 종용한다. 예컨대 다레이오스 왕이 스키타이인을 토벌하려 했을 때 유목민을 토벌하는 것은 보람없는 일이라고 반대하였음에도 진군하여 막대한 손실을 당했다고 하고, 마라톤 전투에서 과시된 그리스인의 전투력을 들어 스키타이 토벌보다 훨씬 더 큰 위험이 있을 것이라 강조한다. 특히 헬레스폰토스에 다리를 놓는 것은 원정군이 퇴군 시 치명적인 타격을 받을 위험이 있다고 경고한다. 그리고는 탁월한 인간이 자기의 힘을 과신하여 오만 hybris해지면 신의 징벌을 받게 되며, 그 징벌은 소수의 병력에 의한 대군의 패배라는 형태로 나타나므로 성급함을 피하고 신중할 것을 당부한다.

아르타바노스의 사려 깊은 경고는 사뭇 예언적이면서도 서사시적인 비장감에 넘쳐 있기도 하다. 그러나 크세르크세스는 크게 분노하여 그를 비겁자로 통매(痛罵 : 편집자주- 몹시 꾸짖음)하고 그의 충고를 일축해버린다. 그러나 격분이 지나자 크세르크세스는 곧 자신의 감정의 폭발을 뉘우치게 되고 끝내는 아르타바노스의 충고가 정당한 것임을 깨닫게 된다. 그러나 잠자리 들자 꿈에 풍채가 당당한 인물이 나타나 그의 번의(翻意 : 편집자주- 본래의 생각을 뒤바꿈)가 옳지 않으며 예정대로 원정을 결행할 것을 지시하고 사라진다.

날이 밝자 그는 지난밤의 꿈을 묵살하고 아르타바노스의 의견에 따라 원정의 중지를 선언한다. 그러나 놀랍게도 그날 밤 꿈에 다시 그 인물이 나타나 "원정을 단행하지 않으면 그대가 급격히 강대해진 것과 같이 급격히 약소화 할 것이다"라고 경고한다.

그는 즉시 아르타바노스를 불러 이 이야기를 전하고 그 환영이 신의 뜻이라고 한다면 아르타바노스가 왕의 옷을 입고 왕의 침대에서 잠을 자면 그 환영이 그에게도 나타나 왕에게 한 말과 같은 말을 할 것이라 하고는 그가 왕의 침대에서 잠잘 것을 명령한다. 아르타바노스는 꿈에 대해 매우 합리적인 풀이를 한다. 즉 꿈이란 낮에 숙고熟考하던 일이 환영으로 나타나는 것이며 요즈음 왕의 원정계획에 몰두하고 있으므로 그것이 환영으로 나타나는 것이다. 그리고 한 사람에게 나타난 꿈이 같은 옷을 입고 같은 잠자리에서 잔다고 해서 같은 꿈이 나타날 수는 없다. 그러나 왕의 명령대로 행하여 왕에게 나타난 꿈이 자기에게도 나타나면 나도 그것을 신의 뜻이라고 믿겠다고 하고는 왕의 명령을 따른다.

그가 왕의 옷을 입고 왕의 침대에서 잠을 청하자 과연 왕에게 나타났던 환영이 그에게도 나타나 다음과 같이 말한다. "그대가 마치 왕의 후견인인 양 왕의 그리스 원정계획을 방해하는 인물인가. 내 명령을 어길 때 일어날 일을 이미 크세르크세스에게 보여준 바 있지만 그대는 '필연적'으로 일어날 일을 전환하려는 데 대한 천벌을 면할 수 없을 것이다." 그리고 그는 붉게 탄 쇠붙이로 눈이 찔리는 것을 느껴 놀라서 깨어나 몽중의 일을 왕에게 고하고는 "나는 일찍이 거대한 세력이 약소한 세력에 의해 타도되는 숱한 예를 보아왔기 때문에 왕이 혈기에 끌리는 것을 막으려 했습니다. 그러나 어떤 신적인 충동이 일어나 그리스인에게 어떤 숙명적인 파멸이 예지되는 이 마당에서는 나도 번의를 하겠습니다. 왕께서는 신이 고하는 바를 수행함이 마땅하며 나도 왕 곁에서 왕을 도울 것입니다"라고 맹서한다. 그리하여 날이 밝자 왕은 이 사실을 신하들에게 알리고 원정계획을 강력하게 추진하게 된다.

형식적으로 볼 때 종신회의에서 왕의 최종적 결정에 이르는 장면은 극적인 긴장감에 넘친 고도의 문학적 성과라 할 수 있다. 왕의 연설, 마르도니우스의 매파적인 지지연설, 비둘기파라 할 아르타바노스의 반대연설, 왕의 격렬한 비난, 꿈의 장면, 왕의 번의와 원정중지 선언, 꿈의 재현, 왕의 아르타바노스의 대화, 아르타바노스의 꿈, 왕의 최종적 결정.

이 과정에 있어 왕의 유약한 인간적인 성격이 거센 기복으로 드러난다. 첫 번째 연설에서의 약간 불안한 원정의 선언, 두 번째 연설에서의 격정의 폭발, 냉정과 이성의 회복, 아르타바노스에 대한 사과, 꿈의 환영에 겁을 먹은 왕, 불안과 동요, 아르타바노스에게 왕의 옷을 입고 같은 꿈을 꿀 것을 기대할 정도로 약하고 어리석은 성격의 노정露呈, 중심들의 의견을 물으나 모든 결정을 자신이 해야 하는 그의 고독과 번민……. 그러나 끝내 결정은 꿈에 의해 이루어진다. 꿈은 '운명'으로 해석할 수도 있고 '히브리스'라고 말할 수도 있으나 그것은 결국 페르시아에 있어서는 '노모스'를 상징하는 것이라 볼 수 있다. 페르시아의 노모스를 따라 원정을 결심한 것은 크세르크세스로서는 왕으로서의 이상과 사명을 깨달았다는 것을 뜻한다. 비록 그것이 비극적인 결과를 예감할 수 있는 것이라 해도. 이러한 인간행위의 결정의 묘사에 있어서 헤로도토스의 솜씨가 집약적으로 표현되며 그러한 뜻에서 이 장면을 탁월한 성격극이라 할 만하다.

헤로도토스의 전쟁의 원인에 대한 어프로치의 방법은 폭이 넓고 유연하며 원시적이면서도 치밀한 계산이 있고 산만하면서도 논리적 일관성이 있기도 하다. 그는 전쟁의 궁극적인 발단은 크로이소스 왕에 의한 리디아의 팽창에 있다고 본다. 그리고는 이오니아인의 반란, 아테네 민회의 원병 결의 등등 여러 가지 원인이 일견 비체계적으로 기술되나 그것들이 서로 연관을 유지하면서 궁극적으로는 크세르크세스의 복잡한 성격의 비극으로 승화되었다.

아무튼 헤로도토스는 전쟁을 역사학의 중심적인 테마로

만들어 그 원인을 구명한 최초의 사가이었다. 그러나 전쟁에 대한 본격적인 과학적인 연구는 19세기에 시도되었으며, 고대의 전쟁에 대해서도 그 도덕적 경제적 사회적 측면이 고찰되고 또한 치밀한 문헌연구와 종교적 원인에 대한 세심한 검토가 이루어졌다. 물론 헤로도토스에게는 이러한 근대역사학의 방법은 없지만 대신 근대역사학이 갖지 못한 역사학 본래의 특색을 지니고 있다. 역사학의 기초라 할 지리학과 민속학에 대한 해박한 지식, 고대 신화에 대한 비판적 태도, 역사서술에 대한 고매한 목적의식 등등. 그러나 무엇보다도 뛰어난 것은 '서사시적 기교라는 마술'에 의해 꾸며진 설화성일 것이다. 그것으로서 전쟁의 원인의 탐구라는 난삽하고 무미한 작업을 위대한 문학으로 만들 수 있었던 것이다.

2

헤로도토스의 『역사』는 그 설화성으로 말미암아 많은 사람들에게 애독되어왔으나 그 때문에 오히려 많은 비판을 받기도 하였다. 그에 대한 최초의 비판자는 후배자이자 후계자라고 할 투키디데스였다. 투키디데스는 아테네의 명문출신이자 트라키아의 왕족에 속해 있기도 하였다. 그의 생년生年과 몰년沒年은 확실치 않으나 펠로폰네소스 전쟁(기원전

431~404년)이 발발하였을 때 20대이었던 것으로 보이며, 424년에는 장군으로 선출되었으나 암피폴리스를 스파르타 군에게 빼앗긴 죄목으로 20년간 아테네에서 추방되어 트로키아에 체류하였던 것으로 보인다.

그의 작품 〈전사戰史Historiai〉는 펠로폰네소스 전쟁을 기술한 것인데, 그것은 선배인 헤로도토스의 영향인 것은 물론이겠으나 헤로도토스와는 다른 역사의식을 가지고 기술한 것은 서문에서 잘 나타나 있다. 그는 헤로도토스가 사실보다 '재미있는 이야기'를 쓰는 것을 비난하고 자신은 오락이나 세간의 인기를 구하지 않고 진실이기에 가치가 있는 것을 쓰려 한다고 밝힌다. 말하자면 사실의 정확한 재현이라는 역사서술의 새로운 기준과 이상을 제시하였다.

그는 전쟁이라는 인간의 행위는 무엇을 전제로 하는가. 인간의 사회, 인간의 역사를 움직이는 힘은 무엇인가. 그 힘과 힘의 싸움은 어떠한 형태, 어떠한 경과를 겪는가 하는 물음을 품고 현실의 사건의 추이를 지켜본다. 그리고 인간의 문명은 여러 가지 형태로 나타나지만 인간이 주체인 이상 역사와 사회를 진행시키는 원리적인 힘의 관계는 변함이 없으며 그 원리를 알기 위해서 정확한 역사기술이 필수적이라 생각한다. 이것은 말하자면 '역사반복론'이요 '역사실용론'

이라고 할 수 있는데, 역사란 그 근본적인 양상은 되풀이되는 것이며 따라서 과거의 역사에서 교훈을 얻기 위해서 현재의 사건을 기술해야 한다는 것이다.

사실의 정확성 외에 그의 서술의 특색은 사건의 본줄기로부터의 서술의 탈선을 철저히 배제하는 점이다. 그는 전쟁사의 서술로 일관했으며 전쟁과 관련이 있는 한 정치에 대한 언급을 하되 문화사, 지리학, 개인적인 일화 같은 것에 일절 관심을 두지 않는다. 고대사가 가운데 조약條約비문을 역사서술의 자료로 사용한 것은 투키디데스뿐인데, 그는 그 자료를 사용할 때 자기의 판단에 의하여 취사선택하였다. 그리고 모든 사건을 빠짐없이 기술하지 않고 자기의 구상에 적절하고 중요하다고 생각되는 사실만을 기술한다. 헤로도토스는 일종의 영고성쇠榮枯盛衰의 법칙에 입각하여 오늘날 하찮은 일로 간주되는 사건도 훗날 큰 의미를 가질 수 있고 그 반대도 진眞이기 때문에 사건의 대소를 가리지 않고 두루 기술하였는데 이 점에 있어서도 투키디데스는 헤로도토스를 강하게 의식하고 있었다.

투키디데스의 또 한 가지 특색은 역사를 희곡적戱曲的 방법으로 서술하고 있는 점이다. 헤로도토스의 서술이 서사시적 방법이라 한다면 투키디데스는 전쟁 전체를 비극으로 구성하고 있다 할 것이다. 비극이 발단-전개-아크메(절정)-파국으로 구성되는 것과 같이 〈전사〉도 사살리 원정을 아크메로 하여 똑같은 구성으로 꾸며져 있다. 희곡적 방법의 뚜렷한 예로 연설문을 들 수가 있다. 물론 역사서술 속에 연설문을 삽입하는 것은 헤로도토스를 모방한 것이다. 그러나 투키디데스는 연설을 헤로도토스와는 다른 목적으로 이용하여 그의 저술 기술의 중심으로 삼고 있다. 그는 마치 극작가가 무대 뒤에 숨어 배우들이 스스로 말하게 하듯이 인물의 성격과 행동을 되도록 객관적으로 묘사하기 위해 인물 스스로가 표현하도록 하였다. 그리고 또한 연설문의 삽입으로 비극에서의 코로스와 같은 역할로 이용하기도 한다.

〈전사〉에는 44편의 연설이 있는데, 그 가운데 백미白眉라 할 수 있는 것은 이른바 '멜로스 대담'이다. 기원전 416년 아테네는 돌연 멜로스 섬을 침공한다. 멜로스는 스파르타 계의 식민시나 펠로폰네소스 전쟁에서는 중립을 지키고 있었다. 흑요석黑曜石의 산지로만 알려질뿐 경제적으로나 군사적으로나 보잘 것 없는 이 소국에 대해 아테네는 아테네 측에 가담할 것과 막대한 공세貢稅를 바칠 것을 요구하여 그것이 거부되자 섬을 점령하여 모든 성인 남자를 학살하고 여자는 노예로 끌고 간 후 500명의 아테네인을 이주시킨다. '멜로스 대담'은 아테네군의 공격에 앞서 행해진 멜로스의 대표와 아테네 측 사절과의 회담인데, 그것은 약소국에 대한 강대국의 혹독무잔한 권력정책의 실체를 정확히 묘출하고 있으며 이 삽화만으로도 〈전사〉를 불후의 명작으로 만들고 있다고 해도 과언이 아니다. 38장에 이르는 장문인데 다음은 그 일부를 발췌 인용한 것이다.

아테네 사절: 정의냐 아니냐 하는 문제는 쌍방의 세력이 백중일 때 따져지고 결정되는 것. 강자와 약자 사이에는 강자는 어떻게 큰 것을 얻고 약자는 어떻게 적은 양보로 화를 모면하느냐 하는 문제밖에 있을 수 없다.

멜로스 대표: 정의 여부를 도외시하고 이익만을 따진다고 하면 당신들의 이익이란 곧 상호간의 이익을 말살하는 것이 아니겠는가?

아테네 사절: 그것으로 당신들은 멸망하지 않고 종속국의 지위를 얻을 수 있으며 우리는 당신들을 살육에서 구제함으로써 착취할 수 있기 때문이다.

멜로스 대표: 우리를 적이 아니라 우호국으로 생각하여 평화와 중립을 유지하는 조건을 받아들일 수 없는가?

아테네 사절: 우리는 당신들의 증오를 조금도 개의치 않는

다. 오히려 우리가 관용을 베풀어 당신들의 호의를 사면 종속국으로부터 우리가 약하기 때문이라는 오해를 받아 반란에 직면하게 된다. 증오를 받는 것이 지배자로서의 위세를 과시하는 길이 되는 법이다.

멜로스 대표: 당신들이 지배자의 자리를 지키려 애쓰고 당신들의 속국들이 노예 신분에서 벗어나려 애쓴다면 우리처럼 아직 자유인 자가 노예화를 거부하여 필사적으로 저항하는 것은 당연한 일, 그렇지 않다면 비겁자라 멸시받아 마땅하지 않겠는가?

아테네 사절: 당신들은 지금 명예나 용기를 따질 피차 대등한 위치에 있는 것이 아니라 압도적인 강자 앞에 어떻게 몸을 살려야 하는가 하는 입장에 있는 것이다.

멜로스 대표: 승패는 반드시 수의 다과多寡로 결정되는 것이 아니며 우연에 좌우되는 경우가 허다하다. 지금 우리가 항복을 하면 절망을 자백하는 것이 된다. 그러나 싸우면 싸울 동안이나마 이길 희망이 남아있는 법이다.

아테네 사절: 희망이란 절망적인 상황에서 위안이 되는 것. 그것도 여력餘力을 가지면서 희망에 의지하면 손해를 당하더라도 파멸에까지 이르지는 않는다. 그러나 수중의 모든 것을 희망에 거는 자는 꿈이 깨어진 후에야 희망의 본성을 깨달으

나 그때는 이미 희망은 아무 데도 없다.

멜로스 대표: 우리가 정의에 입각하는 한 신의 가호가 있을 것이며 스파르타 측으로부터의 구원도 있을 것이기에 아무런 근거없이 희망에 의지하는 것은 아니다.

아테네 사절: 신의 가호는 우리에게도 있다. 신도 인간과 같이 강한 자가 약한 자를 지배한다는 법칙을 따르기 때문이다. 이 법칙은 우리가 남에게 강요하기 위해 만들거나 처음 시도하는 것이 아니라 세상에 널리 통용되고 있는 것을 계승해서 미래 말세를 위한 유산으로 만들기 위해 이용하는 것에 불과하다. 만약 당신들이 우리와 같은 강자의 자리에 있다면 우리와 같이 행할 것이다. 스파르타 측의 원조에 대해 묻겠는데 이익은 안전 위에 있는 것이며 정의와 명예는 위험을 통해서 얻어지는 것이 아니겠는가. 그러나 스파르타인은 가능한 위험을 회피하려 한다……. 최대의 강국이 관대한 조건으로 항복을 권유할 때 그것에 따르는 것이 치욕이나 불명예가 될 수 없다. 당신들은 종래와 같이 이곳에 살면서 공세만 바치면 우리의 동맹이 될 수 있는 것이다. 전쟁이냐 안녕이냐 하는 이 마당에 어리석은 길을 택하지 않는 것이 좋을 것이다. 상대의 힘이 비등할 때는 물러서지 않고 강하면 상대의 뜻을 존중하고 약하면 관대하게 대한다는 유연한 태도를 지니면 번영을 누릴 수 있

다. 당신들의 조국은 하나밖에 없고 그 운명은 단 한 번의 회의에 걸려 있다.

아테네 사절의 위와 같은 최후통첩이 있은 후 멜로스인들은 협의를 한 결과 다음과 같이 마지막 회답을 보낸다.

"아테네인들이여, 우리의 생각엔 변함이 없다. 우리는 700년의 역사를 갖는 이 폴리스에서 일순간이라도 자유를 박탈당할 생각이 없다. 오늘까지 우리의 안녕을 지켜준 신의 가호를 믿고 또한 스파르타인의 구원을 믿으면서 우리의 나라를 지키려 한다. 당신들은 우리가 우호국이요 중립국임을 인정해주기를 요청하며 아울러 양국 사이에 적당하다고 생각되는 우호조약을 체결한 후 우리의 국토에서 철수하기를 바란다." 그리하여 아테네군은 멜로스 섬에 대한 봉쇄를 실시한 후 공격을 계속한 끝에 다음해에 멜로스 측의 무조건 항복을 받아낸다.

물론 이 대담이 실제로 이렇게 진행되었는지는 알 길이 없다. 그러나 투키디데스는 전문傳聞과 수집한 자료를 충분히 이용하여 대담을 가능한 리얼하게 재현하려 노력한 것임은 일반적으로 인정되고 있다. 따라서 '대담'은 충분히 사실이었을 것이다.

3

헤로도토스는 옛날의 사건과 이야기, 지기가 이해 못하는 언어를 사용하는 민족의 역사를 역사서술의 대상으로 삼은 데 대해 투키디데스는 자기가 살던 시대의 자기가 사는 그리스 세계로 대상을 한정하고 자기가 경험하거나 수집한 정보에 의해 사실대로 역사를 쓰려 애썼다. 그리하여 그후의 역사학은 투키디데스가 세운 기준에 따라 자기 민족의 동시대사를 쓰는 것이 본류本流가 되었고 해로도토스적인 옛날 역사는 본류에서 벗어나 호고취미好古趣味의 문인들의 손에 넘어가게 되었다.

로마시대에도 헤로도토스는 많이 읽히기는 하였으나 역사가로서의 평가는 반드시 높은 것이 아니었으며 그를 '역사의 아버지'라 이름지었던 키케로조차도 그를 충분히 이해한 것이 아니었다. 그리하여 헤로도토스에 대한 불신과 비판은 일종의 전통이 되어 근대에까지 이어졌다. 특히 19세기는 '역사학의 세기'라고 불릴 만큼 전문적인 역사학이 크게 발달하였는데 그 주류는 정치사였으며, 객관적인 사실을 추구하고 정치적인 파쟁이나 전쟁의 인관관계를 합리적으로 설명하는 것이 그 과제이었다. 이러한 기준으로 평가할 때 투키디데스는 모범적인데 반해 헤로도토스는 학문 이전의 단계에 있는 유치한 역사에 불과하였다.

그러나 '역사학의 세기'를 대표하는 랑케는 헤로도토스를 정독하여 다음과 같이 그를 높이 평가하였다. "헤로도토스에 있어서의 전설적인 것과 역사적인 것의 훌륭한 결합은 나에게 완전한 영향을 주었다. 그것은 아름다운 언어, 명석한 서술, 특히 역사지식의 기초가 되는 이 위대한 책에 새겨진 세계파악에 있어서 그러하다." 랑케가 찬양한 헤로도토스의 예술성과 설화성은 그의 아류들에 의해 완전히 망각되어 역사는 무미건조한 논술이나 부호로 가득 찬 과학논문과 같은 것이 되어버렸다. 그리하여 최근에는 역사의 객관성과 과학성에 대한 반성과 더불어 헤로도토스에 대한 평가가 새로워지게 되었다.

헤로도토스에 대한 재인식은 셀린코트라는 학자가 쓴 헤로도토스 해설서의 다음과 같은 말에서 잘 표현되어 있다. "그리스인은 원래 타고난 시인이나 철학이지 역사가는 아니었다. 그들 가운데 역사가는 헤로도토스와 투키디데스밖에 없었다. 그러나 투키디데스의 역사는 테마가(전쟁 이야기로만) 편향되고 범위가 (그리스로 국한된) 협소하며 또한 아름다운 그리스어를 폭력적으로 왜곡하여 난해하게 만들었다. 헤로도토스는 전형적인 그리스인이었으나 한 가지 중요한 점에서 그리스인으로서는 예외적이었다. 그의 저서는 그리스에서는 최초이자 최후의 위대한 역사서였다." 헤로도토스는 '역사의 아버지'의 자리를 완전히 되찾은 것이다.

제3부 그리스사의 수수께끼

(흐름) ston 75×40×35

그리스인은 누구냐?

빛나는 태양, 그 빛을 받아 반짝이며 출렁이는 푸르디푸른 바다, 청명한 공기, 마리에 흰 눈을 두른 산들, 올리브와 포도와 보리와 야생화로 뒤덮인 들판. 이 아름다운 나라에 사는 그리스인은 누구이며 그들은 언제 이곳에 자리하게 되었는가.

현재의 그리스인은 자기들의 조상이 누구이며 언제 이곳에 왔는지를 알지 못한다. 민족의 오랜 옛 기억의 보고라고 할 신화에도 인류의 발생과 자민족의 유래(고대인은 흔히들 양자를 일치시킨다)에 대해서 확실한 이야기가 없다.

호머는 제우스를 '신과 인간의 아버지'라고 부르고 있으며 헤시오도스의 〈신의 계보〉에는 신과 인간의 가문이 계보가 그려져 있는데, 그리스의 왕과 귀족의 조상은 신과 인간 사이의 소생所生으로 되어 있다. 말하자면 신과 인간은 기원이 동일하며 그리스인의 핏줄기는 신에서 유래한다는 것이다.

헤시오도스의 또 하나의 작품 〈노동과 일진日辰〉에는 인간이 다섯 가지 시대를 겪어온 내력이 그려져 있는데, 신은 맨 처음 황금종黃金種의 인간을 만들었고 그 인종이 절멸한 후 다시 은종의 인간을 다음은 동종, 영웅, 철종의 인간을 차례로 만들었다고 하고 있다. 최초의 인류인 황금종의 인간은 신과 같이 근심, 수고, 슬픔을 모르며, 모든 재난에서 벗어나 언제나 젊은 몸으로 늙음을 모르면서 항상 잔치를 즐기면서 살다가 잠자듯이 죽음을 맞이했다고 한다. 말하자면 에덴동산과 같은 낙원에 살았다는 것인데, 에덴동산에서는 이브로 말미암아 인간이 낙원에서 추방되듯이 황금종의 시대에서도 화는 여자에 의해 초래된다. 프로메테우스 신화에서는 프로메테우스가 몰래 불을 훔쳐 인간에게 주었는데, 이에 격분한 제우스는 프로메테우스에게 영겁의 벌을 내림과 동시에 인간에게도 벌을 내리기 위해 아름다운 용모와 개 같은 심성과 기만의 습성을 갖는 여자를 만들어 모든pantes 신들의 선물dora로 꾸몄다는 뜻에서 판도라라는 이름을 붙여 인간에게 보낸다. 이 요물인 여자가 금기를 어기고 온갖 재앙이 담긴 항아리의 뚜껑을 열어버림으로써 이 세상에 재앙과 불행이 시작되었다고 한다.

그리스의 신의 세계는 우라노스 크로노스 제우스 3대로 이어지지만 제우스가 지배권을 확립할 때 젊은 세대인 제우스의 형제들과 선대인 크로노스를 비롯한 티탄족 사이에 격렬한 투쟁이 벌어져 결국 크로노스는 제우스에게 타도되고 만다. 이 티탄족의 정체에 대해서 학계에서는 제우스를 주신으로 모시는 그리스인이 반도에 침입하기 이전 선주민이 신앙하던 신이라 보고 있다. 말하자면 제우스를 비롯한 올림포스의 신들이 크로노스와 티탄족을 정복했다는 신화는 그리스인과 선주민과의 관계를 종교적으로 반영하고 있다는 것이다.

제우스는 침입족의 신이므로 지배계급의 신이며 프로메테우스는 예로부터 농업과 수공업에 종사하던 토착인의 신들 가운데 불과 기술을 다루는 신으로서 존재했을 것이다.

올림포스의 신들은 인간의 이상상理想像의 투영이니만큼 모두가 우람한 체격과 수려한 용모를 가지고 있으나 예외적인 존재는 대장간의 신 헤파이스토스이다. 추악한 용모에 다리를 절룩거리는 불구의 신인데다가 신답지 않게 노동에 종사하고 있는데, 이 또한 선주민의 신이었다가 후에 올림포스의 신으로 영입된 것으로 보이며 그것은 선주민의 수공업자가 그리스인의 왕궁직속의 대장장이가 된 사실을 반영하는 것이라 생각된다.

미소년 하아킨토스는 이름 자체가 소아시아계 선주민의

신임을 나타내고 있다. 그는 원래 선주민의 곡물의신이었으나 아폴로 신이 도래함으로써 제사祭祀가 아폴로 예배로 흡수되었을 것이며, 그것이 아폴로가 총애하는 소년이 되었다는 전설로 화했을 것이다. 그러나 곡물이 죽어서 다시 소생한다는 원래의 모습은 사라지지 않고, 아폴로가 던진 원반에 맞아 죽었으나 흘린 피 속에서 풀이 돋아나 아름다운 꽃을 피우게 되었다는 이야기로 꾸며졌을 것이다.

요컨대 원原 그리스어를 사용하는 아리아계 그리스인이 그리스 반도에 침입하기 이전 소아시아계 민족이 반도와 크레타와 서남부 소아시아에 널리 분포하였으며 그 흔적을 여러 가지 이름의 어미(-nth, -os)에 남기고 있다. 즉 올림포스Olympus, 히메토스Hymethos, 마켈레소스Macellesos 같은 산 이름, 일리소스Iissos, 소아시아의 할리카르나소스Hallicarnas-sos 같은 지명이 그것이다. 그 밖에 신이나 사람의 이름이 새나 식물의 이름이 되어 오늘날까지 남아있는 것이 있는데, 히아신스Hyacinthos, 나르시스Narcissos가 그예이다.

이들 소아시아계인들은 기원전 2800년(이후 연대는 모두 기원전이다)경부터 그리스에 정주하였는데 지역에 따라 카리아Caria, 아나톨리아Anatolia, 펠라스고이Pelasgoi라고 불렸다. 예컨대 호머는 영웅 아킬레우스의 영토는 '펠라스고이의 아르고스'를 포함한다고 하고, 아킬레우스는 '도도나의 펠라스고이의 제우스'를 숭배했다고 하고 있다. 그들은 이미 상당한 수준의 청동기를 사용하고 있었다.

원 그리스어를 사용하는 그리스인의 반도에 침입한 것은 2200년경으로 추정된다. 이주했을 때의 그들의 문화는 야만적이었으나 선주민, 특히 크레타인의 문명의 영향을 받았으며 이른바 미케네 시대라고 불리는 1400, 1100년에는 미케네를 중심으로 아르고스, 티린스, 필로스 같은 도시에 고도의 기술문명이 발달하고 오늘날 선상線狀문자라 명명된 음절문자를 사용했는데 그것은 초기형태의 그리스어인 것이 밝혀졌다.

1100년경 미케네 문명은 당돌하게 끝나버린다. 도리아인의 침입과 연관이 있는 듯한데, 도리아 방언을 사용하는 이 무리가 왜 이때에 어디에서 남하했는지 확실히 알 수가 없다. 이때부터 약 400년간 이른바 '암흑시대'가 계속되는데 그것은 두 가지 뜻에서 암흑이었다. 첫째로 우리는 이 시대에 무슨 일이 있었는지 잘 알 수 없는 그야말로 캄캄한 시대였다. 둘째로 이 시대는 중세를 암흑시대라고 불렀던 것과 같이 문화적으로 쇠퇴한 시기였다.

즉 이 시대에는 필기의 기법이 사라져 선상문자가 소멸되고 권력의 중심지인 여러 왕궁이 붕괴되고 소규모의 전쟁이 계속되어 민족의 여러 집단이 그리스 내에, 나아가서는 에게 해를 건너 소아시아까지 이동했는데, 문화수준은 크게 뒤떨어져 심지어 카펜터 같은 학자는 석기시대로 되돌아갔다고 극언하기도 한다.

그러나 이 시대는 쇠퇴와 몰락의 시대만은 아니었다. 왜냐하면 이 시대에는 철기의 전래傳來라는 기술혁명이 일어났고 농업, 요업, 야금술의 기본적 기법은 유지 존속하였으며 문자는 잊었지만 그리스어는 사회적 변혁에도 불구하고 살아남았기 때문이다.

그러나 암흑시대가 끝난 9 · 8세기에는 정치적, 경제적, 문화적으로 새로운 그리스 세계가 전개된다. 그리스인은 폴리스라는 새로운 정치단위를 형성하고 선상문자 대신 페니키아인으로부터 알파베트라는 새로운 문자를 받아들여 사용했으며 이 두 가지를 바탕으로 하여 새로운 문화를 창출한 것이다.

그리스인은 자신의 언어로 자신을 '그리스인'이라 부른 일이 없다. 그리스인이라는 말은 로마인이 부른 그라이키Graeci에서 유래한다. 그라리아Graia라는 지방의 그리스인이 그라케라는 식민시를 건설하였으며 그것이 라틴어로 그라이키아Graecia라고 불렀고 그것이 그리스를 가리키는 말이 되고 후에 이탈리아어의 Grecia, 스페인어의 Grrecia, 영어의 Greece가 되었다.

미케네 시대에는, 힛타이트의 기록에 의하면 그리스인은 아카이오이Achaioi로 알려져 있었던 것 같다. 호머도 그렇게 부르고 있다. 그러나 미케네에 있었던 트로이전쟁보다 수 세기 후대의 사람인 호머가 그리스인을 아카이오이로 총칭한 것이 아니며 때로는 다나오스인Danaioi, 아르고스인Argoioi라고 부르기도 한다.

암흑시대 끝에 헬레네스라는 호칭이 다른 모든 호칭에 대치되는데, 투키디데스에 의하면 원래 이 이름은 테살리아의 프티아에 살던 헬레네와 그 일족을 가리켰으나 그들의 세력이 강해지자 그들과 접촉한 다른 부족도 모두 헬레네스라 칭하게 되었다고 하고, 호머는 단 한 번 헬라스라는 말을 썼는데 그것은 아킬레우스의 고향을 가리키는 말에 불과했다고 하고 있다(Thuc. I.3). 따라서 헬레네 족이 점차로 확대되어 7 · 6세기에는 모두 그리스인을 헬레네스라 총칭하게 된 것으로 보인다.

헬라스라는 현재 나라 이름이다. 그러나 고대에는 그리스인이 정치적으로 통합된 적이 없어서 '우리나라'라는 것은 존재하지 않았으며, 따라서 헬라스란 중세의 기독교 세계나 현재의 아랍세계와 같은 본질적으로 추상적인 것이었다.

그후 헬라스는 식민운동을 통하여 전 지중해 연안으로 확대되었지만 그 광대한 영역에 사는 그리스인은 한결같이 단일문화에의 귀속의식을 가지고 있었다. 헤로도토스의 표현을 빌리면 "동일 인종이며 동일 언어를 사용하며 신에게 제사를 지내는 공통의 신전을 가지며 동일한 관습을 가졌다" (Hdt. VIII. 144)는 것이다. 그들은 다른 민족과 혼재하거나 다른 민족 지배하에 있어도 그들 나름의 자주성을 유지하여 그리스적인 생활방식을 영위하며 자신이 그리스인이라는 자의식을 가졌다는 것이다.

호머 시대에는 아직 그리스인을 총괄하는 이름이 없었기 때문에 그것에 대응하는 외국인을 총괄하는 바르바로이barbaroi라는 말이 없었다. 그러나 헤로도토스 시대에는 그리스어를 모국어로 사용하지 않은 외국인을 바르바로이라 총칭하여 구분하게 된다. 바르바로이란 말은 무슨 말을 하는지 알 수 없어 "바르 바르 바르"라고만 들리는 말을 사용하는 사람들이라는 뜻이다. 그리스인은 고도의 문명을 갖는 이집트인이나 페르시아인도 미개적인 스키타이인이나 게르만인과 다름없이 바르바로이라고 총칭하여 열등민족 시하였으며, 따라서 그 말은 일종의 중화中華사상의 표현이라 할 수 있다.

그리하여 인종적으로 복합적일지라도, 그리스어를 사용하고 또한 공통적인 생활의식을 갖고 그럼으로써 중화사상을 갖는 그리스인이 여기에 완성된 것이다.

라이벌끼리 협조, 국난 극복한 그리스

기원전 5세기초 고대 그리스는 커다란 시련을 맞이하게 된다. 오리엔트 대제국 페르시아가 침공한 것이다. 그동안 그리스인은 민주정民主政을 발달시키고 특이한 문명을 창조할 수 있었는데, 그것은 주변에 그리스를 삼킬 만한 강대한 국가가 없었기 때문이었다. 그러나 이제 오리엔트를 통일한 세계제국이 출현해 그리스를 병합하여 그 지배 영역을 유럽에까지 뻗으려 하는 것이다.

당시의 그리스는 수백 개의 폴리스라는 조그마한 도시국가로 갈라져 서로 싸우는 만성적인 전쟁 상태에 있었다. 그러나 외적의 침략이라는 국난에 부딪히자 하나로 뭉쳐 그리스연합이라는 동맹을 결성했다. 이 동맹은 스파르타가 리더격이었으나 페르시아를 무찌르는데 있어서 가장 큰 역할을 한 것은 아테네였다.

그때 아테네엔 뛰어난 두 정치가가 있었다. 테미스토클레스와 아리스테이데스이다. 이 두 사람은 어릴 때부터 함께 자라고 같은 교사 밑에서 교육을 받은 사이였다. 그러나 둘 다 정치가 지망이라는 점만 같을뿐 두 사람의 성격은 아주 달랐다. 테미스토클레스는 영리하고 용감하며 목적을 위해 수단을 가리지 않은 적극적인 성격이었다.

그는 예능과 같은 교양과목엔 관심이 없고 오직 실제적인 지식의 습득에만 노력했다. 그래서 아이들이 놀이를 할 때에도 끼어들지 않고 혼자 연설문을 작성해 읽고 외우곤 했다. 한편 아리스테이데스는 온화하고 성실하면서도 강직했으며 놀이를 할 때도 술수를 부리지 않는 정직하고 공평한 성격이었다.

자라서 둘은 다른 정파로, 테미스토클레스는 민주파로 아리스테이데스는 보수파로 갈라져 대조적인 스타일의 정치가가 되었다. 테미스토클레스는 통찰력과 결단력이 뛰어났으며 걸출한 변론가이기도 했다. 그러면서도 금전욕 명예욕 권세욕이 강한 야심가였으며 권모술수에 능하고 화려한 행동을 좋아했다. 좋게 말해서 청탁淸濁을 가리지 않는 폭넓은 정치가였다. 그에 반해 아리스테이데스는 신중하고 인내심이 강했으며 청렴결백하고 공평무사한 대쪽같이 강직한 정치가이어서 '정의의 사나이'라는 평판이 자자했다.

둘은 정치적으로 사사건건이 대립하여 서로 상대를 공격

했으나 충돌의 클라이맥스는 B.C. 482년에 일어난다. 그 전해인 B.C. 483년에 아테네 남쪽에 있는 라우레에온 광산에 새로운 광맥이 발견되어 많은 은이 산출됐다. 시민들은 그것을 골고루 나누어갖기를 원했으나 테미스토클레스는 이를 막았다. 그는, 7년 전에 침공한 페르시아군은 마라톤에서 패배하여 일단 물러났으나 머지않아 다시 쳐들어올 것이고 이에 대비하기 위해 은의 수입으로 군함을 건조해야 한다고 생각한 것이다. 테미스토클레스의 이러한 해상전에 입각한 계획을 강력하게 반대한 육상전의 입장에 있던 아리스테이데스였다.

그리하여 테미스토클레스는 자기의 계획을 강행하기 위해 아리스테이데스를 오스트라키스모스(도편추방제도)라는 기묘한 제도를 통하여 추방하는데 성공한다. 이 제도는 유력한 인사 가운데 대중적인 인기를 이용하여 참주(옳지 않은 수단에 의한 독재자)가 되는 것을 방지하기 위해 만들어진 것이었다.

그러나 반역죄 같은 범죄에 대한 처벌이 아니라 아무런 증거나 변론도 없이 시민의 투표에 의해 사람을 해외로 10년간 추방하기 때문에 정적政敵을 제거하는데 이용되게 마련이었다.

최대의 정적인 아리스테이데스를 공작에 의해 제거한 후 테미스토클레스는 전성기를 누린다. 그는 은광銀鑛에서 얻은 수입으로 200척의 군함을 건조했고, 이것은 그 후 살라미스 해전에서 승리의 원동력이 된다.

페르시아의 대군이 아테네로 육박해오자 테미스토클레스는 두 가지 획기적 조치를 단행한다. 하나는 추방된 사람들을 소환하여 구국전선에 참가하는 것을 허용하는 법안을 통과시킨 것이다. 그것은 숙적 아리스테이데스를 귀국시켜 함께 싸우기 위한 조치였다.

둘째는 아테네의 노인과 부녀자들를 트로이젠이란 나라로 피난시키고 모든 남자는 군함을 타고 살라미스 만에 집결토록 한 것이다. 그는 살라미스의 바다에서 그리스의 운명을 건 것이다.

그리하여 아테네를 비롯한 그리스의 연합 함대가 좁은 살라미스만에 집결하자 페르시아의 함대는 멀리서 살라미스를 포위 봉쇄하게 된다. 그때까지 페르시아군에게 봉쇄된 것을 모르던 그리스 진영에서는 격론이 벌어진다. 스파르타측이 살라미스에서 함대를 철수시켜야 한다고 주장하고 나선 것이다. 이때 포위망을 뚫고 살라미스에 도착한 아리스테이데스는 테미스토클레스를 만나 다음과 같이 말한다.

"이때까지 우리는 대립을 했으나 이제는 누가 조국을 위해 보다 훌륭한 일을 하는가로 경쟁해야 할 것이오.…… 스파르타는 살라미스에서 퇴거하려 하나 이미 퇴로가 페르시아군에 의해 봉쇄된 것을 내가 목격했으니 이젠 이곳에서 싸울 수밖에 없음을 스파르타인에게 말하시오."

테미스토클레스는 이 말에 감동하여 "경이 준 정보와 권고는 더없이 귀중한 것이오. 그러나 이 작전은 내가 꾸민 것이므로 내가 이 정보를 말하면 스파르타인이 말하지 않을 것이므로 경이 말해주기를 바라오."라고 말한다. 이래서 아리스테이데스는 스파르타인을 설득, 그들도 살라미스에서 싸우기로 결심하게 한다. 이 싸움에서 그리스 함대는 테미스토클레스는 정복의 꿈을 버리고 회군하게 된다. 그런 뜻에서 이 싸움은 정녕 세계사의 흐름을 바꾸어놓은 사건이었다.

굳이 과거의 역사에서 교훈을 찾으려 하는 것은 아니지만, 원한이 골수에 사무치고도 남을 아리스테이데스가 공동의 적을 앞에 두고 친구이자 정적에게 기꺼이 협조한 것은 무엇을 시사하고 있을까. 또한 망명객을 풀어주는 법이 바로 아리스테이데스를 목적으로 한 것이지만, 정작 그의 태도를 보고 감동해 합의의 권한을 넘긴 테미스토클레스의 지혜 역시 배울 만한 것이리라.

현대의 공동의 적은 무엇인가. 가정, 기업, 국가 등 각각이 처한 어려운 상황이 바로 공동의 적이 될 것이다. 어려운 때일수록 사사로운 감정을 뒤로 하고 기꺼이 먼저 협력하는 정신이 필요한 것이다.

아틀란티스는 어느 섬이냐?

그것은 인간이 상상할 수 있는 가장 아름답고 풍요로운 섬이다. 찬연히 빛나는 태양 아래 조화造火의 신이 만든 온갖 식물이 무성하다. 향료용의 식물에서부터 올리브, 야자, 사과, 석류, 레몬과 같은 온갖 과일, 기름진 들에서 영근 포도에서 방순(芳醇 : 편집자주- 향기롭고 진)한 술이 빚어지고 주식인 곡물도 남아넘치도록 생산된다. 온갖 동물이 서식하고 황금과 보석 같은 귀금속도 풍부하다. 아크로폴리스에는 화려한 궁전과 신전이 있고 질서정연하게 계획된 도시와 운하와 광활한 평야가 있다.

해신 포세이돈이 헤라클레스의 기둥 저편에 세운 이 거대한 섬나라는 12000년 번영하다가 아테네와의 전쟁에서 패배한 후 도덕적으로 타락하여 마침내 신의 징벌을 받아 하루 사이에 바다 속으로 홀연히 자취를 감춘다.

플라톤이 〈티마이오스〉와 〈크리아티스〉에서 묘사한 아틀란티스 섬의 전설은 아테네의 시인이자 정치가인 솔론이 기원전 590년 당시 이집트의 수도 사이스를 방문했을 때 그곳

신전의 늙은 신관으로부터 들은 이야기라 하며, 플라톤은 그것이 사실임을 거듭 강조하고 있다.

이 이야기가 플라톤의 픽션이냐 사실이냐를 둘러싼 논의는 이미 고대에 시작되었다. 아리스토텔레스는 하나의 시적 픽션이라 단정하고 비평가들이 섬의 실재를 캘 것에 대비하여 플라톤은 섬을 바다 속으로 침몰케 했다고 말한다. "그것을 몽상한 사람이 그것을 사라지게 했다"(Strabo 102)는 것이다. 한편 〈티마이오스〉의 최초의 편찬자인 4세기의 크란토르는 플라톤의 이야기를 모두 진실이라 믿고 그것을 확인하기 위해 이집트에 질문을 보냈더니 신관이 그 기록이 돌기둥에 새겨져 있다는 답변을 받았다고 하고 있다. 아틀란티스 문제는 이 두 가지 상반된 견해를 극으로 하여 무수한 논의를 파생시키면서 현재에 이르고 있다.

그러나 냉철한 대부분의 고전학자들은 아리스토텔레스를 비롯해 오늘에 이르는 대부분의 고전학자들은 그 실재성을 부정하는 입장이었다. 하지만 거대하고 찬란한 문명이 하루아침에 바다 속으로 사라졌다는 이야기는 그 비극성, 환상성, 낭만성으로 서구인들의 마음속에 깊이 각인되었으며, 잃어버린 유토피아에 대한 동경은 생생하게 살아 있는 것이다.

중세인은 그것을 태양의 섬이라 불러 그 실재를 믿었고, 포조Tocanelli del Pozo가 1475년에 만든 중세 지도에는 유럽과 아프리카 서부 바다의 섬 가운데 안틸라라는 섬이 기재되어 있는데 그것은 아틀란티스의 변형이며 콜럼버스도 그 지도를 사용했다고 한다. 실인즉 스페인과 포르투갈의 초기 항해자들의 모험의 동기는 아틀란티스를 찾는데 있었으며, 그런 뜻에서 "플라톤이 아메리카를 발견케 했다"는 톰슨J. O. Thomson의 말은 엉뚱한 말이라 할 수 없는 것이다.

플라톤은 아틀란티스의 소재를 헤라클레스의 기둥 서편이라 했는데, 기술 그대로라면 그 섬은 대서양 상에 있다는 말이 된다. 헤라클레스의 기둥은 지브랄타르 해협 입구 양편에 솟아있는 커다란 바위를 가리키기 때문이다. 그리하여 혹자는 대서양의 중앙해령中央海嶺의 아조레스 군도가 그것이라 하고 혹자는 카나리 군도, 혹은 북아프리카 모로코의 아틀라스 산맥을 지목한다. 혹자는 헤라클레스의 기둥은 펠로폰네소스 반도의 남단 말레아와 타이네론 두 곳을 가리킨다고 주장한다. 그렇다면 그 섬은 지중해 상에 위치하며 에트나 화산이 있는 시실리가 유력시된다. 사실인즉 〈티마이오스〉에 그려진 아틀란티스의 풍물이나 자연조건은 지중해적이며 또한 플라톤은 시라쿠사의 참주의 초청을 받아 적어도 두 번 그곳에 가서 도시계획을 구상한 일이 있었다.

1909년 프로스트K. J. Frost라는 학자가 아틀란티스는 미노스 전설에 입각하고 있음을 처음으로 시사하였으나 학계에서는 무시되었다. 그러나 1939년의 고고학자 마리나토스S. Marinatos가 크레타 북쪽 150킬로미터 지점에 위치한 산토리니(티라) 섬이 크레타의 미노아문명 파괴의 원인이라 주장하고 1967년에는 티라 섬의 아클로틸리 유적의 발굴에 성공함으로써 큰 센세이션을 일으켰다.

서구 최초의 문명이라 할 미노아 문명의 파괴의 원인에 대해서 종래 구구한 설이 있었다. 크노소스 왕궁의 유적을 발굴한 에반스는 지진 때문이라 했지만 그 밖에도 내분설, 본토의 미케네인의 침공 파괴설, 미케네인 이외 제3세력의 침공 파괴설 등이 있었으나 마리나토스는 새롭고도 매우 설득성이 있는 설을 제창한 것이다.

산토리니는 남 에게 해에 동서로 뻗어있는 화산대의 중심에 위치하여 역사상 여러 번 화산 폭발을 기록하고 있다. 가장 가까이는 1866년에 분화가 있었으나 최대의 것은 기원전 1470년에 있었던 대폭발로서 화산이 바다 속으로 함몰하여 직경 10킬로미터의 칼데라(내해)가 형성되었다. 근대의 최대의 폭발은 1883년에 있었던 인도네시아의 크라카타오 섬의 대폭발이었는데, 칼데라의 크기로 비교할 때 산토리니의 폭발은 크라카타오의 적어도 4배의 규모이며 400메가톤급 화력의 폭발이라 추산된다. 화산폭발과 이어서 발생한 해일로 말미암아 크노소스 궁전을 제외한 크레타의 대부분의 왕궁과 항구가 파괴되었으며 이아 산 이동以東의 크레타의 모든 들과 계곡은 화산회로 뒤덮인다.

이 폭발이 있은 후 동 크레타의 생존자의 서진화西進化가 시작된 것으로 보인다. 그들은 서부 크레타에서 본토의 서부 지방, 펠로폰네소스 반도로 진출한다. 예컨대 당시의 필로스의 도자기는 크레타의 구르니아의 도자기와 동일하며 필로스의 분묘양식과 건축도 미노아적이다. 크레타의 예술가와 건축가들이 미케네인을 위해 작업을 했기 때문이다.

마리나토스는 현대의 그리스인의 생활, 예술, 공예, 음악은 1922년 이후 터키로부터 이주해온 150만 명의 그리스인 이주민의 영향이 크다고 하고 그와 동일한 일이 청동기 시대에도 일어났던 것이라고 한다. 크레타인은 본토뿐만 아니라 북으로는 키클라데스 군도와 본토의 아티카 방면, 동쪽으로는 로도스, 키프로스, 페반트, 팔레스타인까지, 남쪽으로는 이집트, 투니시아로도 이주한 것으로 보인다.

이 폭발의 가장 중요한 정치적 결과는 미케네인에 의한

크레타 점령이다. 폭발과 해일로 미노아 왕국은 치명적인 타격을 입었을 것이나 왕국 자체가 멸망한 것은 아니었을 것이다. 그러나 왕국의 약화는 미케네인의 공략을 초래했을 것이다. 상무적尙武的인 강력한 미케네인으로서는 원래 평화적이고 용이한 일이었을 것이다. 그리고 이것은 아틀란티스가 아테네군에 패배했다는 〈티마이오스〉의 신관의 말과도 일치한다 할 수 있다.

미케네인의 점령의 흔적은 뚜렷이 남아 있다. 무기고, 전차 등 평화애호적인 크레타인과는 이질적인 장비가 나타나고 본토의 메가론식 왕궁의 구조가 나타나는 것도 이 무렵이다. 그러나 무엇보다 중요한 것은 선상 B 문자의 사용이다. 크레타인은 종래 선상 A 문자를 사용했으나 미케네인들은 그것을 간략화한 B 문자를 만들어 사용했으며, 따라서 A 문자는 크레타에서만 발견되나 점토판에 새겨진 B 문자는 크레타뿐 아니라 본토에서도 다량으로 발굴되었다.

그러나 미케네인의 크레타 점령은 별로 성공적인 것이 못 되어 곧 철수한 것으로 보인다. 그것은 크레타에 주둔한 미케네인의 수가 적고 또한 문화수준이 낮았기 때문에 수적으로 압도적이고 보다 높은 문화를 향유하는 크레타인을 통치하기가 어려웠기 때문이었을 것이다.

미케네인의 크레타 점령보다 2세기 후 미케네인은 또 하나의 원정을 감행한다. 트로이 전쟁이 그것이다. 트로이는 미노아 왕국과는 비교가 되지 않는 소왕국이요 문화적으로도 보잘 것이 없었다. 그러나 이 소국을 치기 위해 미케네인들은 연합군을 결성했으며, 이 원정의 이야기는 아마도 원정에 참가했던 시인들에 의해 읊어져 그것이 수대에 걸쳐 시인들에 의해 구송口誦되어오다가 마침내 기원전 9세기경 호머에 의해 위대한 서사시로 집대성되었을 것이다. 트로이 원정의 이야기가 불후의 대서사시가 될 수 있었던 것은 트로이 전쟁이 위대한 승리의 전쟁이요 영광의 전쟁이어서 대대로 그리스인들이 그 전쟁의 노래를 애송했기 때문이었다. 크레타 원정에서도 시인이 참가해서 전쟁의 이야기를 노래했을 것이다. 그러나 그 원정은 필경 전쟁다운 전쟁은 아니었으며 점령도 불명예스럽게 끝남으로써 그 이야기가 서사시로 승화할 만큼 그리스인들에 의해 애송되지 못하고 말았을 것이다.

그것은 월남전쟁의 경우와 비교하여 유추할 수 있다. 월남전은 한낱 국지전에 불과했으나 미국 역사상 최대의 병력과 전비를 소모시키며 어떤 의미에서는 미국의 운명을 전환시킨 중대한 전쟁이었다. 그러나 12년이나 끌었던 전쟁 중

군가軍歌 하나 불러지지 않은, 미군의 사기가 극도로 저하된 싸움이었다. 6·25사변은 우리 민족으로서는 민족상잔의 비참한 전쟁이었다. 그러나 그 전쟁에 있어서도 우리에게는 '전우야 잘자라'나 '군세어라 금순아'와 같은 모든 국민이 애창한 군가나 유행가가 있었다. 그러나 월남전에는 그러한 노래가 없었다는 것은 월남전이 그만큼 미국 국민으로서는 명분이 약하고 인기가 없는 전쟁이었기 때문이다. 크레타 원정도 그리스인에게서는 월남전과 같은 성격의 전쟁이었다 할 수 있다.

아무튼 사상 유례가 없는 산토리니의 대폭발은 주변 민족에게 적지 않은 파문을 미쳤을 것이다. 『구약성서』에는 화산 폭발에 관한 기술이 허다한데 그 모든 것이 산토리니와 연관이 있는 것으로 보인다. 예컨대 폭발의 전 경위에 대해서는 「사무엘기(22장 8절)에, 분화의 모습은 「민수기」(9장 15~17절)에, 해일은 「여호수아기」(24장 7절), 「예레미아」(47장 2~4절), 「시편」(95장 5절), 「제파니아 서」(1.15, 17:1.2~5)에 기술되어 있다.

이집트에는 분명한 기록이 없다. 이집트인은 일종의 중화사상을 가지고 있어 외국의 사건에 대해서는 무관심했기 때문이다. 그러나 무역은 예외이어서 신 중왕국을 통해 크레타와 거래를 했으며 특히 건축과 장례용의 목재와 기름을 크레타에 의존했다. 이집트인은 당시의 크레타를 케프티우라고 불렀으며 테베의 투트모시스 분묘의 연속적으로 이어진 4개의 벽화에는 케프티우인이 이집트 왕에게 예물을 바치는 광경이 묘사되어 있다. 그중 기원전 1470년경의 레크미레 벽화의 케프티우인의 스커트는 덧칠로 변형되어 있는데, 그것은 기원전 1600년 이래로 미케네인이 착용한 것과 같은 모습이며, 크레타인의 이러한 스커트의 변화는 기원전 1470년대의 정변(미케네인의 크레타 점령)으로 인한 생활습속의 변화를 이집트인이 알고 있음을 나타내는 것이라는 의견도 있다.

플라톤은 아틀란티스의 위치를 헤라클레스의 기둥 저편의 바다로 설정했다. 그곳은 당대인으로서는 세계의 '극서極西'를 의미했다. 아틀란티스는 최초로 언급한 청동기 시대의 이집트인에 있어서 그들의 교역상의 '극서'는 크레타의 미노아였다. 그들은 그 섬에 산이 많은 것으로 알고 있었고 그래서 그곳을 세계의 극서의 하늘을 받치고 있는 '네 개의 기둥 중의 하나'라고 생각했으며, 그곳은 또한 기술과 항해술이 발달하고 온갖 사치품으로 가득 찬 고도의 문명국이라 생각했었다.

기원전 6세기 사람인 솔론은 이집트에서 들은 케프티우

인의 이야기를 크레타와 연결하지 못한 것 같다. 그는 18왕조시대의 이집트인처럼 그것을 머나먼 신비의 섬나라의 이야기라 생각했을 것이며, 호머가 전하는 아틀라스의 딸 칼리프소의 머나먼 서부의 섬의 모습과 비슷하다는 점에서 그곳을 '아틀라스의 딸', 즉 아틀란티스라고 명명하고, 거기에 지진을 일으키는 신 포세이돈의 보호 하에 있으므로 포세이돈의 분노에 의한 섬의 침몰이라는 이야기로 윤색했을 것이다.

솔론(혹은 이집트 신관)은 섬에 관한 숫자를 실제보다 10배로 늘린 것으로 보인다. 그는 폭발의 날짜를 9000년 전이라 했지만 1/10인 900년이라 하면 산토리니 폭발의 기원전 1490년경과 일치하게 된다. 궁전 주변의 평야의 넓이를 3000×2000 스타디아라고 했지만 300×200이면 크레타의 파이스토스 근방의 메사라 평야의 크기와 비슷하게 된다.

플라톤은 솔론의 이야기를 구전이나 문서를 통해 알게 되고, 자신의 상상력을 동원해 그것을 과장하고 보다 상세하게, 그리고 거기에다 독서나 경험에서 얻은 자료를 첨가했을 것이다. 예컨대 아틀란티스의 도시계획은 시라쿠사의 참주 다온을 위해 자신이 실제로 작성했으나 끝내 실현될 수 없었던 도시계획이 투영되었을 것이 분명하다. 그리하여 전체적으로 아틀란티스를 보다 크게 그리고, 시간적으로는 보다 먼 옛날로, 공간적으로는 훨씬 먼 대서양 밖으로 설정했을 것이다. 그도 솔론과 같이 아틀란티스를 크레타의 미노아와 연결하지는 못한 것이다.

미노아 왕국의 쇠퇴는 미케네 세계에 큰 혜택을 주었을 것이다. 크레타로부터의 난민들이 펠로폰네소스로 이주하고 미노아의 건축가들이 본토의 왕궁을 건축하고 예술가들은 벽화를 장식했을 것이다. 그리스 말이 미노아의 선상문자로 기록되고 미노아의 종교가 그리스의 신이 되었다.

그러나 문화적 유산은 청동기 시대 말로 단절되었으며 그 기억도 소멸된다. 하지만 기원전 11세기부터 8세기까지 계속된 암흑기 동안에 그것이 완전히 망각되지 않았다. 그리스인은 머나먼 과거에 평화와 번영의 황금시대가 존재했다는 것을 막연히 기억하고 있었다. 그것을 헤시오도스는 동과 철의 시대에 앞선 금과 은의 시대로 묘사하였다. 제국주의적인 청동기 시대, 민족주의적인 철의 시대라는 호전적인 시대와는 다른, 평화롭고 풍요하고 인간이 늙음과 노동을 모르는 이상의 시대에 대한 향수가 면면히 이어진 것이다.

화산폭발에 이은 해일의 기억도 신화나 전설 속에서는 홍수로서 표현되어 전해진다. 제우스가 타락한 청동시대의 인간을 대홍수로서 멸망시키려 할 때 데우칼리온은 아버지 프로메테우스의 명령에 따라 방주를 만들어 그 속에서 살아남으로써 인류의 조상이 되었다는 이야기는 노아의 이야기와 유사한데, 그것은 산토리니의 폭발로 인한 해일과 연관이 잇는 듯하다. 실인즉 파로스의 대리석 비문(Marmor Parium. 264년에 각인된 비문으로 아테네 역대 왕과 그 행적이 기록되어 있다)은 데우칼리온 홍수의 연대를 기원전 1529년이라 하고 있는데 그것은 산토리니의 폭발과 근사한 연대이다.

아티카의 영유領有를 둘러싸고 아테나 여신과 포세이돈이 대립했다가 패배한 포세이돈이 홍수를 일으켰다는 이야기(아폴로도로스, 〈비블리오테카〉 Ⅲ.14.1)도 미노아와 미케네 간의 긴장관계 및 산토리니 폭발과 연관이 있는 듯하다. 아티카의 남단 수니온은 본토 가운데 산토리니와 사로니카 만 영유를 둘러싸고도 싸움을 벌여 포세이돈이 홍수를 일으킨다(파우사니아스, 〈그리스 지지地誌〉 Ⅱ.30.6;32.8).

호머가 그리는 파이에케스인의 이야기(〈오디세이아〉 125;149~152)는 사뭇 흥미롭다. 머나먼 섬나라에 사는 그들은 춤을 좋아하고 온수욕과 부드러운 침대를 즐기는 동시에 매우 모험적이며 항해술이 뛰어난 민족이다. 그들은 오디세우스를 도와 준 죄목으로 포세이돈에 의해, 배가 항구 입구에서 화석화됨으로써 항구가 폐쇄되고 도시 주변이 높은 산으로 둘러싸이게 될 것이라는 예언을 받고 그것을 면하기 위해 소를 희생으로 바친다. 이것은 크레타의 모습을 방불케 한다. 크레타인은 항해술을 자만한 나머지 해신을 분노케 하여 벌을 받았다는 이야기가 있으며, 크레타는 성우숭배의 고장이다.

헤시오도스의 〈테오고니아(신의 계보)〉에는 제우스와 티포에우스가 싸우는 모습이 다음과 같이 그려져 있다.

"신들이 날뛰게 되자 높은 파도가 해안 일대를 덮치고 끝없는 진동이 일어났다. 제우스는 그의 무기인 뇌명雷鳴과 섬광閃光과 불타는 뇌전雷電을 손에 잡고 올림포스에서 뛰쳐나와 티포에우스를 친다. 그러자 대지는 신음하고 불꽃이 아아(峨峨 : 편집자주- 산이나 큰 바위 등이 험하게 우뚝 솟아 있음)한 산의 컴컴한 골짜기에서 피어올랐다(844~849)."

이것은 폭풍과 지진과 해일을 동반한 화산폭발의 모습이다. 이와 유사한 묘사가 호머에도 있는데(〈일리아스〉Ⅱ.782~783), 일반적으로 그리스 신화에서 신과 거인의 싸움의 묘사는 화산폭발의 현상과 연관이 있었다. 제우스와 거인과의 싸움은 보이오티아 지방에 전해지는 산토리니 폭발의 기억을 말하는 듯하며, 헤시오도스의 그러한 묘사는 그가 보이오티아의 시적 전통에 충실했음을 나타낸 것이라 할 것이다.

그런데 아틀란티스의 멸망은 산토리니 섬의 함몰만을 의미하는 것이 아니었다. 산토리니는 미노아의 속령에 불과했다. '사라진 아틀란티스'는 지리적 개념이 아니라 역사적 개념이었다. 산토리니의 폭발과 함몰이 중요한 것이 아니라 화산폭발에서 야기된 해일이야말로 중요한 현상이었다. 아틀란티스는 산토리니 섬을 지칭한 것이 아니라 미노아의 문명, 미노아의 지배를 의미한 것이라 할 수 있다.

테세우스 전설의 진실

테세우스는 기원전 13세기에 속하는 전설상의 아테네 왕이다. 그리스는 신화의 나라답게 곳곳마다 그 지역에 얽힌 풍부하고 다양한 신화나 전설로 가득 차 있다. 그러나 아테네가 있는 아티카 지방은 비교적 신화가 빈약한 편이며 특히 테세우스 전설 외에는 이렇다 할 전설이 없다. 따라서 테세우스 전설은 아테네인의 자긍심을 북돋우는 유일한 전설로서 미케네 시대에서부터 민주정 시대까지 약 900년간에 걸쳐 여러 사람에 의해 분식과 수식이 가해져 꾸며졌다.

테세우스 전설은 투키디데스를 비롯해 아리스토텔레스, 이소크라테스, 디오도로스 등 여러 저술가들이 언급하고 있지만, 그것을 가장 상세하고 체계적으로 기술하고 있는 것은 기원후 2세기의 플루타르코스의 〈테세우스 전〉이다. 이 작품에서 테세우스의 파란만장의 생애 가운데 가장 극적이면서도 당시의 정치상황과 관련이 있는 부분은 크레타 모험의 이야기와 시노이키스모스集住에 의해 아테네 폴리스를 형성한 이야기이다.

테세우스는 트로이젠에서 출생하여 아테네로 향하는 도중에 여러 가지 모험을 겪은 끝에 아테네에 당도하여 아테네 왕 아이게우스에 의해 친아들임을 인정받는다. 그는 반란을 진압하고 국가의 난국을 극복하기 위해 미노아에 대한 인신공물人身供物을 지원한다. 당시 아테네는 미노아에 대해 9년마다(매년이라는 이야기도 있다) 소년과 소녀 각 7명을 공물로 바치기로 되어 있었으며 이 공물들은 크노소스의 라브린토스迷宮의 지하에 사는 우두인체牛頭人體의 괴물 미노타우로스의 먹이가 되게 마련이었다. 공물을 데려가기 위해 세 번째 사신이 아테네에 왔을 때, 공납될 남녀를 추첨으로 뽑게 되어 모두가 기피하려 하자 테세우스는 왕자인데도 자진해서 공물이 된 것이다. 크노소스에 온 테세우스는 왕녀 아리아드네의 도움을 받아 미노타우로스를 퇴치하라고 무사히 탈출하여 귀국한 후 부왕의 뒤를 이어 아테네 왕에 즉위한다.

이 미노타우로스의 이야기에 대해서는 과거에 여러 가지 해석이 있었다. 예컨대 J. E. 프레이저는 소의 가면을 쓴 왕과 왕비의 성혼식을 나타내는 것이라 주장했고 J. 해리슨은 소의 가면을 쓴 왕이 대지령大地靈으로서 제사의 대상이 되었다는 이른바 대지 제례설을 주장하기도 했다. 그러나 역사적으로 본다면 그것은 아테네인이 미노아에 대해 조공한 사실을 반영하고 있다고 보겠는데, 아테네인은 미노아의 선진문화를 애호하면서도 조공에 대해서 증오하고 있었음을 알 수가 있다.

투키디데스는 기원전 5세기의 아테네 제국과 같이 청동기시대의 미노아는 일종의 해상제국을 형성하여 에게 해 일대에 지배권을 행사했다고 기술하고 있는데, 실인즉 미노아는 기원전 1900년경부터 영토가 증대하여 기원전 1700~1500년경에는 번영의 극에 달한다. 웅대한 궁전건축이 완성되고 인구 10만 명을 헤아리는 당시 세계 최대 도시가 형성된 것이다. 중요한 예술, 공예에 있어 본토의 미노아화가 현저해진다. 당시에 미노아라는 이름을 가진 해안도시가 동지중해 일대에 9개가 있었는데, 그것은 공납징수를 위한 대외거점인 것으로 보인다. 그리하여 미노아는 문화적으로뿐 아니라 정치 군사적으로 지배권을 행사했다는 해상제국Minoan thalassacracy설이 주장되며 아테네의 미노아에 대한 인신공납은 이 설을 뒷받침하는 것이라 볼 수 있다.

물론 미노아 해상제국설을 부정하는 학자도 적지 않다. 미노아의 전설기에는 미노아의 문화가 본토를 비롯한 에게 해 일대에 영향을 미친 것은 사실이지만 문화적인 영향이 반드시 정치적 지배를 의미하는 것이 아니며, 크레타인은 원래 평화적이어서 그들의 예술에는 해전과 같은 전투장면의 묘사가 전무하다는 등등이 그 근거이다.

그러나 미노아의 전성기에는 미노아의 경제가 크게 발달하고, 공납을 받기 위한 해외기지가 건설되고, 로도스나 소아시아에 식민지를 건설한 것으로 보이니 만큼 해상지재권이 형성되었다 해도 무리한 이야기는 아닐 것이다. 물론 크레타인의 기질이 평화 애호적이고 대외민족을 통치할만한 통치력이나 강력한 군사력이 있었다고 생각되지 않기 때문에 그 지배는 극히 느슨한 것이었으리라 생각된다. 따라서 해상제국이라 해도 근대국가의 긴밀한 제국지배를 연상해서는 안 될 것이다.

아테네의 젊은이의 공납이 아테네의 미노아에 대한 예속을 의미한다면 테세우스가 미노타우로스를 퇴치한 것은 무엇을 의미할까? 기원전 1480년경 산토리니의 폭발과 그로 인한 크레타의 파괴 후 미케네인이 크레타를 점령한 것으로 알려져 있는데 이 전설은 그 사실을 반영하는 것일까? 미노타우로스는 미노아의 왕이 아니며 테세우스도 미노아를 정복한 것은 아니다. 그러나 미케네인의 크레타 점령은 단기간으로 끝났으므로 그 정복을 성공적이었다고 할 수 없다.

테세우스가 미노타우로스를 죽이고는 아리아드네를 버린 채 크레타를 탈출한 것은 미케네인의 크레타 점령의 양상을 암시하는 것이 아닐까?

테세우스의 전설의 중요한 문제는 테세우스가 아티카를 통합하여 민주정을 실시했다는 이야기이다. 플루타르코스에 의하면, 테세우스 이전에는 아테네 왕의 힘이 약해 아티카의 여러 지방 공동체가 독립적이어서 혼란과 무질서 상태였으나 테세우스가 지방 정청政廳을 폐지하고 아테네로 통합하여 새로운 회의체를 개설했으며, 지방의 귀족들은 아테네로 집주synoicismos케 했다는 것이다. 이 집주에 대해 귀족들이 거부반응을 보이자 테세우스는 왕정을 폐지하여 민주정을 시행하고, 테세우스는 다만 통합된 군지휘권을 장악하고 국법을 옹호하는 역할만을 다할 것을 약속함으로써 통합이 이루어졌으며, 그것을 기념하기 위해 시노키아 제례를 개최했다는 것이다.

아테네 민주정은 기원전 5세기에 완성된 것인데 그것이 테세우스에 의해 이루어졌다는 이야기는 건국의 영웅인 테세우스에게 아테네 최대의 자랑인 민주정마저 돌리려는 아테네인의 열렬한 테세우스 숭배열을 반영한 것이다. 그러나 아티카의 통합에 대해서는 학자들의 의견은 테세우스 전설을 부정하는 설과 그 사실설을 존중하는 설로 갈라진다.

전자의 의견은 아티카 통합을 통해 폴리스가 성립된 것은 기원전 8세기에 왕정에서 아르콘 제도로 넘어가는 과정에서 이루어진 것이며, 원래 로맨틱한 모험자라는 테세우스 상을 탁월한 정치력을 갖은 자유주의적 군주의 상을 만든 것은 주로 기원전 5 · 4세기의 지식인들이었다는 것이다(G. Grote, B. Bury 등). 후자의 의견은 전설 그대로 아티카의 통합은 미케네 시대에 이루어졌는데, 그것은 호머의 〈일리아스〉의 병선표(트로이 전쟁에 참가한 그리스 국가들이 동원한 각국의 병선의 수를 열거한 표)에 아티카는 아테네 남단의 수니온을 '아테네의 곶串'이라 표현되어 있는 것으로 보아 미케네 시대에 이미 아티카는 아테네로 통합되어 있었다는 것이다(E. Meyer).

제3안이라 할 수 있는 것이 히그넷C. Hignett의 설이다. 그는 아티카가 아테네 중심으로 통합된 것은 전설 그대로 미케네 시대였으나 미케네 시대가 끝나고 약 4세기간 암흑시대를 거치는 동안 통합이 느슨해졌는데, 기원전 8세기에 이르러 전에 통합되지 않았던 엘레우시스와 테트라폴리스를 포함한 제2차 통합이 이루어져 폴리스가 성립되었다는 것이다. 전설을 존중하면서도 역사적 검증을 살린 이 설은 퍽이나 설득력이 있는 것 같아 필자도 이에 찬성하고 싶다.

투키디데스도 테세우스가 아티카를 통합했다고 기술하고 있지만 플루타르코스와는 달리 민주정을 창시했다는 언급은 없다. 헤로도토스, 플라톤, 아리스토텔레스는 테세우스 전설을 완전히 묵살하고 있다. 테세우스에 의한 민주정 창시의 이야기는 플루타르코스 외에는 파로스 대리석 비문에 나타날 뿐인데, 그 이야기는 페이시스트라토스 시대의 애국주의의 고조와 기원전 5세기의 민주정의 성숙과 더불어 주로 비극시인들에 의해 고양되었으리라 추측하는 데는 이견이 없다.

오이디푸스의 수수께끼

소포클레스 작 〈오이디푸스 왕〉은 테베 왕가의 전설 가운데 그 클라이막스를 극화한 것인데, 그리스 비극을 대표하는 이 불후의 걸작의 줄거리는 대충 다음과 같다.

테베 왕에 취임한 라이오스는 아폴로 신으로부터 아들에게 죽음을 당할 것이라는 끔찍한 신탁을 받는다. 왕은 생남을 피하다가 본의 아니게 아들을 얻게 되자 산중에 버리게 한다. 코린트의 양지기가 그 아이를 주워 왕궁으로 데리고 가 아이는 왕자로서 자라게 된다. 그러나 장성하여 델피의 아폴로 신에게 문탁하여 아버지를 죽일 운명임을 알게 되자 코린트 왕을 아버지로 알고 있는 그는 코린트를 떠나 테베로 가던 중 산중의 세 갈래 길에서 수레에 탄 노인 일행과 부딪친다. 서로 길을 비키라는 실랑이 끝에 오이디푸스는 노인을 죽이고 만다. 오이디푸스는 친아버지인 라이오스 왕을 죽인 것이다.

한편 테베에서는 얼굴은 인간의 여자요, 사자의 동체에 날개를 갖는 괴물 스핑크스가 나타나 사람들에게 수수께끼를 던져 풀지 못하면 잡아먹곤 했다. 그 수수께끼란 하나의 모습을 하면서 네 다리, 세 다리, 두 다리를 갖는 것이 뭣이냐는 것인데, 오이디푸스는 그것이 인간이라고 답하여 수수께끼를 풀자 스핑크스는 언덕에서 몸을 던져 죽고 만다.

테베의 화를 면한 오이디푸스는 그 공으로 왕위에 오르고 선왕의 미망인 이오카스테와 결혼한다. 자기도 모르게 친어머니와 맺어지게 된 것이다. 그 후 테베에는 괴질이 유행하고 대지는 메마르며 여자는 아이를 갖지 못하게 된다. 오이디푸스는 델피의 아폴로 신에게 신탁을 물은즉 선왕 라이오스를 살해한 자의 죄의 오염을 씻어야 한다는 것이었다. 왕은 범인을 찾아내도록 명령하여 추적한 끝에 결국 자기 자신이 범인임을 알게 된다. 이오카스테는 자살하고 왕은 스스로 자기의 두 눈을 멀게 한 후 방랑의 길을 떠난다.

오이디푸스의 신화는 수수께끼의 신화이며 이 비극은 수수께끼의 비극이라 할 수 있다. 오이디푸스는 스핑크스의 수수께끼를 풀음으로써 테베의 왕이 된다. 그러나 자신의 정체는 수수께끼이며 그 수수께끼가 스스로의 탐구에 의해 풀려 자신의 정체가 밝혀졌어도 이 비극의 의미는 여전히 수수께끼로 남는다. 이 수수께끼의 내용이 인간의 실존에 연관한 심각한 것이기 때문에 고대 이래 많은 사람들에 의해 여러 가지 방법으로 수수께끼를 풀려는 시도가 행해져 왔다.

이 비극에 대한 가장 오랜 해석은 이른바 운명극설이다. 즉 이 비극은 신이 정한 예언서에서 벗어날 길 없는 인간의 불행하고도 비참한 운명을 다루고 있다는 것이다. 인간은 아무리 현명하고 위대해도 일시에 득의와 영광의 절정에서 무참한 오욕과 망신으로 전락해버리고 만다. 내일을 알 길 없는 인간의 운명의 공허함과 덧없음, 그 비참함과 왜소함이 오이디푸스를 통해 그려졌다는 것이다. "나의 불행, 나의 비참한 고난을 성취시킨 것은 아폴로다"라고 오이디푸스는 개탄한다. 그가 스스로 행할 수 있는 일은 자기의 두 눈을 멀게 하여 방랑의 길을 택하는 일밖에 없다는 것이다.

현대에 가장 널리 알려진 해석은 이른바 '오이디푸스 콤플렉스'에 관한 프로이드의 이론이다. 프로이드는 다음과 같이 주장한다. 아버지를 죽이고 어머니와 혼인하는 이중의 대죄를 범한 오이디푸스의 운명 속에 인간이 누구나 유년기를 느끼며 그 후 성장과정에서 무의식 속에 침전되나 결코 완전히 소멸되지 않은 원초적 원망願望, 즉 어머니와 일체화 하고자 하며 또한 그것에 방해가 되는 아버지를 제거하고자 하는 강렬한 원망이 반영되어 있다. 그리고 우리의 무의식 속에 숨겨진 비밀의 원망을 명백히 드러냄으로써 이 작품은 모든 비극 중 가장 깊은 감명을 주는 불후의 명작이 된 것이다.

이상과 같은 프로이드의 설은 유교의 전통 속에 살아온 우리 동양인으로서는 상상할 수도 납득할 수도 없는 한낱 이상심리에 불과한 것으로 보일 수밖에 없다. 그러나 현대의 서구인은 오이디푸스의 비극적 운명 속에 모든 인간에 공통되는 심층심리의 반영을 보고 그의 생애를 인생의 한 모델이라 생각한 것이었다.

근자에 사뭇 화제가 된 것은 프랑스의 인류학자 클로드레비=스트로스의 이론이다. 그는 1958년에 저술한 〈구조 인류학〉에서 그가 구상하는 구조주의적 신화분석의 방법을 오이디푸스의 신화에 적용한다. 즉 오이디푸스 신화의 중요한 요소神話素를 구성하는 부친 살해와 모자 상간의 테마는 전자가 육체관계를 부정하고 후자가 그것을 과도로 친밀화한 행위로 구성되어 있으므로 서로 테제定요, 안티테제反의 관계에 있다. 이와 등가치적等價値的이라 할 수 있는 사건이 오이디푸스 신화가 중심이 되어 있는 테베 전설에는 몇 번이나 되풀이 나타난다. 그리고 또한 테베 전설에는 오이디푸스에 의한 스핑크스 퇴치와 같은 인간이 괴물을 퇴치하는 이야기가 되풀이되는데, 이 괴물 퇴치라는 신화소는 오이디푸스-그의 아버지-그의 조부 3자의 이름과 테제-안티테제의 관계에 있다. 왜냐하면 '부은 다리'를 뜻하는 오이디푸스와 '좌左'를 뜻하는 라이오스와 '다리가 굽은 절룩발'을 뜻하는 조부 라브다코스, 세 이름은 모두 다리의 불구 내지 보행 곤란을 의미하며, 그것은 대지를 어머니로 하는 인간이 그를 낳은 어머니인 대지와 완전히 분리하지 못하고 대지와 아직 고착된 상태에 있음을 암시한다. 이에 대해 암흑의 지하세계에 속하는 괴물이 인간에게 퇴치된다는 이야기는 대지와의 관계를 인간이 부정하는 것을 의미하며, 그것은 오이디푸스 등의 이름이 나타내는 대지와의 모자 관계를 강조하는 테마와 대립한다.

말하자면 이 신화의 구조는 혈족 관계의 강조正와 대지출생 강조反, 4묶음의 신화소로 구성되어 있으며, 각 묶음을 마치 악보의 총보總譜를 읽듯이 동시적同時的으로 파악함과 동시에 통시적通時的으로 읽어야 한다. 다시 말하면 신화를 구조론적으로 읽으면 고대 그리스인은 다른 여러 민족과 같이 대지가 인간을 포함한 만물의 어머니라는 신앙을 갖고 있으되, 이 신앙이 육친인 부모로부터 태어난다는 경험적인 사실과 명백히 모순됨에도 불구하고 결코 부정할 수 없는 사회생활의 일면에서 존중되어야 할 진리임을 교시하고 있다.

이상과 같은 레비-스트로스의 이론은 신화해석에 새로운 과학적 방법을 제시했다는 점에서 신선한 충격이 되기는 했으나, 신화소 설정이 자의적이고 방대한 전설을 네 가지 관계의 묶음으로 줄일 수 있을 것인가 하는 의문 등 여러 가지 문제를 안고 있는 것이 사실이다.

프랑스의 신화학자 J. P. 베르낭은 1972년에 발간한 『고대 그리스의 신화와 비극』에서 오이디푸스에 대해 매우 참신한 해석을 하여 주목을 끌었다. 그는 우선 오이디푸스가 이중적인 수수께끼의 존재라고 지적한다. 오이디푸스는 그 누구의 도움도 받지 않고 자신의 판단력gnome에 의해 스핑크스의 수수께끼를 푼 뛰어난 지력의 소유자이나 실은 그 자신은 자신도 풀 수 없는 수수께끼의 존재이다. 그는 훌륭한 재판관이라 생각되어지나 실은 자신이 심리하는 사건의 진범이며, 발군의 통찰력과 시력視力을 갖는 현명한 인물로 알려지나 실은 그 자신 사건의 진상을 전혀 알지 못하는 맹목이며, 연극 끝에서는 스스로 자신의 두 눈을 멀게 하여 아무것도 볼 수 없는 맹인이 된다. 그는 테베의 구세주라 생각되나 실은 그 자신이 바로 도시의 화근이다. 그는 모든 인간 가운데 으뜸가는 인물(8, 13행)이며 가장 훌륭한 인물(46행)이다. 그는 절대적 권력과 뛰어난 지혜와 최고의 명예와 막대한 부를 소유하고 있었으나 비극의 종말에서는 인간들의 혐오의 대상이자 신들의 증오의 대상이 되어 도시에서 추방되어 비참한 방랑자가 된다.

오이디푸스의 이러한 이중성은 그의 이름 속에 숨겨져 있다. 즉 오이디푸스라는 이름은 pous(다리)가 oidos(부은)한 사람을 뜻하나 그것은 또한 oida(나는 안다) pous(다리), 즉 "나는 다리를 안다", 다리에 관한 수수께끼를 푼 사람을 뜻하기도 한다. 스핑크스의 수수께끼는 두 다리, 세 다리, 네 다리란 무엇이냐 하는 것이었다. 이 비극은 오이디푸스라는 이름이 시사하는 이중의 의미, 즉 오이디푸스의 존재의 이중성을 교묘히 이용하여 구성되어 있는 것이다.

둘째로 정의와 지혜의 소유자로서 신과 같이 존경받는 군주가 역전하여 저주받은 범죄자로서 추방되는데, 이것은 파르마코스 추방의 제식이다. 파르마코스는 추악하고 야비한 악인을 뜻하며, 아테네에서는 고대 이스라엘의 속죄양과 같이 1년간 도시에 쌓인 모든 더러움을 파르마코스로 뽑힌 자에게 떠넘겨 추방하는 의식을 해마다 거행했다.

그런데 호머나 헤시오도스에게는 사회의 모든 일이 왕 한 사람에게 의존한다는 신앙이 있음을 볼 수 있다. 왕이 훌륭하면 국가가 번영하며, 왕이 과실을 범하면 신이 내리는 재앙을 면할 길 없으며 따라서 모든 책임을 지닌 왕을 죽여야 한다. 그러나 현실적으로 왕을 죽일 수 없으므로 왕을 대신하는 파르마코스를 뽑아 추방했던 것이다. 신과 같은 왕과 파르마코스의 이중상은 아테네의 도편추방이라는 제도에 여실히 반영되어 있다. 이 제도에 의해 추방되는 자는 정치적 능력이 탁월한, 말하자면 신적 존재이며 민주적인 폴리스에는 적합하지 않은 비폴리스적인 인물이다. 폴리스는 평등사회이므로 평등을 넘어선 인간(신적 존재)이나 평등 이하의 인간(금수와 같은 존재)은 다 같이 추방되어야 하는 것이다.

스핑크스의 수수께끼에 대해 오이디푸스는 인간이라 답했지만 그 인간은 바로 오이디푸스 자신이었다. 왜냐하면 오이디푸스는 이름 그대로 Dipous(두 다리)의 성인이며, 어머니와 동침함으로써 지팡이를 든 세 다리의 노인인 아버지와 동일하게 되며, 또한 그와 어머니 사이에 아이를 얻음으로써 아이인 네 다리와 자신을 일치시켰기 때문이다. 말하자면 오이디푸스는 스핑크스의 수수께끼에 대해 자신의 운명을 통해 해답을 주었으나 그것으로서 자신은 결코 만족스러운 해답을 줄 수 없는 수수께끼의 존재임을 나타내고 있으며, 나아가서는 비극의 특징이 인간을 문제적 존재로서 파악하여 인간에 대해 해결불능의 수수께끼를 던지는데 있는 것이다.

이상이 베르낭의 주장인데, 특히 스핑크스의 수수께끼의 답은 오이디푸스 자신이라는 생각은 흥미 있는 착상이라 하겠다. 그러나 사실 스핑크스의 수수께끼의 답이 인간이라 할 때 그것은 그리 어려운 수수께끼라 할 수 없으며, 따라서 그 답을 줌으로써 오이디푸스는 세상에서 가장 현명한 자임을 입증했다는 것도 납득이 가지 않는다. 오이디푸스는 스핑크스의 물음에 대해 인간이라 답했지만 그 인간이 자기 자신임을 알지 못하며 따라서 그는 정답을 주었다고 할 수 없다.

예언자 테이레시아스나 권력자 크레온을 포함한 모든 테베인들은 스핑크스의 수수께끼를 풀지 못할뿐 아니라 오이디푸스가 준 피상적인 답을 천계적天啓的이라 생각하여 그를 왕으로 추대하는 어리석음을 범한다. 오이디푸스도 왕으로 추대되자 미망에 빠져 어머니를 아내로 삼고 만다. 오이디푸스는 결코 현명하지 않을뿐 아니라 자기 자신을 모르는 어리석은 존재이며, 그 어리석음으로 말미암아 신의 예언을 성취시키는 신의 노리개에 불과한 하찮은 존재이다.

이 비극은 결국 인간의 무지와 몽매가 빚어낸 비극이며, 그런 뜻에서 운명극이라고 한 전통적인 해석이 그릇된 것이라 할 수 없는 것 같다.

소크라테스 재판은 정치보복인가

기원전 399년 이른 봄 소크라테스는 "청년들을 타락시키고 국가의 신을 믿지 않고 다이모니아(신령)을 믿었기 때문에" 고발을 당하여 사형이 선고되어 독배를 마셨다. 청년을 타락시켰다는 것은 아테네인들이 소피스트를 공격할 때 쓰는 무기로서, 이 죄목은 소크라테스를 소피스트로 간주했다는 것을 의미한다. 소피스트라고 불리는 지식인들의 진보적인 신교육은 아테네의 전통적인 생활양식이나 도덕적 종교적 관념에 큰 위협이 되었다. 까닭에 아낙사고라스를 비롯해 프로타고라스, 디아고라스 같은 소피스트들이 독신죄瀆神罪로 고발되었으며, 소크라테스도 아리스토파네스에 의해 〈구름〉에서 소피스트로서 야유와 공격을 당하였다.

그러나 소크라테스의 죄목은 그것만이 아니었다. 크세노폰은 다음 네 가지를 들고 있다.

1. 소크라테스는 국가 공직의 추첨제를 비판하여 젊은이로 하여금 국가제도를 경시하게 했다.

2. 병에 걸렸거나 소송을 당했을 때 아버지나 친척은 도움이 안 되며 의사나 법에 밝은 자가 밝은 자가 보다 유용하다고 하여 부모나 어른을 공경하지 않게 했다.
3. 소크라테스는 국가에 큰 해를 끼친 크리티아스나 알키아비아데스 같은 인물과 가장 친한 사이였다.
4. 호머의 싯구를 악용하여 젊은이를 오도하게 했다.

즉 크세노폰은 소크라테스의 죄목으로 종교 도덕적면 외에 추첨제 반대 및 크리티아스, 알키비아데스와의 친교라는 정치적 면을 지적하고 있는 것이다.

고발인은 무명의 비극시인 멜레토스이나 그 배후에는 공동고소인synegoros인 리콘과 아니토스가 있었다. 리콘은 변호사 같은 일을 하는 모호한 존재이나 아니토스는 소크라테스와 친한 크리티아스와 알키비아데스의 정적이었으며 진정한 고발자는 아니토스였다. 소크라테스도 아니토스가 고발자이기 때문에 이미 사형을 각오했다고 말하고 있다(플라톤 〈변명〉 29c). 그렇다면 이 재판은 아낙사고라스의 독신죄 재판과는 달리 하나의 정치적 사건이라 할 수 있다.

그러면 이 사건의 배경이라 할 정치적 상황은 어떠했는가. 기원전 404년 아테네는 스파르타에게 무조건 항복함으로써 30년 가까이 끌어오던 펠로폰네소스 전쟁이 종식된다. 전쟁 중 망명했던 친 스파르타 파들이 귀국했으며, 그들은 아테네에 진주한 스파르타의 세력을 등에 업고 크리티아스를 중심으로 신헌법제정위원 30인으로 구성된 이른바 30인 과두정권을 수립한다. 크리티아스는 아테네 명문 출신으로 당대 일류의 지식인이었으며, 그이 소피스트적인 사회관과 무신론적 종교관이 담긴 시가 단편적으로 전해진다. 그는 전후의 아테네를 재건하는데 있어 스파르타적 과두체제를 실시하려 했으며, 스파르타군의 원조를 얻어 과격한 개혁을 추진하려 한다.

그러나 정권을 장악한 후에는 독재자가 되어 무자비한 공포정치를 실시한다. 30인 가운데 한 사람이면서도 과격한 개혁을 반대한 당시의 최대의 정치가 테라메네스를 처형했을뿐 아니라 반대파 1500명 이상을 학살하고 그들의 재산을 몰수했다. 다수의 민주파들이 국외로 망명했는데 아니토스도 그 가운데 한 사람이었다. 그는 부유한 피혁업자 가정출신이며, 기원전 409년에 장군으로 선출되었으나 필로스 방위작전에 실패하여 그 책임주궁을 면하기 위해 배심원을 매수하여 석방되었는데 그것이 배심원 매수의 효시가 되었다고 아리스토텔레스는 전하고 있다(〈아테네인의 국제國制〉27.5).

망명한 민주파들은 트라시불로스를 중심으로 결집하여 30인 정권을 타도하기 위해 피레우스 항구로 진군, 무니키아 언덕을 점거하였으며 그곳에서 크리티아스의 군대와 싸운다. 아니토스도 참전한 이 싸움에서 크리티아스 파가 패배 크리티아스도 전사함으로써 30인 정권은 붕괴된다. 그러나 양파의 싸움은 계속되어 전세가 교착상태에 빠지자 진군한 스파르타 왕 파우사니아스의 조정에 의하여 화해가 성립됨으로써 내전이 종식된다.

그리하여 민주정이 회복되었으나 30인파에 대해서는 대사령이 내려져 과거의 정치행위에 대해서는 일절 불문에 부치며 30인 가운데 희망자는 엘레시우스로 이주하여 독립적인 폴리스 생활을 영위하는 것을 보장할뿐 아니라 심지어는 과거에 30인파들이 스파르타로부터 차입한 돈마저 국고에서 변제하기로 결의했다. 이러한 관대한 조치를 통해 진정한 화합이 이루어질 것이라 생각했기 때문이다.

그러나 화합의 성립은 어디까지나 스파르타 왕의 주재主宰에 의한 부득이한 조치였기 때문에 아테네 민중들이 전폭적으로 지지하지는 않았을 것이다. 더욱이 엘레우시스로 이주한 구 크리티아스 파의 동향에 대해서는 의혹과 경계를 게을리할 수 없었으며 그들과 시내 잔류파와의 연계의 가능성도 없지 않았을 것이다. 이러한 분위기 속에서 아니토스가 소크라테스를 고발한 것이다.

아니토스는 이제는 트라시불로스와 병칭되는 민주파의 리더였다. 소크라테스는 아니토스의 공격의 표적이 될 여러 가지 조건을 갖추고 있었다. 소크라테스가 죽음의 길로 들게 된 것은 카이로폰이 델피의 신전에서 문탁을 한 것이 그 계기였다고 할 수 있다. 카이로폰이 스승인 소크라테스보다 현명한 자가 있느냐는 문탁에 대해 신탁의 회답은 없다는 것이었다. 소크라테스는 자기가 세상에서 가장 현명한 자라는 신탁을 실험하기 위해 아테네 각계의 리더들에게 도전하여 공개변론을 벌여 그들을 철저히 논파함으로써 그들이 현명하지 않음을 입증한다. 그때 소크라테스의 표적 가운데 정치가의 한 사람이 아니토스였다. 더욱이 아니토스와 소크라테스는 알키비아데스를 두고 연적 관계였다(플루타르코스, 〈알키비아데스 편〉 4)는 설도 있는데, 그것이 사실이라면 양자의 원한 관계는 오래된 것이었다고 할 수 있다.

소크라테스를 비롯해 플라톤, 아리스토텔레스, 크세노폰 등 아테네의 사상가들은 아테네 민주정에 대해 대체로 비판적이었으며, 특히 소크라테스는 친 스파르타적이며 공직 추첨제와 같은 중우정적衆愚政的 양상에 대해 불만이 컸다. 더욱이 소크라테스는 아니토스의 정치적 숙적이었던 크리티아스의 스승이었다(아이스키네스 2. 193).

이것으로도 아니토스 파로서 소크라테스를 크리티아스파 반동의 상징이요, 민주정의 적이라 하기에 충분했을 것이다. 그러나 민주파의 리더인 아니토스로서는 대사령을 침범할 수 없었으며 실제로 대사령 위반으로 처형된 경우도 없지 않았다. 그리하여 명분은 소피스트적 행동, 즉 종교적 도덕적 책임을 묻는 죄목으로 고발한 것이라 할 수 있다.

말하자면 아니토스의 고발은 개인적인 원한, 정치적 사상적 대립, 반동세력의 준동에 대한 경계심이 복합된 것이었으나 무엇보다 중요한 것은 아테네 민중의 참주파에 대한 감정이 반영되어 있다는 것이었다. 그리고 아니토스의 기도를 가능하게 한 것은 아테네의 배심원 재판제도였다.

아테네 민주정의 중요한 특색은 아마추어주의라고 할 수 있다. 모든 관직은 임기 1년의 추첨제가 원칙이며 따라서 직업군인이나 직업적 관리는 없다. 물론 어느 정도 전문성이 요구되는 장군과 같은 군 지휘관직은 선출제이고 연임도 가능하지만 그것은 예외적인 것에 불과했다. 아마추어를 대표하는 것은 배심원제도일 것이다.

아테네에는 직업적인 재판관이나 검찰이 없고 전문적인

변호사도 없다. 재판은 수백 명의 배심원에 의해 행해진다. 배심원은 해마다 연초에 30세 이상의 시민 가운데 한 부족에서 600명씩 합해서 6000명(아테네는 10부족으로 구성되어 있다)이 추첨으로 뽑힌다.

한 재판을 담당하는 배심원의 수는 민사소송의 경우 1000드라크마 이하의 사건에는 201명, 그 이상의 소송에는 401명으로 구성된다. 공법상의 재판은 501명으로 구성되나 중요한 정치적 문제일 때에는 중요성에 따라 501명이 몇 개가 합해져서 1001명, 1501명, 2001명, 2501명으로 구성된다.

재판은 민회나 축제가 없는 날에 개최되는데(1년에 150 내지 240일), 개최일에는 하루에 적어도 3건 이상이 처리된다. 각 법정의 배심원은 5세기에는 선착순으로 결정되고 4세기에는 날마다 추첨으로 결정된 것으로 보인다. 재판은 보통 하루 종일 걸리게 되므로 3오볼의 일당이 지급되는데, 그것은 하루의 생계에 소요되는 최소한의 금액이었다. 따라서 배심원은 재판광狂이라 할까 재판에 각별한 관심을 갖는 나이 든 사람들이거나 시역市域에 사는 가난한 사람이 대부분이었던 것으로 생각된다.

소크라테스의 재판의 경우 501명의 배심원으로 구성되었는데, 그것은 공적인 재판으로서는 중대한 사건이 아니었다는 것을 의미한다. 재판에 앞서 아니토스에 의해 여론조작도 있었을 것으로 생각되나 아무튼 이 재판의 배심원의 대부분의 다수는 민주파로서 크리티아스의 독재정에 반감을 품었던 자들로 구성되었을 것이므로 이 재판은 소크라테스를 단죄하기 위한 인민재판이라 할 수 있다.

재판은 1차 투표에서 유무죄를 결정하고 유죄라 판정되면 원고와 피고가 각각 형량을 제안하여 2차 투표에서 그것을 결정한다. 투표에 앞선 변론에서 소크라테스는 이 재판이 정치보복임을 간파하고 자기는 어느 한 정파에 가담한 당파적인 인간이 아니라고 주장한다. 즉 소크라테스가 가장 현명하다는 신탁을 얻어 낸 카이로폰에 대해서 그가 오랜 친구임을 밝히고는 "그는 당신들 대다수와 같은 정파에 속하며 당신들과 함께 국외로 망명했으며 당신들과 함께 귀국했다"(〈변명〉 21A)고 하여 소크라테스의 진정한 친구는 오히려 민주파라고 말한다.

또한 크리티아스 집권 시 소크라테스가 30인 정권에게 호출되어 살라미스의 레온이란 자를 처형하기 위해 연행하라는 명령을 받고도 소크라테스만이 그것을 거부한 사실을 들어 자신이 독재정권의 협력자가 아니라 당파를 초월한 사상가임을 강조한다.

그러나 이미 죽음을 각오한 소크라테스인지라 1차 투표의 결과가 자기의 예상과는 달리 근소한 차이인데 크게 놀라면서 만약 30표만 반대투표를 했던들 자기는 무죄가 되었을 것이라고 말한다. 그리고 형량 제안에 있어 원고가 사형을 요구한 데 대해 그는 사형은커녕 국가의 유공자로서 국가의 급식을 받아 마땅하다고 주장한다.

물론 제자들의 권유에 따라 형식적인 30드라크마의 벌금을 제안하게 되기는 하지만 이러한 당당한 법정태도는 배심원들에게는 법정모욕이라 비쳤던지 2차 투표의 결과 361:140, 1차 투표 시 무죄에 투표했던 자들 중에서 80명이 사형 쪽으로 태도를 바꾼 것이다.

사형이 선고된 후 한 달 만에 소크라테스는 독배를 마신다. 아낙사고라스를 비롯한 여러 명의 소피스트들이 독신죄라는 죄목으로 고발되었으나 처형되지는 않았다. 그러나 소피스트들의 카테고리에 들 수 없을뿐 아니라 어느 파당으로 묶을 수 없는 위대한 사상가를 크리티아스파의 상징적인 인물로 간주하여 가장 소피스트적이라는 죄목으로 처단했다는 사실은 그것이 실질적인 정치보복임을 나타냄과 동시에 대중 민주정의 폐단을 극명하게 드러낸 비극이었다 할 것이다.

글 게재 일자 및 수록지

글 제목	게재 일자	수록지
투르게네프식 적선	1964.10.22	경북대학보
미꾸라지족 2태(態)	1963.3.7	경북대학보
자기망각	1963.6.20	경북대학보
봉인된 자유는 현실도피이다	1964.11.5	경북대학보
나의 학창시절, 모멸과 자학의 나날	1965.5.27	경북대학보
다방가의 쇼비니즘	1966.4.6	매일신문
상식	1966.5.8	
장미꽃과 민주주의	1966.5.15	
장자(莊子), 팝스, 계몽	1966.6.16	경북대학보
시와 꽃을 몰라도 그들은 젊은가……	1971.5.28	경북대학보
취미	1977.10.26	성대신문
일본 대사관의 적선	1978.10	
현대를 사는 지적 여성상	1979.2	
환영(幻影)의 학생	1983.3.14	성대신문
과례(過禮)	1984.4.2	성대신문
프로와 아마, 야스트르젬스키 선수의 경우	1990.3	
목계(木鷄)와 람바다춤	1990.3	
출석부의 일본식 이름	1991.3.15	
동화 속의 내 고향	1990.5.26	의성신문
젊은 날에 심취했던 명곡·명반	1991.4.11	

글 제목	게재 일자	수록지
담배는 꿈속에서	1992.7.1	
하와이의 한국인들	1994.12	
두계 선생님이 주신 0점	1995.1	
종교음악과 나	1996.9	
지방대학 문화의 방향 : 경북대학의 경우	1974.5.27	
좋은 행위, 좋지 않은 행위	1996.9	역사춘추
현대사학의 이해	1974.12.9	경북대학보
하버드 통신	1969	
민족문화와 아메리카니즘	1965.4.22	경북대학보
그리스의 민주화와 한국의 민주화	1987.9.7	성대신문
테미스토클레스와 아리스테이데스	1990.5	
그리스 비극에의 초대	1995.7	
헤로도토스와 투키디데스	1995.7	

깨어있는 소크라테스를 연출하신 영원한 자유인 김진경 교수님

최자영(부산외국어대학교 교수)

대학 입학과 '자유'로의 입문

경북대학교(이하 경대로 약칭)는 수성들을 지나 대구를 가로지르는 큰 방천 둑에 자리하고 있다. 지금은 사방이 복잡한 상가와 주택으로 둘러싸여 있지만 한 때 교정 저쪽은 논과 들판으로 도시에 연이은 농촌을 연출했다. 교정 한가운데 분수가 있는데 시내버스가 그곳까지 들어와서 쉬어가는 종점을 두었고 그 옆 수양버들 나무 아래 쓰러져가는 오두막에는 라면을 팔았다. 교정은 그렇게 훤히 트여서 벌판 같았다.

지금처럼 크고 작은 대학이 많았던 것도 아니고 탈脫 지방의 행렬이 서울로만 이어지는 그런 풍조도 없었고, 경대가 한강 이남에서 제일가는 대학으로 자리매김 했던 시절, 그 1970년대에 굴지의 경북대학교에 내가 입학했다. 군청색 교복에다 원둘레로 다섯 개 꽃잎을 둘러놓은 학교 로고(배지)를 달고 스마트한 대학생이 된 것이다. 유달리 악명 높은 대구의 꽃샘추위, 그 방천을 통해 불어오는 시린 봄바람은 긍지로 가득한 가슴 앞에 하찮고 조그만 시련이었을 뿐이다. 중학교 때 이따금씩 놀러 와서 예쁜 자갈을 주워가곤 하던 그 선망의 교정 자갈길은 그즈음 이미 아스팔트로 변해 있었다.

내가 대학에 입문한 것은 한국의 경제개발이 막 시작되었던 터라 여전히 일상의 절대 빈곤이 만연했고 세계화의 담론은 아예 주변에서 찾아볼 수 없었던 시절이었다. 달러가 귀해서 돈이 있어도 해외유학은 물론 해외여행도 마음대로 갈 수가 없었다. 유학을 가려면 해외 장학금을 받든지 아니면 교육부에서 실시하는 어학시험에 합격해야만 했다. 태어나서 견문한 것은 오직 대구밖에 없었다. 그때 국제사회라는 것은 구체적으로 삶에 어떤 의미를 가지지는 못했다. TV, 라디오도 귀했고 그 프로그램도 개발되지 않았으며, 학교에서 문화시설 조사할 때면 라디오 가진 것도 기재하던 그런 시절이었다.

사학과에 입학하여 동서양 역사를 두루 접하게 되었는데, 그때 서양고대사를 강의하신 분이 김진경 교수님이다. 여리고 훌쩍한 키에다가 날카로운 눈매로 우리를 째려보곤 했는데, 고동색 코르덴을 즐겨 입어서 그 온화한 옷 색깔로 그랬는지 일면 인간미를 풍기는 구석이 없었던 것은 아니다.

초년생이 지나 2학년이 되자 교수님 강의를 듣게 되었는데, 그리스 민주정, 비극, 기독교 등에 대한 것이었다. 생소한 것들이어서 별로 깊이 있게 소화하고 이해할 정도는 아니었으나, 그 어색한 주제들이 멋스러워보였고 대학생이라는 긍지에도 어울리는 것 같아 우쭐해졌다. 동양사, 한국사는 물론 시대를 달리 하는 다른 서양사 교수님들은 죄다 서서 강의를 하시는데, 교수님은 유독 앉아서 말하는 것을 좋아했다. 시작할 때 미리 칠판에다가 몇 개 주제를 써놓은 다음 훌쩍한 키에 깡마르고 긴 두 다리를 꼬고 앉는 것이 다반사였다. 형식에 구애받지 않고 내심으로 자유로웠던 당신의 취향이 그런 데서 드러났다고나 할까… 교수님은 '히피'에 대해서도 멋있는 사견을 들려주었는데, 예수님도 일종의 '히피' 족속이라고….

"자네들은 모를 거야. 자유라는 거 말이야. 그냥 말로만 들어서는 몰라. 유럽으로 가서 몸으로 느껴보지 않으면 자유, 민주라는 것이 어떤 것인지를 알 수가 없지. 직접 가서 느껴보지 않으면 말이야."

이후 그 말은 마술처럼 내 뇌리를 떠나지 않고 머물렀다. 유럽으로 가면 자유가 어떤 것인지를 알 수 있다고? 그때부터 자유라는 것이 어떤 것인가 하는 것을 생각하게 되었는데….

마침내 십수 년이 지난 다음 서양 근대사를 전공하던 은사 오주환 교수님의 주선으로 그리스로 유학을 가게 되었다. 그러나 처음에 나는 자유를 느낄 새가 없었다. 생소한 가운데 그리스어 배우느라 불철주야 겨를이 없었고 또 학위 따는 데 여념이 없었기 때문이다. 그런데 그 생활 자체가 바로 자유와 민주의 품에서 이루어진 것이라는 사실을 훗날 귀국한 다음에야 깨닫게 되었다. 상식의 궤도를 벗어난 한국사회의 현실에 부딪치면서 비로소 그리스의 민주사회가 나 같은 힘없는 자에 대해서도 어떻게 배려해주었던가 하는 것을 새삼 깨닫게 된 것이다.

데모

내가 대학에 입학한 것은 1972년이었는데, 그 해 가을 유신헌법이 통과되었다. 2학기가 시작되고 한두 달이 지나 중간고사를 치러 간다고 방천 둑에 이웃한 대학교 후문에서 버스를 내렸다. 그때 전경들이 즐비하게 바깥 거리에 늘어서서 등교를 막고 있었다. 아니! 수업도 아니고 시험을 보러 들어가야 하는데… 걱정을 했더니 그들이 시험을 안쳐도 된다고 했다. 그렇게 시작된 학교 폐쇄는 한동안 지속되었고, 그 학기는 수업도 변변히 받지 못한 채 끝이 났다. 수업한 것이 없으니 시험칠 것도 없어 기말 고사는 어떻게 되었는지 기억도 나지 않는다. 다만 치지 못한 중간고사는 그 후 친 것으로 추정하여 기말 점수에 준하여 학점을 환산하고 그렇게 한 학기가 후딱 지나갔다.

그 후에도 크고 작은 데모가 교정에서 이어졌고 데모대隊는 정문과 후문 사이를 왔다갔다 하며 아우성을 쳤고, 전경들은 교문 바깥에 대치하는 사태가 흔하게 연출되었다. 주동자는 '제적' 혹은 '제명'을 당하기도 했는데, 제적당한 학생들을 복학시키라고 학생들은 또 데모를 했다. 유신체제 하에서 데모하는 날 수가 수업한 날 수보다 더 많았던 것 같다.

우리 사학과에서도 구 모 씨가 제명을 당했다. '제적'은 다음에 다시 복학될 가능성이 없지도 않으나 '제명'은 원칙적으로 그런 기회도 없는 더 극단적 조치였다고 한다. 그 때문에 사학과 소속 많은 학우들이 강의실 안에서 못을 쳐 출입을 막은 채 농성을 했다. 그 농성 때문에 또 제명을 당한 다음 군대로 강제 소집을 당한 이도 있다. 수년數年간의 세월이 흐른 다음 정부 정책의 일환으로 당시 제적 혹은 제명당했던 많은 이가 복학의 기회를 얻었다.

농성을 하던 강의실 바깥 복도에서 김 교수님은 학생들을 걱정하여 만류했고 문을 개방하라고 타일렀다. 그 일이 있은 내 입학 동기 학우가 다시 제명을 당하여 강제입대하게 되었는데, 하직 인사차 김 교수님 댁을 찾았다. 그 때 김 교수님은 양주를 한 병 꺼내어 마시라고 권한 다음 눈시울을 붉히고 눈물을 흘리셨다고 한다. 평소 칼칼한 성품에 날카로운 데가 있어 접근하기가 만만하지 않았던 그 분이 제자들에 대한 애정이 남달랐던 것으로 기억에 남는 것은 바로 그런 이유 때문이기도 하다.

농성이 끝난 다음 누구를 주동자로 처벌할 것인가를 본부에서 논의하고 있을 때 학생들은 반강제로 고적답사를 떠나게 되었다. 농성에 참가한 이와 하지 않은 학우들 간 접촉을 막기 위해 비참가자들은 고적답사에 동행하지 못하도록 지시가 내렸으나, 미리 내통하여 비참가자들은 버스가 지나가던 길목 만평로터리에서 기다리고 있다가 용케도 버스에 올라타고 함께 떠났다.

그 여행길에 김 교수님이 우리 학생들과 동행했던 것으로 기억한다. 버스가 몇 시간 달리게 되면 으레 학생들은 잠에 곯아떨어지곤 했는데, 앞자리에 앉은 김 교수님의 눈은 시종 말똥말똥 감기는 법이 없었다. 김 교수님께서 한 말씀,

"어떻게 너희는 앉았다 하면 잠이 오냐! 나는 시종 찻간에서 잠을 잘 수가 없으니 피곤한 일이다."

그렇게 그는 힘없는 것들에 감동할 줄 알고 또 늘 깨어있는 피곤한 지성인이었다.

질병 한 가지씩은 가지고 있어야 겸손해지는 법

어릴 때부터 병치레를 자주 했던 나는 대학 3학년 가을학기가 끝나갈 무렵 급성신장염을 앓았다. 당시만 해도 서민의 식생활이란 것이 김치, 된장이 주를 이루었고, 요즈음 같은 정도의 육식을 하지 못했으므로 전반적으로 신체 건강이 양호한 편이 아니었다. 치료를 하느라 기말고사를 치지 못했는데, 몇 분 교수님께서 중간고사 성적에 준하여 기말고사 성적을 내주셔서 그 학기는 큰 지장 없이 지나갔다.

그렇게 겨울철이 지나가고 따사로운 봄철이 돌아왔을 때 학우들과 함께 잔디밭에 앉아서 담소를 하고 있을 때였다. 마침 옆길로 김 교수님이 지나가다가 우리를 보고 다가왔다. 지난해 가을부터 통 보지 못했던 터라 반가운 기색으로 병이 "나았느냐?"고 내게 물었다. 그리고 덧붙이는 말씀,

"사람은 누구나 병을 한 가지씩은 가지고 있어야 해. 그래야 겸손해지거든."

그때는 그저 그런가 보다 했는데. 그 후 들리는 말에는 김 교수님 당신이 만성치질을 앓고 있다고 했다. 사실을 확인한 적은 물론 없다. 교수님이 한 말은 그냥 위로의 말이 아니라, 자타를 막론하고 누구에게나 있을 수 있는 상황을 지적한 것이다. 그러고 보니 교수님은 매섭고 비판적이고

날카로운 데가 있어서 접근하기가 다소 두려웠을 뿐, 거만한 구석이라고는 없었던 것이 확실하다.

횡설수설

처음 대학교 신입생이 되어 강의를 듣게 되었을 때다. 교양과목으로 문학개론인가 그 같은 것을 듣게 되었는데, 작은 키에 오동통한 국문과 교수님이었다. 그런데 무엇을 이야기하는지 도대체 내용을 이해하기가 어려웠다. 재미가 없으니 학생들이 강의실에 들어가지를 않았고 나도 그랬다. 그 때는 학생들이 교수에 대해서 강의평가 같은 것을 하는 법이 없었고, 강의나 연구를 잘하든 못하든 교수는 이른바 '철밥통'이었다. 그렇게 재미없는 강의는 듣고 싶어도 더는 못들을 것 같다.

그런데 어쩌다가 한 번 들었던 강의 내용이 바로 기말고사 시험에 출제가 되는 바람에 나는 'B-' 학점을 받았고, 다른 학우들은 거의 과락 아니면 D 학점을 받는 사태가 벌어졌다. 그런데 그 교수님이 못 알아듣는 강의를 하는 걸로 꽤 정평이 나있었다는 사실을 수년이 지난 다음에야 알게 되었다.

학부를 졸업하고 대학원에 진학했을 때 김 교수님 수업

을 들으려고 세 명 학우들이 함께 그 연구실로 올라갔다. 당시는 대학원생 수가 지금보다 적어서 대학원 강의실이란 것이 따로 없고 연구실에서 주로 이루어졌던 것이다.

김 교수님의 연구실이 마침 그 문학개론 교수님이랑 이웃하고 있었는데, 우리가 올라가자 김 교수님이 그 분의 문을 두드리고 있었다. 볼 일이 있었던 게다. 그런데 문은 잠겨있고 아무 기척이 없었다. 그때 돌아서면서 김 교수님이 내뱉는 말,

"이 양반, 또 어디 횡설수설 하러 갔노!"

느그 집에 돈 있나?

대학을 졸업할 즈음 대학원으로 진학해야겠다는 생각을 하게 되었다. 동양사도 있고 서양근대사 쪽도 있었으나 서양고대사 쪽으로 방향을 잡고 김 교수님을 찾아갔다. 대학원을 진학해서 공부하고 싶다고 말했더니 정색을 하며 대뜸 하는 말,

"느그 집에 돈 있나?"

느닷없는 질문에 조금은 황당하여 내가 대답했다.

"없는데요."

사실 집안에 돈은 고사하고 아직 아래로 커야 할 동생들

이 둘이나 있어서 대책이 서지 않는 그런 상황이었다. 그러자 교수님께서 돈 없으면 공부를 더 하지 말하고 충고했다.

"공부란 말이야, 돈 있는 사람이 하는 거야. 돈 있는 사람이 할 일 없어 소일거리로 하는 거지. 돈 없이 공부하면 고생한다. 아예 시작하지 마라!"

그때 나는 그 말뜻을 이해하지 못했고, 교수님의 말에 황당해 했을 뿐이다. 아니, 내가 공부를 하겠다는데, 그것도 동양사, 서양근대사 쪽에서 '러브콜'을 받았는데도 거기 안 가고 이 쪽 전공을 하겠다는데, 오지 말라니!! 자기가 뭔데… 내가 하겠다는데….

이렇게 시작한 공부였는데, 훗날 근 30년 가까운 세월을 시간강사 하고 다니면서 마침내 그 말뜻을 터득하게 되었다. 그때 교수님의 참뜻은 공부하려는 것을 막아 원천봉쇄하려는 것이 아니었고 반어법의 표현이었던 게다.

"그러면 너 앞으로 고생길로 접어들 것이니 각오 없이는 시작 못한다."

그런 뜻이었다. 머리가 나쁘면 손발이 괴로운 게 맞다. 그때만 해도 우물 안 개구리가 따로 없었고, 돈이라는 개념 자체가 머릿속에 없었다. 나만 그런 것이 아니다. 그 시절 적지 않은 사람들이 그렇게 살던 시절이었다.

막상막하

대학원으로 진학을 하고 서양고대사 쪽으로 연구를 시작하면서 김 교수님을 지도교수로 모시게 되었다. 처음 한 해는 김천 한 고등학교에 교사로 재직했으므로 한 학기 휴학을 했고, 그 후 직장을 그만 두고 대학원에 전념을 한 다음 얼마 못 가서, 김 교수님이 성균관대학으로 전근을 가시게 되었다.

그 후 가끔 서울로 다니면서 지도를 받았는데, 글 쓰는 재주가 크게 없던 나는 수준에 못 미치는 글을 두고 꾸중을 자주 들었다. 한 번은 길게 늘여선 문장을 두고 교수님께서 글이 아니라고 잔소리를 하는데 무언가 변명을 했더니, 화가 치민 교수님이 홧김에 종이를 팽개쳐 출입구까지 날라간 것을 하릴 없이 주워서 나온 적이 있다.

세월이 쉍하게 흘러 교수님이 성균관대학에서 정년퇴직을 할 무렵이 되었을 때 대학원 제자가 박사학위 논문을 심사받게 되었다. 내가 거기 심사위원으로 참여하게 되었는데, 그 논문에 손 볼 것들이 적지 않았다. 퇴직하기 전에 마무리 짓고 싶어 하시는 논문이라 공을 들여 수정을 해서 올라갔는데, 마지막 심사를 하던 날 교수님께서 여러 심사위원들 앞에서 말했다.

"이 논문 글이 옛날 최자영이 쓰던 거하고 막상막하다. 지금은 최자영이 쓰는 논문을 보면 사뭇 달라져서 내가 보고 속으로 깜짝 놀랄 때가 있다."

죄 지은 사람이 가는 교회

내가 1987~1991년에 걸쳐 그리스 유학을 다녀 온 다음 2년이 지난 1993년 가을 고등학교에 근무하던 여동생이 그리스 유학을 가게 되었다. 여동생은 김 교수님의 강의를 직접 들은 적이 없다. 그녀가 경대 사학과에 입학을 한 것이 1977년이었는데, 바로 그 해에 교수님이 성균관대학으로 떠나는 바람에 2학년 과정인 서양고대사 수업 받을 기회를 갖지 못했다.

그런데 그 후 여동생도 그리스 비잔티움 제국 초기의 율리아누스 황제를 주제로 석사과정을 마치고 또 박사과정을 수료한 다음 그리스로 유학 가는 기회를 잡게 되었다. 같은 그리스사 전공 학문의 선배로서 김 교수님께 인사를 하고 떠나는 것이 좋겠다고 하고, 함께 교수님을 뵈러 성균관대학으로 들어갔다. 몇 가지 서두로 운을 떼고 앉았는데, 교수님이 그리스로 떠나려 하는 여동생을 걱정하며 반어법으로 건네는 말씀,

"그쪽에서는 하나 치다꺼리해서 보내놓았더니 또 왔다고 하겠다."

그랬더니 여동생이 지지 않고 냉큼 받아서 하는 대답.

"아니예요. 교수님, 두 예쁜이가 왔다가는구나 하겠지요. 뭐."

교수님이 한 방 먹은 셈이다. 그 다음에는 평소에도 사람을 보면 기독교 전도사가 되어 교회 가자고 하던 여동생이 대뜸 말했다.

"교수님, 교회 가시나요? 교회 좀 나가시죠."

그러자 교수님이 '말이 떨어져 고물도 묻기 전에' 제꺽 하는 대답.

"아니, 나는 교회 안 가! 교회라는 것은 죄 지은 사람이 가서 잘못했다고 비는 데 아니가. 나는 잘못한 것 없어 안 가도 돼."

막상막하다. 그런데 그 교수님은 혼자서 성경을 읽곤 했다.

고동색 세무 재킷에 코르덴바지에 베레모

정년퇴직이 목전에 다가왔을 때 교수님이 계시는 성균관대학을 방문했다. 언제나 그랬듯이 일제시대 칼칼한 형사들이 쓰고 영화에 자주 출연하는 그런 베레모(밝은 고동색 베레모)에다 고동색 세무 자켓, 고동색 코르덴 바지를 입고 통가죽 가방을 매고 연구실을 나서는 '멋스런' 교수님을 보고 한 지인이 뒤에서 한 마디 했다.

"저 인간이 언제 철 들라카노 (들려고 하나)!"

돈하고 먼 인연

퇴직 날이 오기도 전에 교수님은 학교 연구실을 다 비우고 일찌감치 퇴거를 했고 성균관대학교 동료며 제자들이 베풀려고 하는 퇴임식이며 식사대접을 죄다 거절했다. 퇴직 후에 한 동안 관례적으로 하는 강의도 한사코 거절했는데, 밥벌이 못하는 강사 후배 제자들이 먹을 것이 없으니 그네들에게 시간을 주어야 한다는 뜻이었다. 그 덕에 나도 한 학기 그 대학에 강사를 나간 적이 있다.

그곳 동료이며 교수님의 후배였던 한 교수의 말,

"퇴직하는 분이 너무 사양을 하니 우리 입장이 난처하네요."

그렇게 퇴직한 다음 교수님은 서울 목동에 있던 집을 후딱 처분하여 일산으로 이사를 했다. 번잡한 서울을 떠나 공기 좋고 조용한 곳에서 거하겠다는 뜻이었다. 그 때 정작 한

달만 늦게 집을 팔았더라도 대박을 맞을 뻔 했다. 이사를 한 다음 한 두 달 만에 목동 집값이 서너 배로 뛰어올라 2억 원 가던 집이 8억 원이나 나가는 사태가 실제 발생했던 것이다. 돈을 좇아 재테크하는 데 통 재주와 관심이 없었던 교수님이었으나 그즈음에는 속이 좀 편지 않았던 모양이다. 한 번 일산에 들렀더니 평소에도 냉소적인 데다가 더욱 자조 섞인 어조로 다음과 같이 말해주었다.

"내가 돈을 피해 다니는 거 같아. 내가 경북대학에서 성균관대학으로 옮길 때 그때 성균관대학을 삼성에서 잡고 있었지. 그래서 그 봉급이 국립대학 하고는 비교가 안 되었거든. 그런데 내가 그 대학으로 옮길 즈음에 삼성이 손을 떼 버렸어. 그 다음부터는 대우가 좋지 않아졌고… 그런데 퇴직 후에도 집을 팔고 바로 일산으로 왔더니, 그 팔고 온 목동 집값이 바로 엄청 올랐다는 거지. 그러니 내가 돈 하고는 인연이 없는 게 맞아."

그 후 바로 1997년 말 경제위기가 닥쳤는데, 그때 집값이 폭락을 하는 바람에 교수님께서는 일산 집 옆에 오피스텔 하나를 사들여 그곳에 매일같이 출근하셨다. 퇴직한 다음 집에만 박혀 있으면 사모님이 싫어할 것이라고 퇴직 전부터 걱정을 하시더니, 그 걱정만큼은 그렇게 해결이 되었다.

모두가 가는 아침 산행

교수님이 머무는 일산 아파트 단지 옆에 큰 호수가 있고 그 호수가로 뺑 둘러 자전거도 타고 걷기도 좋게 산책로가 나 있다. 그 가까이에는 아침 등산하기 좋도록 야산도 있다. 한 번은 아침 운동을 좀 하시냐고 물었더니 교수님이 한 말씀,

"내가 아침에 산을 한 번 올라갔더니 거기 다 오데. 안 오는 사람이 없어. 그래서 나는 안 가기로 했어."

모두 아침부터 일찍 일어나 산에 오르는 것이 오래 살려고 발버둥치는 것 같아 구차스러워보였던가 보다. 그저 한 번씩 호숫가를 돌며 자전거를 탄다고 했다.

식사 대접

교수님은 누구라도 함께 식사를 할 때는 비용을 언제나 당신이 내곤했다. 남에게 얻어먹는 일이 거의 없었다. 내가 가끔 교수님을 뵈러 갈 때도 마찬가지였다. 퇴직 후 일산에 있는 교수님을 뵙고 점심을 같이 하게 되었는데, 이번에는 점심 값을 제가 한 번 내는 게 좋겠다고 미리 교수님께 양해를 구했다. 가만히 생각해보시더니, 그렇게 하라고 허락을 했는데, 그것이 교수님에게 얻어먹지 않은 딱 한 번의 기회였다.

만병백화점

교수님은 퇴직한 지 십년을 못 채우고 돌아가셨다. 강사하고 돌아다니느라 사는 데 바빠 사실 자주 뵙지는 못했는데, 돌아가시기 1년 반 전쯤 오피스텔에 들렀을 때 몸이 편하지 않다고 말씀하셨다.

"여기저기 안 아픈 데가 없어. 내가 만병백화점 같아."

동양적 인품

1970년대 초에 시작되어 2000년대 중반 뇌에 암세포가 커져 돌아가실 때까지 이어졌으니 그 인연이 근 35년에 걸친다. 그동안 내가 알고 있었던 김 교수님은 분명히 서구적이었다. 그는 그리스의 민주정치, 비극, 서구의 자유의 전통에 대해 강의를 했고, 서양의 사상사, 기독교 등에 대해서도 입문하도록 우리를 이끌었다. 관습에 구애받지 않고 당신 자신이 자유로워지려 했던 그는 훌쩍한 키에 이지적인 눈매와 어울려 한층 더 서구적 지성미를 연출했다. 그래서 그런 줄로만 알았다.

그런데 병이 들어 거동조차 불편한 그를 찾아 일산 아파트로 몇 번을 방문했을 때, 그제야 내가 깨달은 것은 깊은 그 심성에 동양적 미덕이 자리하고 있었던 사실이다. 포항에서 먼 길을 찾아간 나에게 교수님은 자꾸만 밥을 많이 먹으라고 권하신다. 사모님에게 부탁하여 먹을 것을 더 갖다 주라고 채근했고, 갖가지 사양의 미덕을 표현했다.

그 숱한 세월 동안 내가 알고 있었던 것은 '고대 그리스 전공자'로서의 학자 김진경 교수였으나, 죽음을 앞둔 그의 모습은 전형적인 한국인 그 자체였다.

경북 의성의 뼈대 있는 김 씨 가문의 후손, 기독교도의 양친 슬하에서 모태 기독교도로 자라났으나, 후에 기독교도이기를 포기한 자, 그러나 사랑과 십자가의 고난과 굴욕, 그 희생의 의미를 문외한이었던 우리 제자들에게 가르쳤던 자유주의 신학자, 관습에 얽매이지 않고 깨어있는 소크라테스를 연출하고 싶어 했던 냉소적 비판가. 그러나 마음 한가운데에 인정과 겸양의 한국적 미덕을 저버리지 않고 간직했던 그는 동양적 인품의 소유자였음이 분명하다.

예정된 타성을 좇지 않고 자유를 향한 본능으로 날개짓하며 그렇게 그는 한 시대를 살고 갔다. 그의 자유롭고 유연한 사고는 유고집 『고대 그리스의 영광과 몰락』(안티쿠스 출간)에 고스란히 남아서 고대 그리스사에 대한 고유한 시각의 참신한 지침서가 되고 있다.

그리스와 한국의 경계에 서다

발행일 | 초판 1쇄 2016년 11월 30일

지은이 | 김진경
펴낸이 | 고진숙
펴낸곳 | 안티쿠스
책임편집 | 김종만
북디자인 | 배경태
CTP출력·인쇄 | 천일문화사
제본 | 대흥제책
물류 | 문화유통북스
출판등록 | 제300-2010-58호(2010년 4월 21일)
주소 | 03020 서울시 종로구 자하문로 266, 612호
전화 | 02-379-8883, 723-1835
팩스 | 02-379-8874
이메일 | mbook2004@naver.com
페이스북 | www.facebook.com/antiquus

ISBN 978-89-92801-038-6 03920

이 도서의 국립중앙도서관 출판시도서목록(CIP)은
서지정보유통지원시스템 홈페이지(http://seoji.nl.go.kr)와
국가자료공동목록시스템(http://www.nl.go.kr/kolisnet)에서
이용하실 수 있습니다(CIP제어번호:2016028093).

백묘 (국화) 피지에 담채 15×40

원래 백묘(白描)란, 어느 한 부분도 놓치지 않고 그려내는 세밀한 공필(工筆)화의 밑그림이지만, 색을 올리지 않은 상태에서 작품을 완성시켜서 작가의 숙련된 솜씨를 볼 수 있는 것을 백묘화라 한다.